中國學術思想 研究輯刊

十四編

林慶彰 主編

第 11 冊

從「聖王」到「王聖」
——「王命論」意識形態下東漢文化精神之變遷

曲利麗 著

花木蘭文化出版社

國家圖書館出版品預行編目資料

從「聖王」到「王聖」──「王命論」意識形態下東漢文化
精神之變遷／曲利麗 著 ─ 初版 ─ 新北市：花木蘭文化出版
社，2012〔民 101〕
目 4+276 面：19×26 公分
（中國學術思想研究輯刊 十四編：第 11 冊）
ISBN：978-986-322-021-3（精裝）
1. 經學　2. 學術思想　3. 東漢史
030.8　　　　　　　　　　　　　　　　101015377

ISBN-978-986-322-021-3

中國學術思想研究輯刊
十四編　第十一冊　　　　　　　　ISBN：978-986-322-021-3

從「聖王」到「王聖」
──「王命論」意識形態下東漢文化精神之變遷

作　　者　曲利麗
主　　編　林慶彰
總 編 輯　杜潔祥
出　　版　花木蘭文化出版社
發 行 所　花木蘭文化出版社
發 行 人　高小娟
聯絡地址　新北市永和區中正路五九五號七樓
　　　　　電話：02-2923-1455／傳眞：02-2923-1452
網　　址　http://www.huamulan.tw 信箱 sut81518@gmail.com
印　　刷　普羅文化出版廣告事業
封面設計　劉開工作室
初　　版　2012 年 9 月
定　　價　十四編 34 冊（精裝）新台幣 56,000 元

從「聖王」到「王聖」
──「王命論」意識形態下東漢文化精神之變遷

曲利麗　著

作者簡介

曲利麗（1975.11～），女，河南省洛寧縣人。2001年畢業於北京師範大學，獲文學碩士學位，並開始供職於首都圖書館。2007年，再次進入北京師範大學學習，師從李山教授攻讀博士學位。2010年獲得文學博士學位後，調入北京語言大學人文學院，從事古典文學、文獻學的教學和研究工作。主要研究方向為漢魏六朝文學文獻學，曾在《史學集刊》、《文史知識》、《中國文化研究》等刊物上發表論文數篇。

提　要

　　本書認為兩漢之際中國文化精神發生了從「聖王」向「王聖」的轉變。所謂「聖王」，指的是只有聖人才配稱王，王權的合法性來自於王者為萬民造福利的聖德，其核心是保民而王、天下為公。「王聖」則是以帝王為聖人，帝王作為天之子依照天意統治人間，王權的合法性被歸之於天命、血統等神秘因素，從而消解了人類理性對王權的批判權力。從「聖王」轉向「王聖」，標誌著中國歷史被權力又扣緊了一環。

　　兩漢之際文化精神轉變的中心線索是「王命論」思潮的興起與演變。所謂「王命論」思潮，指的是以班彪《王命論》等為代表的一股思潮，主要由三個命題組成：「孔為赤制」、「上天垂戒」、「火德承堯，雖昧必亮」，分別從聖、天、血統等方面闡述劉氏王命的正當性。儒生從公天下的政治理念轉向一姓之「王命論」，起於王莽失敗，根源卻在於其理想主義的歷史局限──找不到實現其政治理想之客觀途徑和歷史保障力量。當這種思潮被權力者利用，最終形成「王聖」意識形態之後，深刻地影響了東漢文化發展的趨勢。

　　本書的前三章，歷時梳理了兩漢文化精神從「聖王」到「王聖」的轉變過程，並盡量闡明其原因。後三章選取了經學、思想、文學等幾個側面分析了「王聖」意識形態下東漢文化的變遷。

目次

引　論

一、前人相關研究綜述

　　東漢與西漢，看似血脈相連，劉氏家族重又掌握天下。東漢帝王把新建立的政權重新命名爲「漢」，以中興自居。他們精心編排著由西漢皇族而來的族譜世系，虔敬地供奉著西京的宗廟。好像經歷了「王莽作逆，漢祚中缺」〔註 1〕之後，一切都又恢復原樣舊制。但實際上，如重續的斷臂，表皮的連接掩蓋不住內裏重要神經的壞死。兩漢的斷與續之際，文化精神發生了重大的變化。

　　對於兩漢之際的文化精神轉變，前輩學者已有論及。例如，呂思勉《秦漢史》言：「中國之文化，有一大轉變，在乎兩漢之間。自西漢以前，言治者多對社會政治，竭力攻擊。東漢以後，此等議論，漸不復聞。」〔註 2〕並且，呂先生看出這個轉變是因爲王莽失敗：「秦、漢之世，先秦諸子之言，流風未沫，士蓋無不欲以其所學，移易天下者。新室之所爲，非王巨君等一二人之私見，而其時有志於治平者之公言也。一擊不中，大亂隨之，根本之計，自此乃無人敢言，言之亦莫或見聽矣。」〔註 3〕蒙文通先生也有類似言論：「自儒者不得竟其用於漢，而王莽依之以改革，凡莽政之可言者，皆今文家之師說也，儒者亦發憤而歸頌之，逮莽之紛更煩擾而天下不安，新室傾覆，儒者亦嗒焉喪其所主，宏議高論不爲世重，而古文家因之以興，刊落精要，反於索寞，惟以訓詁考證爲學，然後孔氏之學於以大晦。道之弊，東京以來之過

〔註 1〕　班固《兩都賦》語，《全上古秦漢三國六朝文》，頁 604，中華書局，1958 年。
〔註 2〕　呂思勉：《秦漢史》，頁 174，上海：上海古籍出版社，2005 年。
〔註 3〕　呂思勉：《秦漢史》，頁 3。

也，賈、馬、二鄭之儔之責也。」〔註4〕錢穆先生也有精要的概括：「漢儒論災異，而發明天下非一姓之私，當擇賢而讓位。此至高之論也。漢儒論禮制，而發明朝廷措施，一切當以社會民生為歸，在上者貴以制節謹度，抑兼併齊眾庶為務，此又至高之論也。然前者為說，往往失之荒誕。後者之立論，又往往失之拘泥。前說尊天，後議信古，而此二者，皆使其迷暗於當身之實事。莽之為人，荒誕拘泥，兼而有之。竟以是得天下，而亦竟以是失之。……而繼此以往，帝王萬世一家之思想，遂以復活，五德三統讓賢禪國之高調，遂不復唱。而為政言利，亦若懸為厲禁。社會貧富之不均，豪家富民之侵奪兼併，乃至習若固然，而新莽一朝井田奴婢山澤六筦諸政，遂亦煙消火滅，一爐不再燃。西漢諸儒之荒誕拘泥，後世雖稍免，而西漢諸儒之高論，後世亦漸少見。是莽一人之成敗，其所繫固已至巨。」〔註5〕牟宗三先生從反思中國文化中沒有開出民主制的角度，熱情歌頌了西漢儒生朦朧的公天下意識，並對這一意識的被壓制和熄滅扼腕歎惜。〔註6〕

但是，諸書對兩漢之際的文化轉變皆為大致概括，語焉不詳，對於這個文化轉變的內容、原因、具體過程、歷史意義等都缺乏細緻深入的論述。還必須清醒地看到，前輩學者處於風雲激蕩的時代革命浪潮中，懷著熱切的民主信念，對西漢儒生的「革命說」、「禪讓說」投入了過多的熱情，而忽略了其中嚴重的宿命論缺陷，難免存在拔高歷史、不夠冷靜客觀的地方。也因此，他們不願意看到兩漢間文化轉變、儒生公天下理念失敗的必然性。

當代學者如閻步克、于迎春等人的著作，以及多篇論文，也涉及並進一步研究了兩漢之際的文化轉變的問題。縱觀這些研究成果，主要集中在以下幾個方面：

1. 對兩漢之際的政治變遷進行研究：閻步克的《士大夫政治演生史稿》，〔註7〕高度認同呂思勉、蒙文通關於兩漢之際文化轉變的觀點。閻步克認為「西漢後期的政治文化紛爭，並不僅僅是出於擺脫危機的具體目的。漢儒一直在

〔註4〕蒙文通：《經學抉原》，頁208，上海：上海人民出版社，2006年。

〔註5〕錢穆：《秦漢史》，頁327～328，北京：三聯書店，2005年。

〔註6〕牟宗三說：「在漢以後二千年間……如有大其心而言之者，皆當向民主政治形態之出現而用其誠。……西漢二百年間儒者即在朦朧中為此問題奮鬥也。……惜乎其為現實所限，以及思想內容之不確定，而未能出現，終至於光武所確定之形態也。」（《歷史哲學》，頁188，桂林：廣西師大出版社，2007年）。

〔註7〕北京大學出版社，1996年。

尋求的，是一種更爲完滿、更爲純正的『王道』至境」。〔註 8〕王莽失敗「使得中國古代政治文化的變遷與演進，一個方向的嘗試趨於低落消沈而再次發生轉向，開始了另一個階段。」〔註 9〕「儘管表面看來東漢初年的文化思想承襲了西漢的許多東西，但是某种深刻的政治文化變遷依然是悄悄地發生了」。〔註 10〕具體來說，這種變遷就是「時至東漢，儒者對社會政治作徹底改造的不切實際的熱情、對『烏托邦』式理想社會的宏遠迂闊的追求，確實是日益降溫了」。〔註 11〕閻著以馬克思・韋伯的社會學說爲基本理論視角，認爲東漢政治的新特色是：帝王奉行「經術」與「吏化」相結合的政治路線，促使儒法合流、儒生與文史結合的士大夫政治定型。

　　楊權的《新五德理論與兩漢政治──「堯後火德說」考論》〔註 12〕選擇了兩漢之際「堯後火德說」這個影響巨大的政治命題作爲研究對象，分析了它產生的時代原因、學術背景、演變情況。重點討論了王莽對這個命題的移植和利用、「堯後火德」說對反莽戰爭形勢的影響及東漢統治者進一步利用它來維護皇權等。該書雖然從小題目入手，但是小題大做，深入細緻地分析了「堯後火德說」與兩漢政治之間錯綜複雜的關係，在研究方法上頗有啓示意義。

　　期刊論文重要的有：蘇誠鑒：《漢元帝的儒生政治》(《安徽師大學報》1987年 3 月)；蘇誠鑒：《「漢家堯後，有傳國之運」──西漢亡於儒生論》(《安徽師大學報》1988 年 4 月)；趙毅、王彥輝：《兩漢之際「人心思漢」思潮評議》(《東北師大學報》1994 年 6 月)；陳勇《論光武帝「退功臣而進文吏」》(《歷史研究》1995 年 4 月)；馬彪：《兩漢之際劉氏宗室的「中衰」與「中興」》(《北京師範大學學報》1995 年 5 月) 等等。

　　2. 對兩漢之際的士人士風進行研究：于迎春的《秦漢士史》〔註 13〕作爲一部專門研究秦漢士階層的專著，詳細描述了秦漢時代士人逐漸被體制化、工具化的演化過程。其中第五章到第九章對「西漢後期社會的儒學化」、「士人在專制政治中所感受的壓力」、「王莽與士大夫的關係」、「東漢士大夫的政治處境和體驗」等專題進行了細緻研究，把士人由對大一統專制政治強烈的

〔註 8〕閻步克：《士大夫政治演生史稿》，頁 385，北京大學出版社，1996 年。
〔註 9〕閻步克：《士大夫政治演生史稿》，頁 412。
〔註 10〕閻步克：《士大夫政治演生史稿》，頁 428。
〔註 11〕閻步克：《士大夫政治演生史稿》，頁 424。
〔註 12〕中華書局，2006 年。
〔註 13〕于迎春：《秦漢士史》，北京大學出版社，2000 年。

不適到逐漸認可過程中的人生體驗描述得頗爲細膩。語言表述流暢優美，頗有女性學者的特點。

另有臧知非和陳啓雲在《史學集刊》上的爭論。臧文《兩漢之際儒生價值取向探微》（2003 年 2 月）等認爲，西漢末年儒生歸附王莽是要滿足其入仕的要求，而不是實現公天下的「政治理想」。陳啓雲的觀點則與之相反，其文《漢儒理念與價值觀研究的方法論問題之理論篇》〔註14〕、《漢儒理念與價值觀研究的方法論問題之考論篇》，〔註15〕從學理和材料考據上對臧文進行了批評。其它還有王繼訓：《兩漢之際士人與士風》（《齊魯學刊》，2000 年 5 月）等。

3. 對兩漢之際的學術演變進行研究。邊家珍的博士論文《兩漢之際的學術演變》〔註 16〕以「今文經學」的衍化爲主線，以「古文經學」的發展、揚雄等人對「今文經學」的反思與批評爲副線，把學術與政治、歷史等因素結合起來進行了動態的觀照。該論文較爲準確地把握了兩漢之際學術演變的趨向，其中對漢宣帝扶植《穀梁》學的實質的論述較也較有創新之處。期刊論文有俞豔庭《王莽新政與兩漢三家〈詩〉學之興衰易勢》（《理論學刊》2010年 9 月）；等等。

兩漢之際興起的讖緯，則是近年研究的一個熱點。重要著作有：鍾肇鵬：《讖緯論略》；〔註17〕冷德熙：《超越神話：緯書政治神話研究》；〔註18〕徐興無：《讖緯文獻與漢代文化構建》；〔註 19〕等等。《讖緯論略》討論了「讖」與「緯」的起源和異同，讖緯的內容和流變，讖緯與數尤、今文經學、政治、宗教、上古史等的關係。此書雖名爲「論略」，但實際上標誌著新時期讖緯研究進入了一個新的階段。《超越神話：緯書政治神話研究》研究了緯書政治神話的貢獻，緯書中的創世紀神話、聖王神話、聖人神話，以及天人學說成爲政治神話的過程，視角新穎。《讖緯文獻與漢代文化構建》研究了「讖緯文獻的價值」、「讖緯與經學」、「《易緯》的文本與源流研究」、「讖緯文獻中的天道聖統」、「讖緯學說與漢代道德構建的完成」等專題，對讖緯文獻在漢帝國文化構建中的作用進行了深入的研究。此外，還有李中華：《神秘文化的啓示─

〔註14〕《史學集刊》2005 年第 4 期。

〔註15〕《史學集刊》2006 年第 1 期。

〔註16〕王洲明指導，山東大學，2003 年。

〔註17〕遼寧教育出版社 1991 年。

〔註18〕東方出版社 1996 年版。

〔註19〕中華書局，2003 年。

──緯書與漢代文化》；〔註20〕王步貴《神秘文化──讖緯文化新探》；〔註21〕
等等。臺灣、日本的學者對讖緯的研究更為活躍，重要的著作有：王令樾：《緯
學探源》；〔註22〕陳槃：《古讖緯研討及其書錄題解》；〔註23〕黃復山：《東漢
讖緯學新探》；〔註24〕蕭登福：《讖緯與道教》；〔註25〕安居香山著、田人隆譯：
《緯書與中國神秘思想》；〔註26〕等等。

　　4. 研究兩漢之際的文學演變。藍旭的《東漢士風與文學》，「論述的重點
集中在士風對文學創作的影響，從題材、主題、表現手法、文體沿革等角度
考察文學創作的基本傾向和審美趣味，探討士風的變遷對形成文學創作的階
段性特徵的影響」。〔註27〕全書分為四章，按時間順序分析了兩漢之際、東
漢初期、東漢中葉、東漢晚葉的士風對文學的影響。該書在一定程度上有助
於文學史走出庸俗社會學加作品賞析的僵化模式，深化了文學研究。敖雪崗
的博士論文《兩漢之際思想與文學》〔註28〕討論了兩漢之際的一些社會思
潮、經書注解變化及與文學之間的關係。此外，胡學常的《文學話語與權力
話語──漢賦與兩漢政治》；〔註29〕馮良方的《漢賦與經學》；〔註30〕張新科
的《文化視野中的漢代文學》；〔註31〕侯文學的《漢代經學與文學》〔註32〕
等專著都試圖從廣闊的文化視野研究文學，注意到了漢代文學精神的演變。
期刊論文有藍旭《東漢初期宮廷文學之觀念與實踐》（《中國典籍與文化》第
37 期）；曹虹《從「古詩之流」說看兩漢之際賦學的漸變及其文化意義》（《文
學評論》，1991 年 4 月）；等等。

　　以上論著為本書的研究奠定了良好基礎，但囿於研究範圍或關注對象，
對下列問題並沒有深入的回答：貫穿上述政治理念、士風、學術、文學的文

〔註20〕新華出版社，1993 年。
〔註21〕中國社會科學出版社，1993 年。
〔註22〕臺北幼獅文化事業公司，1984 年。
〔註23〕臺北國立編譯館，1991 年。
〔註24〕臺灣學生書局，1999 年。
〔註25〕臺北文津出版社，2000 年。
〔註26〕河北人民出版社，1991 年。
〔註27〕藍旭：《東漢士風與文學》，頁 3，人民文學出版社，2004 年。
〔註28〕鞏本棟指導，南京大學，2003 年。
〔註29〕浙江人民出版社，2000 年。
〔註30〕中國社會科學出版社，2004 年。
〔註31〕中國社會科學出版社，2006 年。
〔註32〕人民出版社，2010 年。

化精神究竟是什麼？兩漢之際文化精神究竟發生了怎樣的轉變？這種轉變的軌跡是怎樣的？轉變又帶來了怎樣的影響？本書將在高度重視王莽失敗後中國文化精神轉變的基礎上，擬對這些問題做系統宏觀的研究。

二、本書重要概念及研究思路

在綜觀政治、士人士風、學術、文學等文化現象的基礎上，本書提出「聖王」和「王聖」的概念，來分別概括西漢和東漢的文化精神。所謂「文化精神」，指的是一種文化體系當中的主導價值觀念和獨特精神個性，是該文化體系的深層結構和靈魂，彌漫於以政治、學術、思想為軸心的整個文化系統當中，決定著該文化的整體品貌。

「聖王」指的是只有聖人才配稱王，「古之治天下者必聖人」（《大戴禮記‧誥志》），也即《墨子‧公孟》說的「昔者聖王之列也，上聖應為天子，其次列為大夫」。道德修養程度決定了个体身份地位的等差，王權的合法性來自於王者為萬民造福、實現社會政治公義的聖德。這意味著政統必須接受道統的指導和規範，人類道德律令必須對世俗王權進行監守和看護。如果王者不能夠表現出聖德，他的合法性也就要被質疑和否定。因此，「聖王」表述的是一個「天生聖人，蓋為萬民」的保民而王、天下為公的政治理念，「非聖人莫之能王」（《荀子‧正論》）。西漢儒生的「聖王」文化精神承續先秦而來，在蕪雜誕幻中湧動著以理想改造現實的衝動。因強調德行在王權合法性中的重要程度，今文家提出了「素王」的概念，把具有帝王之德而未居帝王之位的孔子尊為「王」，「以孔子為王，意味著世俗之王上還有一神聖之王，此神聖之王與世俗之王相對立。世俗之王代表著實然的歷史，而神聖之王則代表著應然的歷史」。〔註33〕與此相應的是剝奪秦王朝的正統地位，在西漢儒生如張蒼、劉歆等人構築的歷史譜系中，漢直接承周而王。秦不過是其間一閏統而已，並非一個具有歷史合理性的王朝。之所以如此，在於秦王朝不行德義，殘暴不仁，雖然曾經一統六合，但很快走向滅亡。在對孔子的褒揚和秦朝的蔑棄中，顯示出西漢儒生堅持以聖為王的理念，來期望和匡正人間的帝王，極富道德理想主義的熱忱。在這種精神下，西漢儒生在帝國面臨政治困境時，公然宣稱王朝氣數已盡，呼籲禪讓，支持王莽建立新朝政權。

〔註33〕蔣慶：《公羊學引論》，頁136，遼寧教育出版社，1995年。

　　東漢的文化精神則是「王聖」，也就是以帝王為聖人。這是東漢權力階層
重塑出來的一個政治文化觀念，以《白虎通義》為代表。「王聖」的觀念認為，
君主之所以君臨天下是因為上天神秘的福祐與眷顧，因其「天之子」的身份，
人類社會無權批判王權的合法性。帝王的神聖崇高不僅在於他擁有最高的權
力，還在於其高貴的血統和人格魅力，與人君有關的等級、名位以及飲食、
衣服、乘輿等都具有神秘的道德含義。人臣的職責僅在於協助君主管理政務，
可以有「盡忠納誠」的諫諍，但總體上已是專制體系下之妾婦而已。東漢的
「王聖」精神導致了思想家不再試圖改造現實，而努力地適應現實。

　　兩漢之際文化精神從「聖王」轉向「王聖」，標誌著中國的歷史被權力的
繩索又扣緊了一環。最能體現士大夫文化心態轉變的，是士人在面向帝王上
疏諫諍時理論依據的改變。漢成帝時谷永上奏言：「臣聞天生烝民，不能相治，
為立王者以統理之，方制海內非為天子，列土封疆非為諸侯，皆以為民也。
垂三統，列三正，去無道，開有德，不私一姓，明天下乃天下之天下，非一
人之天下也。」（《漢書‧谷永傳》）而到了東漢明帝時，樊鯈上疏言：「天下
高帝天下，非陛下之天下也。」（《後漢書‧樊鯈傳》）〔註34〕同樣是面對集權
皇帝慷慨直言，勇氣可嘉，但是立言的依據卻從「天下乃天下之天下」變成
了「天下高帝天下」。這中間表現出來的儒生氣象和精神格局是大不相同的：
一為公天下，一為家天下；一要君主為民負責，一要君主為祖宗負責。

　　從「聖王」到「王聖」文化精神的轉變，根源在於儒生的歷史侷限——
找不到實現其政治理想之客觀途徑的理想主義，而轉變的契機則來自於代表
儒生「公天下」理念的王莽之慘敗。為了深入細緻地勾勒出兩漢之際從「聖
王」到「王聖」的文化轉變過程，闡述其原因，並分析其對中國文化發展的
深刻影響，本書擬安排如下六章：

　　第一章、西漢儒生「聖王」理念之破產：西漢元成之後，儒生逐漸成為

〔註34〕西漢時，亦有大臣說過類似於樊鯈的話，例如申屠嘉責難鄧通時說：「夫朝
　　　　廷者，高皇帝之朝廷也。」（《史記‧張丞相列傳》）竇嬰諫景帝時說：「天下
　　　　者，高祖天下，父子相傳，此漢之約也，上何以得擅傳梁王！」（《史記‧魏
　　　　其武安侯列傳》）但這與鯈侯話語的文化意味並不相同。申屠嘉、竇嬰時，
　　　　社會並未充分儒化，他們並不是從儒學的文化理想言說天下的合理依據，申
　　　　屠嘉更是以宰相身份責備弄臣而非帝王。樊鯈則有著深厚的儒學修養，此語
　　　　是在諫諍帝王時引述的超越現實帝王威權之上的超越性法則。這與谷永相
　　　　近，而不同於申屠嘉、竇嬰。筆者因此選擇了谷永和樊鯈的不同言說方式，
　　　　來觀照兩漢儒生文化精神的變遷。

政府官僚的主體。他們勇於改革不合理制度，提出了一系列主張，例如美風俗、節費用、尚德緩刑、考制度等，可以用「禮樂教化」來概括。但是，這與當時的社會癥結──土地兼併不相干，最終以失敗告終。失敗後的儒臣沒有也不可能反思自身禮樂教化治國策略的理想主義缺陷，而是在宿命論的歷史觀念下，宣揚劉漢王朝氣數已盡，積極鼓吹禪讓。在禪讓的呼聲中，王莽建立了新朝。作為西漢儒生的典型代表，王莽躊躇滿志地試圖通過更大規模的改革來實現王道理想，結果造成了慘重的社會災難。

第二章、儒生和東漢初政府對王莽事件的初步反應：王莽失敗導致了儒生們對禪讓的懷疑和對天命的重新追尋，由此興起了「王命論」思潮。這股思潮主要由三個命題組成：「孔為赤制」、「上天垂戒」、「火德承堯，雖昧必亮」，分別從聖、天、血統等方面闡述劉氏王命的正當性。由此，儒生們原本在「聖王」理想下的公天下政治理念轉向了家天下。這種轉向是兩漢之際「人心思漢」的社會情緒表達，又有學術上承自西漢的宿命論因素。東漢初帝王則敏感適時地發現了「王命論」的利用價值，將「王命論」初步納入國家意識形態。例如尊崇以忠君為核心的士節，利用讖緯宣揚劉氏的王命等。

第三章、《白虎通義》──「王命論」成為意識形態：通過具體思想命題的分析和比較，本文認為《白虎通義》是東漢權力階層扭曲經學和讖緯等元素，精心打造出來的意識形態。它構建了一個以「王聖」為核心觀念的話語體系：帝王不僅在天命的非凡祐護下擁有最高權力，而且成為教化之主和價值之源，是神秘高貴的上天在人間的代理。帝王通過祭天、法天的儀式來溝通天人，人間的尊卑等差都具有了天道的依據，不可侵犯。通過泛道德化的闡釋，帝王的一舉一動都變成了道德的演示，無限神聖和崇高。

第四章、「王命論」意識形態下的經學變遷：在具體分析賈逵的《左傳》學和何休的《公羊解詁》的基礎上，本文認為古文經為爭取官學正統地位，迅速向國家「王聖」的意識形態靠近，以提高對官方的吸引力。而今文經學為了保持其固有的尊貴地位，也積極向權力靠近，例如雜採讖緯、強調君尊臣卑等，從而體現出了與西漢今文經學不同的學術品格。最終，今、古文經學在向王權靠攏的過程中，失去了經世大法的超越性品格，而變成了意識形態的附庸。

第五章、「王命論」意識形態下的思想：本章分析了王充的思想和東漢末的社會批判思潮。認為王充遠沒有達到「具有科學精神的唯物主義哲學家」

的高度，貫穿其思想的主線是「自然主義爲根據之宿命論」。因此，王充雖以「疾虛妄」自期，但對社會政治中最大的虛妄——「王命論」熟視無睹。他的「疾虛妄」，僅從客觀知識的角度去瓦解儒生極富道德關懷的天人感應思想，以及辨一些本不必辨的書傳中之神話、傳說和誇張的修辭等。透過王充思想的分析，可以很清楚地看出「王命論」制控下東漢思想的淺薄與庸俗。東漢末的批判思潮，也不再有西漢思想公天下的闊大氣象。

　　第六章、「王命論」意識形態下士大夫的人生轉型及文學新變：隨著經學理想破產和「王聖」觀念的滲透，東漢士人開始安於幫忙之臣妾角色，追求在大一統政治格局下戴著鐐銬舞蹈。相應地，士人的人生形態趨於內斂謹固，或謙恭畏愼、明哲保身，遠離權力寂寞著述；或在帝國政治崩潰之際，不無英勇地以個人名節爲政權效忠，最終獲得巨大的社會資本，逐漸轉向魏晉的門閥世族。東漢文學也不可避免地發生了改變。例如宣漢文學盛行，文學熱衷於鋪陳漢家非凡的天命、歌頌王朝的政治行爲等。當然，隨著東漢後期大一統政權走向崩壞，文學逐漸偏離了意識形態的主題，開始表達個體生命體驗。

三、本書的研究方法

　　爲達到對研究對象的宏觀把握和深入分析，取得一些突破性進展，本書擬採用如下研究方法：

　　1. 宏觀把握與精細的文本分析相結合：由研究內容決定，本課題要求從大處著眼，從會通處著眼，試圖綜合運用社會、政治、經濟、哲學、文學等資料，在文化視野中盡可能眞切地勾勒出士人身處的時代語境，抓住他們考慮的核心問題、他們爲解決時代困境做的思考和努力，「恰如過去思想理解自己那樣去理解它」。〔註35〕以深邃的思考、開闊的眼界、敏銳的理論意識去研究兩漢文化，從而超越浮泛的現象描述式研究和單薄的「文化枝節論」。但是，宏觀研究不能夠走向空洞，而應該落到文獻實處，通過深入分析具體材料，在看似細碎零散的材料中總結歸納出其透露的文化意義。力求達到宏觀與微觀互融、現象與分析並重、文獻與理論結合的狀態。

　　2. 自覺地以動態的、辯證的思路去把握研究對象。龐樸先生曾經說過「照我的理解，就是不僅不能將思想與社會視同兩截，不僅要將二者互相關聯，

〔註35〕施特勞斯語，轉引自劉小楓：《施特勞斯的「路標」》，《西方現代性的曲折與展開（學術思想評論第六輯）》，吉林人民出版社，2002 年。

而且，更重要的，是將思想當作觀念化了的社會、將社會當作物質化了的思想來看待，來研究，來說明。這樣的研究……準確地說，它是思想與社會互動的歷史。具體點說，它將注意於社會的思想（觀念）化和思想的社會（物質）化的形態、過程、現象、問題等等的研究。」〔註36〕以這樣的觀點去看思想與社會，可以擺脫機械的唯物決定論和庸俗社會學的傾向，有助於深入細膩地分析歷史事件之間錯綜複雜的關係，避免片面化和簡單化。

3. 本著積極參與當代精神文化建構的態度去研究歷史，在客觀紮實的學術研究中自然流露價值評判和意義關懷。錢穆先生曾說過：「近人治學，都知注重材料與方法。但做學問，當知先應有一番意義。意義不同，則所採用之材料與其運用材料之方法，亦將隨而不同。即如歷史，材料無窮，若使治史者沒有先決定一番意義，專一注重在方法上，專用一套方法來駕馭此無窮之材料，將使歷史研究漫無止境，而亦更無意義可言。」〔註37〕這對於目前沈溺於方法而忽略價值關懷的學界，不啻一副清醒劑。

4. 恰當使用材料，既要遵循實證精神，有一分證據說一分話，避免空發議論；又要有深入思考和邏輯推理，用理論的眼光彰示出材料的多方面含義。

四、本書的研究意義

筆者認為，站在今天的立場，綜合運用一切歷史資料，深入細緻地勾勒出從「聖王」到「王聖」的文化轉變過程，闡述其原因，並分析其對中國文化發展的深刻影響，其意義至少有以下幾點：

1. 西漢儒生自元帝後逐漸登上權力舞臺，這是中國歷史上儒生階層第一次實際為政的嘗試。他們的文化理想、政治追求、政治作為以及最後失敗的原因，在某種意義上具有普遍性。他們的影響不僅限於當時具體的社會情形，而且後世歷史長河中的儒生階層幾乎都籠罩在其中。因此本書在廣義上屬於探索「中國的知識份子為什麼是這樣而非那樣」的問題，試想如果王莽改制取得了成功，那麼士人還會是後來的狀態麼？王莽改制及其失敗有著極為深厚的文化必然性，這個事件又反過來深刻地型塑了後代中國的士人和文化風貌。如果能夠細密深刻地揭示出兩漢之際士人的心路歷程及文化轉變的內在

〔註36〕轉引自：劉澤華《中國社會史研究叢書·總序》，中國人民大學出版社，2004年。

〔註37〕《中國歷史研究法·序》，頁1，生活·讀書·新知三聯書店2001年。

原因，將有助於闡釋整個中國士階層的發展史。

2. 儒生與傳統政治的關係始終是當代思想反思的焦點問題。本書試圖從闊通的文化視野去觀照兩漢之際士人面臨的政治困境、士人的人生選擇、精神轉向及其與政治權力的關係，盡可能勾勒出儒生與政治權力間充滿矛盾和張力的複雜關係。力圖改變單純地以道德標準來評判歷史以及一味用道統與政統的矛盾來闡釋歷史的簡單化傾向，推進學界對此問題研究的深入。

3. 學界對漢代文化的研究多集中在西漢，而對東漢文化則多認為是西漢的延續，除了王充等個別名家外，關注較少。本書的側重點將在東漢初期和中期的思想和學術，並通過與西漢思想的比較，凸現出儒家思想文化內部的變遷。在這種視角下，本書還會對一些問題產生一些新的見解，如士人對王莽新政的反思、東漢經學的文化品格流變等。

第一章　西漢儒生「聖王」理念之破產

　　自漢武帝獨尊儒術開始，經過數十年時代人心的演化和推移，儒學逐漸由漢初黃老意識形態下「博而寡要，勞而少功」的一家之學變爲國家的大經大法，儒學的王道理想變成了國家政治的最高理想，儒生也由漢初掙扎在功臣縫隙當中的失意者變爲國家官僚階層的主體。這自然是儒生階層艱苦努力的結果，也與大一統帝國的政治需求有關。儒生與儒學逐漸成爲中國古代政治史和思想史的中軸線後，他們便深刻地影響到了中國的政治走向和文化格局。儒生們的歷史表現、文化品格和政治作爲不再是單純的個體修養才具問題，而是在一定程度上寫就了中國的歷史。那麼，儒生不同於社會其他社會階層的歷史表現在什麼地方？儒生們如何處理現實政治困境？儒生的政治實踐最終帶來了怎樣的歷史結果和思想變遷？

第一節　西漢元成之際儒生的政治作爲

　　史家多用「緣飾」一詞來概括漢武帝的尊儒，[註1] 因爲漢武帝主要用儒學來解決大一統帝國的政治秩序問題，或者妝扮王道政治，而沒有吸納其重

〔註 1〕 錢穆討論漢武帝的賢良冊文，認爲他之所謂復古更化，並不致力於當時國計民生、政治經濟之根本，而是在太平勝景、受命之符等方面用心思，他要確保自己受天之佑，享鬼神之靈。與賈誼、董仲舒諸人欲以興教化而主復古不同，武帝不過是自以復古飾其奢心。郊祀、封禪、巡狩種種典禮之興復，亦如此。(《秦漢史》，頁 87～135，生活・讀書・新知三聯書店，2004年)

德緩刑、敬賢重民的基本精神。從董仲舒、狄山等儒生的人生遭遇看，漢武帝不允許儒學眞正地滲透到現實的政治運作當中，哪怕這種滲透披上了玄妙神秘的「天人感應」外衣。因此，儒學在漢武帝時對國家大政方針的影響力尚且有限。

但是，儒學畢竟已由武帝尊儒開始擴展、延伸，昭宣時幾個轟動一時的大事件又進一步擴大了儒學的影響。首先是雋不疑據《春秋》果斷處理假冒衛太子一事，贏得了昭帝與霍光的嘉歡：「公卿大臣當用經術明於大誼。」（《漢書·雋不疑傳》）其次是在鹽鐵會議上，霍光利用了一批有著儒學背景的賢良文學痛斥桑弘羊的平準、筦鹽鐵等經濟政策。這些儒生從純孟子的精神立場出發，揭露了桑弘羊經濟政策造成的種種民生苦難，最後成功地廢除了國家對酒的專賣政策。接下來，夏侯勝據《尚書·洪範》推測出臣下伐上之謀，使得「光、安世大驚，以此益重經術士」（《漢書·夏侯勝傳》）。到了宣帝時，黃霸、王尊、路溫舒、于定國等名臣都是先爲獄法吏，後來趨經嚮學，位致通顯。從這些人物的經歷，可明顯看出時代心理、學術風氣的變遷。更重要的是，宰相魏相、邴吉以調和陰陽爲務，用「上寬大，好禮讓」的儒術來治理天下，取得了「眾職修理，公卿多稱其位，海內興於禮讓」的良好效果。與此同時，皇太子等宗室上層的教育也越來越儒學化，例如元帝、成帝等在做太子時都徵用了當時一流的儒學大師作師傅。延至元帝，便出現了純用儒術的局面，「刑名漸廢，上無異教，下無異學。皇帝詔書，群臣奏議，莫不援引經義，以爲據依。國有大疑，輒引《春秋》爲斷。」〔註2〕

隨著儒術的獨盛，作爲聖人門生的儒生也由太學、徵辟、察舉等政策的穩步實施，越來越走進了政治權力的中心，例如此時的宰相多經術之士，「韋、匡、貢、薛，並致輔相」。〔註3〕這不同於武帝時官吏多爲文法吏、軍功新貴及富商大賈，也不同於宣帝時重用能臣，而表現出了新的歷史氣象。並且，因爲武帝時對豪強、工商等勢力的嚴厲打擊，這些儒生實際上已經成了當時最有影響的社會勢力──士大夫，〔註4〕集學者、官僚、地主身份於一身。這無疑是具有重要歷史意義的，因爲儒生終於不再僅以代表社會良心的在野評

〔註2〕 皮錫瑞：《經學歷史》，頁67，中華書局，2004年。
〔註3〕 皮錫瑞：《經學歷史》，頁65。
〔註4〕 參見許倬雲：《西漢政權與社會勢力的交互作用》，收入《求古編》，新星出版社，2006年。

論發生社會效應，而是掌握了權力可以實現其救世濟民的理想了。那麼，儒生階層進入政權中心後有著怎樣的歷史表現呢？

且看儒生們的姿態和氣勢：

孔子，匹夫之人耳，以樂道正身不解之故，四海之內，天下之君，微孔子之言亡所折中。（《漢書·貢禹傳》）

（京房）曰：「《春秋》紀二百四十二年災異，以視萬世之君。今陛下即位已來，日月失明，星辰逆行，山崩泉湧，地震石隕，夏霜冬雷，春凋秋榮，隕霜不殺，水旱螟蟲，民人饑疫，盜賊不禁，刑人滿市，《春秋》所記災異盡備。陛下視今為治邪，亂邪？」上（元帝）曰：「亦極亂耳。尚何道！」（《漢書·京房傳》）

臣聞之於師曰，天地設位，懸日月，布星辰，分陰陽，定四時，列五行，以視聖人，名之曰道。聖人見道，然後知王治之象，故畫州土，建君臣，立律曆，陳成敗，以視賢者，名之曰經。賢者見經，然後知人道之務，則《詩》、《書》、《易》、《春秋》、《禮》、《樂》是也。《易》有陰陽，《詩》有五際，《春秋》有災異，皆列終始，推得失，考天心，以言王道之安危。至秦乃不說，傷之以法，是以大道不通，至於滅亡。（《漢書·翼奉傳》）

臣聞《六經》者，聖人所以統天地之心，著善惡之歸，明吉凶之分，通人道之正，使不悖於其本性者也。故審《六藝》之指，則人天之理可得而和，草木昆蟲可得而育，此永永不易之道也。及《論語》、《孝經》，聖人言行之要，宜究其意。（《漢書·匡衡傳》）

在儒生們的這些述說中，六經道統代表了宇宙中的永恆法則和神聖眞理，遠遠高於現實帝王的權威。人間社會必須在聖人六經的教誨下才能擁有秩序和意義，反之則會走向毀滅。所有的現實問題都可以被納入到六經話語體系中，依照六經觀念的象形運用而得到解決。無權無位的孔子為現實之王創下了善惡成敗的標準和王道範式，是帝王取法仿傚的對象，是理念之王，也即「素王」。「素王」一詞，最早出現於《莊子·天道》：「以此處上，帝王天子之道也；以此處下，玄聖素王之道也。」意謂有帝王之德而未居其位的人，這裡的德主要是指素樸無為之德。此外，「素王」還指遠古帝王，如《史記·殷本紀》中有「伊尹處士……五反然後肯往從湯，言素王及九主之事」。至《淮南

子》一書，開始尊孔子爲「素王」，「孔子之通，智過於萇弘，勇服於孟賁，足躡狡兔，力招城關，能亦多矣。然而勇力不聞，伎巧不知，專行教道，以成素王」（《淮南子‧主術》）。一代大儒董仲舒，更是用「素王」來標榜孔子：「孔子作《春秋》，先正王而繫萬事，見素王之文焉。」（《天人三策》）貢禹此處對孔子的褒揚正是承續前輩學者而來，雖未提及「素王」一詞，實際上表達的正是「素王」的內涵。

除了聖人孔子，儒生們的道統力量更有形上神秘之上天來保障。經過董仲舒闡釋之後的儒學話語中，「天」早已不是一自然蒼穹，而是宇宙間正義合理秩序的本原與依據，「天子未得恣己爲政，有天正之」（《墨子‧天志篇》）。因爲「天聽自我民聽，天視自我民視」，上天又是民眾意志的代表，依據人類的道德律令評判現實的君王。祥瑞和災異代表了天意褒貶，帝王應當以虔敬的心態時時留意上天的評判，並反思審視自己的言行，否則便會失去上天的眷顧和祐護，被別人取代統治天下的資格。例如：「《春秋》之序辭也，置王於春正之間，非曰上奉天施而下正人，然後可以爲王也云爾？」（《春秋繁露‧竹林》）「國家將有失道之敗，而天乃先出災害以譴告之，不知自省，又出怪異以警懼之，尚不知變，而傷敗乃至。」（《天人三策》）

有了聖人和天意的依據，儒生們儼然一副眞理在握的姿態，懷著強烈的自信傲睨人間的君王。沒有人懷疑他們代表聖人和解讀天意的權力及合法性問題，儒生們也沈醉在自身的道統權威當中。因爲他們飽讀六經，對聖人之道當然要比社會其他階層掌握得更多，理解得更精確。

有了權力的儒生，以實現王道理想自任。這個理想被具體描述爲：「賢聖在位，陰陽和，風雨時，日月光，星辰靜，黎庶康寧，考終厥命」，〔註 5〕不僅人類社會安寧富足、各得其樂，而且整個宇宙都處於和諧宜人的秩序當中。儒生們急切地要實現王道理想，又具有大無畏的弘道精神，因此他們不安於像文吏那樣循常守舊，而是勇於改革，發起了一場轟轟烈烈的改制運動：「時陳萬年爲御史大夫，與定國並位八年，論議無所拂。後貢禹代爲御史大夫，數處駁議」（《漢書‧于定國傳》）；「論議者……爭言制度不可用也，務變更之，所更或不可行，而復復之」（《漢書‧匡衡傳》）。那麼，儒生們是如何實現王道理想的？他們勇於改革的是國家行政中的哪些方面？

〔註 5〕漢元帝初元二年的詔書，見《漢書‧元帝紀》。

一、教化禮樂

　　儒臣們提出了教化禮樂的方略來實現太平王道：帝王不僅應當是最高政治權力的掌握者，更應成為汲汲於教化之聖主，應當仁慈、節儉，品德高尚，循禮行事，示民以義而非利，化導民眾遵循道德約束，培養良好的風俗習慣。君主能做到這些，則大臣、民眾自然也會仿傚向善。於是，「三王可侔，五帝可及」，人類社會就會實現太平王道理想。這是儒生從六經前賢處學到的治國大法。孔子曰：「一日克己復禮，天下歸仁焉」；「政者，正也。子帥以正，孰敢不正」；「子欲善，而民善矣。君子之德風，小人之德草，草上之風，必偃」（《論語・顏淵》）；等等。不過，孔子還能夠注意到政治中的「講功」原則，例如他曾經褒揚私德上頗有缺陷的管仲：「管仲相桓公，霸諸侯，一匡天下，民到於今受其賜。微管仲，吾其被髮左衽矣。」（《論語・憲問》）至孔子後學，則將這一原則丟棄了。《大學》中描述了一個從修身到平天下的直線邏輯：「身修而後家齊，家齊而後國治，國治而後天下平。自天子以至於庶人，壹是皆以修身為本。」孟子提出性善論，為實施教化提供了人性基礎，完善了教化論的理論體系。荀子主張性惡，但指出為政的任務在於「化性起偽」，依然是要教化。漢儒循著這種思路，認為解決問題的關鍵就是人主實行德政教化原則。

　　自賈誼以來，漢代儒生們就強烈呼籲教化禮樂的政治原則，但因生不逢時，一直沒有被當政者認真實施。賈誼提出「宜定制度，興禮樂」時，「絳、灌之屬害之」；後來董仲舒呼籲王者應以教化為大務，但是「上方征討四夷，銳志武功，不暇留意禮文之事」；王吉在宣帝時再次提出「願與大臣延及儒生，述舊禮，明王制，驅一世之民，濟之仁壽之域」，結果「上不納其言，吉以病去」（《漢書・禮樂志》）。到了柔仁好儒的元帝時，儒生們終於迎來了實施教化禮樂的最佳時機，與王吉取捨相同、世稱「王陽在位，貢公彈冠」的貢禹，被元帝徵為諫大夫，「數虛己問以政事」，且很快被升為光祿大夫、御史大夫。再如匡衡，「宣帝不甚用儒，遣衡歸官，而皇太子見衡對，私善之」，等到當年的皇太子繼位為元帝時，匡衡也贏來了政治機遇，很快升為宰相。

　　儒臣們從教化禮樂的為政方針發起的改制內容廣泛而又深刻，匡衡永光二年上漢元帝的奏疏可以視為其總綱領。〔註6〕這封奏疏涉及到美風俗、節費用、尚德緩刑、考制度等內容，下面分別論述之：〔註7〕

〔註6〕據《資治通鑑》繫年。

〔註7〕此處的論述思路參考了李山師的《中國文化史》，頁404～406，北京師範大學

美風俗

匡衡奏疏首先提到了「今日大赦，明日犯法，相隨入獄」的惡俗，並指出「不改其原，雖歲赦之，刑猶難使錯而不用也」，所以朝廷「宜壹曠然大變其俗」，「公卿大夫相與循禮恭讓，則民不爭；好仁樂施，則下不暴；上義高節，則民興行；寬柔和惠，則眾相愛」。醇厚之俗本是儒家王道理想的重要內容，所謂堯舜之世比屋可封是也。在教化論的治國理念下，儒生們不認為風俗是自然形成的，而是為政者教導的結果。因此，儒生們痛斥俗吏們的冷漠麻木，大聲疾呼為政者應積極有為地改變當時「承千歲之衰周，繼暴秦之餘敝」的惡俗，《漢書・禮樂志》裏所載的賈誼奏疏就典型體現了這一思路。匡衡此處的論述正是遙承賈誼而來，代表了漢儒的共同理念。

出於對風俗的敏感，儒生們進入官僚系統進行政策決斷時，就不僅關注其一時之功效，而更看重其對世風人心的長遠影響。例如，宣帝時西羌反，漢出兵平定，邊郡疲於轉輸，田事頗廢。能臣張敞提議：「願令諸有辠，非盜受財殺人及犯法不得赦者，皆得以差入穀此八郡贖罪。務益致穀以預備百姓之急。」（《漢書・蕭望之傳》）蕭望之從教化的角度提出了駁議，「堯、桀之分，在於義利而已，道民不可不慎也。今欲令民量粟以贖罪，如此則富者得生，貧者獨死，是貧富異刑而法不壹也。人情，貧窮，父兄囚執，聞出財得以生活，為人子弟者將不顧死亡之患，敗亂之行，以赴財利，求救親戚。一人得生，十人以喪，如此，伯夷之行壞，公綽之名滅。……議開利路以傷既成之化，臣竊痛之。」（《漢書・蕭望之傳》）實際上，正如張敞後來申述的，這種策略不允許贖重罪，不一定會亂化害俗，在具體效果上應當「賢於煩擾良民橫興賦斂」。蕭望之所論實有誇張渲染之嫌，難逃張敞「常人可與守經，未可與權也」的批評。同樣是出於導民以義不以利的考慮，蕭望之及元帝時諸儒反對耿壽昌提議的「常平倉」，而「常平倉」在實踐中證明不失為「利民之善術」，蕭望之此舉被顏師古評為「不知權道」。

節費用

匡衡奏疏裏請求：「今關東連年饑饉，百姓乏困，或至相食，此皆生於賦斂多，民所共者大，而吏安集之不稱之效也……宜遂減宮室之度，省靡麗之飾。」為政者應當節儉，這是先秦以來儒家的經濟主張，也是漢儒們的普遍

出版社，2007 年。

呼聲。儒生們堅信上多取利必定導致下民貧困，「利於彼者必耗於此，猶陰陽之不並曜，晝夜之有長短也」（《鹽鐵論・非鞅》），所以懷著為蒼生請命的道德責任感，激烈批評帝王權貴的奢侈。

　　貢禹一得到元帝的徵召，立即呼籲元帝「宜少放古以自節焉」。貢禹的奏疏寫得很有氣勢，先描述了古代宮室有制、家給人足的理想政治及漢初如文帝等循古節儉的美行，然後批評當時王宮貴人爭相奢侈的風俗，又無限悲憫地訴說了百姓蒼生的悲慘苦境，以與之對照：「今民大飢而死，死又不葬，為犬豬所食。人至相食，而廄馬食粟，苦其大肥，氣盛怒至，乃日步作之。」人間強烈的不公構成了文章極大的張力，再加上一句質問：「王者受命於天，為民父母，固當若此乎！天不見邪？」任鐵石心腸讀之也會為之一震！接下來，貢禹又列舉了可以節省的具體事項，誠誠懇懇，情深意切。再如翼奉，認為「宮室苑囿，奢泰難供，以故民困國虛，亡累年之畜。所繇來久，不改其本，難以末正」（《漢書・翼奉傳》），竟然上疏請求遷都定制，一改奢泰之俗。成帝時，谷永上奏亦言：「往年郡國二十一傷於水災，禾黍不入……臣願陛下勿許加賦之奏，益減大官、導官、中御府、均官、掌畜、虞犧用度，止尚方、織室、京師郡國工服官發輸造作，以助大司農。」（《漢書・谷永傳》）等等。

尚德緩刑

　　匡衡呼籲國家「任溫良之人，退刻薄之吏」，更是漢儒一貫的主張。空前強大的秦帝國僅僅十幾年就轟然倒塌，留給漢代最深刻的警示就是「仁義不施而攻守之勢異也」。但是，漢帝國的行政、法律等又沿襲了秦制，不可避免地具有法家的嚴酷色彩。這成了橫在漢儒心中最嚴重的問題，例如董仲舒立言對策皆以「務德教而省刑罰」為念。宣帝時，路溫舒上書：「臣聞秦有十失，其一尚存，治獄之吏是也」，激烈批評當時治獄吏「以刻為明」的暴惡，請求「省法制，寬刑罰」。曾有民間生活體驗的宣帝深憫此言，下詔設置廷平來解決疑案。鄭昌對宣帝的作法提出了批評，認為「不若刪定律令。律令一定，愚民知所避，奸吏無所弄矣」。可是，宣帝未及修訂法律就去世了，這一任務就落到了元帝、成帝身上。元帝初立，下詔：「其議律令可蠲除減輕者，條奏，唯在便安萬姓而已。」成帝河平年間，又下詔曰：「其與中二千石、二千石、博士及明習律令者議減死刑及可蠲除約省者，令較然易知，條奏……其審核之，務準古法。」但是修訂法律的效果不盡人意，「徒鉤摭微細，毛舉數事，

以塞詔而已」（《漢書·刑法志》）。法律的實施效果要靠吏治來保障，所以儒生們普遍更重視退殘賊而任溫良，如匡衡此疏所論。再如谷永也說：「夫違天害德，爲上取怨於下，莫甚乎殘賊之吏。誠放退殘賊酷暴之吏錮廢勿用，益選溫良上德之士以親萬姓，平刑釋怨以理民命。」（《漢書·谷永傳》）在這種呼聲中，元帝於永光元年下詔舉「質樸敦厚遜讓有行者」。選舉科名從茂才異等、直言極諫、賢良方正等一變而爲此，可見國家的選舉從看重骨鯁之能臣轉向了溫良恭讓之長者。王夫之評此爲「以柔惰銷天下之氣節」，實際上此乃有見於酷吏之暴惡而欲以寬仁之人代之，不可一概抹殺。

考制度

匡衡說的「考制度」是當時儒臣們最爲熱衷的事項，例如僅永光四年參與討論毀郡國廟的儒臣就有七十人，討論宗廟制度的有九十二人（《漢書·韋玄成傳》）。漢儒「考制度」的內容很廣泛，但主要集中在定祖宗廟制和郊祀大禮兩方面。之所以如此，首先是因爲漢初君臣質樸無文，祭祀祖宗、天地的禮儀沿襲秦制，過於隨意，有許多不合經義的地方。等到皇帝和大臣都彬彬儒化後，他們自然不能容忍國家重要典禮不上軌道，因爲禮制在他們看來是通向太平王道的重要途徑。再加上祭祀過多，經濟上也是一種浪費，「一歲祠，上食二萬四千四百五十五，用衛士四萬五千一百二十九人，祝宰樂人萬二千一百四十七人，養犧牲卒不在數中」（《漢書·韋玄成傳》）。所以，儒生們掌握了權力之後，頭等大事就是要改變漢家禮制狀況。

禮制改革之議，最先發於翼奉：「漢家郊兆寢廟祭祀之禮多不應古。」（《漢書·翼奉傳》）其後，貢禹亦言此意，等到韋玄成、匡衡做了宰相之後，就具體付諸實際。在宗廟制度的具體細節上，儒臣們頗有爭議，例如貢禹認爲天子七廟，惠帝、景帝廟親盡宜毀；韋玄成等人認爲始受命王爲太祖永世不毀外，其他立親廟四，親盡迭毀，太上皇、惠帝、文帝、景帝廟宜毀；許嘉等人認爲文帝德高應爲太宗不毀廟；等等。元帝在諸說中依違一年，才下詔以高帝爲太祖，文帝爲太宗，其他太上皇、惠帝、景帝等廟皆毀。但是，儒臣們神聖崇高的改製成果很快就因元帝生病而被懷疑，匡衡爲此寫了洋洋灑灑的祝廟文和謝毀廟文，也無濟於事。最後，「遂盡復諸所罷寢廟園，皆修祀如故」。成帝時，匡衡又奏毀宗廟，但又因成帝不生兒子而有所恢復，「後或罷或復，至哀、平不定」。郊祀之禮涉及到祭祀天地，「帝王之事莫大乎承天之序，承天之序莫重於郊祀，故聖王盡心極慮以建其制」，所以更是被儒生看重。

成帝初即位，匡衡、張譚提議「宜於長安定南北郊」，以改變此前郊祀地點分散、路途遙遠、花費巨大的情況。但是後來匡衡因事免官，儒臣中也有劉向等認為不應毀廟，於是成帝大恨之，遂恢復郊禮如前，「又復長安、雍及郡國祀著明者且半」。此後爭議不斷，「三十餘年間，天地之祀五徙焉」。

二、儒生改制的不切實際

在儒學成為主流意識形態的時代文化氛圍中，儒臣們提出的禮樂教化原則得到了帝王的認同和遵從。帝王們努力遵循儒生提出的種種規範，在一定程度上實行了教化德政原則。例如，元帝在貢禹上書後，「乃下詔令太僕減食穀馬，水衡減食肉獸，省宜春下苑以與貧民，又罷角抵諸戲及齊三服官」（《漢書·貢禹傳》）。元帝還實行了一系列尚德緩刑的政策，例如漢初的徙陵制度著意於打擊地方豪強勢力、加強國家控制力度，[註8] 元帝感於此制「令百姓遠棄先祖墳墓，破業失產，親戚別離，人懷思慕之心，家有不安之意。是以東垂被虛耗之害，關中有無聊之民」（《漢書·元帝紀》），於永光四年停止了徙陵。再如，元帝接受貢禹的請求，將口錢的征收年齡從三歲調至七歲；初元五年，省刑罰七十餘事；元帝當政期間六次大赦天下；發生自然災害，元帝派人救恤甚至減免租賦；等等。甚至當儒臣們提出讓人難以接受的毀祖廟建議時，帝王也照著做了。但問題是，這些德政教化可曾解決了漢帝國發展至元帝時面臨的諸多困境？

從歷史效果上看，儒臣們熱衷的禮樂教化，不僅改善帝國政治的作用微乎其微，甚至還使情況變得更糟。儒臣們汲汲於「美風俗」，將政治與教化混而為一，忽略了政治運作中具體的技術問題。例如，儒臣們在示民以義不以利的主張下，主張罷掉鹽鐵官。但是，國家財政經費不足的問題如何解決？沒有人能夠提出替代的解決辦法，僅僅三年就只好再恢復鹽鐵官，「以用度不足，民多復除，無以給中外徭役」（《漢書·元帝紀》）。又因為過於考慮具體行政決策的教化效果，儒臣們的決斷難免有迂滯之處。例如馮奉世、陳湯功罪之事。二人都是在危急的情況下，矯制發兵，立功絕域，維護了漢帝國對西域的控制權，真可謂「勳莫大焉」。但是，蕭望之認為馮奉世的行為不可以為後法，「即封奉世，開後奉使者利，以奉世為比，爭逐發兵，要功萬里之外，

〔註 8〕 參見《史記·劉敬傳》、《漢書·陳湯傳》等。

爲國家生事於夷狄」（《漢書・馮奉世傳》），所以不應當被封侯。匡衡也以同樣的理由壓制了陳湯的功勞。實際上，立功絕域，需要過人的膽識和極大的魄力，有幾人能像馮奉世、陳湯那樣幹出一番轟轟烈烈的大事出來？蕭望之、匡衡的作法實在有點不近人情。

儒臣們呼籲的寬政措施對於解決當時的社會問題更無異於緣木求魚。天下承平日久，豪族力量大有發展，需要國家強力限制。但是，元帝廢除了徙陵等強硬制度，導致地方豪強勢力迅速坐大。陳湯在成帝時上書描述了這一歷史結果：「天下民不徙諸陵三十餘歲矣，關東富人益眾，多規良田，役使貧民」（《漢書・陳湯傳》）。再如元成時頻頻大赦，希望能夠與民更始，但實際效果非但沒有帶來政治上的新氣象，反而造成了「惠及奸宄，而害及良善」的效果。寬政措施使得社會狀況如脫韁之馬，原有的積弊和矛盾迅速惡化。崔寔曾嚴厲地說：「元帝即位，多行寬政，卒以墮威，威權始奪，遂爲漢室基禍之主。」（《後漢書・崔寔傳》）雖不夠全面，但不爲無見。對於儒臣在宗廟郊祀制度上的巨大熱情，王夫之早有一段冷靜深刻之評論：「苟非其人，道不虛行。宮室之侈，妃嬪之眾，服膳之奢，樂之淫，刑之濫，官之冗，賦之重，一能汰其所餘以合於三代，而後議郊廟之毀，未晚也……自漢以降，百爲不師古，禮樂之精義泯焉；而獨於祧廟致嚴於祖宗之廢興，何其徇末而斲其本也？」（《讀通鑑論・卷五》）

因此，漢儒轟轟烈烈開展的教化禮樂運動是失敗的。何以會如此呢？在於儒臣的禮樂教化與當時社會癥結基本不相干。那麼，當時漢帝國究竟面臨著怎樣的困境呢？

漢代政治發展至元帝時，面臨的最大問題是土地兼併和流民起義問題。永光二年元帝詔書說：「元元大困，流散道路，盜賊並興」，永光三年又說「乃者己丑地動，中冬雨水，大霧，盜賊並起」（《漢書・元帝紀》），可見當時流民問題已較爲嚴重。成帝時，更是「公家無一年之蓄，百姓無旬日之儲」，社會矛盾非常尖銳，各種起義頻繁發生，如：陽朔三年，「潁川鐵官徒申屠嘉等百八十人殺長吏，盜庫兵，自稱將軍，經歷九郡」；鴻嘉三年，「廣漢男子鄭躬等六十餘人攻官寺，篡囚徒，盜庫兵，自稱山君」，後來「犯歷四縣，眾且萬人」；永始三年十一月，「尉氏男子樊並等十三人謀反……劫掠吏民，自稱將軍」；十二月，「山陽鐵官徒蘇令等二百二十八人共殺長吏，盜庫兵，自稱將軍，經歷郡國十九」（《漢書・成帝紀》）。西漢（如果把王莽算在內）最終

亡於流民起義，而在元成之際早已是「山雨欲來風滿樓」了。

流民起義的根源在於土地兼併，「富者田連仟陌，貧者無立錐之地」，眾多民眾失去生路自然會鋌而走險。論者常常將漢代土地兼併歸之於私有制經濟規律、重農抑商的經濟政策、皇帝對寵臣親貴的肆意分封，等等。例如林劍鳴的《秦漢史》〔註9〕，就是這樣講的。但是這些因素在中唐以後的社會中依然存在，卻並沒有構成像漢代那樣患害嚴重的土地兼併問題。再者，這些因素僅構成了土地作為商品的買方市場和社會需求，並不能必然導致土地的大規模集中。兼併土地的根本驅動力應在於經營土地的高利潤。高利潤在生產力一定的條件下，只能來自於便宜的地價和勞動力，因為這兩者構成了經營土地的低成本。

兼併土地的低成本來自於農民易破產而出售土地。農業經濟本身極脆弱，產出薄、利潤低，而且易受自然災害的侵襲，《漢書·食貨志》裏所載戰國時李悝的一筆經濟賬道出了數千年農民的辛酸。而漢代農民易破產還在於其以人丁為本的賦稅制度。〔註10〕漢代的農業稅長期三十稅一，在國力強盛時例如文景之際，還可以減免，常為後人稱道。但漢代的算賦、口錢等人頭稅的負擔要重於農業稅，卻較少減免。按照《漢儀注》等文獻記載，成年人每年要出一算120錢，未成年人要出口賦23錢，成年男子還要交納雇人代服戍邊三日之役的更賦300錢。因此，一個五口之家，如有二個成年人，三個未成年人，就得出人頭稅609錢。那麼，609錢需要農民賣多少糧食呢？根據蒙文通先生的考證，漢代安定時期的普通米價是大約一石百錢左右，因此農民需要賣6石左右的糧食上交人頭稅。而漢代農民平均每戶耕種的土地只有70畝，平常年景收成的糧食是70石，最普通的生活水準全家吃飯每年要40石糧食，穿衣需要15石糧食，大約剩餘的糧食一共只有15石。〔註11〕這裡還沒計算田租（與人頭稅中的口算錢大略相當，約需要3石糧食），如果再加上「已奉穀租，又出藁稅，鄉部私求，不可勝供」（《漢書·貢禹傳》）、「鄉官部吏車馬衣服一出於民」（《後漢書·左雄傳》）等，農民自然擺脫不了貧困拮据的生活狀況。一有天災意外，便免不了賣田宅、鬻兒女的慘景。農民易破

〔註9〕　林劍鳴：《秦漢史》頁566～571，上海人民出版社，2003年。
〔註10〕李山：《中國文化史》，頁406，北京師範大學出版社，2007年。
〔註11〕蒙文通：《中國歷代農產量的擴大和服役制度及學術思想的演變》，收入《古史甄微》，巴蜀書社，1999年。

產，土地價格就低廉。社會剩餘資本如果投向土地就更容易收回成本，這就促進了土地向富人集中。而那些破了產的農民，還需要交人頭稅，萬般無奈的情況下只能取消戶口當流民，或者當盜賊。

元成時的儒生大臣們如果能像賈誼、晁錯等人那樣，具有敏銳把握現實矛盾的問題意識及解決的能力和策略，無疑應當從改變稅制入手。即使國家重農抑商、分封親貴等政策不可更改，但如果能夠把以人丁為本的稅制改為以財產標準來收稅，如後代的兩稅法，也許還可以減輕農民淪為流民的社會問題，為西漢王朝做一道續命湯。但這祇是美麗的假設而已，當時的儒臣們是如何對待這個歷史癥結呢？

應當說，沒有人比儒生們更痛恨強弱兼併、貧富懸殊的社會不公了，因為那不符合儒家的仁政原則，他們向來主張「不患寡而患不均，不患貧而患不安」。谷永看到了流民起義的社會根源：「諸夏舉兵，萌在民饑饉而吏不卹，興於百姓困而賦斂重，發於下怨離而上不知。」那麼如何解決呢？谷永提出的辦法除了前文提到皇帝應當節儉用度外，就是德政：「流恩廣施，振贍困乏，開關梁，內流民，恣所欲之，以救其急。立春，遣使者循行風俗，宣布聖德，存卹孤寡，問民所苦，勞二千石，敕勸耕桑，毋奪農時，以慰綏元元之心，防塞大姦之隙。諸夏之亂，庶幾可息。」（《漢書・谷永傳》）祇是一些德政的大原則，根本沒有具體的解決辦法。況且，元成之時每遇大災害，皇帝一般都要派人存恤救濟，減免租稅，何曾解決過什麼問題呢？

歷史需要的是理性的務實精神，而儒臣們只有道德理想主義。在理想主義的鼓舞下，儒生們熱情鼓吹古之井田制。董仲舒在武帝時曾提出：「古井田法雖難卒行，宜少近古，限民名田，以澹不足，塞并兼之路。」（《漢書・食貨志》）這些論述只具有社會批判的效應，而沒有影響到武帝的經濟政策。到了哀帝時，師丹建言：「古之聖王莫不設井田，然後治乃可平……今累世承平，豪富吏民訾數鉅萬，而貧弱俞困。」孔光、何武等也都附合，提出了具體的占田標準，哀帝也願意實行。但終因「丁傅用事，董賢隆貴，皆不便也」，限田之議「遂寢不行」（《漢書・食貨志》）。政治上需要的是迂迴務實的策略，像這樣生硬地限制，正如荀悅所說：「土地既富，列在豪強，卒而規之，並有怨心，則生紛亂，制度難行。」〔註12〕限田即使有強大的國家力量作後盾，十有八九也難以奏效，更別說哀帝時王綱不振的情況下了。更加匪夷所思的

〔註12〕荀悅：《漢紀》，頁114～115，中華書局，2002年。

是，貢禹看到了民眾的貧困，竟提出要復古廢除錢幣，使天下人一歸於農。
這個提議到哀帝時，依然有人討論。

儒臣們沈醉於大而無當的原則當中，對於現實政治中具體的問題卻不屑
討論，或者不能提出討論。例如元帝引見于定國和貢禹，「條責以職事」，指
出當時惡吏妄為，盜賊浸廣，民多怨結，地方大員多不稱職。並質問：「今丞
相、御史將欲何施，以塞此咎。」貢禹等無言以對，想不出什麼施政良策。
再如韋玄成，「四方饑饉，朝廷方以為憂，而遭羌變。玄成等漠然莫有對者」
（《漢書·馮奉世傳》）。結果，這些儒臣們難逃居位無補的指責，例如京房言
「丞相韋侯，皆久無補於民，可謂無功矣」；朱雲也說韋玄成容身保位，亡能
往來，更斥張禹為佞臣；匡衡也被王尊彈劾「阿諛曲從，附下罔上，無大臣
輔政之義」。

三、元成時儒生的文化品格

如果與《鹽鐵論》中的賢良、文學比較，可以更清楚地看出元成時儒臣
們的政治文化品格。鹽鐵會議時，儒生們作為一個階層尚未進入帝國官僚體
系，他們代表民間的意願大聲抗議當權的大夫們，充滿了鐵肩擔道義的社會
責任感。大夫洋洋自誇其均輸、鹽鐵等政策怎樣為國取利、巧妙解決戰爭經
費問題時，儒生則從民生的角度予以了痛切的揭露，「利不從天來，不從地出，
一取之民間，謂之百倍，此計之失者也」（《鹽鐵論·非鞅》）。儒生們更從民
間生活的體驗出發，具體揭露了鹽鐵專賣政策對民眾造成的諸多傷害：例如
鐵器之剛柔大小失其便：「夫秦、楚、燕、齊，土力不同，剛柔異勢，巨小之
用，居句之宜，黨殊俗易，各有所便。縣官籠而一之，則鐵器失其宜，而農
民失其便」（《鹽鐵論·禁耕》）；再如官鐵器品質低劣：「縣官鼓鑄鐵器，大抵
多為大器，務應員程，不給民用。民用鈍弊，割草不痛，是以農夫作劇，得
獲者少，百姓苦之矣」（《鹽鐵論·水旱》）；再如購買困難：「今總其原，壹其
賈，器多堅礩，善惡無所擇。吏數不在，器難得。家人不能多儲，多儲則鎮
生。棄膏腴之日，遠市田器，則後良時。鹽、鐵賈貴，百姓不便。貧民或木
耕手耨，土耰淡食」（《鹽鐵論·水旱》）；還有強賣更徭之苦：「鐵官賣器不售，
或頗賦與民。卒徒作不中呈，時命助之。發徵無限，更繇以均劇，故百姓疾
苦之」（《鹽鐵論·水旱》）。等等。這些控訴出自於親身體會、親眼目睹的民
間苦難，道盡了古往今來一切國營商業憑藉權力對民眾的損害和盤剝。其他

還揭露了均輸政策「釋其所有，責其所無」對農民所造成的雙重盤剝等。帝王權貴們高高在上地製定了理論上極爲美妙的政策，儒生們則從民間生活體驗出發，揭露了其帶來的實際效果，以眞實的力量撕碎了權貴們的理論幻想和冠冕文飾。

當然，儒生在與大夫辯論時，又有典型的的迂腐呆氣。例如，大夫質問罷鹽鐵如何解決邊費問題時，文學對之以不切實際的教化論高調：「天子不言多少，諸侯不言利害……王者行仁政，無敵於天下，惡用費哉？」(《鹽鐵論‧本議》) 再如，文學沒有注意到官營工商業與私營工商業的區別，而從道德的觀點去批評商業，竟然提出回復到原始的素樸狀態，「夫上古至治，民樸而貴本、安愉而寡求……雖有湊會之要，陶、宛之術，無所施其巧」(《鹽鐵論‧力耕》)，這顯然是狹隘保守的社會觀點。但是，此時的儒生並非政府官員，他們沒有實際爲政的經驗，迂腐自是難免，這並不能成爲他們的一個詬病。從代表社會良心的身份來看，儒生在當時應當說是完成了其歷史使命。

元成時的儒臣則不同，他們已經變爲政府官員，應當熟悉並利用政治規則來完成其拯濟天下的理想。可是，如前所述，儒臣們面對著現實政治，空有理想主義的激情，卻難以完成治國平天下的歷史責任。與鹽鐵會議時的儒生相比較，他們絲毫沒有從迂腐變爲務實，而且把那份眞摯動人的民間情感也丟了。當他們鼓動皇帝實行寬仁的政策時，何曾去民間調查過小民所受豪族大姓的欺凌之苦？哀帝時，鮑宣發出著名的民有七亡七死之歎，其中「豪強大姓蠶食無厭」赫然占其一。再如減田租，本爲仁政，但小民究竟能否得到好處？這是需要作進一步調察的，而儒臣們顯然念不及此。荀悅在《漢紀》中說：「今漢民或百一而稅，可謂鮮矣。然豪強富人占田逾侈，輸其賦太半。官收百一之稅，民收太半之賦。官家之惠優於三代，豪強之暴酷於亡秦。是以上惠不通，威福分於豪強也。今不正其本，而務除租稅，適足以資富強。」〔註13〕揆諸當時土地兼併的狀況，荀悅的說法無疑更接近歷史的眞實。儒臣只能教條化的依據六經理想製定方針原則，而無法將其仁心變成切實惠及貧民的具體政策、部分解決社會困境，這是歷史的悲哀。

儒臣們的文化品格何以如此呢？他們的歷史理想主義承自先秦士人，前文說過儒臣們的「教化禮樂」方略得自於孔子等先賢。自先秦開始，中國的士人就以當然之理代替歷史的實際原則，沈醉在美妙的思想推演中，認爲只

〔註13〕荀悅：《漢紀》，頁114，中華書局，2002年。

要改變了權力者的主觀修養狀況，一切社會問題都會迎刃而解。可實際上，這祇是美麗的幻想而已。且不說政治理想的實現不會因爲思想的美妙而只能靠民力覺醒來保障，即使千載難逢地遇上了一個願意爲百姓創福利的君主，主觀意願上的善恐怕也要經過一套複雜的技術手段才能眞正落實下來。不是麼？歷史上好心辦壞事的例子數不勝數，例如王安石變法等等。政治上的善必須要靠實際效果來界定，而非主觀意願，這要求具有腳踏實地的面對問題、解決問題的政治智慧。而漢代儒臣偏偏不懂這一點，只能守著六經聖典，背對著現實，提出應當之理而不考慮其實際效果。

再加上儒術獨尊的時代文化氛圍，儒生們視六經爲世間唯一顛覆不破的最高法則和理論權威，而六經之外的學問因爲不出自於聖人之手，所以在他們看來就具有價值上的缺陷，宜遭輕視和貶黜。例如漢初的儒者說：「制事者因其則，服藥者因其良。書不必起仲尼之門，藥不必出扁鵲之方，合之者善，可以爲法，因世而權行。」（《新語‧術事》）而元成之時的儒生則說：「好書而不要諸仲尼，書肆也；好說而不要諸仲尼，說鈴也。……萬物紛錯則懸諸天，眾言淆亂則折諸聖。」（《法言‧吾子》）儒生們不屑於吸收其他學派的學術資源，因而視界更加狹窄，氣度更加卑弱，也更加突出地表現出了中國士人品格中迂腐空談的弱點。而且因爲他們已經由在野士人轉變爲政府官僚，儒臣們的理想主義導致了國家政策的失敗和王朝的短命。

權力對儒生階層的腐蝕也是影響其政治品格的一個要素。此時的儒生已非先秦無恆產而有**恒**心之士人，進入官僚體系帶給了他們豐厚的物質利益。例如貢禹原本的經濟狀況是：「家訾不滿萬錢，妻子糠豆不贍，裋褐不完。有田百三十畝」，後來拜爲諫大夫後，「秩八百石，奉錢月九千二百。廩食太官，又蒙賞賜四時雜繒綿絮衣服酒肉諸果物，德厚甚深」，經濟狀況大大改善。再後又拜爲光祿大夫，「秩二千石，奉錢月萬二千」，確實是「家日以益富，身日以益尊」。當儒生們有了產業，他們也不可避免地表現出了對私利的追逐和眷顧，例如韋玄成出身侯家，因過錯被削爵時，表現出了極深的愧悔與自傷，顯然是把維護祖業看作自己的重要責任；匡衡爲宰相時，竟然利用職權多占田四百頃；張禹更是念及身後，爲王氏專權開脫；谷永犀利深刻的政論文後，是對王氏的諂媚和後者對其身家性命的保護；等等。鮑宣說「群臣幸得居尊官，食重祿，豈有肯加惻隱於細民，助陛下流教化者邪？志但在營私家，稱賓客，爲姦利而已。以苟容曲從爲賢，以拱默尸祿爲智」（《漢書‧鮑宣傳》），

應當是道出了大部分官僚的心理。因此，我們有理由懷疑，元成時儒臣對相當嚴重的土地兼併問題熟視無睹，而避重就輕地改宗廟郊祀，是不是因其自身就是土地兼併階層？

當然，上述影響漢代儒生歷史品格的兩個因素並不是平行並列、同等輕重的，但無疑都是存在的。儒生作為一個社會人，自然免不了物質利益的羈絆，但同時作為一個具有超越性品質的士人，在利與義的取捨間又有著自覺的原則，捨利取義甚至舍生取義常常是這個階層的人生理想和道義追求。很難量化地斷定這兩個因素各自在多大程度上影響到了漢儒，也很難清楚地分析出具體某一個儒生身上偏向於義有多少、偏向於利有多少，而且儒生還會因為境遇的不同在利義取捨之間會有變化。西漢儒臣的悲劇不在於他們對物質利益的眷顧，而在於即使他們超越了世俗層面，以滿腔熱誠和崇高的殉道精神推動社會改革時，他們所憑藉的僅僅是理想主義的學說，他們的為政思路只能流於歷史理想主義。這決定了他們的努力不能有積極的成果，不僅改善不了歷史困境，甚至會使情況更糟。

第二節　「禪讓」：儒生為政失敗後「聖王」理念之高漲

儒臣們禮樂教化改制運動失敗後，本應當冷靜反思其理想主義的為政思路和政治實踐能力問題，但是沈醉在道統權威和崇高理想中的儒臣們做不到這一點。他們反而更加固守其道義理想，以聖王的標準批判現實君王，將社會混亂歸於漢家的失德，鼓吹禪讓。這種禪讓觀念承自先秦學術，體現出了漢儒公天下的理念，是專制帝國中儒生批判精神的高揚，值得珍視。但是因為儒生找不到保障禪讓實現的客觀歷史力量，只能訴諸於天命、氣數等神秘力量。因此漢儒的禪讓觀念具有神秘的宿命論色彩，呈現出非理性的特點。它不能成為開出歷史新方向的力量，而只能被新王朝當作輿論工具，此為其歷史侷限。

一、西漢儒生的「公天下」理念

西漢儒生與後代儒生最大的不同在於天下非一家一姓之私的觀念甚為強烈。除了前引谷永的言論外，董仲舒也說：「且天之生民，非為王也，而天立

王以爲民也。故其德足以安樂民者，天予之。其惡足以賊害民者，天奪之」；「夏無道而殷伐之，殷無道而周伐之，周無道而秦伐之，秦無道而漢伐之。有道伐無道，此天理也，所從來久矣。」（《春秋繁露・堯舜不擅移湯武不專殺》）；「天子不能奉天之命，則廢而稱『公』，王者之後是也」（《春秋繁露・順命》）。蓋寬饒引韓氏易傳言：「五帝官天下，三王家天下，家以傳子，官以傳賢，若四時之運，功成者去，不得其人則不居其位。」（《漢書・蓋寬饒傳》）劉向言「王者必通三統，明天命所授者博，非獨一姓也」（《漢書・劉向傳》）。劉向編纂的《說苑・君道》中還有如下一段論說：「夫天之生人也，蓋非以爲君也；天之立君也，蓋非以爲位也。夫爲人君，行其私欲而不顧其人，是不承天意，忘其位之所以宜事也。如此者，《春秋》不予能君，而夷、狄之。」等等。呂思勉論曰：「今觀漢世，儒家之昌言革易，無所忌憚如此，知此義猶未湮晦也。」〔註14〕從這些言論可以看出，儒生的公天下理念往往與民本論、革命論、選賢論交織在一起，即上天設立君主不是爲了君主的利益，而是要建立基本的秩序，爲民謀福利。君主應當履行此一天職，還要具有聖賢的品質和非凡的人格魅力。如果君主做不到這一點，危害了民生，或者失德，就要被革去天命，理所當然地可廢、可誅、可禪。

　　西漢儒生的公天下理念承自先秦學術。在現存文獻中，這種公天下的政治觀念最早可追溯到《尚書》，其開篇之《堯典》、《舜典》、《大禹謨》講的就是堯、舜禪讓及舜、禹禪讓的事蹟。《尚書》中還有一些立君爲民的觀念，例如「天祐下民，作之君，作之師」（《泰誓》）；「皇天無親，惟德是輔」（《左傳・僖公五年》引《周書》），「惟天時求民主」（《尚書・多方》）等。《易經》中也有「革命」的觀念，例如「天地革而四時成，湯武革命，順乎天而應乎人。革之時大矣哉！」（《革卦》）此外，《詩經・大雅・文王》也說：「殷之未喪師，克配上帝。宜鑒於殷，駿命不易！」等等。這當是周人以「蕞爾小邦」推翻「大邦殷」，思考無常天命之後確立的思想法則。殷人的至上神爲「帝」，「是掌管自然天象的主宰，有一個以日月風雨爲其臣工使者的帝廷」。〔註15〕這個「帝」的權威很大，卻又神秘無常，人們只能誠惶誠恐地屈從於它，卻不能理解它。而且作爲至上神，「帝」理所當然地護祐人間君主。周人取得天下後，

〔註14〕呂思勉：《呂思勉讀史札記・西漢官天下之義》，上海：上海古籍出版社 2005 年版，頁 718～719。
〔註15〕陳夢家：《殷墟卜辭綜述》，頁 580，中華書局，1988 年。

一方面繼承了殷人的至上神觀念，同時又對其作了巨大的突破。周人提出了「天」的概念，「天」除了爲至上神外，更具有了福善禍淫的道德意味。上天根據道德上的善惡決定是否福祐人間君主，君王可以因爲仁德而享有天命，也會因爲失德被拋棄。例如《召誥》中說：「皇天上帝，改厥元子，茲大國殷之命。……天亦哀於四方民，其眷命用懋，王其疾敬德。相古先民有夏，天迪從子保；面稽天若，今時既墜厥命。今相有殷，天迪格保；面稽天若，今時既墜厥命。」周人的新天命觀一方面爲周王朝建立提供了合理性和歷史根據，另一方面使「天」具有了教化功能，後被歷代統治者用爲神道設教的工具。前述《尙書》、《易經》、《詩經》中的革命觀念都是這種天命觀的反映，中國儒家文化政教合一的性質亦由此開其端緒。

春秋時期，隨著民本思想的高揚，一些賢士重新思考了君與民的關係，例如里革論晉厲公之過：「且夫君也者，將牧民而正其邪者也。若君縱私回而棄民事，民旁有匽無由省之，益邪多矣。……將安用之？桀奔南巢，紂踣於京，厲流於彘，皆是術也。」（《國語·魯語》）再如邾文公說：「天生民而樹之君，以利之也。」（《左傳·文公十三年》）等。這是對當時諸侯歷史命運的思考，也是對周初思想的重新闡釋與發展。與周初的思想相比，春秋賢人對無常天命的敬畏恐懼感削弱了，民眾的力量被強調和發揚，幾乎成了天命的依據和體現。人本主義思潮壓倒了神秘玄妙的宗教觀念。

公天下的觀念更是諸子之學的公義。儒家「祖述堯舜，憲章文武」，孔子雖沒有明確說過「公天下」，但從其對堯、舜的讚美，一貫的用賢主張、仁政理想，以及感歎「泰伯，其可謂至德也已矣！三以天下讓，民無得而稱焉」（《論語·泰伯》）等，可以看出孔子決不會認同私天下的主張。至其後學，孟子理直氣壯地提出了思想史上一個著名的命題：「民爲貴，社稷次之，君爲輕。」而且，「諸侯危社稷，則變置」（《孟子·盡心下》）但是，孟子認爲政權交替並非直接由民眾或天子來實現，而是通過天來轉移，例如孟子認爲「天子不能以天下與人。」所以萬章問：「然則舜有天下也，孰與之？」孟子回答說：「天與之。」「天不言，以行與事示之而已矣。」「天子能薦人於天，不能使天與之天下。」（《孟子·萬章上》）荀子的學說中，民眾擁戴與否更直接地決定了王權的合法性：「能用天下謂之王。湯武非取天下也，修其道，行其義，興天下之同利，除天下之同害，而天下歸之也。桀紂非去天下也，反禹湯之德，亂禮義之分，積其凶，全其惡，而天下去之也。天下歸之之謂王，天下

去之之謂亡。故桀紂無天下，湯武不弒君，由此傚之也。」(《荀子‧正論》)
總的看來，儒家是以君王是否仁政愛民作爲判斷其權力正當性的依據，道義
的力量遠遠高於人間的威權。

道家主張無治主義，其小國寡民的社會理想中，沒有等級之差，更沒有
君主的位置。當然對於現實中的君主，道家也有自己的思考。《老子‧六十二
章》中說：「道者，萬物之奧，善人之寶，不善人之所保。……故立天子，置
三公，雖有拱璧以先駟馬，不如坐進此道。」即認爲在天子即位、設置三公
的時候，雖然有拱璧在先、駟馬在後的獻禮儀式，還不如把「道」進獻給他
們，因爲「道」可以保全他們。那麼，道家之「道」是怎樣的一種品格呢？
「不知常，妄作凶。知常容，容乃公，公乃全，全乃天，天乃道，道乃久，
沒身不殆。」(《老子‧十六章》) 也就是說，懂得自然常道，虛靜無爲，排除
掉個人私欲，如此才不會胡作妄爲。能做到這一點，就會包容天下，公正不
倚。公正就能周全，周全才能符合自然的「道」，合道而行才能長久，終身不
會遭到危險。《老子》當中更有一些基於歷史經驗的政治智慧，如：「治大國，
若烹小鮮」(《老子‧六十章》)，反對人主出於私欲任意妄爲、頻繁更張。等
等。後來的《黃帝書》對這種思想又作了進一步的發揮，例如：「公者明，至
明者有功。……無私者知（智），至知（智）者爲天下稽」(《黃帝書‧經法‧
道法》)；〔註16〕「精公無私而賞罰信，所以治也」(《黃帝書‧經法‧君正》)；
〔註17〕「故唯執道者能虛靜公正，乃見口口，乃得名理之誠」(《黃帝書‧經
法‧名理》)；〔註18〕等等。

墨家認爲，遠古無君，人相爭鬥，「天下之亂，若禽獸然」。自從上帝鬼
神選立君主，有了以天子爲首的秩序體系，才使人類社會有了綱紀。所以，
天子應當「興天下之利，除天下之害」。要使天子做到這一點，就應該「選天
下之賢可者立以爲天子」(《尚同上》)。選天子的權力在上天鬼神，而非民眾。
上天鬼神選立天子的標準是「兼愛」和「交利」。上天選立天子之後，天子不
能獨治天下，於是選賢人爲三公。接下來再選諸侯、鄉長、正長等。建立在
選賢基礎上的政府，要從下到上一級一級地負責把民眾興利除害的意見收集
起來，最後由天子形成國家統一的意志，即「尚同」。這樣就改變了萬民各自

〔註16〕 魏啓鵬：《馬王堆漢墓帛書〈黃帝書〉箋證》，頁6，中華書局，2004年。
〔註17〕 魏啓鵬：《馬王堆漢墓帛書〈黃帝書〉箋證》，頁25。
〔註18〕 魏啓鵬：《馬王堆漢墓帛書〈黃帝書〉箋證》，頁90。

爲利、水火毒藥相虧的亂世局面。

即使是維護君主權威的法家，早期也一樣要「尚公義」，試圖以客觀齊一之法「上約君、下約民」。慎到提出：「古者立天子而貴之者，非以利一人也。曰：天下無一貴，則理無由通。通理以爲天下也。故立天子以爲天下，非立天下以爲天子也。」(《慎子·威德》)商鞅也說：「故堯舜之位天下也，非私天下之利也，爲天下位天下也。」(《商君書·修權》)因此，法家堅決反對君主以權侵法，「君人者舍法而以身治，則誅賞予奪從君心出矣。……怨之所由生也。」(《慎子·君人》)「今亂世之君臣，區區然皆擅一國之利，而管一官之重，以便其私，此國之所以危也。」(《商君書·修權》)。而且，商鞅在秦國變法時，也曾將這種「尚公義」的原則落實到了政治實踐中，例如太子犯法，刑太子傅。

此外，還有鄒衍的「五德始終」說，「稱引天地剖判以來，五德轉移，治各有宜，而符應若茲」(《史記·孟子荀卿列傳》)。朝代不僅有興亡變化，而且還遵循五行生克的規律，不以人的意志爲轉移。有了五行的哲學基礎，歷史演變開始被認爲要遵循超越客觀的法則，這一點，在《呂氏春秋》的「公天下」觀念中也有反映：

> 昔先聖王之治天下也，必先公，公則天下平矣。……凡主之立也，生於公。……天下非一人之天下也，天下之天下也。陰陽之和，不長一類；甘露時雨，不私一物；萬民之主，不阿一人。(《呂氏春秋·春紀·貴公》)

公天下不僅是理想的聖王治理天下之原則，而且還是自然陰陽「不私一物」的規律在人事中的反映，人主必須遵行，公則天下平。這無疑構成了對現實君主權威的一種張力，也是人們據以評判現實君主的一條準則。

保存在《禮記》和《孔子家語》中的《禮運》篇，〔註19〕更是對「公天下」的理想進行了系統的總結，提出了一個「大道之行」的社會理想：

> 大道之行也，天下爲公，選賢與能，講信修睦。故人不獨親其親，不獨子其子，使老有所終，壯有所用，幼有所長，矜寡孤獨廢疾者

─────────────

〔註19〕關於《禮運》的作者、時代及學派歸屬，學界長期存在爭論。目前，學者據出土文獻以及走出疑古時代後重新認識的傳世文獻，基本上認爲該篇作於戰國晚期七十子後學之手。參見王鍔：《「大同」、「小康」與《禮運》的成篇年代》(西北師大學報，2006年11月)；楊朝明：《《禮運》成篇與學派屬性等問題》(中國文化研究，2005年春之卷)等。

皆有所養，男有分，女有歸。貨惡其棄於地也，不必藏於己；力惡
其不出於身也，不必爲己。是故謀閉而不興，盜竊亂賊而不作，故
外戶而不閉。是謂大同。

至此，「公天下」的觀念已經成爲一種完整、系統、嚴密的政治理想：這裡沒有外在等級限制，每個人都依據自己的才能天分爲公眾謀福利。人與人沒有親疏遠近之別，人們尊老愛幼，照顧孤寡殘疾之人，皆得天倫之樂，各享天年。財產共有，社會富足又不浪費。沒有陰謀，沒有盜竊，沒有戰爭，一派太平景象，家家夜不閉戶。這段文字被稱爲中國的「烏托邦」，在後世一次又一次地得到回應，如陶淵明的「桃花源」等。作爲人類社會的終極目標，也激勵了一代又一代的志士仁人爲之奮鬥，一直到近代康有爲、譚嗣同、孫中山等人，依然念茲在茲。

入漢以後，思想家經歷了亡秦之亂，在反思歷史的「過秦」熱潮中，更是高揚民本思想，將得到民眾擁護與否看作是政權合理性的判斷標準。例如「夫持天地之政，操四海之綱，屈申不可以失法，動作不可以離度……故世衰道失，非天之所爲也，乃君國者有以取之也」（《新語・明誠》）；「夫欲富國強威，闢地服遠者，必得之於民」（《新語・至德》）。賈誼更是提出：「民無不爲本也。國以爲本，君以爲本，吏以爲本……民無不爲命也，國以爲命，君以爲命，吏以爲命……故自古至於今，與民爲仇者，有遲有速，而民必勝之。」（《新書・大政》）

「公天下」作爲一種賢哲共識，也產生了巨大的社會影響。它超出了學術領域，幾乎影響到了最高帝王。《說苑・至公》載，秦始皇在討論了公天下和家天下後，竟然宣稱：「吾德出於五帝，吾將官天下，誰可使代我後者？」如果說這個故事尚有小說家言之不可靠成分，那麼還有漢文帝的詔書可以證明當時「公天下」觀念之深入人心。文帝在群臣請立太子時，下詔曰：「朕既不德，上帝神明未歆饗也，天下人民未有愜志。今縱不能博求天下賢聖有德之人而嬗天下焉，而曰豫建太子，是重吾不德也。謂天下何？其安之。」（《漢書・文帝紀》）可見，「博求天下賢聖有德之人而嬗天下」是作爲一種較高的政治典範而爲帝王企慕，哪怕這種企慕祇是表面的文飾。景帝時，轅固生與黃生間發生了一次意味深遠的爭論：

（轅固生）與黃生爭論於景帝前。黃生曰：「湯武非受命，乃弒也。」
固曰：「不然。夫桀紂虐亂，天下之心皆歸湯武，湯武因天下之心而

誅桀紂，桀紂之民不爲之使而歸湯武，湯武不得已而立，非受命爲
何？」黃生曰：「『冠雖敝必加於首，履雖新必關於足。』何者？上
下之分也。今桀紂雖失道，然君上也；湯武雖聖，臣下也。夫主有
失行，臣下不正言匡過以尊天子，反因過而誅之，代立踐南面，非
弒而何？」轅固生曰：「必若所云，是高皇帝代秦即天子之位，非邪？」
於是景帝曰：「食肉不食馬肝，不爲不知味；言學者無言湯武受命，
不爲愚。」遂罷。（《史記・儒林列傳》）

轅固生的立場近似於荀子，堅持以民心嚮背、道德律令作爲討論政權合法性
與正當性的依據，相信有一個絕對的道義法則看守、監護並決定著人類現實
和歷史命運，這是學界歷來的公義。在景帝時，這種言論無疑也闡釋了漢王
朝受命的正當性。黃生則維護絕對的君主權威，將上下等級之分推向絕對永
恆。這是現實人主最受用的言論，但卻不能解釋漢朝政權建立的依據。兩難
之下，景帝叫停了這場爭論。從此後，最高權力的合法性問題成了「馬肝之
學」，充滿了危險和禁忌，不能輕易在帝王前討論。

　　但是在學術上，最高權力的合法性問題又是每一位嚴肅的思想家不能繞
開的問題。隨著中央集權的擴展、諸侯王勢力的削弱，西漢士人失去了戰國
時期叱吒風雲的歷史環境，心理上感受到了巨大的失落和壓力。徐復觀先生
《西漢知識份子對專制政治的壓力感》一文有著很精到的分析。但是，士人
的學術觀念在很大程度上依然繼承了先秦，並未被政權馴化。他們雖然不能
像先秦諸子那樣卓然開出全新的一家一派，但卻能以開闊的胸懷融合眾家，
自成一體。具體在政權合法性的問題上，以董仲舒爲代表的思想家吸納了儒
家的民本思想、鄒衍的「五德始終」以及災異等思想，總結出了一套歷史發
展程式：（一）聖人受命；（二）天降符瑞；（三）推德定制（包括易服色，更
制度，改正朔等）；（四）封禪告成功；（五）王朝德衰，天降災異；（六）禪
國讓賢（見災異起，知天命改，應儘早物色賢人讓國，否則革命起，終無以
保其位）；（七）新聖人受命。〔註20〕這個歷史程式顯然是以「公天下」的觀
念爲前提，王朝更替、新聖人受命等都被認爲是自然而然、天經地義的。上
天根據帝王德行和民眾意願決定福祐王朝與否，如果天命改德，現行王朝最
好順從天意，讓位於新聖人。

　　與先秦學術中的「公天下」相比，漢儒構建的這種歷史程式多了份神秘

〔註20〕錢穆：《國史大綱》，頁 150～151，商務印書館，1996 年。

玄妙的色彩，聖人受命、天降福瑞等都是天的意志張揚，非人力所能致。雖然「天」基本上是根據民意來褒貶帝王，即「天聽自我民聽，天視自我民視」，但畢竟天心難測，原因和結果之間並不一定是充分必然的關係。另外，王朝的「德」雖主要指帝王的道德仁政水準，但又有運氣、時命等人力所無法把握的因素。

二、「禪讓說」之高漲及其歷史局限

懷著「公天下」的歷史觀念，西漢儒生們改制失敗後，在無法反思其自身歷史侷限的情況下，很自然地將原因歸結於王朝失德。因為儒生們完全是依從聖人的大經大法來改制，聖人之法的的神聖崇高足以使改制的正確性、權威性不容質疑。但是本該實現的改制理想卻沒有實現，唯一的理由就只能歸咎於權力者的品行欠佳了。再者，當時的帝王不僅不能稱之為明聖，甚至可以說與理想中的聖王有天壤之別。尤其是成帝，不僅與群小結伴私出王宮遨遊，倚重外戚，而且還因寵愛趙氏姐妹造成了後嗣無人的嚴重後果。帝王一次又一次不顧倫常大法的私意妄為，在儒臣們看來完全可以導致天命改德的嚴重後果。例如，宗室劉向曾不無憂懼地對成帝說：「世之長短，以德為效，故常戰慄，不敢諱亡。孔子所謂『富貴無常』，蓋謂此也。」(《漢書·楚元王傳》)再加上當時天災頻仍，進一步打擊了人們對漢朝的信心，例如元延三年正月丙寅，蜀郡岷山崩雍江，劉向認為「周時岐山崩，三川竭，而幽王亡。岐山者，周所興也。漢家本起於蜀漢，今所起之地山崩川竭，星孛又及攝提、大角，從參至辰，殆必亡矣。」(《漢書·五行志》)

於是，就有人站在天命的角度宣稱漢家氣數已盡，例如谷永奏疏中說：「陛下承八世之功業，當陽數之標季，涉三七之節紀，遭無妄之卦運，直百六之災厄，三難異科，雜焉同會……隆德積善，懼不克濟。」(《漢書·谷永傳》)所謂「三難」指的是：成帝為九世漢帝，「九」為陽數之極；西漢開國至成帝積二百一十歲，屬於「三七」之節紀，「七」亦為陽數；「無妄」者，無望也，又值太初改曆以來接近一百零六之災歲。更有甘忠可說「漢家逢天地之大終」等。在他們看來，王朝治期、災厄年歲等都是事先命定的。曆數已盡，大命難續，即使隆德修善，恐也難逃厄運。保存在《易緯》裏的「推軌法」更是把神聖隱秘的天命變得可以由數的推演來把握，精確客觀：「一軌享國之法：陽得位以九七，九七者，四九、四七者也。陰得位以六八，六八者，四六、

四八也。陽失位，三十六。陰失位，二十四。」(《易緯・乾鑿度》)再如「推厄所遭法」：「孔子曰：以爻正月，爲享國數，存六期者天子。欲求水旱之厄，以位入軌年數，除軌筭盡，則厄所遭也。甲乙爲饑，丙丁爲旱，戊己爲中興，庚辛爲兵，壬癸爲水」(《乾鑿度》)；等。這些演算法有數種，算出來的結果也不盡一致，但無論按哪種演算法，漢王朝總處於崩潰的邊緣。

既然漢家已經失德，那麼儒生的選擇就只能是順從天意，鼓吹禪讓，除舊布新地擁戴一個新聖人拯救萬民於水火。哀帝時禪讓說開始高漲。夏賀良等人承甘忠可之學，陳說「漢曆中衰，當更受命」(《漢書・眭兩夏侯京翼李傳》)，於是哀帝採其建議，以建平二年爲太初元年，改帝號曰「陳聖劉太平皇帝」。對於這個奇怪的稱號，錢穆解釋說：「故改稱『陳聖劉』，意謂堯後之漢既衰，繼起者必當爲舜後，此據五帝德轉移之說推也。自號『陳聖劉』，所以爲厭勝。」〔註21〕《呂思勉讀史札記・秦漢・論漢人行序之說》則考證：「陳即田，田即土，蓋謂帝雖姓劉，所行者土德耳。」〔註22〕兩種說法雖解釋改號之用意有別，但都以五德始終說爲觀照視點。天命五德轉移的客觀性爲帝王信服，可見其影響力。後來，哀帝又欲禪位給董賢。雖然夏賀良終因再受命無效而被處死，哀帝也不可能眞的把帝位傳給董賢，但這些事例的出現已足以表明當時的禪讓說是如何深入人心。

此期學術上興起的讖緯亦大講禪讓，例如《尙書帝命驗》曰「天道無適莫，常傳其賢者」；《春秋元命苞》曰「天道煌煌，非一帝之功。王者赫赫，非一家之常。順命者存，逆命者亡」。據日本學者安居香山、中村璋八輯的《緯書集成》，讖緯中直接言及堯舜禪讓的有十二條，此外還有兩條與此雷同的舜、禹禪讓故事。〔註23〕與經學相比，緯書**裏**的禪讓故事充滿了光怪陸離的神話色彩，且宿命化的程度更強烈，例如《論語比考讖》中記載：「堯在位七十年，將以天下禪舜，乃潔齋，……有五老遊焉，蓋五星之精。相謂：河圖將浮於是，龍卿玉苞，刻木版，題名可卷，金泥玉檢封書，威知我者重瞳黃姚。視五老飛爲流星，上入昴。」再如《尙書中侯考河命》載：「(舜)在位十有四年，奏鍾石笙筦，未罷而天大雷雨，疾風，發屋伐木，桴鼓播地，鍾

〔註21〕錢穆：《劉向歆父子年譜》，《兩漢經學今古文平議》，頁 86，商務印書館，2001年。

〔註22〕呂思勉：《呂思勉讀史札記》，頁 817，上海古籍出版社，2005年。

〔註23〕洪春音：《緯書與兩漢經學關係之研究》，頁 175，臺灣東海大學 2002年博士論文，列印本。

磬亂行，舞人頓伏，樂正狂走。舜乃持衡而笑曰：『明哉，天下非一人之天下也。亦乃見於鍾石笙筦乎？』乃薦禹於天，行天子事。於是和氣普應，慶雲興焉，若煙非煙，若雲非雲，郁郁紛紛，蕭條輪困。……舜乃設壇於河，如堯所行，至於下稷。容光休至，黃龍龜圖，長三十二尺，置於壇畔，赤文綠錯，其文曰：『禪於夏后，天下康昌』。」〔註24〕在這些記載中，人間的禪讓是由天來做主的，禪讓之前往往先出現非凡的徵兆，禪讓後的新聖人有承受河圖洛書等天命的莊嚴儀式，儀式上還有五老、龜等神秘的天命使者出現，等等。受命的新聖人往往還有感生、異表等非凡特徵，例如《春秋元命苞》中說「堯，火精，故慶都感赤龍而生」，《春秋援神契》曰「舜龍顏，重瞳，大口，手握褒」，等等。

　　至此，儒生「公天下」的理念高揚到了頂峰。我們在為漢儒振奮吶喊的時候，必須清醒地看到，這種「公天下」並非現代意義上的民主，而是雜糅陰陽五行、天命鬼神等因素的非理性之宿命論。雖然它反映了民眾的意願，但卻主要由天命而非民眾來作主。西方的民主政治是以自然法觀念為基礎，生命的權力、財產的權力以及追求幸福的權力等被視為「天賦人權」。在此前提下人們可以授權某些人建立政府，也可以收回這種權力（通過議會、普選等程式）。政府與民眾，政治與法律之間存在一定程度上的相互制衡。通過一系列的法律和制度，人們可以參與到國家政治事務中，最高領導權也必須通過一系列的程式客觀理性地交接。西漢儒生「公天下」的最高保障力量——天，則不具有這種客觀的性質，而只能通過觀念性的因素來影響現實政治，影響的程度賴於帝王的個人素質、道德修養等不確定的因素。

　　由於缺乏民眾力量的保障，「公天下」的理念實際上很難落實。梁啓超曾經以歐美人「Of people，for people，by people」政治觀念為參照，敏銳地看到：「中國人對於國家性質和政治目的，雖看得不錯，但怎樣才能貫徹這目的呢？可惜沒有徹底的發明。申而言之，中國人很知民眾政治之必要，但從沒想出個方法叫民眾自身執行政治。所謂 By people 的原則，中國不惟事實上沒有出現過，簡直連學說上也沒有發揮過。」〔註25〕由於沒有民治的原則，所以「公天下」的理論體系中，君主治民這一環節是直接的、現實的，而民意作用於

〔註24〕　〔日本〕安居香山，〔日本〕中村璋八輯：《緯書集成》，頁 429～431，河北人民出版社，1994 年。
〔註25〕　梁啓超：《先秦政治思想史》，頁 229，天津古籍出版社，2003 年。

君主這一環節則是間接的、有彈性的，民意要通過「天」這一中介才能影響君主。君主如果達到桀紂那樣的暴虐程度，上天自然會通過民眾革命推翻他，但在君主到達這個極限之前，民眾則要無條件的服從君主的統治。「公天下」只有通過革命來實現，而不能在王朝的慣常管理系中體現，這是其思想的侷限性。

造成中西方思想狀況差別的原因當然不在於思想家缺乏邏輯性，或者缺乏思想力，而是因為在中國的歷史環境中，民眾的力量太過薄弱，還沒有發展到能夠自治的程度，所以不能成為思想家賴以實現學說的力量。西方則非如此。作為現代民主制度淵源的雅典民主，起始於梭倫改革。梭倫改革的根本原因乃在於當時的階級矛盾，「貴族之間的家族鬥爭依舊，然而，這毫不新鮮，平民階級中崛起的工商新富與原有掌權貴族階級之間的矛盾才是彼時的新問題，也是最為急迫的經濟和政治問題」。〔註26〕梭倫改革最著名和最重要的內容是按照財富把雅典民眾劃分為四個等級：五百斗者、騎士、雙牛級和日傭。他把各種官職分派給前三個等級，相應的官職按各級的財產估價比率而定，第四個等級的人只允許充當民眾會議和法庭的成員。這就根本改變了原有的身份貴族制度，突破了原始的氏族血緣紐帶。梭倫立法中的第二等級是之前兩個世紀內在海上商業貿易中得以崛起的新富，他們與古老的土地貴族截然不同，代表著一股新生的力量。第三等級雖然祇是一些小手工業者和商人，他們的政治生命剛開始萌發，雖然重分土地的要求不可能一蹴而就，可他們已經可以取得珍貴的公民權。正是他們的蓬勃發展和力量壯大，導致了梭倫改革中對他們權力的承認和貴族的妥協。從此，雅典的民主拉開了序幕，雅典社會也從農業社會逐漸轉向工商社會。之後，經過庇西斯特拉圖、克里斯提尼等一系列改革，雅典的民主制終於確立下來。

而中國相同時期的民眾則在西周確立的宗法制下生存，溫情脈脈的血緣關係掩蓋了階級矛盾。雖然民力有一定的發展，但始終沒有衝破氏族血緣的紐帶。春秋時期活躍在政治舞臺上的民眾是國人。「國人」曾經很強悍，他們與西周貴族具有共命運的關係，享有一定的原始民主權力，宗親意識又使他們樂於接受貴族的施捨。最終因為這施捨，「國人」逐漸被收買，淪為貴族爭權的工具。不僅如此，當一系列破壞原始民主、進行更多的經濟剝奪的事件

〔註26〕劉晨光：《民主、僭政與帝國——以雅典和波斯為例》，《希臘四論》，頁184，華東師範大學出版社，2006年。

發生時，「國人」都是悄無聲息，沒有任何反抗。之所以如此，是因爲「國人」濃厚的宗親觀念使其分不清自己的利益所在。〔註27〕湯普森曾經說過：「我說的階級是一種歷史現象……它既包括在原始的經歷中，又包括在思想覺悟裏……當一批從共同的經歷（無論是繼承的還是分享的經歷）中得出結論，感到並明確說出他們之間有共同利益，他們的利益與其他人不同（而且時常對立）時，階級才發生」。〔註28〕因此，階級不祇是個經濟範疇，更重要的還是個文化觀念。階級觀念沒有在「國人」的意識中彰顯出來，因此他們也就不能爲著本階級的利益有所行動。民眾起而造反，祇是在基本的生存權利被剝奪的情況下才會發生，但凡生存環境略微改善，民眾就不會在政治權益上有更多的、更上一層的要求和擴張。這樣的民眾譜寫了我們的歷史。

那麼，爲什麼中西民眾的歷史品格有如此大的差異呢？常見的論述往往是追溯到中國和古希臘的地理環境不同、經濟發展的基礎不同，但是地理環境並不能對文明形態起到決定作用，這基本上已成爲常識。李山師提出的四個層次文明的理論，也許可以給我們一點啟示。即：幾個文明古國是第一層次的文明，他們原創性地開創自己的文化，發展速度相對緩慢；第二層次的文明以地中海世界的古希臘、羅馬文明爲代表，它們吸收了古代埃及、巴比倫等文明成就，發展速度大大快於第一層次的文明；第三個層次的文明是歐洲文明，他們可資吸收的前人文明養分更加充沛；北美洲文明是第四個層次的文明。古老的第一層次文明世界的下層民眾前無所依的進行著物質發明創造，「在緩慢的漸進的累積過程中，時間的漫長，幫助的不是勞作者和發明者，而是上層有權位者……民眾力量的積累，因慢於政治權力發展速度而最終失去了與權力階層對峙、斗爭的可能，於是只有匍匐於強權之下」。〔註29〕而第二層次文明的下層民眾極其活躍，他們在優越的文明條件下開始自己的社會創建、航海貿易、殖民地拓展，有著清醒的階級自衛意識，這樣形成的社會是一個雙線型的社會，即貴族與平民共存共生而又相互制衡，最終開出了民主制。中國古代的文明形態則無疑是單線型的，民力不張，社會上沒有出現能夠掙脫氏族紐帶的力量，造成了中國社會的內斂形態和專制政治。

〔註27〕參見李山：《先秦文化史講義》，頁116～142，中華書局，2008年。

〔註28〕〔英國〕E.P.湯普森著、錢乘旦等譯，《英國工人階級的形成·前言》，譯林出版社，2001年。

〔註29〕李山：《先秦文化史講義》，頁73，中華書局，2008年。

　　民眾力量的暗昧不彰，對思想史的發展方向和學說的歷史命運影響巨大。先秦士人懷著美好的公天下願望著說立說，奔走天下，但是因為沒有實現學說的保障力量，其走向失敗也就是必然的了。「公天下」祇是思想家們惇惇切切教誨人主的一種警戒，或者美好的幻想。純葆儒學精神的孟子在遊說了一個又一個君主也無法實現其仁政理想後，「窮則獨善其身」，以天爵自我安慰。從道家的虛靜無為之「公」走出了法家，希望以上下齊一之法來實現「尚公義」的理想，但最終祇取得了「下約民」的成功，而沒有約束到君主。百家爭鳴的最後結局是韓非和鄒衍。韓非一方面是荀子的學生，另一方面又吸收了道法思想，融眾術為一家，卻完全站在了君主的立場，磨刀霍霍地要除掉「五蠹」、「八奸」等，學術最終淪為帝王權術。鄒衍企圖以符應聳動人主，實現仁政，但陰陽術士終不能承此大道。

　　入漢以後，民眾雖因推翻秦王朝，其力量在漢初被思想家一再申述，但不久就淪為集權統治下的小民，歷史境遇沒有得到任何改善。歷史沒有形成實現王道理想的保障力量，思想家只能沈醉在理想化的思想法則中，突破不了先秦士人的侷限。他們只能重走先秦士人的覆轍，在觀念的圈子裏輪迴。歷史既然沒有提供給漢儒突破思想侷限的契機，現實中也找不到實現「公天下」的可行方法和客觀力量，漢儒只能祈求於天命氣數等神秘玄妙的觀念，走向宿命化的「禪讓」。「公天下」觀念從先秦學術中的清澈俊朗走向漢儒的神秘玄妙，實際上是思想史的倒退，因為天的力量被張揚了，人類自身把握歷史命運的力量被進一步消弱了。這種希圖以天命鬼神等觀念性的力量來實現王權禪讓的思路，存在著嚴重的歷史理想主義缺陷，因為天命鬼神的力量非常脆弱，不具有客觀性：「天」即可以被用來保障公天下的實現，也可以被用來證明一家一姓天下的合理性，其指向全取決於時代人心。正如後面要提到的，王莽失敗後，這種天命保障下的代表公天下理念之「禪讓說」，就迅速演變為私天下之「王命論」。

第三節　王莽：理想主義的巔峰與覆滅

　　在一片禪讓的呼聲中，王莽走向了歷史前臺。這個奇理思瑪（charisma）型人物曾經像暗夜長空中一顆璀璨的明星，帶來了群情鼓舞的狂熱氛圍，無數人在他身上寄託了美好的期望。但這不過是曇花一現，王莽很快走向了覆

亡。他敗得是那樣慘烈！那樣讓人絕望！儘管後人無數次設想：如果王莽成功了，中國後來的歷史該會是怎樣地健康發展而不是治亂循環，中國的士人該會是怎樣地揚眉吐氣而非俯首聽命！但歷史不能假設，王莽失敗絕非偶然和意外，而是一開始就注定要發生的悲劇。我們不必像封建文人那樣出於正統觀念將王莽貶爲篡位小丑，口誅筆伐；也不必像現代五四文人那樣爲打倒傳統文化稱頌王莽爲「民選皇帝」、能夠瞭解「國家社會主義」的政治家，〔註30〕爲其失敗扼腕歎惜；而是要理性客觀地分析這個夭折的文化怪胎，看出其發生的必然性及失敗的悲劇意義。

一、聖人王莽之禪漢

　　後人常常驚歎於王莽得到漢家江山是如此輕易，不僅武力流血事件罕有發生，而且幾乎是朝野上下一片稱頌。當時誠然有著千載難逢的政治機遇：「乘其四父歷世之權，遭漢中微，國統三絕，而太后壽考爲之宗主。」（《漢書・王莽傳贊》）但是，這樣的歷史機遇並不必然導致異姓禪代的發生，例如霍光當政之際，昭帝無後，昌邑王行爲荒亂被廢，漢室命懸一線，若霍光稱帝也有可能會僥倖成功，但他並沒有這樣做。這並非因爲霍光更忠於漢室，或是他的品格更加高尚，而是稱帝在當時簡直是匪夷所思之事。那麼，到了王莽時代，爲什麼就可以呢？王夫之說：「上有闇主而未即亡，故桓靈相踵而不絕；下有權奸而未即亡，故曹操終於魏王；司馬懿殺曹爽、奪魏權，歷師、昭迄炎而始篡天下者，待一人以安危，而一人又待天下以興廢者也。唯至於天下之風俗波流簧鼓而不可遏，國家之勢，乃如大堤之決，不終且潰以無餘。故莽之篡如是其速者，合天下奉之以篡，莽且不自意其能然，而早已然也。」（《讀通鑑論・卷五》）也就是說，權奸、暗主都不見得一定會亡國，時代人心的轉移才是最關鍵的因素。導致漢新禪代的不在於王莽的外戚權勢，而在於他的所作所爲符合了大眾的期望，在於他超凡入聖的人格魅力。數十萬人眞誠狂熱的擁戴王莽，不正說明了這一點麼？

　　當時是怎樣的一個時代？小民百姓在水旱災害、地震疾疫、沈重賦稅、大姓蠶食、苛吏徭役、盜賊劫略、嚴刑酷法的夾縫中悲慘度日，「有七亡而無一得」、「有七死而無一生」（《漢書・鮑宣傳》），民心趨於崩潰死亡。儒生們

〔註30〕　參看胡適：《王莽──一千九百年前的一個社會主義者》、《再論王莽》等文，均收入歐陽哲生編《胡適文集》北京：北京大學出版社，1998年。

依照宿命化之公天下觀念評判政治形勢、思考天命所歸，宣言漢家氣數已盡，
鼓吹禪讓。整個社會彌漫著一種不祥的末世情緒，陰沈昏暗而又躁動不安。
山雨欲來風滿樓，一些無中生有的流言竟會使眾多百姓驚慌失措，例如：「建
始三年秋，京師民無故相驚，言大水至，百姓奔走相蹂躪，老弱號呼，長安
中大亂」（《漢書‧王商傳》）；「（建平）四年春，大旱。關東民傳行西王母籌，
經歷郡國，西入關至京師。民又會聚祠西王母，或夜持火上屋，擊鼓號呼相
驚恐」（《漢書‧哀帝紀》）；等等。從這些神秘而又荒謬的的事件，可以看出
當時的社會心理是如何恐慌緊張而又浮躁盲從，一有風吹草動便會導致大江
決堤、氾濫滔天。

在一片漆黑絕望當中，王莽以一個道德楷模的形象出現在了世人面前，
那麼崇高，那麼聖潔。王莽出身顯赫，因為姑姑王政君做了太后的關係，家
族是「九侯」、「五司馬」。王莽卻因為父親早死，沒有享受到奢華殊榮，但是
相對貧寒的生活卻造就了他平民儒生的氣質。《漢書‧王莽傳》載王莽「折節
為恭儉。受《禮經》，師事沛郡陳參，勤身博學，被服如儒生。事母及寡嫂，
養孤兄子，行甚敕備」，這與那些「乘時侈靡，以輿馬聲色佚游相高」的弟兄
們比較起來是多麼的不同！王莽對長輩彬彬有禮，在伯父王鳳生病的時候，
衣不解帶，侍奉床前幾個月，自己累得蓬頭垢面。王鳳為此孝心感動不已，「鳳
且死，以託太后及帝，拜為黃門郎，遷射聲校尉」。過了一段時間，王莽的孝
順賢良又打動了叔父王商，王商上書願意將自己受封的部分戶邑轉讓給王
莽。再加上王莽「外交英俊」，戴崇、金涉等一大批名流也替王莽說好話，漢
成帝「由是賢莽」。永始元年，王莽被封為新都侯。

對待榮譽富貴，王莽是爵位愈尊，節操愈謙，聲望隆洽，日甚一日。進
入權力中心的王莽，做的第一件大事是揭發了太后外甥淳于長給廢后許后寫
悖亂之信的齷齪事，這使他獲得了忠直的美名。盛名之下，王根推薦王莽自
代，王莽被提拔為大司馬，時年僅三十八歲。王莽依然是克己不倦，非常節
約，妻子出來迎接客人，因穿得寒酸竟被當成了僮吏。幾年後，成帝死去，
哀帝即位，要尊崇祖母傅太后及母親丁姬，給她們與成帝太后同樣的待遇。
這是對宗法等級制的嚴重破壞。王莽作為執政大臣，沒有像朱博等人那樣見
風使舵，而是執義堅固，激烈彈劾，最後受到了「遣就國」的不公正待遇。
雖然在政治上暫受挫折，但「公卿大夫多稱之者」，王莽在道義上又增添了幾
分高尚。王莽失勢後，在封國內閉門自守，唯恐有過。可是他的中子王獲偏

偏不識時務，在這時殺死了奴婢，王莽憤怒之餘逼令兒子自殺。這種做法過於嚴苛，非常人所堪，因為當時貴族子弟殺死奴婢算不上什麼大事。班固後來因為王莽失敗而感覺到受愚弄和屈辱，於是將王莽這一系列模範事件都斥為「偽」、「佞」，其實大可不必。王莽為了道德信念殺死親生兒子的時候，何以能料到哀帝短命、自己將要掌握權柄？以殺子來媚俗作偽，代價是否太高了？再說王莽當時的威望已經夠高了，何必再拿親生兒子的性命來為自己的光環增色呢？因此，我們有理由相信王莽曾經是一個虔誠的道德踐履者。而由此事，我們也能初步體會到道德理想主義者的真誠與殘酷，這是道德法則被推向絕對化後對人情的泯滅與扼殺！

如果王莽是一個政治上無權勢的平民或中下級官吏，那麼他的這些模範行為在《儒林傳》裏塗上濃重的一筆也就夠了。可王莽是當時政壇上的核心權要，他的高尚被權力放大了無數倍，在黯淡的時代帷幕上發出了眩目的光輝。在需要救世主的時代，王莽以其高尚的道德光環，承載起了芸芸眾生無限美好的期望。哀帝突然去世，朝廷一片混亂，太后王政君當日移駕未央宮收取印綬，派遣使者召來王莽。他們一起雷厲風行地殺了哀帝的寵臣董賢、迎立九歲的平帝、逼令曾經不可一世的孝成皇后趙飛燕及孝哀傅皇后自殺。這些事件是如此緊鑼密鼓，卻又都是從大眾之所望，正確無比。動盪的局勢中，王莽顯得那樣堅強沈穩、英明果斷，宛如滔天濁浪中的中流砥柱。如果王莽後來在治理國家上也這麼英明睿智，那麼肯定不會走向敗亡。只可惜王莽的才具僅限於此：精通於宮廷政治鬥爭，而遇到複雜的平天下事務時便束手無策。這也是當時士大夫普遍的器量！

由於成功地遏制了事態的惡性發展，王莽在諸位公卿的提議下被封為「安漢公」。之後，王莽又調整了大臣人選，獨攬了大權。但王莽並沒有僅用權力來謀取私利，而是實行了一系列惠及社會各個階層的德政：

（1）「立諸侯王後及高祖以來功臣子孫，大者封侯，或賜爵關內侯，然後及諸在位，各有第序」，這自然使當時的宗室功臣子孫感恩戴德。後來，安眾侯劉崇與張紹起兵反對王莽，認為宗室起兵、天下必合。結果不僅很快敗亡，其親屬劉嘉、張竦還上書憤怒譴責了劉崇等人忘恩負義的行為，並提議汙穢劉崇室宅。由此可見王莽此一策略的高明有效，因為最有可能阻礙王莽的就是這些宗室功臣之後，而王莽通過封侯賞賜使他們轉化為積極力量。

（2）「出錢百萬，獻田三十頃，付大司農助給貧民。於是公卿皆慕傚焉。」

在王莽的帶動下集體捐助貧民，這在漢代官吏中恐怕還是第一次。對於悲慘無助的貧民來說，這是何等的溫暖和安慰！除了眞誠地奉上感激和擁戴之情，百姓還能如何？王夫之說：「唯民心先潰於死亡，而莽以私恩市之也。」（《讀通鑑論・卷五》）若非這些私恩得了民心，王莽大概也就是上官桀、霍禹之流，如何能移漢祚？

（3）「奏起明堂、辟雍、靈臺，爲學者築舍萬區，作市、常滿倉，制度甚盛。立《樂經》，益博士員，經各五人。徵天下通一藝教授十一人以上，及有逸《禮》、古《書》、《毛詩》、《周官》、《爾雅》、天文、圖讖、鍾律、月令、兵法、《史篇》文字，通知其意者，皆詣公車」。此一舉措最能見出王莽的儒生本色和文化關懷，也最能贏得儒生階層的認同和支持。明堂、辟雍、靈臺是儒家王道理想中的重要典制，作爲聖人教化大行、治趨太平的產物，具有無限神聖崇高之象徵意義。成帝時劉向曾據發現十六枚古磬之事，上書請求建立辟雍，「以風化天下」，但因劉向病卒、成帝駕崩而未及實施。這成爲當時儒生之一大遺憾。而王莽僅僅輔佐四年，就建立了這些「墮廢千載莫能興」的典制，功德巍巍，簡直不可思議！爲學者築舍等，更是對當時儒生的重大鼓勵——漢朝皇帝從未如此尊崇過知識和文化！王莽增立的經典正是劉歆歷盡千辛萬苦努力爭取的，對於一個曾因此遭受重大挫折的儒生精英來說，劉歆的欣慰感激之情自是溢於言表。之後，劉歆熱情洋溢地貢獻出了滿腹才學：協助王莽興造辟雍、靈臺；寫了詞雄理壯的《功顯君喪服議》，使王莽解除了不爲母親服喪所可能遭受的尷尬非議。等。

......

王莽在實施這些「上尊宗廟，增加禮樂；下惠士民鰥寡，恩澤之政無所不施」的德政時，自身形象在百姓的擁戴和讚頌中一點點演變成儒家聖人。先是因爲安宗廟被比之周公，封號安漢公；後王舜等上書太后，讚頌王莽功德兼伊尹、周公，八千餘人附和，王莽被加號「宰衡」；接著在張純等九百二人提議下，王莽又被賞以「九錫」；最後，王莽又因符命等，依照周公攝政故事，成爲漢家的居攝皇帝。更富有戲劇性的是，幾個見載於經典的事例竟然在現實中奇跡般地發生了：塞外蠻夷獻白雉，與周公千載同符；匈奴單于囊知牙斯慕《公羊學》中「譏二名」之義，上書願改名爲「知」；感動於王莽謙約恭讓之德，蜀郡男子路建等輟訟而退，「雖文王卻虞芮何以加！」平帝生病，王莽「作策，請命於泰時，戴璧秉圭，願以身代。藏策金縢，置於前殿，敕

諸公勿敢言」，這是周公金縢藏書的現實搬演。一次又一次的模倣與強化，王莽與千古聖人周公之形象幻爲一體。崇高的經典與偉大的前聖變成了王莽的魅力源泉，權威地解說著王莽一切行爲之合法性、神聖性。

更爲重要的是，神秘上天也開始眷顧王莽了，眾多不可人力自致的符命一次又一次地顯示出天命之新祐。王莽加九錫時，已經是「眾祥之瑞，七百有餘」了。之後，更有一些不可思議的神秘事例：武功長孟通挖井的時候，得到一塊白石頭，上面赫然寫著紅字：「告安漢公莽爲皇帝」；齊郡昌興亭長辛當夜晚數次夢見天公使告言：「攝皇帝當爲眞」，並以亭中新井爲信，第二天果眞有一新井；此外還有巴郡石牛，雍地石文等等。班固對這些事例一概斥之爲僞，並指出具體作僞之人，如哀章獻銅櫃金策等，實爲確當。但是，那些所謂的新主受命事例何曾眞實過呢？劉邦的赤帝神話不同樣是人爲造作麼？質而言之，受命眞僞不過是勝王敗寇的演義罷了。「愚民畏天以媚莽」，〔註31〕這些在後人看來難免虛僞的受命神話，在當時「翕然信天命而廢人事」的語境中卻有著非凡的蠱惑力。它們與漢家「陽九百六」等預言的絕望無奈形成了強烈對照，以神秘威嚴、引人無限期望的新天命，鼓動起了「天下如狂而奔赴之」的非理性情緒。

德行與天命，已經足以闡明王莽代漢的合法性了。今文《尚書》學中，周公不就因爲功業和德行堂而皇之地稱王麼？幾乎整個儒生階層都對王莽這一新聖人的出現興奮不已，他們比其他階層更容易陶醉於德行的魅力。前面提過，在儒生們禮樂教化的治國理念中，只要君主的德行有效提高，社會的一切矛盾癥結都會迎刃而解。他們在王莽身上，看到了聖王的高尚光輝，看到了人類社會實現王道理想的希望。更加鼓舞人心的是，新聖人王莽已經取得了致太平的初步功效：不僅天下風俗齊同，頌功德之歌謠達三萬言，而且化及四夷：北化匈奴，東致海外，南懷黃支，西方羌豪獻地西海郡。恩澤洋溢，和氣四塞，「昔唐堯橫被四表，亦亡以加之」。這對於禮樂教化改制失敗的儒生來說，是怎樣強烈地吸引啊！

眾多享有清名的儒生加入了爲王莽鼓吹的隊伍，例如紀逡、唐林、唐尊等名賢都曾出仕王莽，「封侯貴重，歷公卿位」；張竦上書熱情洋溢地稱頌王莽功德；劉歆殫盡思慮地爲其製禮作樂；張純等九百零二人爲王莽議加九錫；崔發爲其撰輯符命；寂寞的揚雄也寫了盛讚王莽尊禮右文的《劇秦美新》，桓

〔註31〕王夫之：《讀通鑑論》，頁116，中華書局，1975年。

譚也曾被王莽封爲附城，等等。在對新聖人的狂熱擁戴中，絕大部分儒生對將要滅亡的劉漢沒有惋惜和依戀，因爲那是一個失德的、已被上天拋棄的政權。當然也有一小部分「不識時務」的儒生、劉姓子孫、名臣之後甚至王莽的親生兒子王宇等，違逆眾人之公意，試圖阻擋王莽這個救世主的登基，他們當然遭到了眾人的唾棄和殘酷消滅。最後，在一片「天下喁喁，引領而歎，頌聲洋洋，滿耳而入」的狂歡氛圍中，王莽得到了漢家禪讓的天下。

二、王莽的「聖」制

　　成爲新朝皇帝的王莽，不屑於漢家皇帝的粗野無文，躊躇滿志地要做一個動見稱述、行合六經的千古聖人。在當時的語境裏，「聖人者何？聖者，通也，道也，聲也。道無所不通，明無所不照，聞聲知情，與天地合德，日月合明，四時合序，鬼神合吉凶」（《白虎通義・聖人》）。聖人有著無比高尚的品德，無比聰明的天資，用現代語言描述就是一個半神半人的奇理思瑪（charisma）型人物，雖然生活在人間卻有著神的偉大聖潔品質。聖人是芸芸眾生的精神主宰，是高高在上的權威，從上面賜給眾生雨水和陽光。聖人在人間的功業就是要帶領臣民實現人類社會的終極目標──太平，「太平」被王莽手下儒生描述爲：「官無獄訟，邑無盜賊，野無饑民，道不拾遺，男女異路之制，犯者象刑。」這正是西漢儒生們的共同追求，《韓詩外傳・卷三》、《春秋繁露・王道》等都曾描述過這個太平理想，武帝詔書以及前引元帝詔書中也都以此爲理想目標，元成以來的儒臣們更是頻繁提及，如匡衡的奏疏等。雖然這個太平理想在現實中一次又一次地受挫，但儒生們從未放棄過這個理想，每次受挫都只能鼓起他們更強烈的衝動去實現。當王莽這個儒家聖人登上了王位時，他理所當然地要以實現太平理想自任，整個儒生階層也都義無反顧地投入到了這一偉大的烏托邦實現之旅中。

　　如何才能實現這個太平理想呢？作爲西漢中後期儒風薰育出來的典型人物，王莽與元成以來的儒臣有著共同的思路：上天和經典提供了行動的最高法則，需要做的就是打碎漢家王霸雜糅的庸俗制度，依照六經、天理重新改造社會。具體來說，王莽新朝主要實行了下列重要的制度改革：

　　（1）更定官制：始建國元年，王莽設置三公，依據經義把大司農改爲義和，後又改爲納言，把大理改爲作士、太常改爲秩宗等，而且每一卿置大夫三人，一大夫置元士三人，一共是三公、九卿、二十七大夫、八十一元士，

正好符合天有日、月、星三光，北斗九星、內部宿衛八十一紀等宇宙眞理，修改後的官名和數量都具有了宗經順天的神聖性與正當性。王莽還發佈了與《尚書》古雅典奧文體相類的策告群司之文，更增添了官制改革的莊嚴意味。天鳳元年，又依《周官》、《王制》之文，改革了地方官制，例如設置卒正、連率、大尹等等。這是西漢中期以來儒臣們熱衷於「考制度」風氣的自然延續，例如成帝綏和元年，採納大臣何武建議，改丞相爲三公鼎立制度；僅僅過了三年，也就是哀帝建平二年，因議者多以爲三公制「職事難分明，無益於治亂」，經大司空朱博奏請，又恢復了綏和以前舊制。又過了四年，至元壽二年，哀帝爲尊崇董賢，又重新實行三公鼎立制度。既然制度改革是當時的文化熱點，王莽當政後就要對此一問題有個最終解決。

（2）貨幣改革：此項改革始於王莽居攝二年，當時發行了三種面額分別爲「五千」、「五百」、「五十」的大額貨幣，與漢五銖錢並行；始建國元年，因爲「劉」字是由「卯、金、刀」三部分組成，所以禁止老百姓佩戴剛卯這種避邪物和使用金刀錢幣，發行了重一銖的小錢，與「大錢五十」並行；始建國二年，又造寶貨五物、六名、二十八品，幣種繁多，換算複雜；天鳳元年，復申下金銀龜貝之貨，頗增減其價直，而罷大小錢，改作貨布；等等。爲了推行新幣制，王莽還製定了強硬的法律，「諸挾五銖錢，言大錢當罷者⋯⋯投四夷」。王莽爲何要更改貨幣呢？貢禹在元帝時曾提出廢除貨幣來解決貧富兼併問題，哀帝時又有人上書言「古者以龜貝爲貨，今以錢易之，民以故貧，宜可改幣」，王莽承此風氣，亦認爲改革貨幣能解決社會財富不均的問題。此外，也有抹掉漢代遺跡、建立一代聖王之制的因素在內，如廢除金刀錢幣等。

（3）改革田制，禁止買賣奴婢：同眾多儒生一樣，王莽對貧富分化的社會不公極爲不滿，詔書中曰：「壞聖制，廢井田，是以兼并起，貪鄙生⋯⋯又置奴婢之市，與牛馬同蘭⋯⋯漢氏⋯⋯厥名三十稅一，實什稅五也⋯⋯故富者犬馬餘菽粟，驕而爲邪；貧者不厭糟糠，窮而爲姦。」董仲舒、師丹等人解決此一不公的辦法都是限田，但因帝王權貴的阻撓而沒有實施。王莽成爲最高帝王後，終於可以實現這一儒生公議了。他規定天下田爲「王田」，奴婢爲「私屬」，不允許買賣，多占田的人要把多出的分給九族鄰里鄉黨無田的人，有敢於非議、破壞井田制的人，就流放到四裔。這是王莽最偉大的改革，井田制在儒生的觀念體系中是通往太平的必由之路。這種理念是如此固執強烈，甚至經歷了王莽井田改革的失敗，東漢儒生依然把井田制當作最高理想。

如班固在《漢書‧食貨志》裏描寫：井田制不僅是「均」財富的基礎，而且還是教化單位，「出入相友，守望相助，疾病相救，民是以和睦，而教化齊同」。何休在《春秋公羊傳解詁‧宣公十五年》依然高揚此一理想，聖人「制井田之法而口分之」，就可達致「四海之內莫不樂其業」的治境。仲長統更說：「今欲張太平之紀綱，立至化之基趾，齊民財之豐寡，正風俗之奢儉，非井田實莫由也。」（《後漢書‧仲長統傳》）由此，不難理解王莽井田改革的激情和虔誠了。

（4）五均六筦之經濟改革：始建國二年，王莽在長安、洛陽、邯鄲、臨淄、宛、成都設置五均官，干預各地物價，打擊囤積居奇的行為，並向需要資金的民眾放貸。此為模倣《周官》中泉府之官，「收不讎，與欲得」，「理財正辭，禁民為非」。六筦是國家實行對鹽、冶鐵、釀酒、鑄錢的壟斷經營，征收山林川澤漁採之稅，進行官府商業買賣和高利貸經營等。這與桑弘羊的經濟政策有一定的相似，但出發點不同。桑弘羊是為國家聚斂戰爭經費，王莽則是出於「此六者，非編戶齊民所能家作，必卬於市，雖貴數倍，不得不買。豪民富賈，即要貧弱，先聖知其然也，故斡之」（《漢書‧食貨志》），也就是打擊豪富、澤惠小民。

（5）改革州郡建制名稱：早在漢平帝元始五年，王莽就為漢家「州名及界多不應經」的現象苦惱，依據「《堯典》十有二州，後定為九州」的經義，正定了州名分界，「以應正始」。始建國四年，王莽在授諸侯「茅土」時，「州從《禹貢》為九」，宣佈將十二州改為九州。天鳳元年，王莽將全國的一百二十五個郡、二千二百零三個縣，構建成了一個以京城長安為中心、由裏向外依次為六鄉、六尉、六州、六遂等的體系，並分為五服，極為嚴密整齊。此外，王莽還更改了州郡名稱，據《漢書‧地理志》統計，王莽更改郡國名者 75 個，占全國郡國總數的 73%，縣、道、侯國改名者 730 個，占 46%多。王莽為何熱衷於更改州郡建制名稱呢？在今人看來大可不必的事情，在王莽看來卻是神聖王國的形式問題，因此必須要符合崇高的經文，而且還要昭示出王莽享有的天命，「郡縣以亭為名者三百六十，以應符命文也」（《漢書‧王莽傳》）。

此外還有依據《周官》進行的稅制改革，以及為宣揚新朝至高無上的少數民族政策改革，等等，不再一一詳述。

前輩學者在今、古文經學論爭的學術氛圍中，熱衷於考證王莽改制與經今古文的關係。例如康有為出於今文家對古文家的偏見，認為王莽改制全本

於《周禮》，並把古文經學詆爲「新（新莽）學」（《新學僞經考》）。五四以後，錢玄同在《重論經今古文問題》中認同了這種意見。蒙文通則認爲：「凡莽政之可言者，皆今文家之師說也。」〔註32〕其實，古文經與今文經的區別對於「誦六藝以文奸言」的王莽來說並不重要，只要是「經」，就足以爲這個聖王提供理論依據和行爲合法性了。周予同先生早有結論：「王莽依附古文經典，但也援用今文經典；王莽提倡古文經學，但並不排斥今文經學；王莽拉攏了一些古文經的人，但對並不妨礙其統治的今文經師也仍保持其祿位。」〔註33〕當代學者楊天宇的《論王莽與今古文經學》〔註34〕亦有類似結論。

更爲重要的是，王莽這種借六經之象形使用來解決現實問題的思路是承自元成以後的儒臣而來，是西漢文化理念的典型體現。班固用「性躁擾，不能無爲」來解釋王莽的改制興趣，其實正如我們所看到的，這並非單純的個人性格問題，而是元成以來儒生勇於改革精神的延續，是對烏托邦理想的激情追求。王莽和西漢儒臣都認爲「周公之治」、「聖人立國」提供了最高典範，他們從不深入到民間，思考解決現實困境的技術性問題，也不懂得上古之世與當世有著本質區別，祇是在理想主義的激情下大刀闊斧地改革，依據觀念來裁剪現實。當然，王莽和西漢儒臣之間有著理想貫徹程度的差別。西漢儒臣在實施禮樂教化方略的時候，尚有帝王怠惰、能吏批判等其他不利因素的制約，使他們不能夠完全地按六經行事，留下了無盡的遺憾。王莽新朝則不同，制約的因素全不存在，帝王是儒家聖王，官吏是儒生官吏。所以，改革政策貫徹地更徹底，從政治到經濟，幾乎是無一不改，改革的頻率也空前密集。

西哲柏拉圖說過：「偉大的事物，都是危險的事物」，沈浸在激情當中的王莽沒有也不可能接受此類箴言。作爲以禪讓方式取得天下的王朝創建者，與劉邦、劉秀這些打天下者甚至與後來的曹氏、司馬氏等禪代者相比，王莽的權力基礎並不深厚。他主要是贏得了上層儒生官吏的支持，而對整個國家官僚系統缺乏相對有效的控制。在這種情況下，王莽的大規模改制顯得過於輕率冒進。但王莽考慮不到這些，他只知道「應當作」，而不關注「作了會怎樣」，典型的歷史理想主義！

〔註32〕 蒙文通：《經學抉原》，頁208，上海：上海人民出版社，2006年。

〔註33〕 周予同〈王莽改制與經學中的今古文學問題〉，《周予同經學史論著選集》，頁691，上海人民出版社，1992年。

〔註34〕《文史》，2006年第4輯（總第53輯）。

　　每一條新政，都指向那個無比美好的太平理想，都具有至善的意圖和道德上的誠篤，因而具有了不容置疑的道德合法性和神聖的權威。然而，預先設想的太平理想國卻遲遲沒有出現。雖然改制政策合乎宇宙真理、六經聖文，卻沒有順乎人情自然、社會規律。人類社會卻恰恰要求實踐啟發制度，而不是觀念先行，理論鼓起實踐。王莽新政的理論善意雖然在短時間內也許能起到精神鼓舞作用，但終究敵不過侵犯百姓生存利益所帶來的傷害。

　　幾乎每一條新政策的實施，都帶來了社會的擾亂和動盪。官制改革沒有帶來實際效益，百官卻因為得不到俸祿，在位貪殘，「縣宰缺者，數年守兼」，行政機構幾近癱瘓，百姓「守闕告訴者多」；幣制改革導致了「農商失業，食貨俱廢，民人至涕泣於市道」；田制改革的結果是「自諸侯卿大夫至於庶民，抵罪者不可勝數」，更改地名是「歲復變更，一郡至五易名，而還復其故。吏民不能紀，每下詔書，輒繫其故名」。六筦之令的情況是「每一筦下，為設科條防禁，犯者罪至死，吏民抵罪者浸眾」。最為嚴重的是，因更換少數民族璽印的問題，引起了匈奴內侵，此後西域、東北與西南夷相繼叛亂。王莽要征服匈奴，命令十二將十道並出，「募天下囚徒、丁男、甲卒三十萬人」，結果「天下騷動」，「吏士放縱，而內郡愁於徵發，民棄城郭流亡為盜賊，并州、平州尤甚」。新政承諾的利益卻遲遲不能兌現，那些被封爵的人因為國家「圖簿未定」，未受國邑，以至於有侯王貧困得去作雇傭工。總體來看，王莽改制不僅沒有解決西漢後期以來嚴重的貧富分化問題，而且錯誤的政策製造出了更多的流民，埋下了敗亡的種子。美麗的烏托邦，一轉身就成了人間地獄！

三、失敗的暴君

　　改制帶來的混亂鮮明地昭示出理想主義者的致命弱點：能夠系統地提出審美的道德理想國，卻提不出政治的制度性或技術性安排。但這些弱點又豈是王莽一個人的？元成以來儒臣不都如此麼？正因為王莽是理想主義文化氛圍薰育出來的人物，所以他意識不到這個缺陷。面對混亂，王莽拒絕反省。他堅定地認為「製定則天下自平」，暫時的慌亂祇是理想國到來之前短暫的序曲而已，光明一定會到來。王莽更加狂熱地投入了「製禮作樂」的大事業，「公卿旦入暮出，議論連年不決，不暇省獄訟冤結民之急務」。是什麼信念讓王莽如此自信？道德理想主義。王莽的改制理想不是一種政客式的欺騙，而是全身心無私地投入，是一種由個體道德實踐昇華出來的社會烏托邦追求。道德

真誠遮蔽了王莽對外界形勢的客觀判斷，他在個體道德基礎上，自我確認，自我擴張。在道德光環的效應下，王莽以一種超凡入聖的心態打量世界，全然不顧外在形勢發生的異己變化，而是更加熱情地用道德情懷去扭轉、裁壓這個世界。

然而，情況變得越來越糟糕了：

天鳳四年，臨淮人瓜田儀於會稽長州發動起義。

同年，琅琊女子呂母亦發動起義。

天鳳五年，赤眉力子都、樊崇等以饑饉相聚，轉抄略，眾皆萬數。

……

這是怎樣殘酷的一種真實啊！新政本要解除萬民於水火，黑暗的漢王朝使人民在嚴刑酷法下過著「什稅五」的悲慘生活，所以才有了王莽的種種改制。每一項政策不都是要帶給人民幸福麼？怎麼還會有民眾反叛呢？王莽堅決不能相信使者對民眾反叛的解釋：「愁法禁煩苛，不得舉手。力作所得，不足以給貢稅。閉門自守，又坐鄰伍鑄錢挾銅，姦吏因以愁民。民窮，悉起為盜賊」。於是，就有了他期待中的另一種解說：起義的不過是一群狡猾暴民罷了，他們起來鬧事是時運注定，與為政者的品質無關，這些人違背公意，不久就會自取滅亡。在這樣的心理幻象和道德自欺中，迫於生計的民眾抗爭變成了通向烏托邦理想的人為障礙，王莽新朝和起義民眾之間變成了正義與邪惡之爭。因此，寬容和內省的態度便被排除，戰爭進攻便成了唯一的選擇。當費興提出應當寬赦盜賊時，「莽怒，免興官」。

然而，王莽的外向進攻政策不僅沒有扼制住社會的反彈，反而激起了百姓更為激烈的反抗。起義力量如火燎原，勢不可擋，「力子都等黨眾寖多，更始將軍廉丹擊益州不能克」。地皇元年，綠林兵起，「號曰下江兵，眾皆萬餘人」。更讓人不安的是，漢朝宗室劉玄、劉伯升等也開始加入了義軍隊伍。這使民眾起義發生了質的飛躍：由烏合之眾已經變成了數十萬的正規軍。最開始老百姓衹是因為饑寒窮愁群聚而起，雖然人數達到數萬，但沒有政治野心，不敢擄掠城邑，只求填飽肚子而已。宗室起兵後，義軍開始有了政治目的，頭領稱為將軍，攻城掠地，而且還能移傳檄文，進行政治宣傳鼓動。

與此形成對照的是，王莽的政府由於決策錯誤而變得分崩離析。由於一味堅持百姓結黨是謀為逆亂，而非饑寒所迫，王莽出臺了一些苛刻政策，致使地方官吏「愈恐，莫敢言賊情者，亦不得擅發兵」，對民眾反叛聽之任之。

再加上王莽錯誤地處置了一些優秀的官吏，如田況等人，導致人莫為用。他派遣隗囂等七十二人分頭到地方上宣佈赦令，結果這些人一出長安就逃亡了。甚至，曾經是王莽心腹的劉歆、王涉也開始密謀劫殺王莽了。王莽陷入了孤家寡人的困境，「軍師外破，大臣內畔，左右亡所信」。

處於崩潰前夕的王莽政府變得異常酷虐，不僅是針對反叛義軍，而且針對普通民眾。地皇元年，王莽下令：「方出軍行師，敢有趨讙犯法者，輒論斬，毋須時，盡歲止。」西漢儒生糅合陰陽家的月令時序之說，倡言王者應當取法上天春生、夏養、秋殺、冬藏之義，不能在春夏季節上天施行養育之恩時動用刑法。在對時序的敬畏裏有著規範王權的用心，也有著仁者愛人的慈悲情懷。王莽這個模範儒生，此時卻公然破壞儒生們建構的社會禮俗了，冒天下之大不韙在春夏季節殺人於都市。他依舊踩著那塊道德的基石，在崇高神聖的理想國面前，一切違逆者都被進行了角色轉換：他已經不是一個人，而是一個敵人。生命沒有了時序季節的限制，隨時都可能被送上王莽的斷頭臺，「百姓震懼，道路以目」。道德理想主義導致的絕對化思維方式走向了瘋狂和殘忍：老百姓有違反鑄錢令的，伍人相坐，被罰為官奴婢，到達官衙後還更換夫妻，這種處罰竟施及十萬多人，老百姓愁苦死者什六七。等等。以道德立國始，卻以戕害百姓終，王莽已經成了一個十足的暴君。班固的傳贊強烈譴責了王莽的殘暴，「遂令天下城邑為虛，丘壟發掘，害徧生民，辜及朽骨，自書傳所載亂臣賊子無道之人，考其禍敗，未有如莽之甚者也」。王充也幾次說過：「桀紂之惡不若亡秦，亡秦之惡不若王莽」（《論衡‧恢國》）。

從來論述王莽的人，要麼因為王莽後來的暴虐就懷疑他當初的道德真誠，要麼因為王莽當初的理想而為他後來的暴虐開脫。即使通達如呂思勉先生，也在王莽性格的兩個側面間含混其詞。殊不知這兩者同樣真實，模範儒生與殘暴君主之間的弔詭轉換僅在於道德理想主義者的偏執，「道德理想主義者在遭遇世俗社會強大抵抗時，他們因此而拒絕反躬自省，調整己方政策，而是把困境歸咎於外在的社會『邪惡』，越益固守自己的『天縱英明』、『潔白無瑕』，強化以『正』剋『邪』的力度。這一主觀強化過程，我們可稱『入巫』——進入自我入巫過程」。〔註35〕越是在道德上真誠，就越容易發生這種自我入巫過程。陷入困境的王莽懷著「舉世混濁我獨清」的悲憤，向上天陳訴，

〔註35〕 朱學勤：《道德理想國的覆滅——從盧梭到羅伯斯庇爾》，頁 284，上海三聯書店，2003 年。

用上天的神聖莊嚴來向世人表白自我，用道義上的天來支撐自我、強化自我。天鳳四年，王莽到南郊祭天，用銅鑄了北斗形狀的威斗，「欲以厭勝眾兵」。天鳳六年春，王莽令太史推三萬六千歲曆紀，六歲一改元，公佈天下，「欲以誑耀百姓，銷解盜賊」。地皇元年正月，王莽又修改官制欲厭勝眾兵。七月，王莽又聽從望氣數術之言，大興祖宗九廟，欲向世人宣示能建萬世之基，結果「功費數百鉅萬，卒徒死者萬數」。在更始義軍節節逼近、王莽無計可施時，還模倣《周官》、《左傳》的記載「國有大災，則哭以厭之」，率領群臣到南郊，向上天陳述了自己的符命本末及功勞，搏心大哭。王莽的道德信念一直持續到了臨死，義軍攻入宮殿，大火滔天、殺身在即，王莽卻是正氣凜然，「天生德於予，漢兵其如予何」！

王莽是太過於自信了，天生之德何在？難道對於烏托邦的追求就可以掩蓋和忽略芸芸眾生的現實生命存在？難道一己之道德踐履就可以成聖成仁拯救世界？無論意圖如何，殺死無辜百姓終究是最嚴重的罪過。王莽的暴虐激發的是人們的強烈仇恨，當他的腦袋被懸掛在宛市的時候，史載「百姓共提擊之，或切食其舌」。這一出道德與血腥共存的悲喜劇終於演完了。

當代的學者在討論王莽失敗的原因時，總希望能夠跳出《王莽傳》的思路，找到一些客觀的原因。例如楊聯陞〔註 36〕、余英時認爲王莽政權的失敗主要在於觸動了世族大姓的經濟利益，因此遭到了這些人的激烈反抗，最後推翻了王莽的政權。〔註 37〕但得罪豪族的根源還在於王莽的歷史理想主義。正因爲王莽是從「應當作」的思路來爲政，而沒有考慮過「怎樣做」才能達到理想效果以及政策是否可行，所以才會得罪豪民，激起反抗。西方學者畢漢斯認爲「爲了進行更好的剖析，人們必須站得高一些，在前漢和後漢政策的廣泛的背景下看待王莽的施政。只有這樣，才能解決這些措施是否不同尋常的問題。」〔註 38〕他把王莽敗亡的過程及因素列爲：（i）黃河水患—（ii）流民爲盜—（iii）地方大姓武裝自保—（iv）南陽劉氏脫穎而出—（v）新莽政權經過一連串不幸事故（水患、災民、盜寇、反叛）終於滅亡—（vi）東漢時山東地帶「人口大量減少」。這種解說強調自然客觀原因，把王莽定位爲一

〔註 36〕 楊聯陞：《東漢的豪族》，《清華學報》11 卷 4 期，1936 年。
〔註 37〕 余英時：《東漢政權之建立與士族大姓之關係》，此文收入《士與中國文化》，上海人民出版社，1987 年。
〔註 38〕 《劍橋中國秦漢史》，頁 214，中國社會科學出版社，1992 年。

個遭天譴的不幸者,豈其然哉?黃河水患固然是當時技術水準較低的政府面臨的重大挑戰,但漢代曾幾次發生黃河水患,何曾導致了政權崩潰的嚴重結果?因此歸結起來,王莽最根本的失敗原因在於理想主義。

王莽失敗了,結束了一個富於激情的理想主義時代。

相對於「槍桿子裏出政權」的歷史慣常來說,王莽禪讓較少血腥屠殺,靠著德行取得了王位,溫情脈脈而又神聖莊嚴!這是帝國政治史上的奇跡,是儒家堯舜禪讓政治神話的現實搬演,是家天下現實中的「公天下」特例。王莽以模範儒生的形象被整個儒生階層抬上了帝位,這是道統對權勢最偉大的勝利,是儒家外王理想的實現和頂峰。可以設想,如果王莽取得了勝利,中國後來的歷史必定是另外一番景象。王莽登上王位後,延續了元成以來儒生的改制興趣,努力實現當時儒生的公義。其改制的具體政策也是王莽和眾多儒生集體製定的,例如「五均」發於劉歆的提議,「六管」出自魯匡。應當說,這是一次儒生階層實現太平理想的偉大嘗試,是儒家治國理念的現實應用。然而,由於其理想主義的為政思路,失敗是歷史的必然。如果說元成時儒臣實現理想的程度有限,因而造成的破壞力也還有限,那麼王莽全力實現烏托邦的行為則造成了社會的全面崩潰。而且,由於其失敗時的暴虐,王莽新政的血腥壓過了最初立國時的道德關懷,製造了無數的歷史災難,「戰鬪死亡,緣邊四夷所係虜,陷罪,饑疫,人相食,及莽未誅,而天下戶口減半矣。」(《漢書·食貨志下》)於是,王莽的理想、王莽的政權,甚至王莽這個人都成了罪惡的象徵。儒生的「聖王」理想徹底破產了!這是理想主義的歷史結局!

第二章　儒生和東漢初政府對王莽事件的初步反應

　　面對王莽失敗和「聖王」理想的崩潰，儒生們該怎麼辦？重新建立的一統政權又該怎麼辦？這是擺在兩漢間的時代課題。曾經的理想主義激情變得是那樣愚蠢、那樣令人厭惡，再也不具有鼓舞人心的力量了。生民的災難、人間的慘劇、社會的動盪、秩序的崩潰，無不刺痛著有社會責任心之儒生。學術和思想畢竟不能超然於時代，儒生們開始重新思考天命，努力解決王莽失敗後帶來的歷史災難。他們開出了一股絕然不同於前代學術理念的新思潮：「王命論」。這種思潮是時代情緒的表達，鮮明地昭示出了儒生的思想格局、學術品質及其歷史侷限。東漢統治階層也從權力者的角度思考著王莽事件。對於他們來說，王莽是一個邪惡的篡位者，一個無恥的偽善者，甚至曾經奉戴過王莽的儒生也被認為是歷史的幫兇。因此，東漢權力階層不再奢談「太平」，而要集中解決權力的鞏固問題。為了防止王莽那樣的權臣篡位，東漢權力者在政治制度上作了調整，在意識形態構建上也更自覺。於是，歷史呈現出了不同的精神氣象。

第一節　兩漢之際的「王命論」思潮

　　不難想像，王莽之敗痛徹地震撼了當時的儒生。站在今天去看歷史，當時儒生最應當反思的無疑是禪位讓賢之理的客觀化和自身的歷史理想主義。但是，正如牟宗三所云：「讓賢之理之實現，非只授受者個人精神之及不及，亦須賴社會群體精神之及不及。群體精神表現而為客觀精神，客觀精神表現

而爲法律制度，必社會群體通過其客觀精神而認可一法律而樹立之，然後讓賢更化始可得實現。如此，方爲理性的，此亦爲理性之客觀化。西漢儒生之追慕禪讓而出之以宿命論，則理性尚未客觀化。故其一落於現實便爲非理性。」〔註1〕也就是說，讓賢之理的客觀化有賴於民眾力量的覺醒和一整套法律制度，克服儒生自身的理想主義也同樣賴此。而這對於漢儒來說是匪夷所思的，原因已在第一章第二節論述。於是，儒生們只能在其固有的思想格局下繞圈子。王莽的失敗導致了他們對於禪讓的懷疑和對天命的重新追尋，掀起了激蕩一時的「王命論」思潮。當然，除此之外，亦有個別儒生精英在清醒理性地反省王莽事件，代表了當時最深刻的思想力度。但其相對於普遍流行的「王命論」思潮來說，聲音過於寂寥微弱，影響有限，故而我們只能在文後附論中談及。〔註2〕

一、「王命論」思潮的三個命題

所謂「王命論」思潮，指的是以班彪建武五年撰寫的《王命論》爲代表的一股文化思潮。它以宿命論的歷史觀念爲依據，認定漢家曆數長久，必然再享天命。西漢儒生熱情鼓吹的禪讓思想被否定了，天下政權不再是依據德行可以合法流轉的公器，而變成了劉氏一姓之私有品。這股思潮雖在班彪的《王命論》中得到集中表述，但實際上早在新莽後期，許多儒生就開始懷念漢德、質疑王莽的天命了。那麼，這種思潮是如何表述出來的？儒生們據以判斷上天祐劉的具體依據是什麼？

先來看地皇元年郅惲要求王莽歸還漢家政權的奏疏：

> 臣聞天地重其人，惜其物，故運機衡，垂日月，含元包一，甄陶品類，顯表紀世，圖錄豫設。漢曆久長，孔爲赤制，不使愚惑，殘人亂時。智者順以成德，愚者逆以取害，神器有命，不可虛獲。上天垂戒，欲悟陛下，令就臣位，轉禍爲福。……且堯舜不以天顯自與，故禪天下，陛下何貪非天顯以自累也？（《後漢書‧郅惲傳》）

郅惲奉勸王莽歸還漢家政權的核心理論基礎是「神器有命，不可虛獲」，也就是說，王位神器是由天意決定的，而其他沒有被上天選中之人不可癡心妄想。上天會以特有的方式表白其意願，例如預設圖錄、天文星象等，人應當無條

〔註1〕 牟宗三：《歷史哲學》，頁291～292，廣西師大出版社，2007年。
〔註2〕 見附論，頁267。

件地順從天意。知命君子對待王位應當「取之於天，還之以天」，否則就不免於竊位之嫌，取害敗亡。饒有意味的是，王莽在求禪漢家天下時，以渲染發皇堯舜禪讓故事作為歷史合理性的依據，在其為政失敗後，郅惲又以同樣的故事激勵其退居臣位，何其冷峻與反諷！但王莽的政權豈能因為書生一談天意就輕易放棄？這個事件在後人看來，難免非常異義可怪〔註3〕，郅惲卻非常虔守這種知識信仰。當此奏疏惹惱了王莽，郅惲被關進監獄、受脅迫要其宣稱此為瘋話狂論時，他凜然答曰：「所陳皆天文聖意，非狂人所能造。」（《後漢書・郅惲傳》）「天文」和「聖意」給予了郅惲巨大的勇氣，使其上書帶上了神聖崇高的意味。

在這裡，郅惲據以判斷「漢歷久長」的第一個依據為：

（一）「孔為赤制」

此為郅惲所依據的「聖意」。「孔為赤制」的說法來自於緯書，李賢注云：「言孔丘作緯，著曆運之期，為漢家之制。漢火德尚赤，故云為赤制，即《春秋感精符》云『墨、孔生為赤制』是也。」〔註4〕王先謙《後漢書集解》又進一步補注云：「惠棟曰：《後漢魯相晨孔子廟碑》云：孔子乾坤所挺，西狩獲麟，為漢製作。故《孝經援神契》曰：玄丘制命帝卯行；又《尚書考靈耀》曰：丘生蒼際，觸期稽度為赤制。《公羊疏》云：《春秋說》云：伏羲作八卦，丘合而演其文，續而出其神，作《春秋》以改亂制。又云：丘攬史記，援引古圖，推集天變，為漢帝制法，陳敘圖錄。又云：丘，水精，制法為赤制功。又云：黑龍生為赤，必告示象，使知命。又云：經十有四年春，西狩獲麟，赤受（引者按：疑漏「命」或「制」字），蒼失權，周滅火起，薪采得麟。以此數文言之，《春秋》為漢制明矣。」〔註5〕

孔子為漢制法，並且與獲麟神話雜糅在一起，這種神秘怪誕的故事在緯書中多次出現。除《集解》所引，《孝經右契》中的故事更為完整：「孔子夜夢三槐之間，豐沛之邦，有赤煙氣起，乃呼顏淵、子夏，侶往觀之。驅車到楚西北，范氏之街，見前芻兒捶麟，傷其前左足，薪而覆之。……孔子曰：天下已有主也，為赤劉，陳、項為輔，五星入井從歲星。兒發薪下麟視孔子，孔子趨而往，

〔註3〕　例如王夫之就評其「可不為怪乎」。參見其《讀通鑑論》，頁122，北京：中華書局1975年版。

〔註4〕　〔南朝宋〕范曄：《後漢書》，頁1025，中華書局，1965年。

〔註5〕　王先謙：《後漢書集解》，頁538，上海古籍出版社影印本，2006年。

茸其耳，吐書三卷。孔子精而讀之，圖廣三寸，長八寸，每卷二十四字，其言赤劉當起，曰：周亡赤氣起，火曜興，玄丘制命，帝卯金。」〔註6〕在恍惚離奇而又惟妙惟肖的敘述中，孔子不僅能夠預知天意，從麏兒獲麟的反常事例中推知天下新主爲赤劉，還直接膺受了上天使者麟吐出的天書，受命爲新主製作聖典《春秋》，昭示奉天承運之劉漢王朝的正當性和合法性。

「孔爲赤制」的觀念最早來自於漢代《公羊》學中的「以《春秋》當新王」，但又有明顯不同的精神指向。董仲舒曾多次提到「以《春秋》當新王」，例如《春秋繁露・三代改制質文》云「故《春秋》應天作新王之事，時正黑統。王魯，尙黑，絀夏，新周，故宋」，「《春秋》上絀夏，下存周，以《春秋》當新王」；等等。蘇輿云：「作新王事，即《春秋》爲漢制作之說所由昉。……蓋漢承秦統，學者恥言，故奪黑統歸《春秋》。（朱一新已有是說）以爲繼《春秋》，非繼秦也。……不以秦爲受命王，斯不得不歸之《春秋》以當一代。尊《春秋》即所以尊漢也。」〔註7〕蘇輿看出了「《春秋》爲漢制作」之說與董仲舒思想的淵源關係，並道出了漢儒尊《春秋》之用意，非常敏銳。

但「以《春秋》當新王」的內涵又不限於尊漢，它還有《春秋》爲後王立義」之意。〔註8〕《俞序》中說：「仲尼之作《春秋》也，上探正天端王公之位，萬民之所欲，下明得失，起賢才，以待後聖。」這種說法源於《公羊傳・哀十四年》「制《春秋》之義，以俟後聖」等，又深深地影響到了司馬遷。司馬遷曾引壺遂之語：「孔子作《春秋》，垂空文，以斷禮義，當一王之法」（《太史公自序》）；又《儒林傳》云：「因史記作《春秋》，以當王法。其辭微而指博」。這裡所說的「義」、「法」、「指」，用司馬遷的話說，就是：「夫《春秋》，上明三王之道，下辨人事之紀，別嫌疑，明是非，定猶豫，善善惡惡，賢賢賤不肖，存亡國，繼絕世，補敝起廢，王道之大者也。」（《太史公自序》）也就是說，孔子雖然沒有王位，但卻爲後王立下了百代大法、人倫準則。這顯然是由儒生道統理想而來的一個概念。漢政承秦而來，有著太多的霸政弊端。爲此，董仲舒等人高揚起《春秋》定下的百王之道，欲將漢政納入儒家的理想和規範當中，企圖以此匡正時事。例如《春秋繁露・俞序》云「有國家者

〔註6〕　〔日本〕安居香山，〔日本〕中村璋八輯：《緯書集成》，頁1000，河北人民出版社，1994年。
〔註7〕　蘇輿撰，鍾哲點校：《春秋繁露義證》，中華書局，1992年版，頁187～188。
〔註8〕　《春秋繁露・玉杯》中說「孔子立新王之道」，蘇輿釋爲「爲後王立義爾」。（《春秋繁露義證》，頁28）

不可不學《春秋》，不學《春秋》，則無以見前後旁側之危，則不知國之大柄，君之重任也。……苟能述《春秋》之法，致行其道，豈徒除禍哉，乃堯舜之德也」；「《春秋》之道，大得之則以王，小得之則以霸」；等等。後來何休依胡毋生條例，將「新周、故宋、以《春秋》當新王」當作「三科九旨」中的「一科三旨」（《文諡例》），而「當新王」又常常被釋爲「王魯」，專從正朔、禮制、朝聘等制度方面解說，則並非董仲舒之意（詳細論述在本書第四章）。王莽代漢之際，也曾利用過這個命題：「自孔子作《春秋》以爲後王法，至于哀之十四而一代畢，協之於今，亦哀之十四也。赤世計盡，終不可強濟。」（《漢書・王莽傳》中）荒唐附會，牽強引申，只爲宣揚漢家失去天命，與《公羊》學原意無涉。

隨著時世轉移、人心變遷，郅惲引用緯書中的「孔爲赤制」，一變而爲漢家長久享有天命的證據。它不再具有規範權力者的用心，而是神化漢家江山的有意杜撰，充滿了宿命論的神秘意味。緯書中的孔子已經不再是一個凡人，也不僅是立下道統的「素王」，而是一個預往知來的神。〔註9〕孔子與堯、舜、禹、湯等大聖賢王一樣，有著感生、異表、受命等非凡特徵：「孔子母徵在，游大澤之陂，睡夢黑帝使，請己已往夢交，語曰：汝乳必于空桑之中。覺則若感，生丘于空桑」（《春秋演孔圖》）；〔註10〕「叔梁紇與徵在禱尼丘山，感黑龍之精，以生仲尼」（《論語撰考讖》）；〔註11〕「孔子長十尺，海口尼首，方面，月角日準，河目龍顙，斗唇昌顏，均頤輔喉，……腰大十圍，胸應矩，舌理七重，鉤文在掌。胸文曰：制作定世符運」（《春秋演孔圖》）。〔註12〕既然漢家大法是由孔子應天製定的，那麼其神聖性也就不言而喻了，也就理應受到上天長久的祐護。

需要說明的是，緯書中「孔爲赤制」的精神指向與我們前面提到其中的「禪讓」、「公天下」等理念並不一致，原因在於緯書歷時長久、作於眾手且散佚零亂。〔註13〕讖緯作爲神秘預言，總是最鮮明、最直接地表達時代大眾

〔註9〕　參見周予同：《讖緯中的孔聖與他的門徒》，收入朱維錚編：《周予同經學史論著選集》，頁292～321，上海人民出版社，1983年。

〔註10〕　〔日〕安居香山，〔日〕中村璋八輯：《緯書集成》，頁576，河北人民出版社，1994年。

〔註11〕　〔日〕安居香山，〔日〕中村璋八輯：《緯書集成》，頁1069。

〔註12〕　〔日〕安居香山，〔日〕中村璋八輯：《緯書集成》，頁576～577。

〔註13〕　安居香山、中村璋八在《緯書集成・解說》中說：「緯書是在很長時間內、經由眾人之手完成的，並且在幾次被禁止的過程中會發生很多錯亂以及相互混

的觀念，具有極強的政治針對性。各個時代的政治文化不一，也就決定了輯佚出來的集成式緯書中各種思想雜糅，甚至相互矛盾。

（二）「上天垂戒」

郅惲堅信漢家必再受命的第二個依據──「天文」，具體來說指的是：「上天垂戒」。李賢注云：「鎮、歲、熒惑並在漢分也。」〔註 14〕這是來自於漢代天文學的觀念。當時天文學認為天文星象「皆陰陽之精，其本在地，而上發于天者也。政失於此，則變見於彼，猶景之象形，鄉之應聲。是以明君覩之而寤，飭身正事，思其咎謝，則禍除而福至，自然之符也」(《漢書‧天文志》)。也就是說，星象變化是上天的言說，表達著神秘的意願，顯示著人事的禍福。天文學的主要目的在於體察天意、預知人事，這與現代科學意義上的天文學不同。這種觀念起源很早，春秋時的梓慎、裨灶等已是這方面的名家，在漢儒當中更是盛行。史載劉向「專積思於經術，晝誦書傳，夜觀星宿，或不寐達旦」(《漢書‧劉向傳》)；李尋「好洪範災異，又學天文月令陰陽」(《漢書‧李尋傳》)；翟方進「雖受《穀梁》，然好左氏傳、天文星曆，其左氏則國師劉歆，星曆則長安令田終術師也」(《漢書‧翟方進傳》)；等等。實際上，借星象變化討論政事是漢代奏疏流行的言說方式，因為星象變化既然代表天意，自然增強了言說的合法性與威懾力。

據《漢書‧天文志》，鎮、歲、熒惑都有著豐富的附會意義：

> 填星曰中央季夏土，信也，思心也。……填星所居，國吉。

> 歲星曰東方春木，於人五常仁也，五事貌也。……歲星所在，國不可伐，可以伐人。……所去，失地；所之，得地。

> 熒惑曰南方夏火，禮也，視也。……熒惑為亂為（成）〔賊〕，為疾為喪，為饑為兵，所居之宿國受殃。

但何以「鎮、歲、熒惑並在漢分翼軫之域」就表示「漢必再受命」？根據郅惲簡略的奏疏，似可推斷出他的邏輯：填星居於漢的分野，為其帶來了吉祥的運命；歲星則表示漢可以出兵征伐敵人，而熒惑正好代表了軍隊。郅惲通過與星象表面合理的比附，對人事做出的判斷似乎客觀無疑。

比郅惲奏疏略晚、同樣闡述劉家天命的蘇竟的《與劉龔書》，提供了更為

入。」(河北人民出版社，1994 年，頁 77)

〔註 14〕〔南朝宋〕范曄：《後漢書》，頁 1025，中華書局，1965 年。

具體的星相分析：「今五星失晷，天時謬錯，辰星久而不效，太白出入過度，熒惑進退見態，鎮星繞帶天街，歲星不舍氐、房。……蓋災不徒設，皆應之分野，各有所主。夫房、心即宋之分，東海是也。尾爲燕分，漁陽是也。東海董憲迷惑未降，漁陽彭寵逆亂擁兵，王赫斯怒，命將並征，故熒惑應此，憲、寵受殃。」等等。可見，星象異常和分野理論是據天文判斷吉凶的重要依據。但這些貌似科學的解說，實際上傳遞的是主觀、個人的判斷。因爲同樣的星象，在蘇竟所反對的儒生一方看來卻恰恰證明了割據的合理性，而他們依據的是相同的理論。

需要說明的是，郅惲、蘇竟等人陳述的上天祐劉之星象，在後來逐漸演變並定型爲一個非凡的天象——五星聚集，例如：「皇矣漢祖……革命創制，三章是紀，應天順民，五星同晷」（《漢書·敘傳》；「大漢開基，……聚五星於東井，提干將而呵暴秦」（杜篤：《論都賦》）；等。五星聚集在當時天文學上具有神聖的含義，「王者有至德之萌，則五星若連珠」（《易緯·坤靈圖》）。但這是一個虛構的星象，根本不可能出現。〔註15〕

蘇竟的《與劉龔書》判斷劉氏天命，除了依據天文星象，也像郅惲一樣依據了「聖意」：「論者若不本之於天，參之於聖，……焉可信哉？」蘇竟在紛紜擾攘的割據形勢中，堅信上天一定會福祐劉家，因爲「孔丘秘經，爲漢赤制，玄包幽室，文隱事明」，即聖人孔子爲赤漢製定的玄秘緯書，雖然表達微隱，但所述事實甚爲明驗。

此外，蘇竟還提到了一個命題：

（三）「火德承堯，雖昧必亮」

也就是說，漢家劉姓是堯後火德，雖遭王莽篡奪，一時暗昧，現在光武中興，必定盛明。漢代最早提出「漢家堯後」說法的是眭弘：

> 先師董仲舒有言，雖有繼體守文之君，不害聖人之受命。漢家堯後，有傳國之運。漢帝宜誰差天下，求索賢人，禪以帝位，而退自封百里，如殷周二王後，以承順天命。（《漢書·眭兩夏侯京翼李傳》）

現代學者對於眭弘說法的來源有所質疑，因爲也許是文獻散佚的緣故，董子的著述中絲毫不見此說的影子，而《左傳》文公十三年、襄公二十四年和昭公二十九年則有這方面的內容。楊權認爲眭弘的說法應源自於讖緯，而讖緯

〔註15〕江曉原：《天學眞原》，瀋陽：遼寧教育出版社2007年版，頁242。

在昭帝時期（甚至更早）已有流傳。〔註16〕但不管來源於何處，眭弘提到「漢家堯後」的用意是要鼓吹「求索賢人，禮以帝位」，則是確定無疑的。

把漢家定為火德，也是五德始終理論下漢儒長期討論的結果。劉邦起事時，出於漢初五方帝中南方為赤帝的觀念〔註17〕，自稱赤帝子，色尚赤。但是，不久高祖入關後發現秦祀沒有黑帝，就因此輕率地改自己為水德，「自以為獲水德之瑞……故襲秦正朔服色」（《史記‧曆書》）。之後，張蒼推五德之運，排斥了秦朝的合法地位，定漢朝「當水德之時，尚黑如故」（《史記‧張丞相列傳》）。這種德制與秦朝並無區別，不久遭到了漢儒的非議。在漢儒看來，漢朝作為新一代聖朝，應當改正朔，易服色，建立自己的制度，如賈誼、公孫臣等人依據五行相剋的理論認為，漢勝秦，應為土德，尚黃。在這種輿論之下，武帝任用司馬遷、壺遂等人實行了太初改制，定下了漢為土德。到了西漢後期，「當『革命』說隨著人們政治史觀的變化受到冷落之後，在政治歷史領域，以相生為特徵的新五德始終理論取代以相勝為特徵的五德終始理論，便是順理成章的了」。〔註18〕徐興無認為：「五行相生說在鹽鐵會議之後成為五行說的主流。」〔註19〕於是就出現了按照五行相生理論定漢家為火德的說法，例如甘忠可說的「赤精子」，就蘊有改漢家為火德之意。在這種文化背景下，劉歆的《世經》重新編排了古史系統。《漢書‧律曆志》中保存的部分《世經》內容顯示：劉歆在伏羲帝木德和神農帝火德之間插入了一個閏統共工氏，又在高辛氏與陶唐氏之間插入了一個閏統帝摯，又依此安排了周朝木德與漢朝之間的秦朝（《漢書‧律曆志》）。這樣安排的妙處是，漢與堯同屬火德，將漢家「堯後」與「火德」兩個命題揉合到了一起。「堯後」表現出漢家宗法上的高貴，「火德」表示的是漢朝在天道循環中的正統，兩個命題揉合到一起，自然極大地提高了漢王朝的神聖性。顧頡剛等人認為，劉歆修改古史系統主觀上是為王莽篡漢服務，實際上，正如徐興無所說：「《世經》與讖緯差不多是同一時期內出現的，其體系之相近，是因為它們都利用了當時普

〔註16〕楊權：《新五德理論與兩漢政治──「堯後火德」說考論》，頁83，中華書局，2006年。

〔註17〕參見錢穆：《評顧頡剛五德始終說下的政治和歷史》（《古史辨》，第五冊）；楊向奎：《西漢經學與政治》（獨立出版社（臺灣）2000年版，頁27～28）；徐興無：《讖緯文獻與漢代文化構建》，頁170～171，中華書局，2003等。

〔註18〕楊權：《新五德理論與兩漢政治──「堯後火德」說考論》，頁126。

〔註19〕徐興無：《讖緯文獻與漢代文化構建》，頁173，中華書局，2003年。

遍流傳的政治信仰，而不是一個抄襲另一個。即便是甘忠可的『更受命』與『赤精子』之說，也不可能出於甘忠可的獨創。我們只能說：《世經》、讖緯文獻、《天官曆》、《包元太平經》，都是對當時流行的政治信仰所作的闡發，否則就不可能產生實際的號召力量。」〔註20〕

但世事往往難以預料，本來旨在宣揚漢家神聖性的「堯後火德」命題在王莽代漢之際卻被巧妙移植、渲染強化，成了漢新禪代的重要理論依據，產生了重要的輿論影響。當權力者別有用心地誤讀思想命題，並借助國家機器大肆渲染的時候，劉歆作為一介儒生，又能如何？！讀《漢書·王莽傳》，可以看到王莽常常把「劉氏，堯之後也」、「火德銷盡、土德當興」之類的話掛在嘴邊，劉氏祖堯成了其禪國命運的歷史根據。與此同時，王莽還編造了一個出身於舜的世系圖，為的是將漢新禪代妝扮成經典中的堯舜禪讓，增加新朝的合法性。王莽在新室建立後，還曾追立漢宗廟：

> 以漢高廟為文祖廟。莽曰：「予之皇始祖考虞帝受禪于唐，漢氏初祖唐帝，世有傳國之象，予復親受金策於漢高皇帝之靈。惟思褒厚前代，何有忘時？漢氏祖宗有七，以禮立廟于定安國。其園寢廟在京師者，勿罷，祠薦如故。」（《漢書·王莽傳》中）

之所以建漢高廟為文祖廟，是因為漢家自稱「堯後」，而《尚書·舜典》曰：「正月上日（堯）受終於文祖。」因此，「王莽下令建造的這座『文祖廟』，實為『漢家堯後』的紀念碑」。〔註21〕

蘇竟在書信裏提到「火德承堯」，卻決沒有鼓吹禪讓之意，而是回覆到了劉歆創立這個命題的本旨：證明漢家為帝是自堯以來的深厚德業累積的結果和天道運行的必然。其他不具有如此高貴神聖祖先的割據力量，則顯然不具有膺受大命的資格。這依舊是一種宿命化的論調。

班彪的《王命論》綜合運用了上述三個命題，對劉氏天命做出了最清晰具體、最系統完備的闡述。在班彪看來，劉氏之所以能夠承荷起統一天下的大任，首先在於劉氏高貴的祖先，「劉氏承堯之祚……唐據火德，而漢紹之」。高祖並非起自布衣、提三尺劍逐鹿天下的平民英雄，而是聖王堯的後代，這不僅見於《春秋》記載，而且可由劉邦出生的傳奇證明：「初劉媼任高祖而夢

〔註20〕徐興無：《讖緯文獻與漢代文化構建》，頁174，中華書局，2003年。

〔註21〕楊權：《新五德理論與兩漢政治——「堯後火德」說考論》，頁164，中華書局，2006年。

與神遇，震電晦冥，有龍蛇之怪。」就這樣，劉邦一變而爲聖王貴胄。堯對公共之善的累計貢獻無可匹敵，也就保障了劉氏享受天命的優先權，因爲「帝王之祚，必有明聖顯懿之德，豐功厚利積絫之業，然後精誠通於神明，流澤加於生民，故能爲鬼神所福饗，天下所歸往」。班彪說，所有的人，從貴爲天子到窮愁潦倒之輩，都是命中注定的，天下社稷更是「神器有命，不可以智力求也」。在神秘莊嚴的天命之前，雖然有人會趁王朝遭罹阨會之際竊其權柄，但終究是「斗筲之子不秉帝王之重」，「勇如信、布，強如梁、籍，成如王莽，然卒潤鑊伏質，亨醢分裂」。這實際上就是蘇竟所說的「火德承堯，雖昧必亮」，不過是論述的更清晰更具體罷了。班彪還具體論述了高祖的五種非常之處：一曰帝堯之苗裔，二曰體貌多奇異，三曰神武有徵應，四曰寬明而仁恕，五曰知人善任使。這五種特質中前三項均爲非人力所能自致者，只有後兩項爲德性的高尚。再加上高祖「信誠好謀，達於聽受，見善如不及，用人如由己，從諫如順流，趨時如向赴」等種種優異品質，以及各種神秘的靈瑞符應，劉邦爲帝儼然爲「天授，非人力」。相對於劉氏，其他的普通人只有隨順這一天命，才能夠「福祚流于子孫，天祿其永終矣」！

另有讖謠饒有意味的轉化。因爲文獻的散佚，再經過後漢官方的整理，我們已經基本上看不到爲王莽鼓吹的讖謠了，〔註22〕但可以想像其在王莽代漢之際必定大量存在。《漢書·儒林傳》載光武帝詔令尹敏，「校圖讖，使蠲去崔發所爲王莽著錄次比」，就表明了這一點。但是，到了王莽統治的後期，讖謠的天命指向就改變了。卜者王況遊說李焉「李者徵，徵，火也，當爲漢輔」，又有方士西門君惠遊說王涉「星孛掃宮室，劉氏當復興，國師公姓名是也」（《漢書·王莽傳》）。之後，又有著名的赤伏符，其文曰：「劉秀發兵捕不道，四夷雲集龍鬥野，四七之際火爲主。」（《後漢書·光武紀》）如果說前述郅惲、蘇竟、班彪等人僅僅將天命籠統的歸爲劉氏的話，讖謠則不僅準確具體地預言天下將歸於劉秀，而且還神秘地道出了劉秀起兵時的年歲。由陳天命爲王莽禪位找藉口變爲維護劉氏正統之利器，讖謠的轉型鮮明體現了時代人心的變化。這些讖謠在當時產生了巨大的影響力，有力地促進了人心歸附

〔註22〕楊權說：「雖然如此，『王莽矯用符命的痕跡，在現存的讖緯殘文中仍有蛛絲馬跡可尋，因爲東漢對『有礙文字的蠲刪，並不是十分徹底。朱彝尊《經義考》與迮鶴壽《蛾術篇·讖緯》就曾指出，《尚書中侯摘洛戒》是王莽居攝時所出的書……其實只要仔細辨析，也可發現『土火相承理論的痕跡。」（《新五德理論與兩漢政治——「堯後火德」說考論》，頁197，中華書局，2006年。

於劉秀，例如竇融幕下的智士就說過：「漢承堯運，歷數延長。今皇帝姓號見
於圖書。自前世博物道術之士谷子雲、夏賀良等，建明漢有再受命之符，言
之久矣。」（《後漢書‧竇融傳》）

　　總結以上所論，「王命論」主要由三個命題組成：「孔爲赤制」，「上天垂
戒」，「火德承堯，雖昧必亮」，分別從聖、天、血統等方面表述著劉氏的神聖
高貴和膺受天命的正當性。這三個命題頻繁地出現在兩漢之際儒生的言論
中，每一次出現都在表達著劉氏的非凡和漢政的偉大，表達著儒生們的天命
信仰由新莽禪讓轉向了劉氏王命。這些命題雖有著西漢的學術淵源，但其精
神指向是不同的。

二、「王命論」的思想史檢討

（一）社會大眾情緒之表達

　　在「王命論」的觀念下，劉邦由一個出身平民、無賴氣十足的皇帝一變
而爲血統高貴的聖君，而王莽則由一個原本近似於救世主的禪讓聖君變成了
僞佞邪惡之篡位小人。例如隗囂起兵時發佈的討王莽檄文，雄快恣肆、犀利
逼人，歷數王莽的罪惡，對王莽幾乎所有的行爲都進行了激烈的攻擊，極有
鼓動性。開篇先大筆概括王莽之兇暴，把王莽的罪惡渲染得「楚、越之竹，
不足以書其惡」，筆力千鈞。接下來氣勢凌厲地聲討了王莽「逆天」、「逆地」、
「逆人」之大罪，其中尤著意於王莽對天命的粉飾詭亂和對百姓的殘賊刻
剝。文雖簡短，但對照一下班固的《王莽傳》，就會發現檄文幾乎涵蓋了王
莽的一切作爲。而且在隗囂的描述下，王莽這些作爲幾乎全部沒有正當理
由，而是有意作惡。例如「禍福之應，各以事降。莽明知之，而冥昧觸冒，
不顧大忌，……循亡秦之軌，推無窮之數」，用暴秦來比附王莽，容易激起
人們深沈強烈的歷史記憶，從而增加了批判的力度。就這樣，王莽成了一個
道德上的魔鬼，一個天人共怒的邪惡者。

　　如果說隗囂的檄文爲了追求政治鼓動力而難免誇張渲染的因素，那麼作
爲史論的《王莽傳贊》在文體上似乎應當更具客觀性。它將王莽評述爲：「莽
既不仁而有佞邪之材，……及其竊位南面，處非所據，顛覆之勢險於桀紂，
而莽晏然自以黃、虞復出也。乃始恣睢，奮其威詐，滔天虐民，窮凶極惡，
毒流諸夏，亂延蠻貉，猶未足逞其欲焉。……丘壠發掘，害徧生民，辜及朽骨，
自書傳所載亂臣賊子無道之人，考其禍敗，未有如莽之甚者也。」一個曾經

的聖人，因禪讓後的失敗被歷史定位成道德上的魔鬼，還有誰敢再提起由其
實施過的禪讓呢？

在劉邦與王莽的形象轉化過程中，歷史真實被忽視了，而主要是強烈時
代情緒的渲染表達。醜化王莽主要是憤怒於王莽帶來的歷史災難，那麼美化
劉邦的原因何在呢？在於「人心思漢」的社會情緒。趙翼在《廿二史劄記》「王
莽時起兵者皆稱漢後」條總結道：

> 王常曰：「莽政令苛酷，失天下心，民之謳吟思漢，非一日也。」（《常
> 傳》）鄭興說更始曰：「天下同苦王氏虐政，而思高祖之舊德。」（《興
> 傳》）馮衍說廉丹曰：「海內潰亂，人懷漢德，甚於詩人之思召公也。」
> （《衍傳》）馮異說光武曰：「天下同苦王氏，思漢久矣。」（《異傳》）
> 歷觀諸說，可見當日之民心也。故群雄之起兵者，無不以劉氏舉號。
> 劉聖公在平林群盜中為安集掾，軍雖眾而無所統一，諸將以聖公本
> 漢裔，遂立為天子，建元曰更始。……歷觀諸起事者，非自稱劉氏
> 子孫，即以輔漢為名，可見是時人心思漢，舉天下不謀而同。〔註23〕

這股「人心思漢」的巨浪起因於王莽政權的刻酷暴虐及由此帶來的歷史災難。
它與社會大眾當下直接的生存狀態密切相關，反映了戰亂動盪中人們對安定
秩序的渴望。作為一種社會情緒，它不具備冷靜理性和深刻反思的品質，而
且隨生存狀態的變化而改變。例如，當百姓深情回望並熱切期待漢家帶給他
們安定生活時，打著漢家旗號的更始軍隊卻帶給了他們更大的災難，於是百
姓轉而思念王莽政權，「今更始失政，君臣淫亂，諸將擅命於畿內，貴戚縱橫
於都內。天子之命，不出城門，所在牧守，輒自遷易，百姓不知所從，士人
莫敢自安。虜掠財物，劫掠婦女，懷金玉者，至不生歸。元元叩心，更思莽
朝」（《後漢書・耿弇列傳》）。對於百姓來說，漢家，新朝，原無高下對錯之
分，誰帶給他們美好的生活，誰就會獲得百姓的擁戴。

儒生作為知識精英，在表達時代情緒的時候，理應保持必要的疏離和理
性的反思，開出新的歷史方向。然而，我們在「王命論」中，沒有看到儒生
對客觀史實的基本尊重。熱情妝扮劉邦和全盤抹殺王莽，是對「人心思漢」
社會大眾情緒的沈溺和張揚。「王命論」對劉氏歷史前途的判斷，也許有著儒
生對天下大勢的洞察和睿智。例如，《資治通鑑》將班彪《王命論》繫於建武

─────────────

〔註23〕〔清〕趙翼撰，王樹民校正：《廿二史劄記校正》（訂補本），頁72～73，中華
書局，1984年。

五年，這時光武帝劉秀已經擁有了河北、洛陽等大片根據地，在割據群雄中已經顯示出了較爲明顯的優勢。但是，文中的熱情和虔誠並不能全由功利計算來解釋，它更重要的是在表達一種新的天命信仰。當初儒生階層鼓吹禪讓，錯認天命歸心王莽，由此帶來了巨大的社會災難。天下蒼生的悲慘無助逼迫儒生們重新思考和解釋天命，他們在深沈的懺悔中強烈呼籲秩序穩定、天下統一。這種對天命的新思考與「人心思漢」的社會情緒合流，就成了「王命論」。

（二）思想史上的轉向

「王命論」將王權的合理性歸結於天、聖、血統等，都屬於神秘的力量或先天因素。這都可以由御用文人極容易地編纂出來，再經過國家機器的強勢宣傳而滲入人心，而無需在人類實踐中證明和評判。王不再由人類社會根據一定的原則選擇，而是不可捉摸地由上天選定。將帝王的合法性源泉歸之於上天，實際上也就剝奪了人類社會對此的評判權力。於是，逐鹿天下的強者可以隨意渲染其血統的高貴、上天的祥瑞。從此後，勝者爲王，爲上天寵兒；敗者爲寇，爲不知命的僭越者。在頻繁換代的六朝，「王命論」就曾被一再提起。梁武帝蕭衍引見齊高帝孫子蕭子恪時，就曾根據班彪《王命論》解釋自身的神異天命並表白不殺子恪兄弟的用心，「夫天下之寶，本是公器，非可力得。苟無期運，雖有項籍之力，終亦敗亡。……當知有天命者，非人所害，害亦不能得」（《梁書·蕭子恪傳》）；陳朝虞寄用《王命論》諫陳寶應「識所歸」，不可起兵反抗中央（《陳書·虞寄傳》）；等。

這種將天下歸於一姓的「王命論」思潮在思想史上是個全新的轉向。前面說過，先秦的公天下思想強調民本、讓賢、革命等，天子要爲天下謀福利，否則就會被廢黜；西漢儒生雖然糅進了「五德始終」說，加入了宿命色彩，但依然堅持「天下乃天下之天下，非一人之天下也」，肯定革命禪代的合理性。也就是說，天子雖然擁有極大的權力，但並不是所有的權力，他必須遵循一定的超越性規範才可以君臨天下，才具有合法性。這個規範是由社會大眾決定的，可用「聖」、「德」等術語來表示。人類依據自身理性可以對天子遵守規範的情況予以評判，評判的結果將直接決定帝王的歷史命運。五德始終的歷史觀雖然認爲決定權在上天，但上天依舊根據民眾的意願評判帝王，爲民眾留下了一絲縫隙。「王命論」則消解了人類理性、社會大眾對帝王的決定權，帝王變成了高高在上、與上天關係密切的怪物，他的合法性不言自明，無需

接受人類社會理性的評判。任何禪讓或革命的提議，都是對王權的僭越和對上天的不恭。前面說過，與先秦的政治理念比起來，西漢儒生的公天下理念存在著宿命論上的倒退。而與西漢儒生政治理念相比，「王命論」中人類自身的力量又削弱了，權力的領地又擴大了，人類命運完全匍匐在了神秘上天和帝王權力之下。這又是思想史上的一個大倒退，也是學術的末路！

那麼，儒生是如何由前漢的「公天下」轉化為後漢的「王命論」呢？除了前述「人心思漢」的社會因素外，又有學術上的必然性。「公天下」和「王命論」雖在精神指向上截然相反，但又在宿命的因素上一脈相承。前面說過，構成「王命論」的三個命題都可以找出前漢的學術淵源。前漢儒生鼓吹禪讓，是以天命、氣數、符瑞等聳動天下來實現的。例如谷永在奏疏中以「天下乃天下之天下，非一人之天下」警戒成帝時，接著又說：「陛下承八世之功業，當陽數之標季，涉三七之節紀，遭無妄之卦運，直百六之災厄，三難異科，雜焉同會……隆德積善，懼不克濟。」（《漢書·谷永傳》）哀帝時夏賀良等人更是依據數術化的「甘忠可之學」，陳說「漢曆中衰，當更受命」（《漢書·眭兩夏侯京翼李傳》）。王莽禪代時，也是利用了大量的符瑞和神秘的命題。當這種非理性的禪讓造成嚴重的社會後果時，儒生不能夠反思自身的歷史缺陷，也看不到保障禪讓合理實現的歷史力量，只能在固有的思想格局下繞圈子。於是，他們開始懷疑自己的禪讓理想，迅速由思想的一個極端反彈為另一個極端：天命、氣數等相同的學術資源經過重新組合就變成了「王命論」。

說到底，「王命論」是儒生們在自身和歷史的侷限下繞出來的一個死胎。從此後，讓賢革命的政治理論漸變為帝王萬世一統的思想，「這不是王莽個人的失敗，是中國史演進過程中的一個大失敗」。〔註24〕當然，在帝國崩潰之際，歷史上會不斷出現「革命」論調，例如黃巾起義的口號是「蒼天已死，黃天當立」等。但這主要是混亂中「秦失其鹿，天下共逐之」論調的再現，與西漢士人面對王權宣稱「天下非一人之天下」的精神氣象不同。除了魏晉時期的「無君論」和明清之際的黃宗羲、顧炎武等大儒外，幾乎大部分儒生都繞開了思考皇權的合理性這一話題。

「王命論」對人類社會拷問王權合法性之權力的消解，清楚地體現在班固的《漢書》中。這一點，通過與司馬遷的《史記》比較，昭然若揭。司馬遷立足於超越的道義立場俯瞰人間，堅守永恆的正義法則，秉承歷史良心，「貶

〔註24〕錢穆：《國史大綱》頁153，北京：商務印書館1996年。

天子，退諸侯」，「善善惡惡，賢賢賤不肖」，把批判的鋒芒指向一切醜惡和虛偽的勢力，無論這些勢力是當朝天子還是顯赫權貴；又熱情慷慨地謳歌一切閃耀著理想光輝的人物，無論這些人物在社會地位上賤若螻蟻。在司馬遷看來，人間的勢位富貴是無足輕重的，重要的是生命理想的實現、歷史意義的開拓，「司馬遷之所以為司馬遷，便在他首先能夠……在勢力圈以外，發現人的意義，發現歷史的意義」〔註25〕。因此，《史記》不虛美，不隱惡，如實寫出了劉邦將天下視為產業的炫耀與得意、對功臣的猜忌和無情誅戮，寫出了武帝的窮兵黷武和對人民利益的傷害；又按照實際的歷史作用，將項羽列入本紀、陳涉列在世家，不以成敗論是非，既寫出了他們失敗的原因，也寫出了他們驍勇非凡的一面；又慷慨為遊俠、刺客列傳，讚揚他們對社會正義的維護；又歌頌了商人的社會價值；又為卜者、日者等下層人物立傳；等等。《史記》中還不時流露出對天命的困惑，例如：流氓無賴如劉邦，竟然消滅項羽，成了繼秦始皇之後的天子，如何解釋？高尚清廉如伯夷、叔齊，竟然餓死在首陽山，為何得不到天命的保祐？可以看出，《史記》深刻思考的是「天人之際」、「古今之變」，即天人之間人類命運的決定力量，歷史成敗的關鍵因素，「是為了人類將來的命運著想，歷史皆在人類命運之前衡定其是非得失，絕非在漢代統治者之前，衡定其是非得失」。〔註26〕這種深刻思考和不懈追問，使《史記》不僅為單純記載人類過往形跡的「史」，而且是熱切關注人類命運和歷史方向的「哲」。

而班固，則自覺接受了「王命論」。例如《兩都賦》云：「往者王莽作逆，漢祚中缺，天人致誅，六合相滅。……聖皇乃握乾符，闡坤珍，披皇圖，稽帝文，赫爾發憤，應若興雲，霆發昆陽，憑怒雷震。……系唐統，接漢緒，茂育群生，恢復疆宇，勳兼乎在昔，事勤乎三五。豈特方軌並跡，紛綸后辟，理近古之所務，蹈一聖之險易云爾哉？」班固還作了《典引篇》，李賢注釋篇名意謂「典謂《堯典》，引猶續也。漢承堯後，故述漢德以續《堯典》」。〔註27〕范曄概括《典引篇》的創作動機為：「述敘漢德。以為相如《封禪》，靡而不典，楊雄《美新》，典而不實，蓋自謂得其致焉」（《後漢書·班固傳》），

〔註25〕　徐復觀：《論〈史記〉》，《兩漢思想史》（第三卷），頁235，華東師範大學出版社，2001年。

〔註26〕　徐復觀：《〈史〉、〈漢〉比較研究之一例》，《兩漢思想史》（第三卷），頁287，華東師範大學出版社，2001年。

〔註27〕　〔南朝宋〕范曄：《後漢書》，頁1375，中華書局，1965

也就是以典雅文采頌揚漢家之天命王德。文中盛讚唐堯之德,「以冠德卓蹤者,莫崇乎陶唐」。因其「舍胤而禪有虞」的功業,「天乃歸功元首,將授漢劉」。在授劉之前,上天又「先命玄聖,使綴學立制」,爲漢家輔佐。就這樣,「王命論」的三個命題集中出現,渲染了劉氏天下的神聖合法:「膺當天之正統,受克讓之歸運,蓄炎上之烈精,蘊孔佐之弘陳」!

在對劉氏王命的篤信和崇拜中,班固著史之用心,由司馬遷的「成一家之言」變爲:

> 故雖堯舜之盛,必有典謨之篇,然後揚名於後世,冠德於百王,……
> 漢紹堯運,以建帝業,至於六世,史臣乃追述功德,私作本紀,編
> 於百王之末,廁於秦、項之列。太初以後,闕而不錄,故探篡前記,
> 綴輯所聞,以述《漢書》。(《漢書・敘傳》)

史官的姿態由站在道義的立場俯瞰帝王,一變而爲以臣子的身份頌揚漢德。在俯瞰和仰望的姿態變化中,史官的批判意識、終極審判權力被消解了。在尊漢的立場下,班固不可能沒有美化和偏袒。例如,對於劉邦,《漢書・高帝紀》在基本沿襲《史記・高祖本紀》的情況下,又在傳贊中熱情洋溢地附會出了一大段文字:「《春秋》晉史蔡墨有言,陶唐氏既衰,其後有劉累,……漢承堯運,德祚已盛,斷蛇著符,旗幟上赤,協于火德,自然之應,得天統矣。」與此相應的是,降低項羽的聲勢,減損其風采光輝,把項羽由《本紀》移到了《傳》,刪掉了其中「鴻門宴」等相關描寫。又抹殺韓信的軍事天才,以降低劉邦殺功臣的罪惡。〔註28〕在對一般的社會人物上,班固堅決站在國家權力的立場上,對遊俠、刺客等社會力量口誅筆伐,對商人也絕無同情。等等。史家在面對現實王權時,已經喪失了批判的勇氣,甚至失去了對眞實的基本判斷和堅持,不是附庸又是什麼?

可歎的是,如此庸俗的「王命論」竟然有著極強的生命力。直到東漢帝國崩潰之際,荀悅著《漢紀》,開篇依然追尋劉氏的祖德和天命:「漢興,繼堯之胄,承周之運,接秦之弊。漢祖初定天下,則從火德,斬蛇著符,旗幟尚赤,自然之應,得天統矣。」(《前漢紀・卷一》)傅幹則模倣班彪的《王命論》,作了一篇形神皆似、闡述光武龍興的《王命敘》。這正是儒生格局狹小、思想貧血的反映。

〔註28〕徐復觀:《〈史〉、〈漢〉比較研究之一例》,《兩漢思想史》(第三卷),頁294,
　　　　華東師範大學出版社,2001年。

在政治上，當劉秀最終擊敗群雄，登上天子位時，「王命論」似乎得到了驗證。因其宣揚劉氏天命的精神指向，「王命論」很容易被東漢的帝王們接受並利用，成爲國家神話的一部分。這正是下一節要討論的內容。

第二節　東漢初期政權對王莽事件的初步反應

劉秀生當儒術隆盛之際，史載其曾在王莽天鳳中，「之長安，受《尚書》，略通大義」（《後漢書·光武帝紀》）。這不同於劉邦的「遭亂世，當秦禁學，自喜，謂讀書無益。泊踐祚以來，時方省書」。〔註29〕作爲一個有一定文化知識修養的開國皇帝，劉秀對歷史有著清醒的判斷和思考，相應地對治國方略也有著自覺的選擇。那麼，劉秀是如何看待王莽事件呢？他又做出了怎樣的歷史反應？

一、集中皇權

《後漢書·明帝紀》注引《東觀記》曰：「光武閔傷前代權臣太盛，外戚與政，上濁明主，下危臣子，后族陰、郭之家不過九卿，親屬榮位不能及許、史、王氏之半耳。」仲長統說：「光武皇帝慍數世之失權，忿彊臣之竊命，矯枉過直，政不任下。」（《後漢書·仲長統傳》）這裡的「外戚」、「強臣」都指的是王莽。可見，在光武帝的歷史判斷中，王莽主要是一個外戚權臣的形象，而相應的思考也就是如何避免權臣篡位問題。其實，如前所述，當初王莽得到普天下狂熱擁戴有其深厚的文化原因，光武卻出於「爲子孫計」的狹隘權意志，將王莽簡單地視爲外戚權臣。在這種立場下，光武帝不可能對王莽各項治國政策的歷史功過進行冷靜的歷史分析，而以一種非理性的歷史經驗主義去避免前代之失。光武帝所能做的就是儘量把權力集中到人主一人手中。其主要措施有：

退功臣而進文吏

與西漢初功臣多擔任高官的情況不同，光武帝以「柔道」對待功臣，即給予功臣特殊的優厚待遇，而解除其兵權。這種政治格局並非一開始打天下時就如此，例如建武元年，除了太傅卓茂外，其他顯職均爲功臣。隨著光武

〔註29〕劉邦：《手敕太子》，收入嚴可均輯：《全上古三代秦漢三國六朝文》，頁131，中華書局，1958年。

帝與功臣地位的消長變化，光武帝對功臣的猜忌心也越來越重，寇恂、耿弇、馮異等人都曾遭受過懷疑，這些大將通過以親屬作人質、恭順抑退等方式才消除了君臣間的隔閡。在各功臣集團之間，光武巧妙制衡各方勢力，以便將權力集中在自己手中：「光武建國之初，北方功臣的勢力鼎盛一時，因此光武往往要扶持南方功臣，以造成對北方功臣的制衡；隴右平定，一批新的功臣湧入中央，光武籠絡、提拔新人，意在消弱舊臣（包括南方和北方功臣）在政治、軍事方面的優勢。」〔註30〕在統一局面的基本形成後，光武帝「非儆急，未嘗復言軍旅」（《後漢書・光武帝紀》）。諸位功臣在這種態度的暗示下，皆「知帝欲偃干戈，修文德，不欲功臣擁眾京師」，於是紛紛交出兵權。例如李通，「時天下略定，通思欲避榮寵，以病上書乞身」（《後漢書・李通傳》）；鄧禹，「天下既定，常欲遠名埶」，交出兵權後，「修整閨門，教養子孫」（《後漢書・鄧禹傳》）；賈復，「剽甲兵，敦儒學……以列侯就第」，其間，「朱祐等薦復宜爲宰相，帝方以吏事責三公，故功臣並不用」（《後漢書・賈復傳》），致使「英姿茂績，委而勿用」（《後漢書・朱景王杜馬劉傅堅馬傳》）。退功臣的積極效果是，東漢沒有出現帝王殘忍殺戮功臣的事例，范曄對光武「高秩厚禮，允答元功，峻文深憲，責成吏職」的政策讚揚有加。但必須看到，光武此策的目的是出於帝王的猜忌，觀其對一心報國沒有交出兵權的馬援之寡恩苛刻即知其然。

在削弱功臣權力的同時，光武帝起用了一些根基薄弱的儒生文吏，例如太傅卓茂，大司徒伏湛、侯霸、歐陽歙、蔡茂，大司空杜林，太常桓榮，光祿勳伏黯、劉昆、席廣，大鴻臚洼丹、大司農高詡、少府丁恭、司隸校尉鮑永等。這些儒生文吏具有較高的文化修養，明於事體，如侯霸：「明習故事，收錄遺文，條奏前世善政法度有益於時者，皆施行之。每春下寬大之詔，奉四時之令，皆霸所建也。」（《後漢書・侯霸傳》）這對於當時「無故典，朝廷又少舊臣」的草創局面起到了積極的建設作用。儒生官員又博學多聞，詳於制度得失，例如杜林論定郊祀制度、駁跤重刑的提議。與那些勇敢果決但相對粗魯無文、散漫無紀的武將比起來，儒生文吏確實具有長於治國的才幹。鄭興有見於此，在推薦郭伋爲大司空時說「功臣用則人位謬矣」（《後漢書・鄭興傳》）。

但另一方面，這些儒生在功臣的威勢下，難免存有謹慎戒懼的心態，例如被南陽百姓稱讚爲「前有召父，後有杜母」的杜詩，雖然得到了百姓的愛

〔註30〕陳勇：《論光武帝「退功臣而進文吏」》（《歷史研究》，1995 年 4 期）

戴，依然是誠惶誠恐，「自以無勞，不安久居大郡，求欲降避功臣」（《後漢書·杜詩傳》）。而且，相比於功臣來說，文吏的酬勞是相對較低的，例如侯霸，漢例「丞相拜日，封爲列侯」，但是光武帝因爲「軍師暴露，功臣未封，緣忠臣之義，不欲相踰」，所以侯霸去世時還是關內侯，最後被追諡爲鄉哀侯。這些文吏比起功勳卓著、聲望隆洽的功臣，自然少了些難以駕馭的傲氣，而便於皇權控制。

「退功臣而進文吏」的結果是：權力高度集中在帝王手中。這一方面使政權迅速穩定，避免了功臣叛亂等不安定因素。另一方面又導致了王權的非理性擴張，帝王性格上的弱點充分暴露出來。例如光武的苛急。韓歆好直言，無隱諱，後因言事剛切，「坐免歸田里。帝猶不釋，復遣使宣詔責之。……歆及子嬰竟自殺。……眾多不厭。」「後千乘歐陽歙、清河戴涉相代爲大司徒，坐事下獄死，自是大臣難居相位」（《後漢書·侯霸傳》）。再如，司徒侯霸推薦前梁令閻楊，「楊素有譏議，帝常嫌之，既見霸奏，疑其有姦，大怒」，竟然賜霸璽書曰：「崇山、幽都何可偶，黃鉞一下無處所。欲以身試法邪？將殺身以成仁邪？」後來經過馮勤的解釋，方才甘休（《後漢書·馮勤傳》）。戴憑曾經諫諍過光武之「嚴」：「伏見前太尉西曹掾蔣遵，清亮忠孝，學通古今，陛下納膚受之訴，遂致禁錮，世以是爲嚴。」（《後漢書·儒林傳》）光武這種苛急責下、殺戮大臣的做法給後人留下了深刻的印象，例如竇憲曾經「稱光武誅韓歆、戴涉故事」來威脅恐嚇袁安。

官僚制度的變革

其中最顯著的是光武帝對宰相制度的進一步破壞。西漢時，尚書是少府的屬員，沒有單獨的機構。光武建立東漢後，設置尚書臺，擴大了其組織和職權範圍。尚書臺不僅官員達 64 人，而且原來屬於三公的權力，如參與朝政決策、出納王命、典守機密、任用官吏等也都歸屬之，使尚書臺基本上相當於皇帝的宮廷辦公廳。三公被剝奪權力後，空有其名。這樣形成的政治格局是：尚書職卑而權重，三公位尊而無權。例如刺史對地方官吏有所彈劾，不再由三府遣吏案驗，而由尚書直接上報給皇帝，皇帝直接進行處置。這樣，就不可避免地出現了「牧守易代頗簡」的現象，朱浮對此提出了批評：「竊見陛下疾往者上威不行，下專國命，即位以來，不用舊典，信刺舉之官，黜鼎輔之任，至於有所劾奏，便加免退，覆案不關三府，罪譴不蒙澄察。陛下以使者爲腹心，而使者以從事爲耳目，是爲尚書之平，決於百石之吏，故群下

苛刻，各自爲能。兼以私情容長，憎愛在職，皆競張空虛，以要時利，故有罪者心不厭服，無咎者坐被空文，不可經盛衰，貽後王也。」（《後漢書・朱浮傳》）三公被剝奪了權力，光武猶存嫌猜之心，多任用溫良恭順之人，「務於清愨謹慎，循常習故者。是婦女之檢柙，鄉曲之常人耳，惡足以居斯位邪？」（《後漢書・仲長統傳》）

徐復觀認爲宰相制度「是家天下、私天下中所含的一點公天下的成分」，「宰相地位合理化，則宰相以下的百官皆可以合理化，而將整個政治機器推向合理的方向」。〔註31〕宰相制度被破壞後，這點合理因素破滅了。後漢的政治格局日趨逼仄，最終淪爲外戚與宦官之廝殺場，所謂「明主一懷疑而亂以十世」〔註32〕是也。清代華湛恩看到了光武集權與最終外戚宦官擅權間的聯繫：「吾常反覆其故，而歎光武之貽禍烈也。夫天下之大權，人主不能以一人獨操之明矣，必與人共操之。……苟人主舉不信之臣而欲獨操之，則正人日益遠，而小人日益近，必有起而竊之者……非同姓，即外戚耳。……人主欲起而誅之，而無一二重臣以爲依賴，……勢必與左右之近臣謀之……於是近臣遂以得志……其所爲必多不法，必與外廷之臣爲仇……夫人主方與左右之臣爲一，而舉天下與之爲難，則人主亦不能獨全，遂至於潰敗滅裂，不可得救。」〔註33〕此誠爲至深至確之論，宰相重臣關係天下安危。不見西漢初周勃、陳平等重臣剗除諸呂勢力將漢家江山傳給文帝麼？

除了中央官制，光武帝還進一步消弱了地方的權力。最顯著的是建武六年取消了地方上的都尉官，建武七年又罷輕車、騎士、材官、樓船等常備軍，又取消了每年一度的都試制度。與此同時，是擴大中央的軍隊，光武帝在建武七年詔書中說：「國有眾軍，並多精勇」。兩相對照，嚴耕望認爲：「王莽當政時代，翟義固以都試舉兵（《漢書・翟方進傳》），光武亦欲因都試起義（前引《後漢書・李通傳》），光武復國之後，罷都尉之官，省都試之役，雖謂與民休息，或亦寓統一行政增加效率之意，且以絕因都試舉事之慮歟？」〔註34〕這樣造成的歷史後果，應劭論述得很清楚：「自郡國罷材官、騎士之

〔註31〕徐復觀：《漢代一人專制政治下的官制演變》，《兩漢思想史》（第一卷），頁121，華東師大出版社，2001年。
〔註32〕王夫之：《讀通鑑論・卷七》，頁175，中華書局，1975年。
〔註33〕《後漢三公年表序》，收入《二十五史補編・後漢書部分》，中華書局，1955年。
〔註34〕嚴耕望：《中國地方行政制度史：秦漢地方行政制度》，頁153，上海古籍出版社，2007年。

後，官無警備，實啓寇心。一方有難，三面救之，發興雷震。……黔首囂然。不及講其射御……一旦驅之，以即強敵，猶鳩鵲捕鷹鸇，豚羊戈豺虎。是以每戰常負。……『不教民戰，是爲棄之。』跡其禍敗，豈虛也哉！」(《漢官儀》卷上)

除此之外，光武帝對宗室、外戚勢力也加強了限制，「自宗室諸王、外家后親，皆奉遵守墨，無黨執之名。至或乘牛車，齊於編人」(《後漢書・朱浮傳》)。一時間，外戚如樊氏、陰氏等皆戒盈溢之禍，恭讓謙退。但是，出於私天下的狹隘意志，這種彈制並不能堅持多久。光武去世時，因擔心廢掉郭后子劉強而立的太子劉莊地位不穩固，遂命陰識、陰興輔佐太子，王夫之評論曰：「豈無社稷之臣？而唯陰識、陰興之是求。識雖賢，何知其不爲莽之恭？識雖不僞，能保後之外戚皆如識乎？飲葷而幸生，復飲以冶葛，卒使竇、梁、鄧、何相踵以亡漢。光武之明，而昏於往鑒如是者，何也？……日慮明帝之不固，而倚陰氏以爲之援……嗚呼！人苟於天倫之際有私愛而任私恩，則自天子以至於庶人，鮮不違道而開敗國亡家之隙，可不愼哉！」〔註35〕作爲開國皇帝，光武的這種做法無疑爲後世樹下了先例，東漢皇權最終落入外戚之手，良有以哉！

光武帝對王莽新政最有積極意義的反應是「解王莽之繁密，還漢世之輕法」。經歷了戰亂動盪，「百姓虛耗，十有二存」，〔註36〕社會急需休養生息。光武帝適應這一時代需求，招撫流亡，安輯盜賊，七次下詔解決奴婢問題。並且任用良吏，輕徭薄賦，例如建武六年下詔改十一之稅爲三十稅一。更重要的是，西域不堪忍受匈奴斂稅重刻，建武中遣使求內屬，願請都護，「光武以天下初定，未遑外事，竟不許之」(《後漢書・西域傳》)。這與王莽在天下危若累卵的情況下還出擊匈奴的政策形成了對比，顯示了光武帝不貪功、不張揚的政治智慧。這種務實的治國方針，應當來自於劉秀「長於民間，頗達情僞，見稼穡艱難，百姓病害」的經歷，也是其「函之以量，貞之以理」的「凝斂的理性人格」的反映。〔註37〕

但是，需要進一步考慮的是，在光武「竣文深憲，以責吏職」的行政作風下，普通百姓又能得到多少「輕法」的實惠呢？《韓詩外傳・卷一》曰：「水

〔註35〕《讀通鑑論・卷六》，頁152～153，中華書局，1975年。

〔註36〕《後漢書・郡國志》引《帝王世紀》，頁3388，中華書局，1965年。

〔註37〕牟宗三：《歷史哲學》，頁279，廣西師大出版社，2007年。

濁則魚喁，令苛則人亂。……治國者譬若張琴然，大弦急，則小弦絕矣。故急轡銜者，非千里之御也。」光武之苛急，必定導致官吏的嚴酷，朱浮奏疏云：「尋其視事日淺，未足昭見其職，既加嚴切，人不自保，各相顧望，無自安之心。有司或因睚眦以驅私怨，苟求長短，求媚上意。二千石及長吏迫於舉劾，懼於刺譏，故爭飾詐偽，以希虛譽。」（《後漢書‧朱浮傳》）第五倫更是認為光武與王莽之時的吏治有一脈相承之處：「光武承王莽之餘，頗以嚴猛為政，後代因之，遂成風化。郡國所舉，類多辨職俗吏，殊未有寬博之選以應上求者也。」（《後漢書‧第五倫傳》）這對於光武是何等地反諷！范曄也說過「中興之美，蓋未盡焉」（《後漢書‧循吏傳》）。

明帝繼承了光武褊察之家風，「故公卿大臣數被詆毀，近臣尚書以下至見提拽。嘗以事怒郎藥崧，以杖撞之。崧走入床下，帝怒甚，疾言曰：『郎出！郎出！』崧曰：『天子穆穆，諸侯煌煌。未聞人君自起撞郎。』帝赦之。」鍾離意對當時「以苛刻為俗」、「百官無相親之心，吏人無雍雍之志。至於骨肉相殘」的風氣提出了批評和諫諍（《後漢書‧鍾離意傳》）。其中最為怵目驚心的是楚王英冤案，「是時顯宗怒甚，吏皆惶恐，諸所連及，率一切陷入，無敢以情恕者」（《後漢書‧寒朗傳》）。凡「辭語相連」者，「自京師親戚諸侯州郡豪桀及考案吏，阿附相陷，坐死徙者以千數」（《後漢書‧光武十王列傳》）。吳郡太守尹興、遂鄉侯耿建、朗陵侯臧信、瀘澤侯鄧鯉、曲成侯劉健等，與劉英毫無關係，只因是名士，也和數以千計的人一起被捕入獄，由此可以見出明帝窮究楚王英案件之用心！史載明帝一朝，「廣陵、楚、淮陽、濟南之獄，徙者萬數」，楊終在奏疏中描述說：「自永平以來，仍連大獄，有司窮考，轉相牽引，掠考冤濫，家屬徙邊。」（《後漢書‧楊終傳》）

綜上所述，後漢初帝王對王莽事件最主要的反應是進一步收緊了權力，中國社會的專制程度進一步加深，而對王莽法苛吏酷等急需改弦更張的方面卻沒有實質性的改善。這是對王莽禪讓的惡性反彈，而非健康理性的歷史反應，但歷史又必然會如此。帝王既視天下為私產，便以家翁的心態謹慎看守。王莽禪讓直接導致了西漢的滅亡，這種慘痛的歷史為東漢帝王所親歷，也最易打動他們，從而成為他們最直接吸收的歷史教訓。東漢帝王集中皇權的措施進一步破壞了政治制度中的客觀性，從此後，天下的安危、生民的苦樂更加依賴於帝王個人的道德修養、壽命長短等不確定的因素，因為制約皇帝濫用權力的力量更加微弱。聯想到阿克頓勳爵那句道破政治真理的名言「權力

導致腐敗，絕對權力導致絕對腐敗」，可以明白中國歷史何以治世少而亂世多，也可以明白後漢帝王收緊權力對歷史造成的傷害！

二、東漢初期帝王在意識形態上的建構

（一）帝王用儒術來塑造聖王形象及對儒風的裁整

劉秀以儒生起兵，一開始就深明「馬上取天下，而不能以馬上治之」的道理。《東觀漢紀·卷一》載：「當此之時，賊檄日以百數，憂不可勝，上猶以餘閒講經藝，發圖讖。」馬援也評論過劉秀：「經學博覽，政事文辯，前世無比。」（《後漢書·馬援傳》）劉秀對於儒術，不僅限於個人愛好和誦習，而且還積極興建各種制度。《後漢書·儒林傳》載：「昔王莽、更始之際，天下散亂，禮樂分崩，典文殘落。及光武中興，愛好經術，未及下車，而先訪儒雅，采求闕文，補綴漏逸……范升、陳元、鄭興、杜林、衛宏、劉昆、桓榮之徒，繼踵而集。於是立五經博士，各以家法教授，《易》有施、孟、梁丘、京氏，《尚書》歐陽、大小夏侯，《詩》齊、魯、韓，《禮》大小戴，《春秋》嚴、顏，凡十四博士，太常差次總領焉。建武五年，乃修起太學，稽式古典，籩豆干戚之容，備之於列，服方領習矩步者，委它乎其中。中元元年，初建三雍。」劉秀對儒術的推重，贏得了王夫之的熱烈讚賞：「天下方割裂而聚鬬，而光武以道勝焉。即位未久，修郊廟，享宗祖，定制度，行爵賞，舉伏湛，徵卓茂，勉寇恂以綏河內，命馮異使撫關中，一以從容鎮靜結已服之人心，而不迫於爭戰。然而桀驁彊梁之徒，皆自困而瓦解。是則使高帝當之，未必其能奏定如此也。而光武之規模弘遠矣。……三代而下，取天下者，唯光武獨焉，而宋太祖其次也。不無小疵，而大已醇矣。」〔註38〕

接下來的明帝更是繼承了光武的學術熱情，「明帝即位，親行其禮。天子始冠通天，衣日月，備法物之駕，盛清道之儀，坐明堂而朝羣后，登靈臺以望雲物，祖割辟雍之上，尊養三老五更。饗射禮畢，帝正坐自講，諸儒執經問難於前，冠帶縉紳之人，圜橋門而觀聽者蓋億萬計。」（《後漢書·儒林傳》）穆穆雍雍，汲汲洋洋，制度文物盛極一時！

問題是，身為帝王，他們熱情發起種種學術活動是僅僅出於單純的學術興趣？抑或是自身學養風采的展示與炫耀？于迎春說：「在『勞心經義，情存

〔註38〕 王夫之：《讀通鑑論·卷六》，頁 134～135，中華書局，1975 年。

博聞』的時候，劉秀當然不可能產生與一介貧寒儒生類似的角色認同感。但是顯然的，他希望僚佐臣下不把他視爲一個簡單的皇帝，一個祇是處於權力頂端並操縱著政治機器的世俗統治者，他渴望能建立起一個具有深厚的文化學養和經典氣質，並因『文武並用』而能予人以聖賢之感的君主形象，一個崇高的政治─文化形象。」〔註39〕帝王們講學論道，文質彬彬，有意無意間以聖人孔子自比，例如「（永平十五年三月）又徵廣陵侯及其三弟會魯，祀東海恭王陵。還，幸孔子宅，祀仲尼及七十二弟子。親御講堂，命皇太子、諸王說經」（《後漢書·明帝紀》）；「（祭肜）後從東巡狩，過魯，（明帝）坐孔子講堂，顧指子路室謂左右曰：『此太僕之室。太僕，吾之禦侮也』」（《後漢書·祭遵傳》附肜傳）。

當帝王不僅僅是擁有最高行政權力的政治權威，而且是以君師合一、政統道統集於一身之聖王形象出現時，儒生們該怎麼辦？戰國時士人階層主體精神空前高揚，他們立足於自身的道德文化優勢公然傲睨現實中的君主，例如顏斶對著齊宣王朗朗直言「士貴耳，王者不貴」（《戰國策·齊策》），再如孟子說：「以位，則子君也，我臣也，何敢與君友也；以德，則子事我者，奚可以與友？」（《孟子·萬章》）「晉楚之富，不可及也；彼以其富，我以吾仁；彼以其爵，我以吾義，吾何慊乎哉！」（《孟子·公孫丑》）士人們堅守崇高的文化理想，以激烈的言論批判不合理的現實，例如「庖有肥肉，廄有肥馬，民有飢色，野有餓莩，此率獸而食人也。獸相食，且人惡之，爲民父母，行政，不免於率獸而食人，惡在其爲民父母也？」（《孟子·梁惠王上》）再如墨子說「今王公大人……至其國家之亂、社稷之危則不知使能以治之，親戚則使之無故富貴，面目美好則使之。」（《墨子·尙賢》）等等。這些都表現了士人以其所代表和承擔的價值理想和文化使命與統治者相頡頏的趨勢。入漢以後，士人在集權社會中感受到了壓力，但是依然堅守以道統理想來匡正現實，如《淮南子·修務訓》說：「勢不若德尊，財不若義高。」元成後儒生更是以道統理想來改造現實（參見第一章第一節論述）。

當帝王不再是戰國時昏瞶不懂民生的國君，也再不像西漢初期的帝王那樣樸野無文，而是博學儒雅甚至以儒者師自居的時候，儒生們的道德文化優勢何在？他們還如何能夠在帝王面前堅守道統理想傲睨和藐視人間的權勢？除了奉上謙恭地讚歎、真誠地擁戴，儒生們又能怎樣？這種情緒鮮明地表現

〔註39〕于迎春：《秦漢士史》，頁287～288，北京大學出版社，2000年。

在班固的《兩都賦》中:「至于永平之際,重熙而累洽,盛三雍之上儀,修袞龍之法服,敷洪藻,信景鑠,揚世廟,正予樂。……是以四海之內,學校如林,庠序盈門,獻酬交錯,俎豆莘莘,下舞上歌,蹈德詠仁。登降飲宴之禮既畢,因相與嗟歎玄德,讜言弘說,咸含和而吐氣,頌曰『盛哉乎斯世』!」樊準也在奏疏中不勝嚮往地描述了永平時經學之盛:「至孝明皇帝,兼天地之姿,用日月之明,……垂情古典,遊意經蓺,每饗射禮畢,正坐自講,諸儒並聽,四方欣欣。雖闕里之化,矍相之事,誠不足言。……是以議者每稱盛時,咸言永平。」(《後漢書·樊準傳》)傅毅的《七激》也以鋪排的辭藻熱切地讚美了永平盛世。等等。明帝的苛刻被忽略或淡忘了,僅憑其對制度典章的弘揚重建、禮樂儀式的華美表演,就可膺受盛世之讚頌!

在向儒生表明自身文化修養的同時,光武也加強了對於經學的裁整和儒生風氣的引導。首先他將「王命論」寫入了國家的封禪典文中,「昔在帝堯,聰明密微,讓與舜庶,後裔握機。王莽以舅后之家,三司鼎足冢宰之權勢,依託周公、霍光輔幼歸政之義,遂以篡叛,僭號自立。宗廟墮壞,社稷喪亡,不得血食,十有八年。……皇天睠顧皇帝,以匹庶受命中興,年二十八載興兵,以次誅討,十有餘年,罪人斯得。……吏各修職,復于舊典。」(司馬彪:《續漢書·祭祀志》)這段文字正是郅惲、蘇竟、班彪等人言論的概括,表現出了權力對有利於解釋其合法性的言論和思潮之利用與吸收。此外,光武帝還擬從周郊后稷之例,祀堯為先祖。祇是因為杜林認為漢業特起,功不緣堯,方才作罷。需要說明的是,因為「王命論」思潮首先是由儒生發起,是他們新天命觀的真誠表達,而非僅僅出自權力的生硬炮製,光武不過是借用現成的說法而已,所以這種思潮就更加易於推行,也更容易產生巨大的影響力。

與此同時,東漢初權力者也加強了對經學的干預。其中最突出的是裁減章句。例如鍾興從丁恭受《嚴氏春秋》,光武「詔令定《春秋》章句,去其重複,以授皇太子」(《後漢書·儒林傳》),鄭眾「受(章帝)詔作《春秋刪》十九篇」(《後漢書·鄭眾傳》),光武中元元年詔書以為「五經章句繁多,議欲減省」(《後漢書·章帝紀》)。作為帝王明確表白的學術趨向,精簡章句的要求一定為朝野經師所熟知,所以桓榮才在入授顯宗時刪《歐陽尚書》章句,以「浮詞過長,多過其實,及榮入授顯宗,減為二十三萬言。」其子桓鬱「復刪定成十二萬言」(《後漢書·桓榮傳》。論者提到這股裁減章句之風時,往往

歸之於學術自身的發展規律。﹝註40﹞因爲西漢末章句之學過於繁瑣，揚雄、桓譚、劉歆等一批鴻儒都曾批評過這種學風。再如，「王莽之時，省五經章句，皆爲二十萬，博士弟子郭路，夜定舊說，死於燭下。」（《論衡·效力》）一些學者裁減章句的行爲也不見有權力者意志的干預，例如孔奇作《春秋左氏刪》（《後漢書·孔奮傳》）；樊鯈刪定《公羊嚴氏春秋》（《後漢書·樊鯈傳》）； 張霸以其所刪仍多繁辭，又減定爲二十萬言 （《後漢書·張霸傳》）；伏黯改定《齊詩》章句，作《解說》九篇，其子伏恭「以黯章句繁多」，「乃減省浮詞，定爲二十萬言」（《後漢書·儒林傳》）等等。但是，學術發展並不是刪減章句的全部動力，當楊終受章帝詔「刪《太史公書》爲十餘萬言」﹝註41﹞時，能說是因爲《史記》繁瑣麼？﹝註42﹞聯想到光武下詔校訂讖緯（見後論）、推尊「王命論」以及扭轉士風的種種行爲，儘管經說散佚無從取證，我們依然有理由推測：東漢初的裁減章句之風固然有學術自身的發展因素在內，但也是爲了刪除不利於漢家一姓統治之言論。﹝註43﹞

更重要的，帝王開始有意以忠君的價值傾向來引導士風。前面說過，在「王命論」的思潮下，王莽成了道德上的小人。於是出仕王莽新朝成了儒生羞於談及的經歷，而逃避王莽的徵用則被賦予了明智、氣節、忠君等社會榮譽。劉秀建立東漢王朝後，依據這一標準對儒生們進行了褒貶。《漢書·王貢兩龔鮑傳》載「自成帝至王莽時，清名之士，琅邪又有紀逡王思，齊則薛方子容，太原則郇越臣仲、郇相稚賓，沛郡則唐林子高、唐尊伯高，皆以明經飭行顯名於世」，「紀逡、兩唐皆仕王莽，封侯貴重，歷公卿位」，「薛方嘗爲郡掾祭酒，嘗徵不至」，「世祖即位，徵薛方，道病卒。兩龔、鮑宣子孫皆見

﹝註40﹞ 例如吳從祥說：「經師們自覺地刪減章句則是對繁雜無用章句之學厭煩的結果」（《論漢代今古文之爭對漢代今文經學的影響》，《寶雞文理學院學報（社會科學版）2004 年第 6 期》。此外，趙茂林《兩漢三家〈詩〉研究》也持此一觀點（巴蜀書社，2006 年，頁 608～609），等等。藍旭則認爲此種學風原因在於「祿利勸學所導致的各學派之間的競爭」，參見《祿利之途與東漢初期經學新風》（《山東師範大學學報（人文社會科學版）》，2007 年第 3 期）。

﹝註41﹞ 〔南朝宋〕范曄：《後漢書·楊終傳》，頁 1599，中華書局，1965 年。

﹝註42﹞ 《史記》的簡要精核自古有定論，例如晉朝張輔曾論曰：「遷之著述，辭約而事舉，敘三千年事唯五十萬言，班固敘二百年事乃八十萬言，繁省不同。」（《晉書》頁 1640，中華書局，1974 年。

﹝註43﹞ 李山師在《漢儒〈詩〉說之演變──從〈孔子詩論〉〈周南·漢廣〉篇的本義說起》（《北京師範大學學報（社會科學版），2004 年第 4 期》已先提出這個推論。

褒表，至大官」。《後漢書・卓茂傳》也記載：「初，茂與同縣孔休、陳留蔡勳、安眾劉宣、楚國龔勝、上黨鮑宣六人同志，不仕王莽時，並名重當時。……光武即位，求休、勳子孫，賜穀以旌顯之。……光武以宣襲封安眾侯。」《華陽國志・蜀志》載：健為郡「士多仁孝，女性專貞」，王莽改名曰「西順」，郡人不服從。等到公孫述伐而取之，賢士們又閉戶不為所用。光武聞而歎美之曰「士大夫之郡也」。等。光武這些舉措迅速將其設定的價值導向傳播給了士林，例如班固撰的《漢書》中，拒絕出仕王莽朝的僅有鮑宣、辛興、龔勝、薛方、郭欽、蔣詡、栗融、禽慶、蘇章、曹竟等人。相對於大部分儒生對王莽歡欣鼓舞的態度來說，這些人的冷靜矜持顯然不能夠引人注目。但是到了《後漢書》，就有了眾多拒仕王莽朝的記載，除了孔休、劉宣、宣秉、蔡茂、馮衍、申屠剛、卓茂等的記載為其本人事蹟外，還有許多是出於東漢子孫的追記和傳頌，例如陳寵曾祖父陳咸、胡廣六世祖胡剛、楊震之父楊寶、蔡邕六世祖蔡勳等。顯然，拒仕王莽朝已經成了一項重要的社會榮譽而被人們讚譽和表彰，也成了士人們選擇行為出處時公認的價值規範，所以史家才會在傳記中厚重地記上傳主的這些崇高光榮的經歷。而那些不幸失足於莽朝的士人，則表現出了強烈的愧悔與自傷，例如崔篆「自以宗門受莽偽崇，慚愧漢朝，遂辭歸不仕」（《後漢書・崔駰傳》）。顧炎武有見於此，曾做出一段很有名的評論：

> 漢自孝武表章六經之後，師儒雖盛，而大義未明，故新莽居攝，頌德獻符者遍於天下。光武有鑒於此，故尊崇節義，敦厲名實，所舉用者莫非經明行修之人，而風俗為之一變。至其末造，朝政昏濁，國事日非，而黨錮之流、獨行之輩，依仁蹈義，捨命不渝，風雨如晦，雞鳴不已。三代以下，風俗之美，無尚於東京者！」（《日知錄》卷十三「兩漢風俗」條）

顧炎武說的「大義」主要指的是忠君思想。但是儒家自先秦以來並不主張絕對的忠君，而強調道高於勢。例如，孔子說：「所謂大臣者，以道事君，不可則止。」（《論語・先進》）「陳力就列，不能則止。」（《季氏篇》）「有道則見，無道則隱。」（《泰伯篇》）也就是說，君主和大臣要以道相交，合則留，不合則去。臣和君之間並非單向度的不顧個人生命的絕對忠誠關係，而是相對的、可以有多向度選擇。《禮記》中也說：「道合則服從，不可則去」（《內則》）；「為人臣之禮，不顯諫。三諫而不聽，則逃之。」（《曲禮》下）這種人臣的相對

自由到西漢依然如此，例如劉向還說過：「三諫而不用則去，不去則身亡。身亡者，仁人所不爲也。」（《說苑・卷九・正諫》）因爲一家一姓之私天下觀念甚薄，理想化的士人出仕是爲了實現道義，而非忠於劉氏，所以當王莽以救世主的面目出現時，士人們大多持歡迎的態度。顧炎武這裡的評論是用後世的忠君觀念來評論兩漢士人，顯示了其思想的歷史侷限性。站在今天去看歷史，士人忠於道當然要比忠於君的境界高多了。劉秀所謂砥礪士節的種種行爲，不過是站在君主的立場，努力將超越性的弘道士人變爲服務於一姓帝王之臣子。這是以權力去強行扭轉士人的文化理想，袪除其與專制王權齟齬的因素，是對儒學精神的閹割。奇怪的是，當代許多學者依然用顧炎武的標準去評論兩漢士風，不知其立場何在？

綜上所述，東漢初帝王以道統的拯救者、弘揚者自居，他們比以往君主更懂得意識形態的重要性和學術的魅力。在帝王們興致勃勃地重建各種制度、鄭重堂皇地表演尊儒禮儀的時候，他們也在有意利用儒學將自己裝扮成文質彬彬的聖王。他們吸收並強化了有利於君權的思潮，卻排斥刪減了儒學的理想性和道統的超越性，表現出權力對於學術的有意利用和扭曲。這標誌著帝王控制領域的拓展和思想專制程度的加深！

（二）尊讖緯，剝奪儒生的話語權

當初「赤伏符」完滿地提供了光武登基時需要的天命正當性，這使劉秀對讖緯之學產生了巨大的熱情和信任。他甚至依照讖緯來安排高官人選，例如因爲《赤伏符》中有「王梁主衛作玄武」之句，就拜王梁爲大司空；又因社會上有「孫咸征狄」的讖文流傳，即拜孫咸爲大司馬。當公孫述利用讖緯爲其政權宣傳時，光武帝表現出了極大的關注，親自與公孫述論辯，「圖讖言『公孫』，即宣帝也。代漢者當塗高，君豈高之身邪？乃復以掌文爲瑞，王莽何足效乎！」（《後漢書・公孫述傳》）再如司馬彪《續漢書・祭祀志》載，建武三十年群臣奏言即位三十年應當封禪泰山時，光武帝下了一道辭令嚴厲的詔書：「即位三十年，百姓怨氣滿腹，吾誰欺，欺天乎？……若郡縣遠遣吏上壽，盛稱虛美，必髡，兼令屯田。」從此群臣不敢復言封禪。但是，兩年後光武帝讀到《河圖會昌符》：「赤劉之九，會命岱宗。不愼克用，何益於承。誠善用之，奸僞不萌。」受到觸動，即開始謀議封禪之典。讖緯竟然影響到了當時國家政治中神聖非凡的封禪大典，由此可見其學術權威和光武對它的迷信。

　　光武政權穩定後，便開始了有計劃整理校訂讖緯文獻的工作。例如，薛漢「建武初，爲博士，受詔校定圖讖」，再如尹敏「帝以敏博通經記，令校圖讖」（《後漢書‧儒林傳》）。校定圖讖的工作漫長而持久，直到建武三十二年，光武帝才將圖讖定本八十一篇頒定天下，可見他對此工作的重視與審愼。那麼，校訂圖讖究竟做了哪些工作？一方面是刪掉王莽所頒行的符命、瑞應文字，消除王莽製造的「火德銷盡，土德當代」等輿論的影響，使讖緯更好地爲劉姓服務。例如令尹敏「蠲去崔發所爲王莽著錄次比」（《後漢書‧儒林傳》）。另一方面，使讖緯能與經術結合起來，使官定圖讖享有與經術同等崇高的地位。例如光武帝在諸儒討論靈臺處所時，公開表態「欲以讖決之」。黃復山先生認爲：「光武圖讖之定位及纂成時間……依據史料，定在光武即位平定天下以後，迄至封禪泰山之年，前後三十年間。此前方士符讖甚多，如哀帝、王莽之世，符命造生七百次以上，文書十萬字以上，卻未見與經義結合者，更未出現解說經義之符讖；而當時盛行之政治符讖，於《白虎通義》中亦全不見蹤影。是以光武圖讖與西漢經義相同者，是編纂儒臣取用西漢經義，而非西漢經義藉用讖緯成說。」〔註44〕這種將經義與讖緯的結合定於光武之時的看法，可能是過於絕對了。因爲讖緯造作是一個漫長的過程，在經學獨尊的文化氛圍中，其他學術不可避免地要向經學靠攏才能被認可，因此讖緯與經義的結合可能是與讖緯造作伴隨始終的現象。但是，黃復山看到了光武校訂圖讖時，集中促成了讖緯與經義的結合也是合理的。因爲現存讖緯中確實包含了許多經說，而在光武之前這種現象並不多見，合理的推測只能是在王莽到光武這段時間。

　　光武帝崇信讖緯的做法產生了巨大的影響，「東京各事，殆無不以讖決之者」。〔註45〕《後漢書‧方術列傳》概括說：「及光武尤信讖言，士之赴趣時宜者，皆騁馳穿鑿，爭談之也。故王梁、孫咸名應圖籙，越登槐鼎之任，鄭興、賈逵以附同稱顯，桓譚、尹敏以乖忤淪敗，自是習爲內學，尚奇文，貴異數，不乏於時矣。」劉師培也指出：「及光武建邦，兼崇讖緯，以爲文因赤字，字別卯金，乃帝王受命之符應，炎歷中興之運，遂謂曆數在躬，實唐虞之符瑞；陰嬉撰考，亦洙泗之微言。尊爲秘經，頒爲功令，讖以補緯，緯以正經，或注中侯之文，或闡秘書之指。……緯學之行，於斯爲盛。」（《左盦

〔註44〕黃復山：《東漢讖緯學新探》，頁17，臺灣學生書局，2000年。
〔註45〕呂思勉：《秦漢史》，頁741，上海古籍出版社，2005年。

外集・讖緯論》）濃厚的讖緯氛圍在社會彌漫，以至於學界出現了不重經而重讖的傾向。《後漢書》傳記及東漢人的碑傳墓銘，常可見到「博貫五經，兼明圖讖」的字樣，就是當時學風的證明。〔註46〕

那麼，讖緯究竟是什麼呢？與經學相比，它究竟在什麼地方更加吸引光武帝？《四庫全書總目・經部・易類・附錄》曰：「讖者，詭爲隱語，預決吉凶。《史記・秦本紀》稱盧生奏錄圖書之語，是其始也。緯者，經之支流，衍及旁義。……蓋秦漢以來，去聖日遠，儒者推闡論說，各自成書，與經原不相比附。如伏生《尚書大傳》、董仲舒《春秋陰陽》，核其文體，即是緯書。……則緯與讖別，前人固已分析之。後人連類而譏，非其實也。」這段話影響甚大，它對「讖」和「緯」的定義以及讖、緯有別的觀點得到了許多學者的認同，例如皮錫瑞、呂思勉等。但是，讖和緯雖然在產生時間上有先後，當它們在哀平之際發展成爲一種社會思潮時，就已經合流了，「緯書必須編造大量的預言才能神化自己，讖也只有依傍經義才能收到宣傳的效果，從現存的材料來看，緯中有讖，讖中有緯，其實都是一回事。」〔註47〕陳槃先生考察了讖、符、錄等詞語的歷史使用情況，提出了「讖、符、錄、圖、候、緯一元論」。〔註48〕這種觀點爲當代許多學者，如冷德熙、鍾肇鵬、徐興無等接受，筆者亦將以此爲出發點開始自己的論述。

許多論者注意到了讖緯與今文經學的聯繫，例如前引四庫館臣的看法。當代學者鍾肇鵬也說：「緯書爲西漢末的產物，緯以配經，故緯書中的經說都採今文經說。如《易緯》推演孟京易說，《詩緯》爲齊詩說，《春秋緯》爲公羊家說，這是最明顯的。」〔註49〕並且因爲讖緯與今文經學的密切關係，鍾著中還專設一章《讖緯與漢代今文經學》進行研討。但是，讖緯中雖然保留了一些經說，但其主要內容並非經說，而是符應預兆。安居香山將「緯書」分爲「讖」與「緯」兩大類：「讖」類爲據天文曆數或自然、社會、人事諸現象以預測來者，其內容以「王者受命之證驗」爲大宗，《河圖》、《洛書》是其淵源；「緯」類繼承了《河》、《洛》預測與證驗的特質，但又有與讖相異者，如經典之經義說明與字義解釋等。安居香山經過仔細統計，認爲「緯書」中

〔註46〕參見呂宗力：《東漢碑刻與讖緯神學》，《研究生論文選集》（中國歷史分冊），江蘇古籍出版社，1984年。
〔註47〕任繼愈：《中國哲學發展史》，頁417，人民出版社，1985年。
〔註48〕陳槃：《讖緯釋名》，收入《古讖緯研討及其書錄解題》，臺灣國立編譯館，1991年。
〔註49〕鍾肇鵬《讖緯論略》，頁116，遼寧教育出版社，1991年。

讖類占 43%，緯類占 46%，似讖又似緯而無法斷定者占 11%。〔註50〕陳槃先生也說，「讖緯中包含之思想，自不止是一事，然符應思想，要爲其骨幹」。〔註51〕洪春音在其長達 507 頁的博士論文《緯書與兩漢經學關係之研究》中對讖緯與經學的關係作了詳盡的研究，得出結論說：「緯書的基本內容，在在說明了緯書強烈的『工具』性質。此一工具性固能補經之闕，供當政者所用。然當政者亦可利用緯書的荒誕與任意攀附的特性，來悖反經義，由此可知桓譚極言『讖之非經』（《後漢書》卷 28 上）自有其道理。」〔註52〕因此，總體來看，雖然讖緯與今文經學都是以陰陽五行和天人感應論爲基礎理念，但它們在精神實質上卻存在重大差異。

孔子「不語怪、力、亂、神」，而漢代儒學在伏生的《尙書大傳》、陸賈的《新語》中就已見五行化的端倪了。〔註53〕到董仲舒重新闡釋了「天」的觀念，以陰陽五行爲骨架的「天人感應」哲學體系正式形成，並迅速大盛。具體說來，漢代經學的五行化主要存在著兩大系統：一是由《尙書・洪範》發展而來、揉合了《春秋》災異的系統，其基本內容是以五行及其屬性來解釋春秋以來至漢朝的政治事件（包括天象），以《漢書・五行志》爲代表；二是從《易傳・說卦》發展而來的卦氣易學，其基本內容是以六十四卦配一年四季、十二月、二十四節氣、三百六十五又四分一日，以孟喜、京房易學爲代表。

《漢書・五行志》以五行、五事爲基本綱領，將君王的一切行爲歸納爲：（1）木：「其於王事，威儀容貌亦可觀者也」，「行步有佩玉之度，登車有和鸞之節，田狩有三驅之制，飲食有享獻之禮，出入有名，使民以時，務在勸農桑，謀在安百姓：如此，則木得其性矣」。（2）火：「其於王者，南面鄉明而治」，「賢佞分別，官人有序，帥由舊章，敬重功勳，殊別適庶，如此則火

〔註50〕安居香山：《緯書的基礎研究》，頁 37～48，轉引自洪春音：《緯書與兩漢經學關係之研究》，頁 123，臺灣東海大學博士論文，2002 年。

〔註51〕陳槃：《秦漢間所謂「符應」論略》，收入《古讖緯研討及其書錄解題》，臺灣國立編譯館，1991 年。

〔註52〕洪春音：《緯書與兩漢經學關係之研究》，第 499 頁，臺灣東海大學博士論文，2002 年。

〔註53〕參見馮浩菲：《〈洪範五行傳〉的學術特點及其影響——兼論研究天人感應說之不能忽略伏生》（《中國文化研究》，1997 年第 2 期）；李禹階、沈雙一：《漢代新儒學「天人感應論」開山祖——陸賈》（《河南大學學報》，2003 年第 6 期）等文。

得其性矣」;(3)土:「其於王者,爲內事」,「禹卑宮室,文王刑于寡妻,此聖人之所以昭教化也,如此則土得其性矣」;(4)金:「其於王事,出軍行師,把旄杖鉞,誓士眾,抗威武,所以征畔逆止暴亂也」,「動靜應誼,『說以犯難,民忘其死』。〔如此則〕金得其性矣」;(5)水:「其於人道,……春秋祭祀,以終孝道」,「順事陰氣,和神人也。至發號施令,亦奉天時。十二月咸得其氣,則陰陽調而終始成。如此則水得其性矣。」可以說,木代表著農政,火代表著官制,土代表著內政宗親,金代表著軍政,水代表著祭祀。每一種行爲都有著特定的規範,帝王必須遵守,才能使五行各得其性,出現庶徵。如果帝王違反了這些規範,就會天降災異,如「若乃田獵馳騁不反宮室,飲食沈湎不顧法度,妄興繇役以奪民時,作爲姦詐以傷民財,則木失其性矣。蓋工匠之爲輪矢者多傷敗,及木爲變怪,是爲木不曲直」,「貌之不恭,是謂不肅,厥咎狂,厥罰恆雨,厥極惡。時則有服妖,時則有龜孽,時則有雞旤,時則有下體生上之痾,時則有青眚青祥。唯金沴(水)〔木〕。」等等。不難看出,帝王必須遵守的這些規範正是儒家的政治倫理,通過五行化的形上構架,儒家的倫理變成了上天賞罰帝王的依據。儒生因爲博通聖人之道,成了天意的代言人。他們憑著儒家道統文化理想,無所畏懼地評述著帝王的作爲,預測其將要帶來的後果和改進方法。爲了證明這種闡釋體系的正確性,《五行志》還解說了自春秋以來記載的種種災異,它們都與帝王的行爲缺失有關,無可置疑地代表著上天的懲罰,構成了對現實君主的極大威懾力。

卦氣易學的核心內容是將易卦與曆法結合起來,以表示一年中節氣變化和陰陽二氣的運行消長。例如孟喜的「六日七分說」,以坎、離、震、兌爲四正卦,各代表北、南、東、西四方。其餘六十卦,每卦六爻,各爻分別主一日,共主三百六十日。剩下五又四分之一日,每日八十分,共四百二十分,六十卦分之,每卦各得七分。總起來,就是每卦主六日七分。關於孟氏易學六十卦與二十四節氣相配的位序,惠棟於《易漢學》中列有一個《六日七分圖》。以坎卦居正北,以坎之初六爻與冬至相對應,然後是與十二支之子相對應。又與六十卦之中孚相對應,即僧一行所記孟氏易說云:「自冬至初,中孚用事」。這樣搭配出來的結果是:十一月:未濟、蹇、頤、中孚、復;十二月:屯、謙、睽、升、臨;正月:小過、蒙、益、漸、泰;等等。〔註54〕孟氏易學中還有十二消息卦的思想,即以復、臨、泰、大壯、夬、乾、姤、遯、否、

―――――――――――――

〔註54〕惠棟《六日七分圖》中有簡潔清晰的表示,讀者可參看。

觀、剝、坤中的陰爻、陽爻，來形象地表示出一年四季十二月陰陽消長的變化特徵。這樣搭配之後，易學家就以物候是否應節氣作爲占算人事吉凶禍福的理論依據。至京房，在孟喜的基礎上構建了更爲複雜的象數易學體系，如以八宮重排易卦次序，又有世應說、飛伏說，又將干支納入與易卦相配，等等。讀者可參考林忠軍《象數易學發展史》〔註55〕（第一卷）第三章、第四章：《京房象數易學》，徐昂：《京氏易傳箋》，〔註56〕郭彧：《京氏易傳導讀》，〔註57〕梁韋弦：《漢易卦氣學研究》〔註58〕等著作加以瞭解，詳細介紹非本文所能堪。

筆者關注的是，漢代易學家構建一個精密龐大的卦氣易學體系，目的何在？依然在於參與政治。讀《漢書·京房傳》可以明白這點。例如京房上封事曰：「辛酉以來，蒙氣衰去，太陽精明……然少陰倍力而乘消息……乃辛巳，蒙氣復乘卦，太陽侵色，此上大夫覆陽而上意疑也。己卯、庚辰之間，必有欲隔絕臣令不得乘傳奏事者。」這裡，京房對政治前途的憂懼正是通過象數易學的語言來表達的，政敵的阻撓迫害被附會爲卦氣中的蒙氣。再如谷永的奏疏：「王者躬行道德，承順天地，博愛仁恕，恩及行葦，籍稅取民不過常法，宮室車服不踰制度，事節財足，黎庶和睦，則卦氣理效，……失道妄行，逆天暴物，窮奢極欲，湛湎荒淫，婦言是從，誅逐仁賢，離逖骨肉，群小用事，峻刑重賦，百姓愁怨，則卦氣悖亂，咎徵著郵，上天震怒，災異屢降。」（《漢書·谷永傳》）可見，卦氣易學是將帝王德行與卦氣理效與否聯繫在了一起，要求帝王實行儒家仁政。這本質上依舊是儒家思想，不過是與先秦儒學言說方式不同罷了。

綜上所述，西漢經學雖然發生了五行化變遷，使其帶上了神秘玄妙、巫術卜筮的色彩，但其本質理念依然是儒家思想。漢儒將儒家道統理想神秘化爲天，又借上天所降的災異或祥瑞來評價帝王是否遵從仁政規範。例如董仲舒說：「《春秋》之所譏，災害之所加也；《春秋》之所惡，怪異之所施也。書邦家之過，兼災異之變，以此見人之所爲，其美惡之極，乃與天地流通而往來相應，此亦言天之一端也。」（《漢書·董仲舒傳》）上天的意志和儒家的規

〔註55〕齊魯書社，1994年。
〔註56〕南通翰墨林書局1944年鉛印本。
〔註57〕齊魯書社，2002年。
〔註58〕齊魯書社，2007年。

範高度一致，天基本上成了實現儒生道統理想的保障性力量。這樣就將君權置於道統的規範之下，儒生有了充分的話語權。儒生在空前集權的專制帝國中，借助一套神秘術語來規範王權，只爲避免直言所可能帶來的災難。對此，皮錫瑞看得很清楚：「漢有一種天人之學，而齊學尤盛。《伏傳》五行，《齊詩》五際、《公羊春秋》多言災異，皆齊學也。《易》有象數占驗，《禮》有明堂陰陽，不盡齊學，而其旨略同。當時儒者以爲人主至尊，無所畏憚，借天象以示儆，庶使其君有失德者猶知恐懼修省，此《春秋》以元統天、以天統君之義，亦《易》神道設教之旨。漢儒藉此以匡正其主。」〔註59〕當然，因爲災異和人事之間並非有客觀真實的連接，而祇是漢儒在觀念上的闡釋，所以漢儒建構的這種言說方式存在著先天缺陷，例如：「劉向論政，率本災異。初元二年冬地震，向上變事，遂以見劾，蕭望之自殺。永光元年夏寒，日青無光。弘恭、石顯之徒皆言周堪、張猛用事之咎，堪、猛皆左遷。我以災異推之人，人亦得以災異歸之我。向言災異之效，亦可睹矣。」〔註60〕至其末流，天子竟以宰相翟方進當星變，可見災異說在政治上的失敗。但是，五行化的經學中包含有儒生對專制力量的抗爭和規範之意，這是應當肯定的。

那麼，讖緯的文化品格又如何呢？讖緯中最引人注目的內容是災異、祥瑞、古代的三皇五帝和漢家天子受命之符、改朝換代的徵兆、天文占。它主要是占測天道、預言國家命運的方術，即認爲吉凶禍福都是由神秘的力量決定的，通過天文星象、數理運算、徵兆判斷等可以推知。例如，同樣講災異，董仲舒在《春秋繁露·必仁且智》中說：「凡災異之本，盡生於國家之失，國家之失乃始萌芽，而天出災害以譴告之；譴告之而不知變，乃見怪異以驚駭之；驚駭之尚不知畏恐，其殃咎乃至。」從災到異，是上天懲罰力度的加大，是對人主不行善政的警戒。這就要求天子經常反省自己的行爲，尋求致治之道來平息上天的譴怒。這在一定程度上抑制了君權的無限膨脹，例如皇帝一般都要在發生自然災害後下罪己詔，撫恤流民，舉賢良等等。而讖緯《春秋潛譚巴》中說：

> 災之爲言傷也，隨事而誅；異之爲言怪也，謂先發感動之也。

在這裡，災是傷，是對現行惡事的誅責；異是怪，是上天對將要發生的災難

〔註59〕皮錫瑞撰，周予同注：《經學歷史》，頁68～69，中華書局，2004年。

〔註60〕錢穆：《劉向歆父子年譜》，收入《兩漢經學今古文平議》，頁66，商務印書館，2001年。

的預兆。董仲舒認爲災異是君主現實行爲缺失導致的結果，是人的因素決定的。而讖緯則認爲怪異預示的災難是必然的、命中注定的，而且不一定與人主的道德行爲發生聯繫。讖緯中充滿了這樣的預兆，例如：《春秋圖》、《孝經雌雄圖》、《河圖帝覽嬉》等幾乎全爲天文占。其基本模式爲：「日暈，中赤外青，群臣親。外赤中青，如臣內其身，外其心」，「日食所宿，國主疾，貴人死，用兵者從蝕之面，攻城取地」（《河圖帝覽嬉》）等；其他預兆如「天赤有大風發屋折木，兵大起，行千里。」（《春秋潛譚巴》）；「八卦繆亂，則綱紀壞敗」（《周易通卦驗》）；等等。而且即使講懲戒現實的「災」，讖緯與經學相比，人事與天象變異也連接的更直接、更具體、更機械，例如「貴臣出使，假主威命，殘害無辜，則流星有芒刺」（《春秋運斗樞》）；「妻黨翔，則黃雲入國侯，今多至日見雲，黑有水，雲赤白，如人頭懸鏡之狀，禍流」（《春秋感精符》）；「大臣擅法，則雨雹」（《春秋感精符》）；等等。仔細體味，其意蘊似與經學的災異不同。經學的災異主要針對人主，「漢儒言災異，其精神實不屬三公，而屬天子」；〔註61〕且失道行爲和災異徵象聯繫的較爲寬鬆，例如《五行志》中對同一災異事件可以有不同的解釋。而讖緯則如此瑣碎，並且將關涉的對象擴大到大臣、后妃等，使人事與天象的連接更加神秘。朱熹說過：「漢儒災異猶自有說得是處。如戰國鄒衍推五德之事，後漢讖緯之書，便是隱僻。」（《朱子語類‧中庸》）「隱」指晦澀難懂，「僻」指邪僻，不符經義。讖緯和經學言災異的不同，當因儒生和方士的爲學品格之別。儒生是爲匡正人主，而方士則爲富貴榮祿。總體來看，讖緯中宿命天意的成分更多，基本上是一種政治神話，而不具有儒家懲戒人主的道德意味了。

再來看後漢帝王直接引用的讖緯，例如建武三十二年封禪文：

《河圖赤伏符》曰：「劉秀發兵捕不道，四夷雲集龍鬪野，四七之際火爲主。」

《河圖會昌符》曰：「赤帝九世，巡省得中，治平則封，誠合帝道孔矩，則天文靈出，地祇瑞興。帝劉之九，會命岱宗，誠善用之，姦僞不萌。赤漢德興，九世會昌，巡岱皆當。天地扶九，崇經之常。漢大興之，道在九世之主。封於泰山，刻石著紀，禪于梁父，退省考五。」

〔註61〕錢穆：《秦漢史》，頁240，北京：三聯書店，2004年。

　　《河圖合古篇》曰：「帝劉之秀，九名之世，帝行德，封刻政。」

　　《河圖提劉予》曰：「九世之帝，方明聖，持衡拒，九州平，天下予。」

　　《雒書甄曜度》曰：「赤三德，昌九世，會修符，合帝際，勉刻封。」

　　《孝經鉤命決》曰：「予誰行，赤劉用帝，三建孝，九會修，專茲竭
　　行封岱青。」

這些讖緯或是表明劉秀膺受的天命福祐，或是代表著上天對人事禮制的安排
和啟示。在隱約不可解的言說中，含有無可質疑的上天之權威。在讖緯中，
天子是什麼？《易緯‧乾鑿度》曰：「天子者，繼天理物，改一統各得其宜，
父天母地，以養萬民，至尊之號也」；《春秋感精符》曰：「人主日月同明，四
時合信，故父天母地，兄日姊月。」《春秋演孔圖》曰：「天子皆五帝精寶，
各有題序，次運相據起，必有神靈符紀，諸神扶助，使開階立遂。」等。在
這裡，天子儼然是上天在人間的化身和代理人，直接代表天來統領國家，他
像日月四季一樣光輝永**恒**，與無上的神靈有著親密的聯繫。而讖緯，正代表
了上天對作為天之子的帝王的直接指示，權威而又神聖地表達著上天神秘的
意願。帝王直接從讖緯中領受天意，而不需要儒生迂曲地從所謂的道統理想
來闡釋天意。既然如此，儒生何為？這不是對儒生們話語權力的剝奪，又是
什麼？

第三章 《白虎通義》——「王命論」成爲意識形態

　　如前所述，光武、明帝自覺地進行了一系列意識形態構建工作，取得了一定的成效。但那些主要還是對王莽事件的激發性原初反應，不夠成熟和完滿。當時間推移了五十餘年，社會逐漸從王莽失敗的慘痛中恢復過來，帝國走上了正常的軌道，就出現了「功成則製禮作樂」、構建完滿意識形態的需求。繼光武、明帝之後的漢章帝感覺到了這種時代需求，於建初四年大會群儒召開了白虎觀會議。范曄的《後漢書》多次敘述了章帝這次稽古右文的文化盛事。例如：「下太常，將、大夫、博士、議郎、郎官及諸生、諸儒會白虎觀，講議《五經》同異，使五官中郎將魏應承制問，侍中淳于恭奏，帝親稱制臨決，如孝宣甘露石渠故事，作《白虎議奏》。」（《章帝紀》）「建初中，大會諸儒於白虎觀，考詳同異，連月乃罷。肅宗親臨稱制，如石渠故事，顧命史臣，著爲通義」（《後漢書·儒林傳》）。此外，《賈逵傳》、《班固傳》、《丁鴻傳》、《楊終傳》等也有相關記載。這一次規模盛大的學術討論會，不僅參與人數眾多，時間較長，而且當時的重要學者都參與了。金德建據史書所載，考證出了章帝以外參加白虎觀會議的十四位學者：其中今文家有魏應、丁鴻、桓郁、張酺、樓望、魯恭；兼通各經者有賈逵（兼通讖緯）、李育、召馴、楊終（兼通讖緯）、班固（兼通讖緯）、廣平王劉羨；另有善說《老子》的淳于恭和經學派別不明的成封〔註1〕。這次會議之討論結果保存在史臣班固編輯的《白虎通義》中（詳見下文論述）。那麼皇家欽定的《白虎通義》究竟具有怎樣的文化

〔註 1〕　金德建：《白虎觀與議諸儒學派考》，《古籍叢考》，頁 140～151，香港中華書局，1986 年。

性質？它建構了怎樣的話語體系？又是怎樣建構的？

第一節　以權力意志正經學、讖緯——論《白虎通義》 的意識形態性質

　　關於《白虎通義》的性質，學界歷來存在爭論。不過，在討論其性質之前，首先要涉及到《白虎通義》的名稱、文本問題。《後漢書・章帝紀》云：「如孝宣甘露石渠故事，作《白虎議奏》」；《後漢書・儒林傳》云：「顧命史臣，著爲《通義》」；而《班固傳》說：「天子會諸儒講論《五經》，作《白虎通德論》，令固撰集其事。」那麼，《白虎議奏》、《白虎通義》、《白虎通德論》這三個名稱，究竟是指同一部書，還是指不同的書？如果是不同的書，它們之間又有怎樣的關係？由於史料記載不一，這個問題成了歷來學者討論的熱點，聚訟不一。〔註2〕筆者認同劉師培的觀點，即《白虎議奏》是章帝與群儒討論經義的較爲原始的資料，「所奏之文，必條列眾說，兼及辯辭，臨決之後，則有詔制，從違之詞，按條分綴，《通典》所引《石渠禮論》，其成灝也」；《白虎通義》一書，「蓋就帝制所題之說，纂爲一編」，即統一下來的定論；《白虎通德論》本爲《白虎通》、《功德論》，後脫去「功」字，《功德論》爲記功頌揚之書，「雍容揄揚，等於王充《宣漢》之篇」。〔註3〕

　　這裡有必要提及的是洪業的《白虎通引得序》，〔註4〕此文認爲《白虎通義》非班固所作，其著作時代在漢末魏初，晚於應劭，是好事者用《白虎議奏》資料，「更撮合經緯注釋而成《白虎通》」。〔註5〕其主要理由有三：一、《文選》、《藝文類聚》等書所徵引的班固文，行文氣韻與《白虎通義》不相類；二、《白虎通義》中的禮制與漢代制度不合；三、自後漢至魏晉，與禮制相關的討論，皆未引用《白虎通義》，《白虎通義》中與緯注或《風俗通》等相同

〔註2〕據臺灣圖書館《經學研究論著目錄資料庫（1912～1997）》統計，關於《白虎通義》的研究論著共 80 條（其中有重複），其中討論《白虎通義》名稱、源流的有 16 條（有重複）。1998 年後的筆者據《中國期刊資料庫》自行檢索，專門討論此問題的專題論文不多，但亦有新觀點出現，例如周德良的《論〈白虎通〉與漢代經學之關係》（易學與儒學國際學術研討會論文集（儒學卷），2005 年）等。

〔註3〕參見劉師培：《白虎通源流考》，《白虎通疏證・附錄七》，中華書局，1994 年。

〔註4〕收入《洪業論學集》，中華書局，1981 年（2005 年重印）。

〔註5〕洪業：《洪業論學集》，頁 36，中華書局，1981 年（2005 年重印）。

或相似的說法，正說明前者對後者的襲取。但是，這三條理由並不能夠顛覆傳統看法，因爲《白虎通義》是班固對經義討論的最後整理，並非個人撰作，與其他文章風格、觀點不同自在情理當中。第二條理由，《白虎通義》主要講論「五經異義」，即對經典進行理論上的研討，漢家禮制多雜糅而不合經典早已是當時人盡皆知的事情，理論與實際不合也屬正常；第三條理由，《白虎通義》與《風俗通》有相似的說法，也可能是後者引用前者，不一定是前者襲取後者；至於說後漢的禮制討論及儒生著作中未曾引用《白虎通義》，並不準確，例如何休的《公羊解詁》就有許多解說與《白虎通義》同，﹝註6﹞祇是沒有出現《白虎通義》書名而已。這其中的原因則可能是多方面的，例如《白虎通義》未能及時以書冊的形式公佈於世，等，也不一定就能證明其晚出。而支持《白虎通義》爲白虎觀會議討論結果最有力的理由是，《白虎通義》大量引用今文經說、讖緯，而對古文經間有引用，這與章帝初的學術發展狀況正相符合。退一步講，即使《白虎通義》並未整理成書冊的形式在社會上廣爲流傳，但其與作爲白虎觀會議討論結果的《白虎議奏》關係密切（這一點，洪業並未懷疑），體現出了東漢中期欽定的意識形態特色應是不容置疑的。因此，我們依舊可以用《白虎通義》作爲分析當時官方意識形態的文本資料。

此外，還有周德良、雷戈等學者認爲班固的《白虎通義》早已散亡。周德良認爲現存的《白虎通義》應是曹褒撰集的《漢禮》，依據是：《白虎通義》從內容上看正好符合《後漢書·曹褒傳》記載的：「依準舊典，雜以《五經》讖記之文，撰次天子至於庶人冠婚吉凶終始制度」。﹝註7﹞但是，沒有史料文獻記載，僅靠內容推測究竟祇是一種懸想。雷戈認爲白虎觀會議並非只有一次，而是明帝永平元年和章帝建初四年各召開過一次，永平元年會議後諸儒據《穀梁傳》著《白虎通義》，建初四年會議後則編撰《白虎議奏》，後人將此二者匯爲一談。其觀點看似新奇，但是推測成分過多，終難服人。因此，在沒有更多充分的證據之前，我們還是相信《班固傳》的記載，認爲《白虎通義》是班固在《白虎議奏》的基礎上整理出來的欽定的經義討論結果。

對於《白虎通義》的性質，目前學界主要有以下幾種針鋒相對的觀點：

（1）侯外廬認爲《白虎通義》是庸俗經學與神學的混合物，是東漢國家

﹝註6﹞參見張廣慶：《何休春秋公羊解詁研究》，頁221，國立臺灣師範大學國文研究所集刊，第34號，1990年。

﹝註7﹞周德良：《白虎通暨漢禮研究》，頁397～405，臺灣學生書局，2007年。

的「法典」、「國憲」。〔註8〕任繼愈接受了這種觀點，認為：「這套決議雖然只涉及到五經同異中的一些問題，屬於經學的範圍，不算國家正式頒佈的法典，但是它的內容規定了國家制度和社會制度的基本原則，確立了各種行為準則，直接為鞏固統治階級的專政服務，所以它是一種制度化了的思想，起著法典的作用。」〔註9〕這種觀點看到了《白虎通義》的意識形態本質，但在其論證中，充滿了特定時期階級鬥爭的色彩，以先入為主的成見立論，論述過程比較粗糙，因而遭到了後來學者的反感。任繼愈對這種論證方法有所修正，但其主流意識形態色彩依然濃厚。而且，用「國憲」、「法典」去定位《白虎通義》並不準確。〔註10〕《白虎通義》對東漢後期的學術發展產生了巨大的影響自不待言，洪春音詳細考察了這個問題，得出結論是：「記錄白虎觀經學會議結果的《白虎通義》，雖未完成統一經學的目的，但其兼采經學與緯書說，日益成為學術主流，無論是論禮制的《獨斷》、定風俗的《風俗通義》、抑或《公羊學》宗師何休的兼綜《公羊春秋》與緯書說，乃至鄭玄兼融今古學與緯書說，都是此一學術主流的具體表現。」〔註11〕也就是說，《白虎通義》對後漢經學的影響主要在於學術風尚和會同融合的學術追求上，例如許慎的《五經異義》等即是這一風尚的產物，但其具體條文並未像國家法典一樣被人頻繁引用。因此，侯外廬、任繼愈的這一觀點有待補充和修正。

（2）金春峰認為《白虎通義》一書「彙集四十三條名詞解釋，內容涉及社會、禮儀、風習、國家制度、倫理道德各個方面。其中許多重要條目並不是關於制度的法典式的規定，而是彙集不同觀點的學術說明和解釋。」「雖然由於皇帝親臨裁決而使這部名辭彙典具有官方經學和權威法典的性質。但他還是以學術形式出現的，它的學術性質是占主導地位的。讖緯的神學方面受到了抵制和極大的削弱。」〔註12〕陳啓雲先生在《兩漢思想文化含義的新詮釋》一文中將金春峰詮釋漢代思想的方法總結為：「不帶預設的觀念理論，單就漢儒的思想論著而敘述漢代思想」，「希望在不帶預設觀念理論的立場，可

〔註 8〕 侯外廬：《中國思想通史》（第二卷），頁 223～232，人民出版社，1957 年。

〔註 9〕 任繼愈：《中國哲學發展史》（秦漢），頁 474，人民出版社，1985 年（1998 年重印）。

〔註 10〕 參見王四達：《是「經學」、「法典」還是「禮典」──關於〈白虎通〉性質的辨析》，《孔子研究》，2001 年 6 月。

〔註 11〕 洪春音：《緯書與兩漢經學關係之研究》，頁 463，臺灣東海大學 2002 年博士論文，列印本。

〔註 12〕 金春鋒：《漢代思想史》，頁 489～491，中國社會科學出版社，1997 年。

以同時避免『宋學・西方哲學』的成見和過去國內三十多年意識形態的框框，去客觀眞實地展現漢代的思想文化。」〔註13〕金春峰基於自身眞實的學術感受，力求保持學術的客觀獨立性，在上個世紀八十年代中期的學術氛圍中給人的感覺不啻於一幅清新劑。但是，對於意識形態的厭惡並不可以讓我們忽視歷史文獻本身的意識形態性質。《白虎通義》從形式上看固然是名詞解釋，其「或說」林立的現象似乎也表示出了對不同說法的寬容，但是，如果我們深入到文本內部，分析其對不同思想材料的取捨，不難看出其對學術精神的閹割和對權力意志的張揚（詳下文分析）。因此，《白虎通義》的意識形態性質是不能夠否定的。

（3）林麗雪、王四達等學者認爲《白虎通義》的性質應當是「禮典」。林麗雪認爲《白虎通義》的眞正意義是「在引經書以定禮制，以爲治國的憑籍」，「禮制人倫的製定才是最主要的目的」。〔註14〕季乃禮也表示認同此觀點。〔註15〕王四達在其《是「經學」、「法典」還是「禮典」──關於《白虎通義》性質的辨析》〔註16〕一文中認爲：《通義》是章帝爲製作漢禮而預先對諸禮義理和禮制框架進行甄別與審定的產物，它直接派生了章帝命曹褒撰定的《漢禮》。前面提到周德良推測《白虎通義》爲《漢禮》的觀點，也是基於現存的《白虎通義》以「禮」爲核心內容的認識。這些學者注意到了禮制討論在《白虎通義》中所占的重要地位，並且能聯繫到與其時代環境相似的曹褒製漢禮行爲，不爲無見。《白虎通義》中大量篇幅討論「禮制」，是由「大漢繼周，久曠大儀，未有立禮成樂」〔註17〕的時代需求決定的，也是漢儒禮樂教化治國思路的反映。〔註18〕但是，禮制並非《白虎通義》的全部內容，除此之外，它還涉及到社會生活的方方面面，例如「五經」、「聖人」、「災異」等等，與禮制關係並不大。而且，如果「禮」爲孔子說的「禮云，禮云，玉帛云乎哉？樂云樂云，鍾鼓云乎哉」（《論語・陽貨》），強調內在精神的培養；

〔註13〕陳啓雲：《陳啓雲文集（二）：儒學與漢代歷史文化》，頁33～34，廣西師大出版社，2007年。

〔註14〕林麗雪：《〈白虎通〉「三綱」說與儒法之辨》，《中國哲學史研究》，1984年第4期。

〔註15〕季乃禮：《三綱六紀與社會整合──由〈白虎通〉看漢代社會人倫關係》，中國人民大學出版社，2004年。

〔註16〕《孔子研究》，2001年第6期。

〔註17〕《漢書・禮樂志》，頁1075，中華書局，1962年。

〔註18〕參見第一章第一節。

或者如荀子的「禮制」，雖然已經講究「度量分界」，但其目的仍在全民族人格的教化，以與刑法相對，那麼我們可以忽略「禮」的意識形態性。但是，如果「禮」變爲文飾帝王、尊君卑臣、強幹弱枝的手段，那麼「禮制」本身就是帝國意識形態的一部分。《白虎通義》中的「禮制」正是起著貫徹權力意志的作用，因此不能將其歸爲「禮典」而否認其意識形態性。最後，從史實上考察，《後漢書》記載章帝命曹褒製禮時，賜以叔孫通的《漢儀》爲底本，而且明確表示對「會禮之家，名爲聚訟，互生疑異，筆不得下」的眾儒討論形式的厭煩，因此，白虎觀會議和命曹褒製禮雖然時代相近、性質相類，但兩者的直接關聯並不大。

綜上所述，筆者認爲《白虎通義》因其欽定性質，是滲透了權力意志的學術，它是東漢權力者努力構建的適合帝國需要的意識形態。「意識形態的概念可以用來指特殊情況下意義服務於建立並支援系統地不對稱的權力關係的方式──這種權力關係我稱之爲『統治關係』。就廣義而言，意識形態就是服務於權力的意義。」〔註19〕這一點，不僅由《白虎通義》產生的時代背景決定，更由其對各種思想元素精心整合取去而鮮明凸顯出來。下面，筆者擬從這兩方面對《白虎通義》的性質進行論述：

一、白虎觀會議與石渠閣會議面臨的不同時代問題

在兩漢經學發展史上，有兩次皇帝親自參與的經義大討論：西漢宣帝時的石渠閣會議和東漢章帝時的白虎觀會議。兩次會議都有「上親稱制臨決」的欽定性質，都旨在「講《五經》同異」，並且後者還自覺仿傚「如孝宣甘露石渠故事」。但是因爲兩次會議所處的時代不同，所面臨和所要解決的思想問題不同，它們對學術發展的影響也是不同的。

石渠閣會議是在「儒家經學的政治作用日益受到重視，而其內部卻呈分化狀態時召開的」。〔註20〕五經解說原本因爲地域、師承、學者創新等因素而存在派別差異，例如《詩經》有齊、魯、韓三家等。在經學設置博士成爲官方獨尊的學說後，經學解說開始與利祿之爭聯繫了起來，因爲誦習官方不承認的師說意味著仕途出路的黯淡。這加劇了經學派別的紛爭和分化，湯志鈞先生總結了當時師法迭出的幾種情況：（1）對傳統師法進行潤色；（2）對傳

〔註19〕〔英〕約翰.B.湯普森：《意識形態與現代文化》，頁7，譯林出版社，2005年。
〔註20〕湯志鈞等：《西漢經學與政治》，頁224，上海古籍出版社，1994年。

統師法進行從方法到內容的較大的改動，自創新說；（3）因改動師法而引起的爭執，往往被用來作爲在政治上排除異己，擴大個人勢力的機會。〔註21〕宣帝在這種情況下召開石渠閣會議，自然有統一經說使其更加適用帝國需要的意思在內，但其最初的出發點則在於尊立《穀梁傳》。宣帝從民間被立爲天子，免不了要文飾祖先以自重，例如尊武帝爲宗，立廟樂，衛太子喜愛的《穀梁傳》也免不了要被尊揚渲染一番。湯志鈞從宣帝尊立《穀梁傳》的行爲中挖掘出其以宗法禮制來代替《公羊》重法治的思想，恐怕是求之過深了。

　　石渠閣會議討論的結果是不僅立《穀梁傳》爲博士，而且增立了施、孟、梁丘《易》，大、小夏侯《尚書》，大、小戴《禮》。這表現出了帝王對有用師說的鼓勵，並且亦欲借著增立師說來緩和經學派別的紛爭。但是，學術發展固然受官方意志的影響，更取決於學術水準高低、學者傳承等諸多因素，等到光武帝在東漢初重建十四家博士時，已經無《穀梁》博士。宣帝增立經學博士的行爲不僅沒有使經學紛爭停下來，反而刺激了新師說的誕生，例如京氏《易》等。再從具體的學術討論結果看，《漢書·藝文志》著錄石渠閣會議討論的文件有：《五經議奏》十八篇、《書議奏》四十二篇、《禮議奏》三十八篇、《春秋議奏》三十九篇、《論語議奏》十八篇。這些文檔今已散佚，少量殘篇所涉及的，「均爲宗法、禮制的實際運用問題」。〔註22〕會議沒有像白虎觀會議那樣能夠將各種思想因素圓融到一起，形成一種系統完備的思想體系。因此，總體來看，石渠閣會議對經學發展的影響相對較小。

　　與之相比，白虎觀會議則面臨著更爲複雜的學術環境。首先是元帝之後社會充分儒學化，經說差別在國家政治中的影響越來越重要；其次是劉歆之後又興起了古文經學；還有王莽光武之際突然盛行的讖緯。下面對白虎觀會議前各種思想的發展情況做具體說明：

　　今文經

　　五經原本先秦舊典，漢興之後，靠著儒生經世致用的精神，使得儒學與當朝政事聯繫了起來，其政治作用一點點被權力者認可並重視。到武帝朝，五經終於被立爲官學，漢家開始「罷黜百家，獨尊儒術」。但是，經學由此開始迅速膨脹，表現之一就是章句之學大興。所謂章句，就是「離章辨句，委曲枝派也」（《後漢書·桓譚傳》李賢注）。清儒焦循根據現存的《孟子章句》將章句的特

〔註21〕湯志鈞等：《西漢經學與政治》，頁 227～230。
〔註22〕湯志鈞等：《西漢經學與政治》，頁 232，上海古籍出版社，1994 年。

點概括爲：「既分其章，又依句敷衍而發明之，所謂『章句』也。章有其旨，則總括於每章之末，是爲『章旨』也。疊詁訓於語句之中，繪本義於錯綜之內。」（《孟子正義‧卷一》）這種逐字逐句解釋字詞、闡釋義理的解經體裁，與訓詁、傳、說等比起來，具有更加嚴密、詳盡的特點，但也難免瑣碎、支離的缺陷。〔註23〕當夏侯建「左右採獲，又從五經諸儒問與《尚書》相出入者，牽引以次章句，具文飾說」時，夏侯勝頗不以爲然，批評說：「建所謂章句小儒，破碎大道」，而夏侯建亦「非勝爲學疏略，難以應敵」（《漢書‧眭兩夏侯京翼李傳》）。由此可以看出章句之學的特點，也可看出章句往往與師法聯繫在一起，當一家章句完成後也就意味著師說固定了下來。這種趨勢發展到漢末，便出現了「一經說至百萬餘言」的局面，今文經的經說闡釋發展到了極限。而經說內部理論闡釋體系越完善，其與現實的政治實踐就越脫節，致用性大大受到損傷，所謂「務碎義逃難、便辭巧說」、「章句之徒，破壞大體」是也。而且，因爲經說的過度膨脹，學者繼續發揮的理論空間也變得狹窄，學術上也開始走下坡路，例如後漢的今文經師「習」者多，而創者少。有見於此，劉歆、揚雄、班固等學者都曾強烈批評過當時的學風，後漢帝王也開始下詔減省章句，並藉此濾掉不合權力意志的經說（第二章第二節已述）。就是在這種情況下，建初四年章帝下達的關於白虎觀會議的詔書中，特意提到了中元元年詔書：「《五經》章句煩多，議欲減省」，以及永平元年長水校尉樊鯈的奏言。裁減章句確是會議的一個重要目的。

古文經

　　古文經興起於今文經弊於瑣碎空疏之際，劉歆奏請哀帝立《左傳》、《毛詩》、《逸禮》於學官時，認爲古文經在禮制建設上更切實用。〔註24〕古文經最初多爲通儒所青睞，劉歆之外，桓譚「博學多通，徧習《五經》，皆詁訓大義，不爲章句。能文章，尤好古學」（《後漢書‧桓譚傳》），杜林、鄭興、衛宏、賈逵等皆稱博通。因爲古文經在民間流傳，沒有受到章句之學的侵染，所以闡釋空間較大。通儒解經之作紛紛湧現，例如劉歆解《左傳》：「引傳文

〔註23〕即便如此，論者猶認爲《孟子章句》已是東漢末期章句簡省後的著作，並不能代表章句之學鼎盛時的形態，鼎盛時的章句著作當遠更繁瑣。爲此，林慶彰提出了「大章句」的概念，用以指稱那些牽引眾多資料動輒數十萬言或百萬言的章句著作。參見林慶彰：《兩漢章句之學重探》，收入《中國經學史論文選集》，臺北：文史哲出版社，1992年。

〔註24〕詳細論述在第四章第一節。

以解經，轉相發明，由是章句義理備焉」（《漢書·楚元王傳》附劉歆傳）；賈徽作《左氏條例》二十一篇；衛宏爲《古文尚書》做《訓旨》；等。這些通儒及其解經著作爲古文經學的發展奠定了學術基礎。光武重建博士制度時，古文經因曾爲王莽所立的緣故，被排斥在外，十四家博士全爲今文經。但是，古文經學的發展已不容輕忽，韓歆上疏「欲爲《費氏易》、《左氏春秋》立博士」（《後漢書·范升傳》）。經過一番激烈的爭論，光武立李封爲《左傳》學博士。結果群儒大嘩，隨著李封去世，光武即取消了《左傳》學博士。這個事件說明了今古文之爭中，「光武未特別扶植《左氏》學，《左氏》學的社會基礎亦有所不足」。〔註25〕光武著意之學在於讖緯，例如當曹充、張純援引讖緯製定禮儀的時候，得到了光武帝的認可，而習古文的陳元也曾「數陳當世便事郊廟之禮」，然「帝不能用」。後來賈逵的奏疏說得很明白：「至光武皇帝奮獨見之明，興立《左氏》、《穀梁》，會二家先師不曉圖讖，故令中道而廢。」（《後漢書·賈逵傳》）暫時的挫折，促使古文經學家吸收這一教訓，迅速轉變治學風格，開始以古文比附圖讖，賈逵在這方面作了大量工作。而且古文經學中畢竟存在合乎學術發展方向的因素，今文經不可完全替代，官方斷然排斥決非明智之舉。章帝登基的建初元年，賈逵就已成功地說服了章帝，「令逵自選《公羊》嚴、顏諸生高才者二十人，教以《左氏》」。因此，如何將古文經說吸納到經學體系中以促使經學朝更加適用的方向發展，也成了白虎觀會議面臨的一個問題。

　　讖　緯

　　光武生硬地以讖緯裁壓經典的權威，引起了理智清明之儒生的強烈不滿，例如桓譚曾極言「讖之非經」，尹敏也曾在光武面前反對讖緯：「讖書非聖人所作，其中多近鄙別字，頗類世俗之辭，恐疑誤後生。」光武沒有採納這些意見，尹敏就用了一個惡作劇嘲弄之，因闕文竄入：「君無口，爲漢輔。」（《後漢書·儒林傳·尹敏傳》）鄭興也曾對光武說過「不爲讖」（《後漢書·鄭興傳》）。雖然光武對這些儒生採取了迫害抑制的強硬措施，但終究不能厭服人心。如何能夠把表現權力意志的讖緯與儒生崇奉的經學融合起來，從而使其成爲眞正的學術權威，也成了時代面臨的迫切問題。當時已經有一些學者開始了這種融合工作，例如樊鯈「永平元年，拜長水校尉，與公卿雜定郊

────────────

〔註25〕洪春音：《緯書與兩漢經學關係之研究》，頁357，臺灣東海大學2002年博士論文，打印本。

祠禮儀，以讖記正《五經》異說」（《後漢書·樊儵傳》）；再如劉輔，「善說《京氏易》、《孝經》、《論語》傳及圖讖，作《五經論》，時號之曰《沛王通論》」（《後漢書·光武十王列傳》）；等等。但是，這些畢竟屬於學者的個人行為，影響力有限，不能夠達到政府行為的效果。再加上讖緯的內容極為龐雜，有些符合官方需要，還有一些來自於今文經學的內容如禪讓、革命等思想並不被東漢帝王看好，所以有必要對讖緯文獻進行更加精細的擇取。因此，以官方意志正讖緯和以讖緯正經學也就成了白虎觀會議的重要議題。

綜上所述，白虎觀會議前帝國的意識形態中還存在著諸多問題，需要做進一步的整合工作。章帝在此環境下召開白虎觀會議，必然成為當時學界關注的焦點，其討論的結果也將對學術的進一步發展產生重要的影響。

二、《白虎通義》對經學、讖緯的扭曲閹割

清代學者莊述祖通過仔細考察，總結出了《白虎通義》對當時各種學術資源的「欽定」情況：「《白虎通義》雜論經傳，《易》則施、孟、梁丘經，《書》則伏生《傳》及歐陽、夏侯，大指相近，莫辨其為解故，為說義也。《經》二十九篇外，有『厥兆天子爵』與『五社』之文，在亡逸中。《詩》三家，則魯故居多，《藝文志》所云『最為近之』者。韓《內傳》、毛《故訓》，亦間入焉。《春秋》則《公羊》而外，間採《穀梁》。《左氏傳》與古文《尚書》當時不立學官，《書》且晚出，雖賈逵等以特明古學議北宮，而《左氏》義不見於《通義》。九族上湊高祖，下至玄孫，《書》古文義也，在《經傳》之外備一說，不以為《尚書》家言。《禮》，《經》則今《禮》十七篇，並及《周官經》。《傳》則二戴……《樂》則河間之記。《論語》、《孝經》、六藝並錄，傳以讖記，援緯證經。自光武以《赤伏符》即位，其後靈臺郊祀，皆以讖決之，風向所趨然也。故是書之論郊祀、社稷、靈臺、明堂、封禪，悉櫽括緯候，兼綜圖書，附世主之所好，以緄道真，違失六藝之本，視石渠為駁矣。」〔註26〕現代學者通過準確分析，統計出了《白虎通義》徵引典籍的具體情況：共引文 595 則，其中讖緯類 31 則，《周官》5 則，《穀梁》5 則，合於《毛詩》訓傳者 5 則，《書亡逸篇》、《尚書逸篇》各 1 則，其他《孝經》類 9 則、《論語》類 51 則，《爾雅》1 則，《管子》1 則，其餘全為今文經及經說，約占將近 82%。〔註27〕可見，《白虎通義》

〔註26〕莊述祖：《白虎通考》，《白虎通疏證·附錄二》，中華書局，1994 年。
〔註27〕參見周德良：《白虎通暨漢禮研究》，頁 44～48，臺灣學生書局，2007 年。

採用了大量的今文經說，雜糅了讖緯，間採少量的古文經說。需要注意的是，《白虎通義》對這些思想材料的處理，並非簡單地引用堆垛，而是進行了精心的改頭換面，以符合權力意志的需求。下面，舉例證明之：

1. 天子爲爵稱

> 天子者，爵稱也。爵所以稱天子何？王者父天母地，爲天之子也。故《援神契》曰：「天覆地載，謂之天子，上法斗極。」《鉤命決》曰：「天子，爵稱也。」帝王之德有優劣，所以俱稱天子者何？以其俱命于天，而王治五千里內也。《尚書》曰：「天子作民父母，以爲天下王。」（卷一「論天子爲爵稱」）

案：據陳立《白虎通疏證》所引《五經異義》知，當時《易》孟、京、《春秋》今文說認爲天子是爵稱，古《周禮》、《春秋左氏傳》認爲天子無爵。今文經說已佚，《周易乾鑿度》中有「《易》有君人五號：帝者，天稱也；王者，美行也；天子者，爵號也；大君者，興盛行異也；大人者，聖明德備也」，可能來自今文經說。爲什麼要說天子是帝王的爵稱呢？今文經的說法可能來自於孟子的「天子一位，公一位，侯一位，伯一位，子男同一位。」（《萬章》）。[註28] 顧炎武《日知錄》闡釋其中的大義云：「爲民而立之君，故班爵之意，天子與公侯伯子男一也，而非絕世之貴。代耕而賦之祿，故班祿之意，君卿大夫士與庶人在官一也，而非無事之食。是故知天子一位之義，則不敢肆於民上以自尊；知祿以代耕之義，則不敢厚取于民以自奉。」古文家認爲天子無爵，理由是：「同號於天，何爵之有？謹案《春秋左氏》云施于夷狄稱天子，施于諸夏稱天王，施于京師稱王，知天子非爵稱也。」（《五經異義》）即天子與天同號，而爵位用於人間的等差，不能套用到天子身上，而且又有文獻記載作證明。古文經的說法也許更合乎歷史實際，但卻不具有顧炎武闡釋出來的「微言大義」。

《白虎通義》選擇了今文經說，但卻做了改造。天子爲爵稱，在這裡成了王者父天母地的神聖性象徵，全然沒了今文經說從孟子那裡承續而來的戒懼之義。而且，《白虎通義》還作了進一步的闡發：無論帝王德行優劣，因爲俱受命於天，所以都稱天子。這就排除了「天子」稱呼中的道德含義，天子

[註28] 《春秋公羊傳》與孟子思想的有諸多關聯，例如皮錫瑞說：「孟子《春秋》之學，與《公羊》同一師承。故其表彰微言，深得《公羊》之旨。」（《經學通論·卷四》，頁2，中華書局，1954年）。

神秘享有上天的福祐，而不用履行對人間的道德責任。人類無權對帝王享受天命的理由有所質疑，而只能謙恭自願地接受天子的統治。這顯然是「王命論」的精神內涵。

2. 存二王之後

> 王者所以存二王之後何也？所以尊先王，通天下之三統也。明天下非一家之有，謹敬謙讓之至也。故封之百里，使得服其正色，行其禮樂，永事先祖。……二王之後，若有聖德受命而王，當因其改之耶？天下之所安得受命也，非其運次者。（盧文弨云：「此有脫誤，疑是『當因其故，抑改之耶』，下云『天之所廢，安得受命也』。且『非其運次者』，蓋即一姓不再興之義」）（卷八「論存二王之後」）

案：通三統是今文經學最熱衷的話題，最早見於《春秋繁露》，例如《三代改制質文》篇云：「《春秋》上絀夏，下存周，以《春秋》當新王。《春秋》當新王者奈何？曰：王者之法，必正號，絀王謂之帝，封其後以小國，使奉祀之。下存二王之後以大國，使服其服，行其禮樂，稱客而朝。故同時稱帝者五，稱王者三，所以昭五端，通三統也。」這裡表述的是「新鬼大而故鬼小」的歷史觀，[註29] 即帝王年代愈遠愈疏、愈近愈親，尊新王。「稱王者三」，是對天道有天統、地統、人統的遵從和模擬，同時又有法三正之意：「正者，正也，統致其氣，萬物皆應，而正統正，其餘皆正，凡歲之要，在正月也。」（《三代改制質文》）新王興起，一定要按順序改正月來應天命。董仲舒在當時提出「通三統」，並以《春秋》當一統，而黜掉秦朝存在的合理性，是呼籲漢朝興起，當更化秦朝弊政，建立新一代禮樂教化的規模。此外，失去天命的王者之後「稱客而朝」，對新王朝也是一個警示，「天子不能奉天之命，則廢而稱公，王者之後是也」（《春秋繁露‧順命》）。之後，劉向、谷永等人又進一步闡發了「通三統」命題中的天道革命思想，例如「王者必通三統，明天命所授者博，非獨一姓也」（《漢書‧劉向傳》）；「垂三統，列三正，去無道，開有德，不私一姓，明天下乃天下之天下，非一人之天下也。」（《漢書‧谷永傳》）等。

　　《白虎通義》此條也說了「所以尊先王，通天下之三統也。明天下非一家之有」，似乎是前漢公天下理念的延續，但實際不然。這裡的「明天下非一

〔註29〕楊向奎：《繹史齋學術文集》，頁114，上海人民出版社，1983年。

家之有」，祇是現實受命帝王「謹敬謙讓」姿態的一個展示，是對現實一姓天
下的無關緊要之裝飾，而非帝王對公天下觀念的眞誠認可和畏戒。接下來說
二王之後雖有聖德，亦不能受命稱王，因爲非其運次，正說明了這一點。二
王之後已經不可能再受命稱王，對現實帝王不能構成威脅，所以才可以「服
其正色，行其禮樂」並稱三統。這句話也表明了《白虎通義》認爲王權的合
理性根源在「運次」而不在「聖德」，帝王因爲運氣、命相等神秘偶然的因素
而被上天福祐，有沒有聖德倒是次要的。這是對西漢學術中「以聖爲王」的
聖王理念的嚴重扭曲和踐踏，是權力者「王命論」式的講演。

3. 封諸侯親賢

> 王者即位，先封賢者，憂民之急也。故列土爲疆非爲諸侯，張官設
> 府非爲卿大夫，皆爲民也。……天下太平乃封親屬者，示不私也。
> 即不私封之何？「普天之下，莫非王土，率土之賓，莫非王臣」。海
> 內之眾已盡得使之，不忍使親屬無短足之居，一人使封之，親親之
> 義也。……王者始起，封諸父昆弟，示與己共財之義，故可以共土
> 地。（卷四「論封諸侯親賢」）

案：此段話與谷永的「臣聞天生蒸民，不能相治，爲立王者以統理之，方制
海內非爲天子，列土封疆非爲諸侯，皆以爲民也」〔註30〕頗多形似，但實質
卻差別極大。谷永是爲民立君的思想，即設立君主、諸侯不是爲了讓他們個
人作威作福，而是要統理烝民使之能夠最大化的安樂。也就是說，帝王的合
法性必須接受他是否履行爲民造福之天職的拷問，這是典型的民本思想。而
《白虎通義》雖然襲用了谷永的句式，但卻將其改頭換面，是在王位既定的
情況下封賢者，也就是把爲民的考慮限制在諸侯王、卿大夫的層次，而不包
括最高的權力者──帝王。接下來論述王者封親屬的理由是：「海內之眾已盡
得使之，不忍使親屬無短足之居」；封諸父、昆弟的理由是：「與己共財之義」，
更是典型的將天下視爲個人私產的暴發戶論調。之前，漢高帝劉邦、光武帝
劉秀都有類似的言論，例如劉邦曾對父親說：「始大人常以臣無賴，不能治產
業，不如仲力。今某之業所就孰與仲多？」（《史記・高祖本紀》）劉秀也曾「與
功臣諸侯燕語，從容言曰：『諸卿不遭際會，自度爵祿何所至乎？』」（《後漢
書・朱景王杜馬劉傅堅馬列傳》）但這些還屬帝王佚事、閒居燕語，並沒有進

〔註30〕《漢書・谷永傳》，頁 3467，中華書局，1962 年。

入學術領域進行論證。《白虎通義》作爲學術討論的結果,卻彈起了以天下爲私產的論調,這不是帝王意志的傳聲筒又是什麼?學術既已承認天下爲帝王的財產,那麼還如何能夠爲生民利益吶喊?學者除了幫閒,還能做些什麼?

4. 災變與祥瑞

> 天所以有災變何?所以譴告人君,覺悟其行,欲令悔過修德,深思慮也。(卷六「論災變譴告之義」)

> 災異者,何謂也?《春秋潛潭巴》曰:「災之爲言傷也,隨事而誅;異之爲言怪也,先發感動之也。」……堯遭洪水,湯遭大旱,亦有譴告乎?堯遭洪水,湯遭大旱,命運時然。(卷六「論災異妖孽異名」)

案:這裡的災異觀念與董仲舒的論述比起來,意味要輕得多。董仲舒在對策中說:「國家將有失道之敗,而天乃先出災害以譴告之;不知自省,又出怪異以驚懼之;尚不知變,而傷敗乃至。」(《漢書·董仲舒傳》)又說:「凡災異之本,盡生於國家之失,國家之失乃始萌芽,而天出災異以譴告之,譴告之而不知變,乃見怪異而驚駭之。尚不知畏恐,其殃咎乃至,以此見天意之仁而不欲陷人也。」(《春秋繁露·必仁且知》)在董仲舒的話語裏,災異是上天譴告權力者失德的手段,帝王必須睹災異而知天意,恐懼自修,以求消除之,否則就會失去天祐,政權垮臺。而《白虎通義》中,災變祇是欲令人君「悔過修德,深思慮」,全然沒有「傷敗」、「殃咎」乃至的恐怖後果。《白虎通義》排除了董仲舒的災異觀,而接受了讖緯《春秋潛潭巴》中的觀點,即認爲災是告譴,異是預兆。這樣就把一些災難歸因於命運,解開了帝王與災異之間的道德紐帶。既然堯、湯那樣的聖王都因爲命運不濟而遭受水旱之災,那麼現實政治中遇到點災變,也就不算什麼了。

與淡化災異形成對照的是,《白虎通義》對祥瑞甚爲熱衷,例如卷六「符瑞之應」條列舉了致祥瑞的幾種情況:調和陰陽、德至天、德至地、德至文表、德至草木、德至鳥獸、德至山陵、德至淵泉、德至八方等,幾乎將見於史傳、讖緯的祥物瑞應羅列殆盡。但是,漢儒堅信的帝王聖德在於保民化俗,人民安樂才能達致祥瑞的原則卻沒有被列入這幾種情況當中。西漢儒生堅守道統理想審視現實,對帝王多持批判的態度,因此言天人相與之際重災異而不重祥瑞,他們對災異的解說實際上是以天的威嚴來表達著自身的道統理想和對現實政治的批判。讀一下《春秋繁露》及劉向、谷永、貢禹、翼奉、李尋等人的奏疏,

自可了然於心。而帝王卻最喜祥瑞，因其代表了功德頌美，最能滿足帝王的虛榮心，所以才出現了方士詐人僞造祥瑞的種種事例，例如公孫臣等。《白虎通義》淡化災異而渲染祥瑞的傾向代表了帝王立場，帝王取走了他所喜歡的言論作政治裝飾，而把不喜歡的警戒威懾之意拋開了，這是對儒生們精心構建的災異話語體系的有意歪曲和對儒生理想的踐踏。徐復觀在論述董仲舒時，對專制帝王的此一性格看的非常透徹：「專制政治的自身，只能爲專制而專制，必徹底否定他（指董仲舒）由天的哲學所表現的理想。」〔註31〕

5. 三綱六紀

> 三綱者，何謂也？謂君臣、父子、夫婦也。六紀者，謂諸父、兄弟、族人、諸舅、師長、朋友也。故《含文嘉》曰：「君爲臣綱，父爲子綱，夫爲妻綱。」又曰：「敬諸父兄，六紀道行，諸舅有義，族人有序，昆弟有親，師長有尊，朋友有舊。」何謂綱紀？綱者，張也；紀者，理也。大者爲綱，小者爲紀。所以張理上下，整齊人道也。（卷八「總論綱紀」）

> 三綱法天、地、人，六紀法六合。君臣法天，取象日月屈信，歸功天也。父子法地，取象五行轉相生也。夫婦法人，取象人合陰陽，有施化端也。六紀者，爲三綱之紀者也。師長，君臣之紀也，以其皆成己也；諸父、兄弟，父子之紀也，以其有親恩連也；諸舅、朋友，夫婦之紀也，以其皆有同志爲己助也。（卷八「論綱紀所法」）

案：梁啓超說：「後世動謂儒家言三綱五倫，非也。儒家只有五倫，並無三綱。五倫全成立於相互對等關係之上，實即『相人偶』的五種方式。故《禮運》從五之偶言之，亦謂之『十義』（父慈、子孝、兄良、弟悌、夫義、婦聽、長惠、幼順、君仁、臣忠）。人格先從直接交涉者體驗起，同情心先從最親近者發動起，是之謂倫理。」〔註32〕此語證之以孔子、孟子等先秦儒家的言論，尤見確然。孔子思想以「仁」爲核心要義，而仁即「人」、「二」，即與他人平等相處、親密友愛，所謂「仁者愛人」是也。脈脈溫情中，沒有僵硬死板的框條限制各種人倫關係。孔子也講「君君、臣臣、父父、子子」的正名，但正名的起點在於國君要先像個國君，履行做國君的角色規範，之後才能期望

〔註31〕徐復觀：《兩漢思想史》（第二卷）頁183～184，華東師大出版社，2001年。
〔註32〕梁啓超：《先秦政治思想史》，頁92，天津古籍出版社，2003年。

大臣像個大臣；父親要有父親的慈愛權威，之後才能期望兒子孝順恭敬。這中間並沒有君、父的絕對權威和單向度壓迫，而是要先履行本角色的各種責任規範。孔子看到了血緣親情與政治倫理的一致性，「其爲人也孝弟，而好犯上者，鮮矣；不好犯上，而好作亂者，未之有也。君子務本，本立而道生。孝弟也者，其爲仁之本與！」（《論語・學而》）即主張在最親近的人際關係中培養仁德，然後擴而充之，德及四海。當忠與孝發生衝突時，孔子說：「父爲子隱，子爲父隱，直在其中矣。」（《論語・子路》）強調孝要大於忠。這看似自私狹隘，但是如果父子相爭、家人互鬥，那世界將是多麼恐怖的地獄啊！孟子更是提出了「推恩」的主張，「老吾老，以及人之老；幼吾幼，以及人之幼」（《孟子・梁惠王上》）。這似乎沒有墨子的不分彼此地兼相愛境界高明，但實際上極高明而道中庸，合乎人情。從貼近人情處立論，而不是靠外在的權威壓迫，此正爲先秦儒學講倫理之本色。

法家韓非站在君主的立場上，批評儒家的倫理觀念，而將君主的權威置於第一絕對要義，例如：「天下皆以孝悌忠順之道爲是也，而莫知察孝悌忠順之道而審行之，是以天下亂。皆以堯舜之道爲是而法之，是以有弒君，有曲父。堯、舜、湯、武或反君臣之義，亂後世之教者也。堯爲人君而君其臣，舜爲人臣而臣其君，湯、武爲人臣而弒其主、刑其尸，而天下譽之，此天下所以至今不治者也。……臣之所聞曰：『臣事君，子事父，妻事夫。三者順則天下治，三者逆則天下亂。此天下之常道也，明王賢臣而弗易也。』則人主雖不肖，臣不敢侵也。」（《韓非子・忠孝》）

黃老道家將陰陽思想運用到社會倫理中，論證了等級制度的合理性和必然性：「凡論必以陰陽口大義。天陽地陰。春陽秋陰。夏陽冬陰。晝陽夜陰……主陽臣陰。上陽下陰。男陽〔女陰。父〕陽子〔陰〕，兄陽地陰。……制人者陽，制人者制於人者陰。客陽主人陰。師陽役陰……諸陽者法天……諸陰者法地」（《黃帝書・稱》）〔註33〕

至董仲舒，則融先秦各家思想於一體：

> 陰者陽之合，妻者夫之合，子者父之合，臣者君之合。物莫無合，而合各有陰陽。陽兼於陰，陰兼於陽，夫兼於妻，妻兼於夫，父兼於子，子兼於父，君兼於臣，臣兼於君。君臣、父子、夫婦之義，

〔註33〕魏啓鵬：《馬王堆漢墓帛書〈黃帝書〉箋證》，頁194，中華書局，2004年。

皆取諸陰陽之道。君為陽，臣為陰，父為陽，子為陰，夫為陽，妻
為陰。……陽之出也，常縣於前而任事，陰之出也，常縣於後而守
空處。此見天之親陽而疏陰，任德而不任刑也。是故仁義制度之數，
盡取之天，天為君而覆露之，地為臣而持載之，陽為夫而生之，陰
為婦而助之，春為父而生之，夏為子而養之，秋為死而棺之，冬為
痛而喪之，王道之三綱，可求於天。（《春秋繁露‧基義》）

董仲舒以陰陽論人事來自黃老，將君臣的一綱置於父子、夫婦之前，來自於
法家。但是，董仲舒論述貴陽賤陰，是要宣揚天道「任德不任刑」的仁義原
則，以改變當時多用文法酷吏的國家政策。董仲舒將仁義制度歸之於「天」，
天有陰陽，陽為德，陰為刑。又將貴陰賤陽的原則貫徹到一切自然、人事現
象當中，以證明此為「天」之性格、宇宙法則。而帝王既然為天之子，便應
法天行事，貴陽賤陰，任德不任刑。從中不難看出董仲舒論陰陽人事之苦心：
精心將儒家的仁義主張與天道陰陽法則勾連起來，使之具有宇宙形上之基
礎，從而更加完備系統，也更易被人主信服和實行。也正是從這一點上說，
董仲舒雖然糅合百家，但其本質依然是儒家。

　　《白虎通義》此條則不具有構建仁義原則之用心，而完全是在上者對弱
勢階層的威壓和束縛，是思想上的專制。君臣、父子、夫婦的三綱依據也可
以推之於天，「君臣法天，取象日月屈信，歸功天也。父子法地，取象五行轉
相生也。夫婦法人，取象人合陰陽，有施化端也」。但是，這裡的「天」已經
沒有了董仲舒賦予的貴仁賤刑的慈愛品質，而祇是被用來證明人間的尊卑貴
賤是天經地義，自然而然，弱勢階層只能聽從這種命運的安排，而不能有所
質疑。原本代表人間權力差別的君臣關係，與父子、夫婦等血緣親情融為一
體，看似溫情脈脈，但實際上代表了最強烈的專制。康德把這樣的專制稱為
「父權政治」，並以此為「可能想像的最大的專制主義」。他說：「一個政權可
以建立在對人民仁愛的原則上，像是父親對自己的孩子那樣，這就是父權政
治。因此，臣民在這裡就像是不成熟的孩子，他們不能區別什麼是對自己真
正有利或有害，他們的態度不得不是純消極的，從而他們應該怎樣才會幸福
便僅僅有待國家領袖的判斷，並且國家領袖之願意這樣做便僅僅有待自己的
善心。這樣一種政權乃是可能想像的最大的專制主義。（這種體制取消了臣民
的一切自由，於是臣民也就根本沒有任何權利）」〔註34〕

〔註34〕〔德〕康德：《歷史理性批判文集》，1 版，頁 182～183，商務印書館，1996 年。

三綱之外，還有六紀輔助。《白虎通義》將一切人倫關係都納入到了等級秩序當中，而且秩序等差如同天地日月一樣亘古永存。值得注意的是，《白虎通義》對六紀的論述來自於讖緯《禮含文嘉》，但卻做了概念上的偷換。據陳立《疏證》：《占經》引《含文嘉》文曰：「王者敬諸父有善，則大角光明而揚。諸舅有儀，則軒轅東西角大張。族人有序，則宗人倚文正明。王者序長幼各得其正，則房、心有德心應之。王者敬師長有尊，則攝提如列，無則反折。」《文選》注引《含文嘉》又云：「朋友有舊，內外有差，則箕為之直，月至風揚。」從這些引文可以看出，《禮含文嘉》中六紀原是針對帝王的德行範紀，而《白虎通義》則將之擴充到了一般人，從而使原本匡誡帝王的話語轉成了壓在普通人頭上的律條。從這一精心的話語轉換行為中，也可看出專制帝王對經學、讖緯等諸多思想材料，不分高下，僅以是否合乎帝王意志的標準來取其適用，汰除異質，此正為《白虎通義》意識形態性質的表現。

6. 聖人孔子之形象

《白虎通義》曾對聖人下了一個定義，「聖人者何？聖者，通也，道也，聲也。道無所不通，明無所不照，聞聲知情，與天地合德，日月合明，四時合序，鬼神合吉凶。」（卷七「論聖人」）也就是說，聖人主要是聰明非凡，德行傑出。這種聖人觀理性清明，平實無華，但這祇是《白虎通義》的一小方面，其中雜糅更多的是神化的聖人觀：

> 又聖人皆有異表，《傳》曰：「伏羲日祿衡連珠、大目山准龍狀，作《易》八卦以應樞。」黃帝龍顏，得天匡陽，上法中宿，取象文昌。顓頊戴干，是謂清明，發節移度，蓋象招搖。帝嚳駢齒，上法月參，康度成紀，取理陰陽。堯眉八彩，是謂通明，歷象日月，璇、璣、玉衡。舜重瞳子，是謂滋涼，上應攝提，以象三光。《禮說》曰：「禹耳三漏，是謂大通，興利除害，決河疏江。……孔子反宇，是謂尼甫，德澤所興，藏元通流。」聖人所以能獨見前覩，與神通精者，蓋皆天所生也。（卷七「論異表」）

這種觀念來自於讖緯，聖人有著奇怪的狀貌，能「獨見前睹，與神通精」，是生活在人間的神。聖人皆天生靈異，普通人不可學而致之，這不同於孟子說的「人皆可以為堯舜」。在先秦儒家的話語裏，聖人是人們效法的最高典範，是人類理性可以感知的道德高尚、學問博通之集大成者，是超越性的道統在人間的崇高踐行與魅力展示。例如，《論語》中聖人的功業是「博施於

民而能濟眾」(《雍也篇》),聖人的德行是:「巍巍乎!唯天爲大,唯堯則之。」
(《泰伯篇》)孔門弟子亦視孔子爲聖人,子貢曰:「固天縱之聖,又多能也。」
(《子罕篇》)孟子對聖人提出了更爲系統的看法,例如:「聖人,百世之師
也,大而化之之謂聖。」(《孟子‧盡心下》);「規矩,方員之至也。聖人,
人倫之至也。」(《孟子‧離婁》)而且,聖人又可分爲多個層次,「伯夷,聖
之清者也;伊尹,聖之任者也;柳下惠,聖之和者也;孔子,聖之時者也。
孔子之謂集大成」。(《孟子‧萬章下》)孟子的「聖人」與孔子的相比,多了
些可親可慕的人情味:「舜,人也;我,亦人也。舜爲法於天下,可傳於後
世,我由未免爲鄉人也,是則可憂也。憂之如何?如舜而已矣。」(《孟子‧
離婁下》)聖人與普通人之間沒有不可逾越的鴻溝,只要保其赤子之心,養
其浩然之氣,人人皆可以爲聖人。荀子主要論述了聖人的道統承擔功能:「聖
人也者,道之管也。」(《荀子‧儒效》)聖人與王者有了一定的分工:「聖,
盡倫者也。王也者,盡制者也。兩盡者,足以爲天下極矣。」(《荀子‧解蔽》)
這是現實中政、道分裂的反映,聖人主要通過明事物之理、教化百姓來淑世,
王者必須予以尊重,「尊聖者王」(《荀子‧君子》)。其他還有眾多關於聖人
的論述,例如《禮記‧哀公問》載孔子曰:「所謂大聖者,知通乎大道,應
變而不窮,辯乎萬物之情性也。」《易傳》特別是《繫辭》中,發揮了「聖
人以神道設教而天下服矣」(《易‧上經‧觀》)的理論,如「天垂象,見吉
凶,聖人象之;河出《圖》,洛出《書》,聖人則之。」等等。其他非儒家的
文獻中也有大量關於聖人的思想,例如《莊子‧天下》曰:「以天爲宗,以
德爲本,以道爲門,兆於變化,謂之聖人。」《鶡冠子‧能天》曰:「故聖人
者,後天地而生,而知天地之始。先天地而亡,而知天地之終。」《墨子‧
法儀》云:「天之行廣而無私,其施厚而不德,其明久而不衰,故聖人法之。」
《呂氏春秋‧圜道》曰:「天道圜,地道方,聖人法之,所以立上下。」總
體看來,先秦的思想中,聖人雖然具有超人的智慧、高尚的道德、卓絕的品
質,但聖人祇是聖化的人,而非神。

　　延至漢代,儒生出於以道制勢的文化理念,提出了素王的概念(詳見第
一章第一節的論述),把無權無位但卻高尚聖潔的孔子塑造爲百世無冕之王。
讖緯中,聖人形象被進一步神化,被賦予了宇宙、天地、人文的創世主地位,
具有感生、異表、受命等眾多神異的特質(詳見第二章第一節的論述)。作爲
「素王」,孔子直接肩負著上天「制作定世符運」、「丘爲木鐸,制天下法」的

偉大使命。這不再是祖述先王之道，而是要「據周史，立新經」(《春秋演孔
圖》)。讖緯說孔子所製定的新經，最主要的是《春秋》、《孝經》，孔子因為這
種製作而獲得的地位絕不亞於「繼天理物改一統，各得其宜」(《易緯乾鑿度》)
的真命天子。讖緯的這些敘述一方面使聖人與普通人變得天地懸隔，無天命
的普通人似永無成聖之日；但另一方面，孔子僅僅以其內在的學識修養和非
凡的人格境界，就與眾多建立了政權的古代聖王一樣，登上了王位，被奉為
「玄聖」，當黑統。這顯然是儒生文化理想的張揚，是對人格學問、道德教化
等人文力量的尊崇。

　　孔子無疑是《白虎通義》認定的聖人之一：具有異表，與天通靈，而且
未歿時即知自己為聖人。那麼。聖人孔子的功業何在呢？在於「追定五經」：

> 孔子所以定《五經》者何？以為孔子居周之末世，王道陵遲，禮樂
> 廢壞，強陵弱，眾暴寡，天子不敢誅，方伯不敢伐。閔道德之不行，
> 故周流應聘，冀行其道德。自衛反魯，自知不用，故追定《五經》
> 以行其道。……孔子未定《五經》如何？周衰道失，綱散紀亂，五
> 教廢壞，故五常之經咸失其所，象《易》失理，則陰陽萬物失其性
> 而乖。設法謗之言，並作《書》三千篇，作《詩》三百篇，而歌謠
> 怨誹也。(卷九「論孔子定五經」)

既然是「追定五經」，那就說明五經在孔子之前就已經存在了。文王演《周
易》，伏羲作《八卦》，這些都是聖王調和陰陽、象萬物之情的人間法則。孔
子的功勞在於世道衰微、禮樂崩壞、五經失所之際，重新整理使其代表的五
常之道各歸其所。例如孔子刊定之前，《易》失理，《書》、《詩》皆誹謗、怨
誹之言，經過孔子追定後，則大道通流、人情歸正。孔子主要是以整理文化
之功勞而被奉為聖人，這是史的思維，而非經的思維。也就是說，它以符合
歷史真實為務，而不是以現實需要和文化理想來塑造偶像了。

　　與讖緯相比，《白虎通義》顯然對孔子形象做了一個重大改造：孔子雖
然聖明，但卻不再是「素王」、「玄聖」了。與此相應的是，《白虎通義》卷
七中有「何以知帝王聖人也」條，通過一系列牽強的解釋，論證了帝王皆為
聖人。兩相對照，不難看出《白虎通義》的立場：聖人不能因其聖而為王，
王者卻可因其王而為聖，權力遠比德行更重要。剝奪孔子的王者地位，意味
著《白虎通義》保留了讖緯中孔子神話怪誕言說的外殼，卻掩蔽了其背後以
道統力量改造現實、以精神之王取代現實之王的理想。孔子形象由讖緯中製

定百世大法、革除周之天命、膺受黑統之素王，一變而爲《白虎通義》中埋首古籍的學者，其中蘊含了深長的意味。它體現了權力對思想的侵蝕，標誌著儒生以道統力量改造現實的外王理想破產了。學術在權力者的重新規整定位下，退回到了學術自身，而不再是改造現實的合法依據和充分條件。這是思想史上的巨變，它改變了自先秦以來士人努力改造現實的思想趨向。也再一次證明了在缺乏歷史客觀力量保障的情況下，學術在權力面前只能是節節敗退，最終淪爲帝國的裝飾和學者自娛的玩意兒。

　　上述例證關乎到了政治理想、學術精神、思想法則等大問題，它們足以證明：《白虎通義》絕非學者本著學術理想、王道追求之客觀討論，而是匍匐在權力意志之下的統治理論。在貌似客觀的引述和闡釋中，《白虎通義》對學術中的道統理想、爲生民吶喊的精神作了巧妙的閹割和扭曲，對學術思想重新進行了裁整和規範：「《白虎通義》圍繞著君父之義這個中心主題，博采眾長，去蕪取精，把各家各派所發揮的封建宗法主義思想提煉成爲一部簡明扼要的經學百科全書。因此，它是今文經學、古文經學、讖緯神學由紛歧鬥爭走向統一融合的產物，適應了東漢時期加強君父統治的需要，標誌著統一經學建立的完成。」〔註35〕「統一經學」是權力開始向思想領域深度滲透的結果，標誌著思想史上的一個大失敗：學術變成了統治理論。也因此，忽視或抹殺《白虎通義》的意識形態性質是不夠客觀的。

第二節　《白虎通義》中的「王聖」話語體系及其言說策略

　　前面一節論證了《白虎通義》的意識形態性質，主要分析了它對學術精神和道統理想的扭曲與踐踏，及對異質於權力意志的觀念之汰除。那麼，在破壞了原有的學術精神後，《白虎通義》又正面建立了怎樣的帝國意識形態話語體系？這個話語體系又是如何建立起來的？

一、以「王聖」爲中心的話語體系

　　在《白虎通義》中，最高的意義本源是「天」：

〔註35〕余敦康：《兩漢時期的經學和白虎觀會議》，《中國哲學》，第十二輯，人民出版社，1984 年。

> 天者，何也？天之爲言鎮也。居高理下，爲人鎮也。（卷九「釋天地
> 之名」）

在這裡，理解天之性質的關鍵字在於「鎮」，「鎮」字何意？《春秋說題詞》
曰：「天之爲言鎮也。居高理下，爲人經緯，故其字『一』、『大』以鎮之。此
天之名義也。」這裡的「鎮」應是鎮服、治理之意。《禮統》說的更明確：「天
之爲言鎮也，神也，陳也，珍也。」《白虎通義》中對天的闡釋顯然因襲了這
種觀念，所以清儒陳立用這兩段文字來爲此句作疏證。天高高居上，尊貴神
秘，鎮服、治理著人類社會，儼然是主宰宇宙之神。這類似於董仲舒說的「天
者，百神之大君也」（《春秋繁露·郊祭》），但又有不同。董仲舒的天是任陽
不任陰、貴德賤刑的慈愛之神，是實現儒家道統理想的神秘性保障力量。《白
虎通義》的「天」卻是：

> 天道所以左旋，地道右周何？以爲天地動而不別，行而不離，所以
> 左旋。右周者，猶君臣陰陽，相對之義。（卷九「論左右旋之象」）
>
> 君舒臣疾，卑者宜勞，天所以反常行何？以爲陽不動無以行其教，
> 陰不靜無以成其化。雖終日乾乾，亦不離其處也。故《易》曰：「終
> 日乾乾」反覆道也。（卷九「論天行反勞於地」）
>
> 天左旋，日月五星右行何？日月五星，比天爲陰，故右行。右行者，
> 猶臣對君也。《含文嘉》曰：「計日月右行也。」《刑德放》曰：「日
> 月東行。」（卷九「論日月右行」）

在這種闡釋之下，天道運行表現的是永恆的君臣等級尊卑，是終極的、絕對
的統治意志，而沒有了理想性，不具有仁愛道義色彩。「天」的性格從批判現
實之超越性價值準則，一變而爲高高在上的彈壓弱者之權威，此爲從《春秋
繁露》到《白虎通義》「天」之演變軌跡。

　　天雖然高高在上，主宰著芸芸眾生的命運，卻不能直接來管理人類社會，
而必須通過天之子──天子來代行其威權。天子在宇宙中起著勾連天人的作用：

> 或稱天子，或稱帝王何？以爲接上稱天子者，明以爵事天也。接下
> 稱帝王者，明位號天下至尊之稱，以號令臣下也。……或稱一人。
> 王者自謂一人者，謙也。欲言己材能當一人耳。……臣下謂之一人
> 何？亦所以尊王者也。以天下之大，四海之內，所共尊者一人耳。」
> 　（卷二「論王者接上下之稱」）

天子成了宇宙的中心，四海所尊加於一人，擁有無限的權力和威嚴。天子的

權威滲透到了一切人事當中，例如稱號，「天子至尊，即備有天下之號，而兼萬國矣」（卷二「論三皇五帝三王五伯」）；再如，「所以爲君隱惡何？君至尊，故設輔弼，置諫官，本不當有遺失」（卷五「論隱惡之義」）；再如各種禮制，「諸侯爲天子斬衰三年何？普天之下，莫非王土，率土之賓，莫非王臣。臣之於君，猶子之於父，明至尊臣子之義也」（卷十一「諸侯爲天子」）；「所以制朝聘之禮何？以尊君父，重孝道也。夫臣之事君，猶子之事父，欲全臣子之恩，一統尊君，故必朝聘也」（卷十二「朝聘」）；「路者，何謂也？路，大也，道也，正也。君至尊，制度大，所以行道德之正也。」（卷十二「車旂」）帝王不僅威嚴，擁有最高權力，而且帝王一貫正確無誤，「不當有遺失」，「行道德之正」，這正是「王聖」的觀念。

> 帝王者何？號也。號者，功之表也，所以表功明德，號令臣下者也。德合天地者稱帝，仁義合者稱王，別優劣也。《禮記·謚法》曰：「德象天地稱帝，仁義所生稱王。」帝者天號，王者五行之稱也。皇者何謂也？亦號也。皇，君也，美也，大也。天人之總，美大之稱也。時質，故總之也。號言爲帝何？帝者，諦也，象可承也；王者，往也，天下所歸往。……號之爲皇者，煌煌人莫違也。煩一夫，擾一士，以勞天下，不爲皇也。不擾匹夫匹婦，故爲皇。（卷二「論皇帝王之號」）

「帝」代表著德合天地，領受天意眞諦；「王」表示仁義所在，天下歸往；「皇」更是美大之稱，代表上古聖王理想。集天下美號於一人，帝王們成了一切尊貴完美的化身，是人類道德的最高典範。臣民除了心悅誠服地歸往服從、接受其統治，又能如何？《白虎通義》還通過列舉歷史上帝王的功績來證明其超凡聖功：

> 何以知帝王聖人也？《易》曰：「古者伏羲氏之王天下也」，「於是始作八卦。」又曰：「伏羲氏沒，神農氏作」，「神農氏歿，黃帝、堯、舜氏作。」文俱言「作」，明皆聖人也。……何以言禹湯聖人？《論語》曰：「巍巍乎舜禹之有天下而不與焉。」與舜比方巍巍，知禹湯聖人。……何以言文、武、周公皆聖人也？《詩》曰：「文王受命。」非聖不能受命。《易》曰：「湯武革命，順乎天。」湯武與文王比方。《孝經》曰：「則周公其人也。」下言「夫聖人之德，又何以加于孝乎？」何以言皋陶聖人也？以目篇「曰若稽古皋陶」。聖人而能爲舜

　　陳道。（卷七「論古聖人」）

這裡論證帝王爲聖人的邏輯是：伏羲、神農、黃帝、堯舜，文獻俱以「作」來記載其功績，所以應爲聖；禹、湯與舜比功巍巍，所以亦爲聖人；文王、湯、武，以受命而爲聖；周公爲聖人是因爲《孝經》稱其爲聖人；皋陶爲聖是因爲他曾爲舜陳道。「作」代表著創造文明準則和人文制度，「受命」主要指的是受天福祐、登上帝位建立一個王朝，再加上爲聖人陳道，符合這三個條件之一的都可以稱爲聖人。雖然爲聖人陳道亦可表明自身爲聖，但是它受制於幸遇聖人這一個體無法把握的外在條件。比較起來，「作」和「受命」是更可靠的成聖因素。而「作」和「受命」顯然是帝王才可達致的條件，也因此，帝王最有可能成爲聖人，而其他人則幾乎不可能以此爲自己的人生理想。

　　「王聖」觀念作爲《白虎通義》中的核心思想，又通過祭祀、禮典、制度等的解釋一一具體展現出來：

　　（一）「天之子」的祭天、法天儀式

　　帝王受命於天，替天統治天下，「天」保障了其統治的合法性和不容置疑的正當性。新王受命後，質家先伐，文家先改正朔，「質家言天命已使己誅無道，今誅得，爲王，故先伐。文家言天命已成，爲王者乃得誅伐王者耳，故先改正朔也。」（卷五「論商周改正誅伐先後之義」）受命之君，擁有極大的威懾力，「武王伐紂定天下，諸侯來會，聚于京師受法度也。遠近莫不至，受命之君，天之所興，四方莫敢違，夷狄咸率服故也」（卷八「諸侯朝會合符信」）。建立王朝後，帝王應當實行一系列重大典禮以顯明自身所享有的天命：
改號：

> 王者受命，必立天下之美號以表功自克，明易姓爲子孫制也。……百王同天下，無以相別，改制天子之大禮，號以自別於前，所以表著己之功業也。必改號者，所以明天命已著，欲顯揚己於天下也。（卷二「論三皇五帝三王五伯」）

改朔：

> 王者受命必改朔何？明易姓，示不相襲也。明受之於天，不受之於人，所以變易民心，革其耳目，以助化也。（卷八「論改朔之義」）

改號和正朔都是向世人昭示帝王新接受的天命，通過這些令人耳目一新的儀式，表示一個不同於前代的王朝正式地建立起來了。在新帝王太平功成後，還要舉行封禪大典報答天命：

> 始受命之日，改制應天，天下太平功成，封禪以告太平也。所以必
> 於泰山何？萬物之始，交代之處也。必於其上何？因高告高，順其
> 類也。故升封者，增高也。下禪梁甫之山基，廣厚也。皆刻石紀號
> 者，著己之功跡以自效也。天以高爲尊，地以厚爲德。故增泰山之
> 高以報天，附梁甫之基以報地。明天之命，功成事就，有益於天地，
> 若高者加高，厚者加厚矣。（卷六「論封禪之義」）

封禪表明帝王成功地完成了上天的使命，天下太平，萬民安樂。這一功業不
僅使高者若泰山加高、厚者若梁甫加厚，而且有益於天地，巍巍神聖，要通
過刻石紀號宣告於天人萬物。舉行這個盛大的典禮後，新王朝的神聖合法性
牢固地樹立了起來。如果後世君主不是大無道如桀紂，新王朝就長久地佇立
於天地間了。

帝王在日常的行政管理中，更應該法天而治。作爲「天之子」，帝王以事
父之道來事天：

> 王者所以祭天何？緣事父以事天也。祭天必以祖配何？自內出者，
> 無匹不行，自外至者，無主不止。（卷十二・闕文・郊祀）

祭天的時候要以祖配，但是天的重要性又超過了祖。供奉祖先的宗廟代表著
「親親」，郊祀代表著「尊尊」，通常情況下兩者是一致的，但在兩者發生矛
盾時，親親要服從於尊尊，即「夫喪三年不祭，唯祭天地社稷，爲越紼而行
事」（《王制》）。即使在日常行爲中，王者也要表達對祖宗和上天的共同尊重，
例如：「王者將出，辭於禰，還格於祖禰者，言子辭面之禮，尊親之義也。……
出所以告天何？示不敢自專也。非出辭反面之道也。與宗廟異義。還不復告
天者，天道無外內，故不復告也。」（卷五「論告天告祖之義」）

爲了更好的體察天意，帝王還設有靈臺、明堂。這是溝通天人的重要媒
介，但只限於帝王，其他諸侯、大臣則無權僭立這種充滿了神秘象徵意味的
建築：

> 天子所以有靈臺者何？所以考天人之心，察陰陽之會，揆星度之證
> 驗，爲萬物獲福無方之元。……天子立明堂者，所以通神靈，感天
> 地，正四時，出教化，宗有德，重有道，顯有能，褒有行者也。明
> 堂上圓下方，八窗四闥，布政之宮，在國之陽。上圓法天，下方法
> 地，八窗象八風，四闥法四時，九宮法九州，十二坐法十二月，三
> 十六戶法三十六雨，七十二牖法七十二風。（卷六「論靈臺明堂」）

在這個象形宇宙的建築中，帝王發佈的行政命令儼然成了天的意願，無上神聖和尊嚴。帝王要隨順陰陽五行的消長、季節音律的改變而發佈適時的政令，例如「條風至，則出輕刑，解稽留。明庶風至，則修封疆，理田疇。清明風至，出幣帛，使諸侯。景風至，則爵有德，封有功。涼風至，則報土功，祀四鄉。昌盍風至，則申象刑，飾困倉。不周風至，則築宮室，修城郭。廣莫風至，則斷大辟，行刑獄」（卷七「論八風節侯及王者順承之政」），等等。

王朝的各項制度亦是法則天道，例如官制，「王者所以立三公九卿何？曰：天雖至神，必因日月之光；地雖至靈，必有山川之化。聖人雖有萬人之德，必須俊賢。三公、九卿、二十七大夫、八十一元士，以順天成其道。司馬主兵，司徒主人，司空主地。王者受命為天地人之職，故分職以置三公，各主其一，以効其功。一公置三卿，故九卿也。天道莫不成於三：天有三光，日、月、星；地有三形，高、下、平；人有三等，君、父、師。故一公三卿佐之，一卿三大夫佐之，一大夫三元士佐之。天有三光，然後而能遍照，各自有三法，物成於三：有始、有中、有終，明天道而終之也。」（卷四「論三公九卿」）再如巡守，「因天道時有所生，歲有所成。三歲一閏，天道小備；五歲再閏，天道大備。故五年一巡守，三年二伯出述職黜陟。一年物有終始，歲有所成，方伯行國；時有所生，諸侯行邑。」（卷六「巡守述職行國行邑義」）遵循天道，上天就會降下祥瑞例如鳳凰、甘露等等，來褒揚帝王；反之，則會有災變。

通過一個又一個的祭天、法天儀式，上天越來越由神秘邈遠的蒼穹變為籠罩在人間的神靈，帝王也越來越脫離凡胎肉身，而變為與天通靈的神秘崇高之聖王。他是上天在人間的全權代表，擁有天的尊嚴和神聖，是生活在人間的神。人們只能虔誠地仰望帝王，而不能靠理性去推斷帝王的性格意志。《白虎通義》這些以上天來附魅帝王的論述，在董仲舒的《春秋繁露》已經頗成體系了。但是因為兩者天之性格不同，它們表現出來的學術精神也是不同的。董仲舒是通過帝王與天的種種神秘聯繫，由天道貫通人道，證明帝王應當模倣天道重德輕刑的合理性；《白虎通義》則是一味借上天神化帝王，強化權力意志。

（二）人間的尊卑等差

帝王的神聖威權不僅表現在與天的神秘聯繫上，更突出表現在人間等級名分的區分上。貴賤分明、等級森嚴的各種制度，被說成是對天道的模倣，

因而變得神聖永恆、不可侵犯，例如前面提到的「三綱法天、地、人，六紀法六合」等等。再如爵位：

> 爵有五等，以法五行也；或三等者，法三光也。或法三光，或法五行何？質家者據天，故法三光；文家者據地，故法五行。（卷一「論制爵五等三等之異」）

五等與三等爵位的區分有了五行、三光等形而上的依據，並且與最根本的政治原則「質」、「文」聯繫起來，因而天經地義。爵位的功能是按照功業或血統把社會成員分成鮮明的等級，各有不同的權利義務，不能夠僭越，例如：「天子爵連言天子，諸侯爵不連言王侯何？既言王侯，以王者同稱，爲衰弱僭差生篡弒，猶不能爲天子也。」（卷一「論天子諸侯爵稱之異」）政治上的等級區分是嚴格不可藝濟的，上一級擁有對下一級的絕對權威，如：

> 侯者以布爲之。……名之爲侯者何？明諸侯有不朝者，則當射之，故《禮》射祝曰：「嗟爾不寧侯，爾不朝於王所，故亢而射爾。」所以不射正身何？君子重同類，不忍射之，故畫獸而射之。（卷五「論射侯」）

諸侯如果不朝拜帝王，就當被射殺，這是怎樣極端的統治意志！《禮記・射義》中言：「射侯者，射爲諸侯也。射中則得爲諸侯，射不中則不得爲諸侯。」兩相對照，不難發現《白虎通義》鮮明的帝王立場。再如：「諸侯之義，非天子之命，不得動眾起兵誅不義者，所以強幹弱枝，尊天子，卑諸侯也。」（卷五「論討賊之義」）天子與諸侯之間區分如此分明，諸侯與低於其地位的臣僚亦然，「何以言諸侯繼世？以立諸侯象賢也。大夫不世位何？股肱之臣任事者也。爲其專權擅勢，傾覆國家。又曰：孫首也庸，不任輔政，妨塞賢路，故不世位」（卷四「論諸侯繼世」）。處下位者就應當勤身勞苦，爲上位增添榮光，如「大夫士俱人臣，示爲君親視事，身勞苦也」（卷五「論射侯」）；「善稱君，過稱己，何法？法陰陽共敘共生，陽名生，陰名煞。臣有功，歸功於君何法？法歸明於日也」（卷四「論人事取法五行」）臣對君的這種義務是單向的，君對臣則不必這樣：「君所以不爲臣隱何？以爲君之與臣，無適無莫，義之於比。爲賞一善而眾臣勸，罰一惡而眾臣懼。若爲卑隱，爲不可殆也。」（卷五「論隱惡之義」）不僅如此，君主如果遭到了不公正的意外傷害，大臣還應當承擔起復仇的責任：「王者諸侯之子，篡弒其君而立，臣下得誅之者，廣討賊之義也。《春秋傳》曰：『臣弒君，臣不討賊，非臣也。』」（卷五「論討賊之義」）

如果君主有過錯，大臣應當盡忠諫諍。因為人懷五常，所以諫諍亦有五種方式：諷諫、順諫、闚諫、指諫、陷諫。在「事君進思盡忠，退思補過，去而不訕，諫而不露」的臣道規範下，大臣最好用諷諫，即「知禍患之萌，深睹其事，未彰而諷告焉」（卷五「論五諫」）。通過這些闡釋，大臣要像妾婦一樣侍奉君主，自身的人格獨立性被取消了。而且，因為這種規範被說成是五行、陰陽等超越性宇宙準則的模倣，所以不容置疑。

在這個等級秩序的金字塔中，處於塔尖的是天子。天子不僅擁有行政上的生殺大權，而且還掌握榮譽獎賞、德行評價等精神領域的權力，例如封爵，「世子三年喪畢，上受爵命于天子何？明爵者天子之所有，臣無自爵之義」（卷一「論諸侯襲爵」）；再如賜謚，「諸侯薨，世子赴告於天子，天子遣大夫會其葬而謚之何？幼不謚長，賤不謚貴，諸侯相謚，非禮也。臣當受謚於君也」（卷二「論天子謚諸侯」）等等。處於這個等級金字塔底層的，除庶人外，就是「士」了。《白虎通義》中充滿了「士賤」的論述，例如「士賤，不得體君之尊，故加元以別於諸侯之士也」（卷一「論天子諸侯爵稱之異」）；「士者位卑祿薄，但祭其先祖耳」（卷二「論大夫以上得祭」）；「士不得諫者，士賤，不得預政事，故不得諫也。謀及之，得因盡其忠耳」（卷五「論士不得諫」）；「卿大夫贄變，君與士贄不變何？人君至尊，極美之物以為贄。士賤，伏節死義，一介之道也。故不變」（卷八「論見君之贄」）；等等。這裡全然不見春秋晚期以後士群體覺醒後昂揚的階層意識，而是嚴格地把「士」限定在等級秩序中的最底層，從精神上和物質上進行挫辱。顏燭的「士貴，王不貴」宣言，早已成為明日黃花了。從士到天子，中間有大夫、公卿、諸侯等級別，每一個級差都意味著「名與器」方面不可逾越的鴻溝。通過這些級差，天子一步一步地居於神秘尊嚴的權力頂峰，與處在秩序底層的士、庶人形成天地懸隔之勢。

除了政治上的等級規定，《白虎通義》更通過禮制來尊君卑臣。禮制內容在《白虎通義》中佔據重要地位，「《白虎通義》引述典籍之中，屬《禮》類為大宗，幾占總數四成（38.82%），此一資料正呼應下文所列之『問題』討論之重點。」〔註36〕「夫禮者，陰陽之際也，百事之會也，所以尊天地，儐鬼神，序上下，正人道也」（卷三「總論禮樂」），這些禮制內容相當繁雜瑣碎，自爵號、制謚、祭祀、禮樂、射禮、嫁娶、衣服、喪葬等一一皆有詳盡的規定，目的是將制度和等級的神聖性貫徹到日常的生活細節當中去，從而牢固地確

〔註36〕周德良：《白虎通暨漢禮研究》，頁50，臺灣學生書局，2007年。

立下來。貫穿各種禮制的根本精神是「別尊卑」，例如「謚者，所以別尊卑，彰有德也」(卷二「論卿大夫有謚」)；「天子八佾，諸侯四佾，所以別尊卑」(卷三「論天子諸侯佾數」)；「誅不避親何？所以尊君卑臣，強幹弱枝，明善善惡惡之義也」(卷五「論誅不避親」)；「天子射百二十步，諸侯九十步，大夫七十步，士五十步。明尊者所服遠，卑者所服近也」(卷五「論射義」)；「諸侯曰泮宮者，半於天子宮也。明尊卑有差，所化少也」(卷六「論辟雍泮宮」)；「聖人所以制衣服何？以爲絺綌蔽形，表德勸善，別尊卑也」(卷九「總論衣裳」)；「天子稱崩何？別尊卑，異死生也」(卷十一「論崩薨異稱」)；等等。尊卑等差需要時時強調，不可須臾忘之，例如「所以十月行鄉飲酒之禮何？所以復尊卑長幼之義。春夏事急，浚井次牆，至有子使父，弟使兄，故以事閒暇，復長幼之序也」(卷五「論鄉飲酒」)。農事忙碌時因共同協作而暫時被忽略的尊卑長幼的區別，要在農閒時通過鄉飲酒禮再次提醒和強化。

下面，舉一些具體的禮儀以觀其對尊卑等差的規定：

天子狐白，諸侯狐黃，大夫狐蒼，士羔裘，亦因別尊卑也。(卷九「論裘」)

緯者，何謂也？緯者，蔽也，行以蔽前者耳。有事因別尊卑，彰有德也。天子朱緯，諸侯赤緯。……並見衣服之制，故遠別之謂黃朱亦赤矣。大夫蔥衡，別於君矣。天子大夫赤紱蔥衡，士韎韐。朱赤者，盛色也。是以聖人法之用爲緯服，爲百王不易也。(卷十「論緯」)

禮，庶人爲國君服齊衰三月。王者崩，京師之民喪三月何？民賤而王貴，故恩淺，故三月而已。天子七月而葬，諸侯五月而葬者，則民始哭素服，先葬三月成齊衰，期月以成禮葬君也。禮不下庶人，何以爲民制服何？禮不下庶人者，尊卑制度也。服者，恩從內發，故爲之制也。(卷十一「論庶人爲君」)

……

通過這些規定，人與人被機械地劃分成了不同的等級，享用不同的名物和禮儀規格。一個小而有秩序的「小世界」代替了宇宙世界，〔註37〕非政治化的

〔註37〕沃格林著；謝華育譯：《政治觀念史稿 (卷一)：希臘化、羅馬和早期基督教》，頁22，華東師範大學出版社，2007年。

體驗和感受被排除了。尊卑之差在日常生活中一次又一次地被強化和渲染，其表面的合理性逐漸超過人爲的強制力量，而成爲社會成員可以接受的一種習慣。這種習慣，要比軍隊、監獄等強制性力量更能夠保障君主權力的神聖不可侵犯。

（三）泛道德化的闡釋

如果說禮制的尊卑規範還嫌有人爲生硬的因素，那麼將這些內容進行道德化的闡釋則可以更圓滿地形成「權威主義良心」，「權威主義良心是外在的權威──如父母、國家或任何文化中偶然出現的權威內在化了的聲音」，「在良心的形成中，這種權威，如父母、教會、國家、輿論等往往有意或無意地被當作倫理和道德的立法者而得到了認可，人們採納了權威的法律和制裁，這樣，它們就在人的身上內在化了」。〔註38〕《白虎通義》中有著強烈的泛道德化色彩，幾乎每一種禮制的規定中都有道德含義：

例如爵位：

> 所以名之爲公侯者何？公者，通也。公正無私之意也。侯者，候也。候逆順也。人皆千乘，象雷震百里所潤同。伯者，白也。子者，孳也。孳孳無已也。男者，任也。人皆五十里，差次功德，小者不滿爲附庸。附庸者，附大國以名通也。（卷一「論制爵五等三等之異」）爵者，盡也，各量其職，盡其才也。公之爲言公正無私也。卿之爲言章也，章善明理也；大夫之爲言大扶，扶進人者也。……士者事也，任事之稱也。（卷一「論天子諸侯爵稱之異」）

射禮：

> 天子所以射熊何？示服猛，遠巧佞也。熊爲獸猛。巧者，非但當服猛也。示當服天下巧佞之臣也。諸侯射麋何？示遠迷惑人也。麋之言迷也。大夫射虎豹何？示服猛也。士射鹿豕何？示除害也。各取德所能服也。（卷五「論射侯」）

九錫之禮：

> 《禮》說九錫，車馬、衣服、樂則、朱戶、納陛、虎賁、鈇鉞、弓矢、秬鬯，皆隨其德，可行而次。能安民者賜車馬，能富民者賜衣服，能和民者賜樂則，民眾多者賜朱戶，能進善者賜納陛，能退惡

〔註38〕〔美〕弗洛姆：《爲自己的人》，頁140，北京：三聯書店，1988年。

者賜虎賁，能誅有罪者賜鈇鉞，能征不義者賜弓矢，孝道備者賜秬
鬯。（卷七「論九錫」）

贄禮：

> 臣見君有贄何？贄者，質也。質己之誠，致己之悃愊也。王者緣臣
> 子之心以爲之制，差其尊卑以副其意也。公侯以玉爲贄者，玉取其
> 燥不輕，濕不重，明公侯之德全也。卿以羔爲贄。羔者，取其群而
> 不黨。大夫以雁爲贄者，取其飛成行，止成列也。……士以雉爲贄
> 者，取其不可誘之以食，攝之以威，必死不可生畜。士行耿介，守
> 節死義，不當移轉也。（卷八「論見君之贄」）

佩禮：

> 所以必有佩者，表德見所能也。故循道無窮則佩環。能本道德則佩
> 琨。能決嫌疑則佩玦。是以見其所佩即知其所能。……天子佩白玉，
> 諸侯佩玄玉，大夫佩水蒼玉，士佩瓀文石。佩即象其事。若農夫佩
> 其耒耜，工匠佩其斧斤，婦人佩其針縷，亦佩玉也。（卷九「論佩」）

葬禮名稱：

> 天子曰崩。大尊像。崩之爲言慉然伏僵，天下撫擊失神明，黎庶殞
> 涕，海內悲涼。諸侯曰薨。國失陽，薨之言奄也，奄然亡也。大夫
> 曰卒，精耀終也。卒之爲言終於國也。士曰不祿，不終君之祿，祿
> 之言消也，身消名彰。庶人曰死。魂魄去亡。死之爲言澌，精氣窮
> 也。崩薨紀於國何？以爲有尊卑之禮，諡號之制即有矣。（卷十一「論
> 崩薨異稱」）
>
> ……

這些道德化的闡釋將人爲的尊卑區分變成了道德境界之標識，遵守禮制規範
從而變成了道德踐行。就這樣，外在的禮儀規範內化爲個體的道德訴求，不
僅不使人感到壓抑，而且還成了個體的自覺追求。每個人都按照他們應該做
的，根據有關目的道德行事，整個社會處於一個嚴密的道德秩序當中。道德
法則是一種絕對化的法則，些微的違背都會被判爲不道德，受到社會大眾的
指責。尊卑區分借助社會道德和輿論力量，得到了更徹底的貫徹和更嚴格的
奉行。

在這種思維模式下，帝王的日常行爲也被賦予了崇高的道德意味。例如
侑食之樂：

> 王者食所以有樂何？樂食天下之太平，富積之饒也。明天子至尊，
> 非功不食，非德不飽。……王者所以日四食何？明有四方之物，食
> 四時之功也。四方不平，四時不順，有徹膳之法焉。所以明至尊著
> 法戒焉。王者平居中央，制御四方。平旦食，少陽之始也。晝食，
> 太陽之始也。餔食，少陰之始也。暮食，太陰之始也。……諸侯三
> 飯，卿大夫再飯，尊卑之差也。（卷三「論侑食之樂」）

平平常常的吃飯，不僅與功德連在一起，而且還遵循一天之內的陰陽消長時間，更與地位尊卑相符合，不能不讓人佩服闡釋者的超常想像力！類似的例子還有很多，例如「天子所以用八音何？天子承繼萬物，當知其數。既得其數，當知其聲，即思其形。如此，蜎飛蠕動無不樂其音者，至德之道也」（卷三「論五聲八音」）；「朱赤者，盛色也。是以聖人法之用為紼服，為百王不易也。紼以韋為之者，反古不忘本也。上廣一尺，下廣二尺，法天一地二也。長三尺，法天地人也」（卷十「論紼」）；等等。與天子有關的禮樂儀式、名物器服都被闡釋出了豐富的象徵意味，帝王一舉一動都變成了道德演示，無限神聖和崇高。

帝王的日常行為尚且如此，政治秩序中更重要名號等當然要被神秘地附魅，例如前面引述過的《白虎通義》卷一「論皇帝王之號」。再如，遠古帝王的名字也被注入了神聖的含義：

> 五帝者，何謂也？《禮》曰：黃帝、顓頊、帝嚳、帝堯、帝舜，五
> 帝也。……黃者中和之色，自然之性，萬世不易。黃帝始作制度，
> 得其中和，萬世常存，故稱黃帝也。謂之顓頊何？顓者，專也；頊
> 者，正也；能專正天人之道，故謂之顓頊也。謂之帝嚳者何也？嚳
> 者，極也。言其能施行窮極道德也。謂之堯者何？堯猶嶢嶢也。至
> 高之貌。清妙高遠，優游博衍，眾聖之主，百王之長也。謂之舜者
> 何？舜猶僢僢也，言能推信堯道而行之。（卷二「論三皇五帝三王五
> 伯」）

帝王功成太平之後製作的音樂，更是莊嚴：

> 黃帝曰《咸池》者，言大施天下之道而行之，天之所生，地之所載，
> 咸蒙德施也。顓頊曰《六莖》者，言和律呂以調陰陽。莖著萬物也。
> 帝嚳曰《五英》者，言能調和五聲，以養萬物，調其英華也。堯曰
> 《大章》者，大明天地人之道也。舜曰《蕭韶》者，舜能繼堯之道

也。禹曰《大夏》者，言禹能順二聖之道而行之，故曰《大夏》也。
湯曰《大濩》者，言湯承衰，能護民之急也。周公曰《酌》者，言
周公輔成王，能斟酌文武之道而成之也。武王曰《象》者，象太平
而作樂，示己太平也。（卷三「論帝王禮樂」）

帝王成了崇高道德的象徵，他清妙高遠，德配天地，吸引著眾生歸往，無為
而又無不為。帝王主宰下的世界，每一個名物、每一次行為都具有道德上的
神聖含義。人們日常生活中庸常瑣碎的行為變成了通往非凡之境的道德修
煉，賦予人們極大的道德滿足感。必須看到的是，這裡的道德立法者不是自
然形成的社會習俗和個體的「倫理自由」，而是權力意志。這個完備的道德體
系不是通向彼岸的超越，而是匍匐在帝王的腳下。「在倫理學意義上，如果一
個人的動機依賴於他自己的判斷和他自己對什麼是道德責任的確信，那麼，
這個人就是個自由的主體」。〔註39〕《白虎通義》中以服從和模倣為天職的個
體顯然不具備這種自由。

（四）天子成為教主

帝王既然已經成為道德上的集大成者，是天下蒼生仰望膜拜的巍巍聖
人，那麼教化民眾也就成了一項他要承擔的重要職責。「教者，何謂也？教者，
效也。上為之，下效之。」（卷八「總論教」）帝王的舉動、禮儀都蘊含有豐
富的道德含義，值得大眾傚仿，他的所作所為也就無一不是在教化民眾了。
例如「王者所以親耕，后親桑何？以率天下農蠶也」（卷六「論王與后親耕桑
之禮」）；其他如衣裳、嫁娶、祭祀等等無不具有這樣的意義。

帝王的教化原則被總結為如下三種：「王者設三教者何？承衰救弊，欲民
反正道也。三正之有失，故立三教，以相指受。夏人之王教以忠，其失野，
救野之失莫如敬。殷人之王教以敬，其失鬼，救鬼之失莫如文。周人之王教
以文，其失薄，救薄之失莫如忠。繼周尚黑，制與夏同。三者如順連環，周
而復始，窮則反本。」（卷八「論聖王設三教之義」）這三教也被說成是對宇
宙法則的模倣：「教所以三何？法天地人。內忠，外敬，文飾之，故三而備
也。……忠法人，敬法地，文法天。人道主忠，人以至道教人，忠之至也，
人以忠教，故忠為人教也。地道謙卑，天之所生，地敬養之，以敬為地教也。」
（卷八「論三教所法」）三教雖然名稱不同，但實際上密不可分：「三教一體

而分，不可單行，故王者行之有先後。何以言三教並施，不可單行也？以忠、敬、文無可去者也。」（卷八「論三教」）也就是說，帝王根據前代衰弊，選擇最急需的矯正措施作為側重點，但並不廢除其他二教，因為三教一體。而且，「王者有改道之文，無改道之實」（卷八「論百王不易之道」）。

帝王實施教化的重要場所是辟雍：

> 天子立辟雍何？辟雍所以行禮樂、宣德化也。辟者，壁也。象璧圓，以法天也；雍者，雍之以水，象教化流行也。辟之言積也，積天下之道德；雍之為言壅也。天下之儀則，故謂之辟雍也。《王制》曰：「天子曰辟雍，諸侯曰泮宮。」外圓者，欲使觀者均平也。又欲言外圓內方。明德當圓、行當方也。不言圓辟何？又圓於辟，何以知其圓也？以其言辟也。何以知有水也？《詩》曰：「思樂泮水，薄采其芹。」《詩訓》曰：「水圓如璧。」（卷六「論辟雍泮宮」）

從這些描述中，可以看到辟雍有著非凡的象徵意義：本身是行禮樂、宣德化之所，又在形制上法則天圓地方，外面又以水環繞表示教化流行。這原本是儒家典籍描述的理想制度，象徵著仁德流行的聖王教化，自王莽任用劉歆將理想變為佇立在現實中的建築物後，很自然地贏得了以文德聖王標榜的東漢帝王之追慕。光武帝時已經重建了被戰火毀壞的明堂、靈臺、辟雍，號稱「三雍」。明帝更是在這個非凡的建築物裏表演了尊師重道、稽古右文的盛大典禮，激起了諸儒的真誠感動和熱情讚美。《白虎通義》熱衷於闡釋這個建築物的神秘象徵意義，當是前代文化熱點的延續。

帝王在辟雍裏要舉行的重大儀式是「父事三老，兄事五更」：

> 王者父事三老，兄事五更者何？欲陳孝悌之德以示天下也。故雖天子必有尊也，言有父也。必有先也，言有兄也。天子臨辟雍，親袒割牲。尊三老，父象也。謁者奉几杖，授安車軟輪，供綏執授，兄事五更，寵接禮交加，客謙敬順貌也。……不正言父兄，言老、更者，老者，壽考也。欲言所令者多也。更者更也，所更歷者眾也。即如是，不但言老言三何？欲其明於天地人之道而老也。五更者，欲其明於五行之道而更事也。三老、五更幾人乎？曰：各一人。何以知之？既以父事，父一而已，不宜有三。（卷五「論養老之義」）

敬事三老、五更，是帝王對孝悌之德的展演，其符號象徵意義要遠遠大於真誠的道德情感。因為要演化出這種象徵意義，三老、五更獲得了「暫不臣」

的資格,「王者有暫不臣者五,謂祭尸,授受之師,將帥用兵,三老,五更」（卷七「論五暫不臣」）。需要注意的是,這裡僅僅是「暫不臣」,而非不臣。李賢《後漢書‧禮儀志》注引譙周的《五經然否》曰:「漢初或云三老荅天子拜,遭王莽之亂,法度殘缺。漢中興,定禮儀,群臣欲令三老荅拜。城門校尉董鈞駁曰:『養三老,所以教事父之道也。若荅拜,是使天下荅子拜也。』詔從鈞議。」對於三老是否荅拜天子,東漢初存在很大爭論,這條材料似乎表明董鈞的意見被採納,即三老以其代表的父道不荅拜天子。但是正如虞喜所說:「且據漢儀,於門屏交禮,交禮即荅拜。中興謬從鈞議,後革之,深得其意。」也就是說,漢家禮儀很快革去了三老不荅拜天子的細節,而變爲「天子迎於門屏,交禮」,而且被帝王尊崇的三老、五更「明日皆詣闕謝恩,以見禮遇大尊顯故也」。〔註40〕雖然三老明於天地人之道,五更明於五行之道,但依然是帝王的臣子而非師傅。除了「二王之後,妻之父母,夷狄」外,其他人（包括授受之師）無一例外都是帝王的臣子。三老、五更、授受之師並不因爲他們代表的道統,就可以超越現實的君臣規範,這粉碎了士人自先秦以來願爲帝王師的美妙夢想。《韓詩外傳‧卷三》曰:「凡學之道,嚴師爲難。師嚴然後道尊。道尊然後民知敬學。故太學之禮,雖詔於天子無北面,尊師尚道也。故不言而信,不怒而威,師之謂也。」但是,學問的尊嚴高尚終究沒有敵得過政治權威的威儡,《白虎通義》中的泛政治化規定,把士人們「雖詔於天子,無北面」的道統理想遮蔽了。

綜上所述,「王聖」意味著帝王是「天」的代言人,權力的象徵,道德的化身。帝王不僅是最高權力的擁有者,而且還是教化天下之聖師,是道統的代表和德行的權威。他是那樣高貴完美,每一個舉動、每一個禮儀都散發著眩目的道德之光。「王」與「聖」在經過了長期的分裂後,又融成了一體。但是,這個融和不是遠古的「聖而後王」,而是現實中的「王而後聖」。《白虎通義》說過「非聖不能受命」,現實中的受命帝王理所當然地是聖人,否則他不可能成爲帝王。

問題是,帝王無論如何高貴神秘,他終究是人而非神,他能否眞得達到像神那樣完美?德國著名哲學家卡爾‧雅斯貝斯說:「爲什麼有歷史?因爲人是有限的、不完善的並無法完善的,他必須在其貫通時間的變化中逐漸認識到永恆,他只有沿著這條道路才能達到這一步。人之不完善與其歷史性是同

〔註40〕司馬彪:《續漢書禮儀志》（上）,《後漢書》,頁3109,中華書局,1965年。

一樁事情。人之限度排除了某些可能性。世界上不可能有理想的狀態，沒有公正的世界組織，沒有完人。只有完全倒退爲純粹的自然事件，才可能是永恆的終止狀態。」〔註41〕懷著這一份明智，去看待《白虎通義》中的「王聖論」，可以清楚地看到其背後的權力意志、冠冕文飾及士人「聖王」理想的破滅。林存光先生無限感慨地說：「希望的破滅則是歷史地注定了的，儒家『備道全美』的聖人對勢位無敵而至尊無上的權力訴求在歷史上往往被靠武力打天下的帝王們僭取篡改爲『王聖』的政治訴求，即對「成者爲王」進行一種聖化的加冕，而儒者亦只能爲此而進行合法性辯護，於是儒家的政治信念遂變而成爲了這樣一種事後諸葛亮式的敘事化的政治話語：王者之所以能取得天下，乃是因爲他是受命而王的聖人。」〔註42〕

二、《白虎通義》的言說策略

如上所述，《白虎通義》構建了適合帝國需要的以「王聖」爲中心的話語體系，那麼這個體系是怎樣構建起來的？它採用了怎樣的言說技巧？

（一）象徵比附的言說方式

在《白虎通義》的闡釋下，人事是對天道的模擬，彷彿是客觀不帶任何主觀色彩、必然而不得不如此。例如前面分析的帝王法天的種種制度以及貫穿在生活當中的各種禮儀，等等，皆是如此。但另一方面，天又按照人間的等級尊卑法則運行，例如天道左旋、地道右周被解釋爲「君臣陰陽，相對之義」（卷九「論左右旋之象」）；「日行遲，月行疾何？君舒臣勞也」（卷九「論日月行遲速分晝夜之象」）；「日之爲言實也，常滿有節。月之爲言闕也。有滿有闕也。所以有闕何？歸功于日也」（卷九「釋日月星之名」）；等等。不難發現，《白虎通義》闡釋的天道，並非通過三段論邏輯論證出來的，而是直接用天、日、陽來象徵君，地、月、陰象徵臣，天道本身就是人道，是借助天聖化的人道。事物的象徵意義是由闡釋者直接賦予的，不可避免地帶有隨意性和主觀性。

但這種直接賦予意義的闡釋模式爲什麼不被人質疑呢？思想史的傳統保證了其合理性。這一套象徵比附的言說方式在董仲舒的著作裏就已經成熟完

〔註41〕《歷史的起源與目標》，魏楚雄、俞新天譯，華夏出版社1989年版，頁268。
〔註42〕林存光：《儒家式政治文明及其現代轉向》，頁313，中國政法大學出版社，2007年。

備，讖緯當中更是大量應用，《白虎通義》根本不必解釋即可利用。這種言說方式，使得《白虎通義》能夠在天和人之間遊刃有餘，人事可以說被成是天意，天意又是由人的眼光解釋出來的。在一次又一次地循環闡釋中，詮釋者的主觀意志不斷被強化渲染，逐漸變成了神聖永恆的眞理，具有了無上的權威。董仲舒使用這種言說方式，爲的是闡釋儒家的道統理想。《白虎通義》則用同樣的方式詮釋尊君卑臣的神聖性，由此可看出儒生話語體系的缺陷及權力對之的扭曲和利用。

這種象徵比附的言說方式在《白虎通義》陰陽五行的詮釋框架中表現得更爲突出。《白虎通義》首先構建了一個陰陽五行的宇宙發生論：

> 始起先有太初，然後有太始，形兆既成，名曰太素。混沌相連，視之不見，聽之不聞，然後剖判清濁，既分，精曜出布，庶物施生。精者爲三光，號者爲五行。五行生情性，情性生汁中，汁中生神明，神明生道德，道德生文章。故《乾鑿度》云：「太初者，氣之始也。太始者，形之始也；太素者，質之始也。陽唱陰和，男行女隨也。」
> （卷九「論天地之始」）

這種宇宙發生論吸收了道家哲學和《易緯》思想，但又更爲精緻。太初、太始、太素的階段劃分，將宇宙本源回溯得極爲抽象寥遠，具有哲學思考的形上色彩。太素階段開始形成萬物，一片混沌當中，「剖判清濁」，清者爲天，爲陽；濁者爲地，爲陰。然後是精曜出布，形成萬物。其中精者爲日、月、星三光，「號者」（有誤，似應爲「粗者」。引者按）爲五行。五行又生出情性、汁中（不詳）、神明、道德、文章。在這個發生論中，陰陽、五行成爲宇宙的原動力，不僅創生萬物的物質形態，而且還建構出情性、道德、文章等人文世界。那麼，五行（陰陽已經與之融合）具體來說又是什麼樣的範疇？

> 五行者，何謂也？謂金木水火土也。言行者，欲言爲天行氣之義也。地之承天，猶妻之事夫，臣之事君也。其位卑，卑者親視事，故自同於一行尊於天也。……水位在北方，北方者陰氣，在黃泉之下，任養萬物；水之爲言准也。養物平均，有准則也。木在東方。東方者，陽氣始動，萬物始生。木之爲言觸也。陽氣動躍觸地而出也。火在南方，南方者，陽在上，萬物垂枝。火之爲言委隨也。言萬物布施。火之爲言化也。陽氣用事，萬物變化也。金在西方，西方者，陰始起，萬物禁止。金之爲言禁也。土在中央。中央者土，土主吐

> 含萬物。土之爲言吐也。（卷四「總論五行」）

這是自《尙書‧洪範》以來不斷被闡釋、被豐富的哲學範疇，五行與陰陽融合爲一體，具有極強的解釋能力。這些範疇一方面具有金、木、水、火、土這五種物質的自然屬性，能夠解釋宇宙中的自然現象；另一方面又具有爲天行氣、任養萬物、有準則等道德含義，能夠解釋人世準則。人事和自然原本不同的性質被忽略了，它們被奇怪地雜糅到一起，混沌含糊，可以用相同的哲學範疇去解釋。

在構建了陰陽五行哲學範疇的基礎上，《白虎通義》一方面用之解釋自然。通過比附，五行與五方聯繫到了一起，如上引卷四「總論五行」條；並與五味、五臭、五臟等聯繫到了一起，例如卷四「論五味五臭五方」條；卷二「論祭五祀順五行」條；等等。《白虎通義》又從物質屬性方面闡述了五行間相生、相勝的動態的生剋關係：

> 五行所以更王何？以其轉相生，故有終始也。木生火，火生土，土生金，金生水，水生木。是以木王，火相、土死，金囚，水休。王所勝者死，囚，故王者休。木王火相何以知爲臣？土所以死者，子爲父報仇者也。五行之子愼之物歸母，木王、火相、金成，其火燋金。金生水，水滅火，報其理。火生土，土則害水，莫能而禦。五行所以相害者，天地之性，眾勝寡，故水勝火也；精勝堅，故火勝金；剛勝柔，故金勝木；專勝散，故木勝土；實勝虛，故土勝水也。……
> （卷四「論五行更王相生相勝變化之義」）

這樣的生剋法則來自於日常經驗、素樸客觀，又因爲五行可以連通人事，所以很快被附會成宇宙法則，它們的生剋關係變成了宇宙間的客觀眞理，涵蓋一切。人們的日常行爲自然不能違背之：

> 天子所以內明而外昧，人所以外明而內昧何？明天人欲相嚮而治也。……子不肯禪何法？法四時火不興土而興金也。父死子繼何法？法木終火王也。兄死弟及何法？夏之承春也。「善善及子孫」何法？春生待夏復長也。「惡惡止其身」何法？法秋煞不待冬。主幼臣攝政何法？法土用事於季、孟之間也。子復仇何法？法土勝水，水勝火也。子順父、妻順夫、臣順君，何法？法地順天也。男不離父母何法？法火不離木也。女離父母何法？法水流去金也。娶妻親迎何法？法日入，陽下陰也。君讓臣何法？法月三十日，名其功也。……明

王先賞後罰何法？法四時先生後煞也。（卷四「論人事取法五行」）
這裡涉及關係維度有：君臣（包括民）、父子（包括母、女）、夫妻、朋友；
涉及的行為有：王位繼承、攝政、復仇、諫諍、賞賜、養老、婚姻、喪葬、
立二王之後、刑賞，等等；宣揚的人事規範有：「善善及子孫」，「惡惡止其身」，
「子順父，妻順父，臣順君」，男不離父母、女離父母，善稱君、過稱己，遠
子近孫，父子相隱，不以父命廢王命，「有分土，無分民」，等等。這些內容
幾乎包括了《白虎通義》中闡述的全部人事規範，通過「法」字，它們與陰
陽五行形成了類似性關係，兩者的差異和不同被化約和忽略了。原本豐富多
樣、形形色色的人世情感體驗，被過濾成了五行生剋規律的象形表現。而且，
因為五行關係是宇宙法則，人事對之的模倣也變得神聖不容置疑。陰陽五行
的秩序就這樣滲透到了宇宙中每一個角落，而這個秩序的目的在於權威的建
立、形成與維持。

象徵比附和類似性原則是原始神話的主要言說方式，例如《海外北經》
云：「鍾山之神，名曰燭陰。視為晝，瞑為夜，吹為冬，呼為夏。不飲，不食，
不息，息為風，身長千里，在無啓之東。其為物，人面蛇身，赤色，居鍾山
下。」神話在視與晝、瞑與夜、吹與冬、呼與夏、息與風之間發現了類似關
係，並在想像中塑造了一個鍾山之神來象徵這些關係。這種思維方式是渾沌
的，人我不分，天人合一。《白虎通義》的言說方式存在同樣的混沌，但其表
達的不是對世界的「神聖的單純性」之感悟，而是為了宣揚王聖思想，其中
隨意的聯想和主觀的比附只為宣揚權力意志。這是一種人為構建的政治神
話，「新的政治神話不是自由生長的，也不是豐富想像的野果，它們是能工巧
匠編造的人工之物」。〔註43〕

（二）隨意聲訓

與上述象徵比附的論述方式緊密相連的，是《白虎通義》對聲訓的過度濫
用。例如在解釋爵位時說：「公者，通也。公正無私之意也」；「侯者，候也。候
順逆也」；「伯者，白也。〔盧案：此下當有「明白於德」四字〕；〔註44〕「子者，
孳也。孳孳無已也」；「男者，任也」（卷一「論制爵五等三等之異」）。再如釋內
爵：「大夫之為言大扶，扶進人者也」；「士者，事也。任事之稱也」（卷一「論

〔註43〕〔德〕恩斯特·卡西爾：《國家的神話》，頁 342，華夏出版社，1999 年第 2
版（2003 年第 3 次印刷）。
〔註44〕陳立：《白虎通疏證》，頁 10，中華書局，1994 年。

天子諸侯爵稱之異」)。再如釋號:「帝者,諦也。象可承也。王者,往也。天下
所歸往」;「號之爲皇者,煌煌人莫違也」(卷二「論皇帝王之號」)。再如釋五音:
「角者,躍也。陽氣動躍。徵者,止也。陽氣止。商者,張也。陰氣開張,陽
氣始降也。羽者,紆也。陰氣在上,陽氣在下。宮者,容也,含也。含容四時
者也。」(卷四「論五聲八音」)其他釋天干(卷四「論陰盛陽衰」),釋十二律
(卷四「論十二律」),釋五嶽(卷六「論五嶽四瀆」),釋商賈(卷七「商賈」),
釋君臣(卷八「論六紀」),釋族(卷八「論九族」),釋妻妾(卷十「論妻妾」),
等等,皆是如此。不僅名物採用了聲訓,禮儀制度亦然,例如:「爵者,盡也。
各量其職,盡其才也」(卷一「論天子諸侯爵稱之異」);「祿者,錄也。上以收
錄接下,下以名錄謹以事上」(卷四「論制祿」);「巡者,循也。狩者,牧也。
爲天下巡行守牧民也」(卷六「論巡狩之禮」);「贄者,質也。質己之誠,致己
之悃愊也」(卷八「論見君之贄」);等等。

訓詁本是以通俗當代的語言去解釋隱僻古典的語詞、制度等,在解釋的
過程中要遵循客觀達意的基本原則。《白虎通義》中的大量聲訓,卻是以符合
闡釋目的之同音字或近音字代替本字,並以之爲基礎附會出一系列意義出
來。這實際上是概念偷換,是對語言約定俗成意義的破壞。其中闡釋者的主
觀隨意性是顯而易見的,例如釋夫婦,「夫者,扶也,扶以人道者也。婦者,
服也,服於家事,事人者也。」(卷十「論嫁娶諸名義」)「夫」和「婦」本是
近音詞,通過把「夫」替換成「扶」,把「婦」替換成「服」,在訓釋當中附
會出婦人從夫之意。既然這些詞語音相近,「夫」與「扶」之間的聯繫未必就
比與「服」的聯繫緊密,「婦」與「扶」之間亦然,那麼爲什麼不可以用「服」
釋「夫」、用「扶」釋「婦」呢?只因其不符合闡釋者的闡釋意圖罷了。

通過大量的聲訓,《白虎通義》重塑了語言,大量的語詞脫離常規意義,
而鮮明指向了闡釋者的主觀意圖。恩斯特·卡西爾說:「人生活在一個符號的
宇宙之內。語言、神話、藝術和宗教是這一個世界的部分。它們是不同的絲
線,編織了一幅符號之網,人類經驗的糾結之網」,因此應當把人定義爲「符
號的動物」。〔註45〕語言不僅是人們交流的工具,而且是人生存其中的符號宇
宙之一部分。《白虎通義》通過重塑語言,將各種社會關係重新符號化,創立
了一個全新的意義世界和秩序體系。沃格林說:「政治觀念不是描述一個政治

〔註45〕 〔德〕恩斯特·凱西爾著;劉述先譯:《論人:人類文化哲學導論》,頁 36~
37,廣西師大出版社,2006 年。

單位的工具，而是促其誕生的工具。……在一個政治觀念體系內〔包含的〕語言符號，通過以名稱稱呼一個統治者和一群人，而使其產生。語言的激發能力，也就是名稱和它所意指的事物間最簡單的魔幻關係，通過激發這些單位的行爲，使得將蘊涵人類力量的一個無形領域轉化成一個有序的單位成爲可能。」還說：「最便於轉化成一個單位〔或：統一〕符號的事物通常就是人自己，君主制的魔幻功能就是通過人類品格的統一性，將政治秩序符號化來創立政治秩序，這樣的情況貫穿於整個歷史中。」〔註 46〕通過名物禮制的重新闡釋，《白虎通義》確立了含義明確清晰的新政治符號。這種符號不僅指向五經的經典意義，更重要的是指向現實，通過新政治符號的語言激發能力，有力地促使人們遵守被闡釋出來的新政治規範和秩序。一個符合權力意志的社會就這樣誕生了。

（三）問答形式

《白虎通義》形式上最典型的特點就是採用了問答、引證的形式。例如：「婦人無爵何？陰卑無外事。是以有三從之義：未嫁從父，既嫁從夫，夫死從子。故夫尊于朝，妻榮于室，隨夫之行。故《禮郊特牲》曰：『婦人無爵，坐以夫之齒。』」（卷一「論婦人無爵」）等等。可以看出，這裡對問題的討論是由提問、回答、引證經典三部分組成的。「陳立本《白虎通義》除卷十二《闕文》七篇外，共四十三篇，三百零八章，凡六百五十七『問題』，」〔註 47〕「以『問答』之型態呈現討論之宗旨與論政之結論乃是其基本型態，而以『問答』、『結論』與『引典』等三項要素構成一則條文，則是其標準型態」。〔註 48〕

這種以問答形式來討論問題的著述體例與《春秋公羊傳》、《春秋穀梁傳》有諸多相似。《公羊傳》的基本型態爲：「元年者何？君之始年也。春者何？歲之始也。王者孰謂？謂文王也。曷爲先言王而後言正月？王正月也。何言乎王正月？大一統也。」（隱公元年傳「元年春王正月」條）《穀梁傳》的基本形態亦爲「克者何？能也。何能也？能殺也。何以不言殺？見段之有徒眾也。段，鄭伯弟也。何以知其爲弟也？殺世子母弟目君，以其目君，知其爲弟也。……然則爲鄭伯者宜奈何？緩追逸賊，親親之道也。」（隱公元年釋「鄭

〔註 46〕沃格林著，謝華育譯：《政治觀念史稿（卷一）：希臘化、羅馬和早期基督教》，頁 74～75，華東師範大學出版社，2007 年。
〔註 47〕周德良：《白虎通暨漢禮研究》，頁 170，臺灣學生書局，2007 年。
〔註 48〕周德良：《白虎通暨漢禮研究》，頁 43～44。

伯克段於鄢」）這些提問，要麼從最尋常處發問，例如「曷爲先言王而後言正月」，如果不經特意提出，可能會被閱讀者忽略；要麼從詞語悖異之處發問，例如「克者何」，然後給出自己的合理化解釋。提問的用意，在於「因以起義，假之立法，除有與知識相關者，如訓詁層面，基本上都在進一步追問中關乎義旨」。〔註49〕《春秋》被認爲蘊含了極爲神聖的微言大義，漢儒曾將之附會爲孔子爲漢家製作的法典，〔註50〕直到今天，學者亦認爲：「說《春秋》字字大義固然荒唐，但否認《春秋》『筆法』的存在，也是不對的。」〔註51〕經師這些由提問引出的解釋，因爲直接指向了神聖的經義，具有無上的權威。而且因爲《公》、《穀》在載於竹帛之前，主要是師徒口頭傳授，嚴密的傳授系統可以追溯到孔子的親傳弟子，這些弟子被認爲直接領受了聖人「隱微書寫」背後的豐富意旨。因此，經師的解釋性回答被認爲是一代又一代傳下來的聖人意旨，是不容置疑的。即使《公》《穀》載於竹帛後，因爲長期傳授過程中形成的習慣性權威和嚴明的師法，依然較容易讓讀者按照闡釋者規定好的思路去領會《春秋》意旨。

《白虎通義》作爲根據白虎觀會議文獻整理出來的作品，並不必要採用《公》《穀》口頭傳授所形成的問答形式。但是，它卻用之作爲基本的形態，其中原因應在於撰者熟悉並有意選擇了這種體例。再從閱讀心理上說，一問一答的形式與其他敘述性論證比起來，意義指向上較爲封閉，讀者不容易產生較爲開闊的聯想從而質疑闡釋者的闡釋邏輯。這應當是《白虎通義》採用問答著述的重要原因。通過這種體例，《白虎通義》用最經濟的文字構建了最符合權力需要的話語體系。因爲，在問和答中，用不著繁瑣的三段論邏輯論證，詮釋者直接給出權威的回答就可以了，讀者只能在權威之下被迫領受意旨。這使《白虎通義》出色地完成了白虎觀會議「減省五經章句」的預期目的。

但是，《白虎通義》的讀者畢竟不像《公》、《穀》師法權威下的後學弟子，在採用了維護闡釋者權威的問答形式後，《白虎通義》又引證經典來補充，以聖化闡釋者的意旨。《白虎通義》引證的典籍主要是五經和讖緯，而且因爲「讖緯神學是東漢王朝的統治思想，它是代表『天』（上帝）的意志，因之其地位

〔註49〕 許雪濤：《公羊學解經方法──從〈公羊傳〉到董仲舒春秋學》，頁 38，廣東人民出版社，2006 年。
〔註50〕 參見本論文第二章第一節。
〔註51〕 過常寶師：《原史文化及文獻研究》，頁 112，北京大學出版社，2008 年。

在五經之上。……在《白虎通義》引證經典，凡有經有緯的，往往是先引讖緯，後引經書。」〔註 52〕就這樣，讖緯的權威被眞正樹立了起來。之後，何休、鄭玄等一批最優秀的經師在注經的時候，自然而然地引用了大量的讖緯。

〔註52〕鍾肇鵬：《讖緯論略》，頁 145，遼寧教育出版社，1991 年。（1997 年第 4 次印刷）

第四章 「王命論」意識形態下的經學變遷

當權力者青睞並利用了「王命論」思潮，構建了以之為基礎的「王聖」意識形態後，漢代的文化精神發生了重大轉變，經學、哲學、文學以及士人的人生形態等都隨之呈現出了迥異於西漢的風貌。前面幾章，筆者主要歷時地梳理了「聖王」的文化精神是如何一步步地轉化為「王聖」的，接下來筆者擬選取一些橫剖面來分析這種轉化在各個文化領域的投射，以見出其對兩漢學術走向及整個中國歷史文化發展的影響。本章討論經學，認為古文經在爭取立於學官的過程中，通過與今文經論爭，導致了經學越來越向權力靠近，「王聖」的觀念深深地滲透到了經說當中。經學由西漢的宇宙法則、經國大法逐漸淪為王聖宣言和封閉內向的純學術了。

第一節 今、古文經學論爭

自劉歆在西漢哀帝時挑起今古文經學之爭，經學史頓起狂瀾。今古文經之異同、優劣、殘備等問題的爭論不僅在東漢延續了二百餘年，深刻地影響到經學走向及其學術品格，而且還與官學正統、國家禮制等諸多宏大的事件糾結到了一起，錯綜複雜。自從漢末鄭玄混淆家法注經，今古文之爭暫告一段落。隨著時間推移和文化嬗變，再加上原初經學文獻散佚，例如賈逵所撰的「《齊》、《魯》、《韓詩》與《毛氏》異同」（《後漢書·賈逵傳》）；許慎的《五經異義》等，今古文之別漸不為學界所清楚。出人意料的是，清代漢學昌盛，學界在新的歷史條件下重又掀起今古之爭。一時間學界壁壘森嚴，訟者紛如，

儼然漢代學術史重演。今、古文經學之爭，到底爭在何處？今古之爭論對經學發展的影響如何？筆者不揣淺陋，擬在前賢的基礎上，對之作些探討。

一、關於今古文經學論爭的討論

　　當常州公羊學派揭起今文經學的旗幟後，今、古之辨成了晚清學界熱切關注的問題。廖平通過細讀輯佚本《五經異義》，於清光緒十二年撰寫了《今古學考》研討今古之別。書中認為：「今古之分，不在異文」；〔註1〕「今、古之分，全在制度，不在義理，以義理今、古同也」；〔註2〕「今學同主《王制》，萬變不離其宗」，「古學主《周禮》，隱與今學為敵」。〔註3〕廖平還認為今文經學和古文經學雖有不同，但二者分別為孔子壯年、晚年之說，如水火相妨亦相濟，不可偏廢。其中最主要的是《今、古學宗旨不同表》：〔註4〕

今	古
今祖孔子	古祖周公
今，《王制》為主	古，《周禮》為主
今主因革。參用四代禮	古主從周。專用周禮
今用質家	古用文家
今多本伊尹	古原本周公
今，孔子晚年之說	古，孔子壯年主之
今經皆孔子所作	古經多學古者潤色史冊
今始於魯人，齊附之	古成於燕、趙人
今皆受業弟子	古不皆受業
今為經學派	古為史學派
今意同《莊》、《墨》	古意同史佚
今學意主救文弊	古學意主守時制
今學近於王	古學師乎伯
今，異姓興王之事	古，一姓中興之事
今，西漢皆立博士	古，西漢多行之民間

〔註1〕劉夢溪主編：《中國現代學術經典・廖平卷》，頁59，河北教育出版社，1996年。
〔註2〕劉夢溪主編：《中國現代學術經典・廖平卷》，頁43。
〔註3〕劉夢溪主編：《中國現代學術經典・廖平卷》，頁40。
〔註4〕劉夢溪主編：《中國現代學術經典・廖平卷》，頁20。

今經、傳立學，皆在古前	古經、傳立學，皆在今後
今由鄉土分異派	古因經分異派
今禮少，所無皆同	古禮多，所多皆同今學
今所改，皆周制流弊	古所傳，多禮家節目
今，漢初皆有經本，非口受	古，漢初皆今有師，後有廢絕
今以《春秋》為正宗，餘皆推衍《春秋》之法以說之者	古惟《周禮》為正宗。即《左傳》亦推衍以說之者，餘經無論矣
今多主緯侯	古多主史冊
今學出於春秋時	古學成於戰國時
今，秦以前無雜派	古，秦以前已有異說
今無緣經立說之傳	古有緣經立說之傳
今無儀注，皆用周舊儀	古有專說，不通別經
今經唯《王制》無古學。餘經皆有推衍古派	古經唯《周禮》無今說。餘經皆有推衍今派
《孝經》本無今說	《春秋》本無古學
今經唯存《公》、《穀》，范氏以古疑今。	古經皆存，鄭君以今雜古學。
法今經，李、何以前不雜古。	法古經，馬、許以前不雜今
《戴禮》古多於今，漢儒誤以為今學	子緯皆今學，漢儒誤以為古學
《古儀禮經》，漢初誤以為今	今《王制》，先師誤以為周

　　廖平此說吸收了清末段玉裁、龔自珍、魏源、陳壽祺、陳立等人的研究成果，又超越了前人。他超越了個別名物度數或一部經典之孤立研究，而綜覽整個經學輪廓，對各經之間相互關係作了綜合的分析與比較，頗有闊通之勢。而且，廖氏立論平分今古，以紮實的資料為基礎，綱舉目張，見識卓越，例如說今古文經學之分不在文字，越來越被考古簡帛證明。〔註5〕因此，廖平此文影響學林甚大，「今文家如皮錫瑞、康有為固資以立論，而古文家如章太炎、劉師培亦資以為說」。〔註6〕之後，周予同又對之進行了更科學的概括、整理，將今古文經學列出十三對不同。〔註7〕此後幾十年間，這一今古文经的區分標準為各種經學著作引述，幾成定論。

〔註5〕　參見：高明：《從出土簡帛經書談漢代的今古文學》，《考古與文物》，1997 年第 6 期

〔註6〕　蒙默：《廖季平先生小傳》，《中國現代學術經典・廖平卷》頁 5，河北教育出版社，1996 年。

〔註7〕　朱維錚編：《周予同經學史論著選集》，頁 9，上海人民出版社，1996 年。

　　問題是，這一頗成體系的區分是否符合漢代經學實際？

　　廖平本人平分今古僅保持了大約兩年，就「歷經通人指摘，不能自堅前說」（《古學考》），進入了「尊今抑古」的二變時期。變化的主要原因是廖平對《周官》的看法產生了懷疑，「舊說以《周禮》與《左傳》同時，爲先秦以前之古學……前說誤也。此書乃劉歆本《佚禮》屬臆說而成者，非古書也」。〔註8〕廖平二變時期的經學觀深深地影響了康有爲。後者撰成清末叱吒政壇、學界的《新學改制考》。崔適又進一步發揮了康說，直接啓發了顧頡剛等人轟轟烈烈的「古史辨」運動。這裡不作詳論，僅談廖平一變時期的經學觀。

　　廖平以陳壽祺輯佚出來的許愼《五經異義》爲基本材料，但是《五經異義》是否反映出了漢代經學論爭的全貌？輯佚出來的《五經異義》確實以禮制爲主，但這是沿襲了西漢以來儒生禮樂改制的學術興趣，同時又直接受到《白虎通義》的影響。許愼出於自己學術興趣的著作究竟能在多大程度上反映出當時經學論爭的全貌和實質，恐怕是要謹愼考慮的。這一點，廖平也有清醒的認識：「許君《異義》，本如《石渠》、《白虎》，爲漢製作。欲於今、古之中，擇其與漢制相同者，以便臨事緣飾經義，故累引漢事爲斷。又言叔孫通製禮云云，皆爲行事計耳。」（《今古學考》）廖平的補救方法是既採用《五經異義》爲基礎，以禮制的角度切入漢代今古文之爭，又超越了《五經異義》，道出了許愼之未道：今學宗《王制》，古學宗《周官》。但是，如果今古文之爭的根本點不在於禮制，那麼廖平由《五經異義》而來的判斷豈非成了無源之水？

　　五經當中確實存在一些不同的禮制記載，但是未見得今學、古學各自存在統一的陣營，兩派之間又判若水火。據陳壽祺輯本《五經異義》，可以看出同屬今學的《公羊》與《韓詩》說靈臺制度不同；〔註9〕今《禮戴說》與《明堂月令書》講明堂制度亦不同；〔註10〕《春秋》三傳中有《穀梁》同《左氏》而不同於《公羊》的，例如「臣子先死，君父猶名之」條；〔註11〕亦有《公羊》同於《左氏》而不同於《穀梁》的，例如「雨不克葬」條；〔註12〕等等。

〔註8〕 廖平：《古學考》，《中國現代學術經典・廖平卷》，頁80，河北人民出版社，1996年。

〔註9〕 陳壽祺：《五經異義疏證》，頁86，《續修四庫全書》第171冊，上海古籍出版社，2002年。

〔註10〕 陳壽祺：《五經異義疏證》，頁54。

〔註11〕 陳壽祺：《五經異義疏證》，頁123。

〔註12〕 陳壽祺：《五經異義疏證》，頁124。

而且，今古文經義的區別又不限於禮制，據王先謙的《詩三家義集疏》以及現存的《春秋》三傳，可以清楚看出這一點。最重要的是，《五經異義》中，「帶『今』字的均指已立於學官，有博士專司，爲當時儒生通習的各家；帶『古』字的則未立於學官，或有古文舊書，如古文《尚書》、《周禮》、《左傳》，或學脈有自，如《毛詩》（三家《詩》都起於漢初），而在當時僅有少數學者傳習」〔註13〕。這表明東漢經學家眼中的今古之分重要的在於是否立於學官，而非禮制。

廖平據以區分今、古文經學的《王制》、《周官》，又存在諸多疑問。例如《王制》，《史記・封禪書》載：文帝時，「使博士、諸生刺六經，作《王制》，謀議巡守封禪事」。而鄭玄、孔穎達等人，卻認爲此書成於先秦，在孟子以後（《十三經注疏・禮記注疏》），且現存的《禮記・王制》無一語涉及封禪事，雖言巡守，也非主要內容。這種情況下，出現了有《禮記・王制》與文帝時《王制》的推測。但這畢竟祇是推測，並無史料證明，如果《王制》是漢文帝時著作，如何還能據以區分源自先秦的今古文經？正是有見於此，周予同在分析今、古文經異同時，沒有採納廖平的以《周官》、《王制》分今、古文經的觀點。

廖平的平分今古及周予同在其基礎上的概括，最大的問題在於把今、古文經當成了似乎完全對立的兩大派，而沒有看到它們之間互動聯繫（詳見後述）。由於忽略了這一點，廖、周概括出來的今古文經關係和區分併不準確。例如說今文祖孔子，古文祖周公，實際上今古文討論的都是聖人寓於經中的大義，祖周公的主要是王莽和《周官》，但王莽和《周官》並不能代表古文經全部。幾次今古文論爭都是圍繞《春秋》展開，《周官》祇是略及之，「這或者因爲這部書的內容、文字及出處都不夠取信於人，所以古文學家不敢求立於學官以削弱自己的論證，也未可知」。〔註14〕因此，《周官》並不能成爲古文經學的代表。而且，尊孔子爲「素王」，是今古文經學的通義，〔註15〕將孔子變爲先師的是《白虎通義》和杜預等，而非劉歆、賈逵等古文經學家。有見於此，李學勤先生提出：「有必要重新考慮考慮漢代經學今文爲一大派，古

〔註13〕李學勤：《〈今古學考〉與〈五經異義〉》，《國學今論》，頁132，遼寧教育出版社，1991年。
〔註14〕朱維錚編：《周予同經學史論著選集》，頁10，上海人民出版社，1983年。
〔註15〕詳見本章第二節論述，此處從略。

文為另一大派的觀點。當時的幾種古文經說未必全然共通，立於學官的十四博士，所論更非『道一風同』。改變自《今古學考》以來普遍流行的今、古兩派觀點，對於經學史及有關方面的研究是一件大事。」〔註16〕

　　廖平之後，王國維、蒙文通、錢穆、錢玄同等人在現代學術範式的基礎上，對漢代經學今古問題又做了一些探討，深化了對此問題的認識。王國維在當時今古文經學爭論甚烈的文化氛圍中，獨立不倚地以考古資料為基礎，認為漢人說的古文並不同於殷商時期的古文，而應當是先秦時期的六國文字。〔註17〕王國維還撰寫了《〈史記〉所謂古文說》、《〈漢書〉所謂古文說》、《〈說文〉所謂古文說》等文章，指出：「太史公所謂古文，皆先秦寫本舊書，其文字雖已廢不用，然當時尚非難識」，〔註18〕「自武昭以後，先秦古書傳世益少。其存者往往歸於秘府，於是古文之名漸為壁中書所專有。然秘府古文之書，學者亦類能讀之。如劉向以中古文《易經》校施、孟、梁丘經及費氏經……古文迄於西京之末，尚非難識如王仲任輩所云也」。〔註19〕至《漢書》，「蓋諸經冠以『古』字者，所以別其家數，非徒以其文字也。六藝於書籍中為最尊，而古文於六藝中又自為一派，於是古文二字，遂由書體之名而變為學派之名」。〔註20〕《說文》中所謂的「古文」，「皆指漢時所存先秦文字言之」。〔註21〕王國維的這些論斷，已經得到出土文獻證明，成為當今學界共識。而且，王氏開闢了從古文字研究經學的路徑，超越了經學神聖的樊籬，在梳理文獻中「古文」意義的流變時具有史家卓識，為現代學者研究經學問題樹立了典範。

　　蒙文通作為廖平的學生，在繼承師說的基礎上又能夠加以發展，逐漸超越師說。其中最主要的是認識到「經史截分為二途，猶涇清渭濁之不可混」（《古史甄微·自序》），並且批評廖平「但以尊孔過甚，且不知史學，不能用歷史方法以史實核漢師禮制，不知孰為西周舊制，孰為禮家新制」。〔註22〕蒙文通

〔註16〕李學勤：《〈今古學考〉與〈五經異義〉》，《國學今論》，頁135。

〔註17〕見王國維：《戰國時秦用籀文六國用古文說》，《史籀篇證序》等文，並收入《觀堂集林》，中華書局，1959年。

〔註18〕王國維：《觀堂集林》，頁309，中華書局，1959年。

〔註19〕王國維：《觀堂集林》，頁311。

〔註20〕王國維：《觀堂集林》，頁313。

〔註21〕王國維：《觀堂集林》，頁314。

〔註22〕蒙季甫：《文通先兄論經學》，蒙默編：《蒙文通學記》，頁68，三聯書店，1993年。

追求的目標是眞實的古史，提出丟掉漢代今古文之爭，上溯晚周儒學之旨。在上溯的過程中，他「略見周秦之學復如彼其曲折，按古官之沿革，而又確知今古家各據《王制》、《周官》以爲宗者爲可議」。〔註23〕蒙文通在史料的基礎上探明不同地域流傳的儒學流派，指出先秦存在齊、魯、三晉之儒學，並分析了它們與漢代今、古文的聯繫，影響甚大。在漢代今、古文經學中，蒙文通推崇「先漢經說」，認爲其乃融會百家、出入「六經」的新儒學，是對先秦儒學的發展，例如《儒家政治思想之發展》一文。但是晚年作《孔子和今文學》，又對這一觀點作了修正，認爲今文經學乃變質了的儒學。這與當時強調階級鬥爭，重視政治色彩相關。

錢穆的成名作《劉向、歆父子年譜》被認爲「震撼了當時的學術界，使人從康有爲《新學僞經考》的籠罩中徹底解放了出來」。《劉譜》出，「晚清以來有關經今古文學的爭論告一結束」。〔註24〕錢穆此文力證今古學之分在東漢以前猶未彰著，所謂十四博士「道一風同」、今古學勢同水火的看法，乃近世晚起之說，係廖平等人張惶過甚之論。錢穆在《國學概論》中對漢代今古文之爭有如下概括：「推言其本，則《五經》皆『古文』，由轉寫而爲『今文』；其未經轉寫者，仍爲『古文』。當時博士經生之爭今古文者，其實則爭利祿，爭立官與置博士弟子，非眞學術之爭也。」〔註25〕後又在《兩漢博士家法考》一文中指出：「東漢經學，仍無今文、古文之分，……然其時固有『今學』、『古學』之辯，此乃東漢經學界一大分野，亦不可不知也」；〔註26〕「治章句者爲『今學』，此即博士立官各家有師說之學也」；〔註27〕「好古學者，常治訓詁，不爲章句……然則東京所謂『古學』者，其實乃西漢初期經師之遺風，其視宣帝以後，乃若有古今之分；此僅在其治經之爲章句與訓詁，不謂其所治經文之有古今也」。〔註28〕另在《東漢經學略論》一文中更明確地說：「古學者，指其異於今學，猶後世古文之別於時文矣。在東漢言之，則今學即博士章句之學也。謂之今學，正猶後世之言時文」，「然則治古學不爲章句，彼當何務？曰訓詁通大義是已」。〔註29〕

〔註23〕蒙文通：《蒙文通文集》（第三卷），頁135，巴蜀書社，1995年。
〔註24〕余英時：《〈猶記風吹水上鱗〉序》、《〈周禮〉考證和〈周禮〉的現代啓示》，《錢穆與中國文化》，上海遠東出版社1994年版，頁239、134。
〔註25〕錢穆：《國學概論》，頁81，北京：商務印書館，1997年。
〔註26〕錢穆：《兩漢經學今古文平議》，頁235，北京：商務印書館，2001年。
〔註27〕錢穆：《兩漢經學今古文平議》，頁236。
〔註28〕錢穆：《兩漢經學今古文平議》，頁238。
〔註29〕錢穆：《中國學術思想史論叢·卷三》，頁46～47，安徽教育出版社，2004年。

錢穆的這些論述不單從經義內部討論經學，而是從更廣闊的社會政治背景中去討論今古文之爭，並且破除了一切門戶之成見，看出今學、古學的學術形態之差異，頗能「發見古人學術之真相」。〔註30〕

　　五四新文化運動宣導者錢玄同，則主張將今、古文「一齊撕碎」，〔註31〕而努力追尋「古代的真歷史、真典禮、真制度」。在此立場下，其《重論經今古文學問題》一文系統地批駁了近人劃分今古文界限的種種「謬說」。如以「文字之差異」、「經說」派別之對立（如廖平之《今古學考》）、「微言大義」（今）與「訓故名物」（古）之別、「六經皆史」（古）與「《六經》皆孔子所作」（今）之異來奢談今古文之分者，等等，皆在錢玄同排斥之列。錢玄同的看法是：「今文與古文之不同，最重要的是篇卷之多少，次則文字之差異；至於經說，雖有種種異義，其實是不值得注意的。」〔註32〕這些論述在當時起到了振聾發聵的效果，但今天看來，雖勇氣可嘉，不免有武斷之處。

　　建國後，侯外廬在《中國思想通史》中設有「兩漢經今古文學之爭論」一章，分析了兩漢經學今古文之爭與政治的關聯：「兩漢今古文學之爭，就是在這所謂『以霸王道雜之』的政治原則下演變的。」〔註33〕但總體上看，經學研究相當沈寂。七八十年代，徐復觀在海外作有《中國經學史的基礎》，指出「古文」與「古學」的概念有異：「『古文』指的是先秦以篆體所寫的典籍，東漢也常用此名詞，所指的與西漢無異。『古學』則是由劉歆們所發展出來的觀念，指的是被博士們所排斥的一組經典。」〔註34〕90 年代以來，隨著「國學熱」逐漸興起，新一代學人重又開始探討兩漢經學問題。例如章權才的《兩漢經學史》，〔註35〕王葆玄《今古文經新論》〔註36〕等，另有一些論文，如高明：《從出土簡帛經書談漢代的今古文學》（《考古與文物》，1997 年第 6 期）；劉黎明：《再論今文經與古文經的區分標準》（《天府新論》，2000 年第 2 期）；惠吉興：《漢代經今古文之爭新探》（《人文雜誌》，2004 年第 2 期）；等等。但是，總體來說，除了提供一些新的材料、證據，新一代學人的研究並不能從

〔註30〕錢穆：《兩漢經學今古文平議·自序》，頁 7，北京：商務印書館，2001 年。
〔註31〕顧頡剛：《序》(1954 年 12 月)，《秦漢的方士與儒生》，上海古籍出版社，1998年，頁 4。
〔註32〕錢玄同：《錢玄同文集（第四卷）》，頁 211，人民大學出版社，1999 年。
〔註33〕侯外廬：《中國思想通史》，頁 327，人民出版社，1957 年。
〔註34〕徐復觀：《徐復觀論經學史二種》，頁 161，上海書店出版社，2006 年。
〔註35〕廣東人民出版社，1990 年。
〔註36〕中國社會科學出版社，1997 年。

整體上超越民國學者的規模氣象。更有一些穿鑿新奇之論，如王葆玄認爲：今文經是漢武帝元朔五年「置寫書之官」開始隸寫的經書傳本，古文經乃是官方隸定本所遺漏的。此說從《漢書·藝文志》中的一句「於是建藏書之策，置寫書之官」立論，論證中又多閉門想像之詞。因此，此觀點雖能一時新人耳目，但終歸不能令人信服。〔註37〕

綜上所述，自廖平開始思考經今古文區別以來，學者們百餘年的研究基本上達成瞭如下認識：漢代的今、古文經雖然得名於書寫文字之別，但兩者的區別卻並不主要在於文字，而在於經說和學問形態。與立於學官、有師法傳授和完備章句的今文經學不同，古文經學是以被博士官方排斥的一組經典爲基礎發展起來的，在爭取立於官學的過程中逐漸形成了自己的學術特色，例如不重師說章句而重視以訓詁、考據求大義（當然，古文經在後漢的發展過程中也逐漸有了章句），等等。對於今、古文經之間的關係，前輩學者對兩者的對立和區別已經有了充分的論述，並注意到了其與政治、利祿的關聯。這些認識爲進一步討論漢代的今、古文經學打下了堅實的基礎。筆者接著要做的是，在充分考慮今、古文經對立和鬥爭的基礎上，挖掘出兩者之間的相互吸納和動態融合的關係。因爲縱觀兩漢經學發展，古文經學爲了爭取官學認可，積極向當時作爲典範的今文經學靠攏，並進一步論證其可以補充今文經學的獨特價值；而今文經爲了保持自身的優勢地位，就要對古文經的挑戰作出回應，暗自吸納古文經學的論題，結果是促進了自身的變革。這種動態地互動和吸收極爲深刻地影響了經學走向及其學術品格，如果忽視了就不可能眞正瞭解「漢代學術眞相」。李學勤先生已經注意到兩者並非截然分明、處處對立，並呼籲「有必要重新考慮考慮漢代經學今文爲一大派，古文爲另一大派的觀點」。但還衹是初步倡議，沒有深入到經義解說的內部。筆者擬先通過梳理幾次今古文經的論爭過程作一初步補充論述，然後再選取東漢的《春秋》學爲例分析今古文之間既鬥爭又融合的複雜的互動關係。

二、面向權力的今古文經學論爭

經今古文之爭，終漢之世，共有四次。下面依據順序逐一論述，以見出

〔註37〕其實，今文經的隸化是陸續完成的，決非武帝時期由官方統一完成。參見沈文倬：《從漢初今文經的形成說到兩漢今文〈禮〉的傳授》，收入《宗周禮樂文明考論》（增補本），頁 231～274，浙江大學出版社，2006 年。

每次論爭的出發點、爭論焦點以及論爭的方式，並分析其對經學的影響。

（一）西漢哀帝時劉歆爭立古文經

劉歆爭立古文經的契機，來自於他校理中秘書籍時發現的幾部古文經典：《左氏春秋》、《逸禮》、《古文尚書》。其中最爲劉歆推重的是《左氏春秋》，他認爲《左傳》的作者左丘明親見孔子，好惡與聖人相同，與《公羊》、《穀梁》的作者作爲後傳弟子相比，顯然更能夠傳達聖人的眞實意旨。劉歆與作爲一代鴻儒的父親劉向辯論，習《穀梁傳》的劉向對《左傳》往往「不能非間也」。因此，劉歆對所請立諸經的學術價值信心十足。

劉歆請立古文經的提議得到了哀帝的許可，但依據當時的慣例，「令歆與五經博士講論其義」。結果，劉歆遭到了「諸博士或不肯置對」的消極對抗。自武帝改革博士制度以來，雖然博士的人數大大減少，但是每一經都由專門的博士典司，博士的權威大大提高，「他對自己代表的經所作的解釋即成爲權威的解釋，並且自然演進爲『經的法定權威地位』，實際成爲博士們所作解釋的法定權威地位」〔註38〕。宣帝欲立《穀梁》，以帝王之尊而煞費苦心，原因正在於其對《公羊》博士及整個博士們法定權威的挑戰。劉歆的支持者哀帝雖然認可古文經的價值，但缺乏宣帝爲尊揚衛太子決意要立《穀梁傳》的堅定，大臣孔光等都不願參與，只有房鳳等幾個校理秘書的同事支持。因此，「多遭非難，固宜」。〔註39〕諸博士爲何拒絕討論呢？大抵五經博士對這些文獻不夠熟悉，擔心在爭論中露怯，索性以退爲進，不去置對。再者，武帝立五經博士後，經書逐漸成了利祿之源，所謂「遺子黃金滿籝，不如一經」，「經術苟明，其取青紫如俯拾地芥耳」是也。儒者既懷利祿私心，當然要盡力維護所習經書的神聖與尊嚴，因而也就不能容忍正常的學術商榷，更勿論客觀地承認其他文獻的價值了。

劉歆當然不甘心失敗，在慷慨悲壯的弘道精神鼓舞下，他發表了著名的《讓太常博士書》。在這篇文章裏，劉歆剖露心跡，反覆申明古文經的價值及爭立的原因：

1. 古文經的載道價值

劉歆在文章裏首先感歎神聖崇高的大道實際上極容易破損毀滅：周室衰

〔註38〕徐復觀：《徐復觀論經學史二種》，頁61，上海書店出版社，2006年。

〔註39〕錢穆：《劉向、歆父子年譜》，《兩漢經學今古文平議》，頁26，商務印書館，2001年。

微，禮樂不正；孔子序六經，「夫子沒而微言絕，七十子終而大義乖」；後來戰國孫吳之術興、暴秦燔經書，大道幾乎被毀裂殆盡。在劉歆看來，大道是人類社會的終極真理和神聖法則，因唐虞三代歷聖相傳而光輝燦爛、正確無比，因而每一個社會成員都有責任維護道統，儒生更是義不容辭。但是，在文獻散佚的情況下，弘道又是一項極為艱難辛苦的事業。漢初在一片荒蕪中重建道統，篳路藍縷，殘經斷簡亦彌加珍貴，「諸子傳說，猶廣立於學官，為置博士」。學者更是白手起家、艱難拓荒，「一人不能獨盡其經，或為《雅》，或為《頌》，相合而成。《泰誓》後得，博士集而讀之」。在這種情況下，因魯恭王壞孔子宅等因緣際會，發現了幾部比傳世文獻更完整更正確、且「皆有證驗，外內相應」的古文經典，能夠補大道之裂闕、傳聖人之真意，無疑璨若珠寶，價值不容輕估。劉歆在文中竭力證明的是古文經典與立於學官的經典同類，絕無標榜另一學派之意。根據《漢書·五行志》所保存的劉歆用《左傳》來說災異的內容，知其治經路徑與今文經學家亦無二致。按照劉歆的邏輯，既然古文經典與今文經典一樣承載了神聖的微言大道，它理應被立於學官，供儒生講習，嘉惠學林。退一步講，禮失猶求之於野，「古文不猶愈於野乎」？

2. 古文經的改革學風之用

除了文獻的載道價值外，劉歆認為當時的學術發展情況也迫切需要立這些古文經典於學官。因為不健康的學風瀰漫於儒林，例如繁瑣不思：「不思廢絕之闕，苟因陋就寡，分文析字，煩言碎辭，學者罷老且不能究其一藝。」這是章句之學興起後對學術造成的傷害，桓譚《新論》載「秦近君能說《堯典》，篇目兩字之誼至十餘萬言；但說『曰若稽古』，三萬言」。經學發展至此，已經繁瑣的讓人無法忍受，必須有以改之。《左傳》等書僅在民間流傳，尚未熏上此等惡習，應當說是提供了改革學風的最佳範本。再如當時經生迷信師說權威，「信口說而背傳記，是末師而非往古」。師法、家法原是漢初口授經典的自然產物，漸漸地與經師的聲望權威連接到了一起，於是師之所是弟子不敢為非，經生後學不敢與師法有出入。這種「雷同相從，隨聲是非」的惡習最不利於學術發展，因為經師個人的權威高過了大道之真。而古文經典作為客觀的文字記載，顯然比經生口說更加客觀。劉歆追尋「道真」的呼籲強烈影響了日後古文經學的學術興趣。與今文經學根據致用目的隨意發揮的學術風格不同，古文經學更重視學術化的研究。

3. 古文經的禮制資源

劉歆最痛心的是儒林的鄙陋之風嚴重地損害了經學的有效性，其中表現最明顯的是儒生在本應當大顯身手的製禮作樂方面卻捉襟見肘，「至於國家將有大事，若立辟雍、封禪、巡狩之儀，則幽冥而莫知其原」。儒家最重禮樂，然而漢儒卻不能建一代之禮樂。例如封禪，漢武帝原把封禪之禮交給了儒生，《漢書‧藝文志》所著錄的《古封禪群祀》22 篇，《封禪議對》19 篇，《漢封禪群祀》36 篇，就是他們討論封禪禮儀的文獻。然而，封禪「用希曠絕，莫知其儀禮」，「群儒既已不能辨明封禪事，又拘於《詩》、《書》古文而不敢騁」，儒生們遲遲不能拿出封禪禮儀方案。最後武帝採取倪寬建議，自己製定了封禪禮儀。這個事件不可避免地損害了儒學和儒生階層的權威。從劉歆的這些話也可看出，雖然大道涵天蓋地、無所不包，但他與西漢元成以來的儒生如韋玄成、匡衡等人一樣，最關注的是國家禮制建設，這是時代文化氛圍對劉歆知識興趣的重要影響。在儒家話語裏，禮樂向來與太平王道、教化風俗等眾多神聖崇高的理想聯繫在一起，具有非凡的意義。也因此，漢儒普遍堅信製禮作樂是大道在人間實現的重要途徑，是他們理應關注的文化焦點和重要使命。

劉歆在這篇文章裏也曾試圖剋制自己的憤激情緒，來緩和與太常博士的對抗局面。例如，他提到了前代帝王增立經書的做法，企圖憑藉先前慣例來稀釋增立古文經典的難度，表明這不過是一次平常的廣立道術的行為。但是出於弘道的虔誠和大道被抑損的憤怒，劉歆的剋制顯然沒有奏效，整篇文章的感情基調鋒芒畢露、激越切直。他不止一次地批評太常博士的愚陋，「保殘守缺，挾恐見破之私意，而無從善服義之公心，或懷妒嫉，不考情實，……以《尚書》為備，謂《左氏》不傳《春秋》，豈不哀哉！」甚至還借帝王的權力暗示威脅之意：「若必專己守殘，黨同門，妒道真，違明詔，失聖意，以陷於文吏之議，甚為二三君子不取也」。這表明，經今古文之爭從一開始，就不是純粹的學術之爭，而是與政治、權力不可避免地糾結到了一起，此為專制社會中學術發展的常態。

劉歆的這篇文章如死寂中的一聲炸雷，激起了儒林的強烈反應和排斥情緒，原本的學術論爭一變而為意氣之爭。「諸儒皆怨恨」，名儒龔勝感到深受羞辱，以辭官要脅皇上；師丹憤怒上書，彈劾劉歆改亂舊章，非毀先帝所立諸經。劉歆為他的銳利鋒芒付出了慘重的代價，「為眾儒所訕，懼誅，求出補吏」，徙為河內太守。後來，深於世故的賈逵在上章帝的奏疏中批評劉歆：「不

先暴論大義，而輕移太常，恃其義長，詆挫諸儒，……從是攻擊《左氏》，遂爲重仇。」(《後漢書・賈逵傳》)

　　總體來看，這次論爭限於太常博士對古文經的瞭解程度，沒有進入到學術義理層面，僅僅糾纏於基本史實的澄清和宣告，例如今文經是否完備，《左傳》是否傳《春秋》等等，而且很快轉爲意氣之爭。但是，古文經典畢竟由此開始引起了學界的注意，並且被越來越多不滿於當時學風的通儒傳習，爲其在後漢蓬勃發展奠定了基礎。

　　隨著王莽當政及建立新朝，古文經學被立於學官。經今古文之爭暫告一段落。

（二）東漢光武帝時韓歆、陳元（古）與范升（今）之爭

　　古文經學因爲曾被王莽所立的緣故，等到光武帝重建博士制度時，一概被擯棄。但是古文經學在劉歆之後畢竟得到了很大的發展，例如光武手下的大將馮異、寇恂等，都曾通習《左傳》；通儒解經之作更是大量湧現，例如賈徽作《左氏條例》二十一篇；衛宏爲《古文尚書》做《訓旨》；等。因此，韓歆上疏「欲爲《費氏易》、《左氏春秋》立博士」(《後漢書・范升傳》)，由此引發了經今古文的第二次爭論。

　　范升站在今文經學的立場，提出了反對古文經立於官學的理由：「《左氏》不祖孔子，而出於丘明，師徒相傳，又無其人，且非先帝所存，無因得立。」「《左氏》不祖孔子」是哀帝時太常博士論調之重彈，又加上了古文經無師法、非先帝所存兩個理由。顯然，在今文經學家看來，可靠的師法源流是保障「道眞」的重要手段，這不同於古文經學家從文本出發探尋大道的學術態度，曾被劉歆非之爲「信口說而背傳記」。先帝慣例也是范升的重要論據，後來他又在奏疏中對此作了充分地發揮：「臣聞主不稽古，無以承天；臣不述舊，無以奉君。……情存博聞，故異端競進。……如令《左氏》、《費氏》得置博士，《高氏》、《騶》、《夾》，《五經》奇異，並復求立，各有所執，乖戾分爭。從之則失道，不從則失人，將恐陛下必有猒倦之聽。……願陛下疑先帝之所疑，信先帝之所信，以示反本，明不專已。」(《後漢書・范升傳》)這是完全站在權力立場的言論，不僅對帝王心理有著細緻入微的揣度懸想，而且還從帝王的角度提出了處理此事的策略：遵從先帝舊例，明不自專，排斥古文異端不急之務。在這裡，帝王合適地處理韓歆之請求是關鍵，至於學術健康發展則是次要的。

范升又奏《左氏》之失凡十四事,「及《左氏春秋》不可錄三十一事」。這與經今古文第一次論爭比起來,討論深入到了經義內部,有了較多的學術色彩。不通其學,豈能指出《左氏》之失?與哀帝時太常博士的「不誦」相比,這意味著古文經學的發展。但是,經學家的學術趣味是狹隘的,當問難者提出太史公多引《左氏》已證明古文經的價值時,范升立即提出反駁:「太史公違戾《五經》,謬孔子言。」這完全是固陋自私、扼殺學術的評判。范升所奏的「《左氏》之失」、「及《左氏春秋》不可錄」,今已不能知其詳了,但是從他對太史公的態度推測,想必是摘出了《左氏》不符合君主專制的地方。

古文經學家陳元聽到了范升對《左氏》的批評意見,詣闕上疏申訴。陳元除了重申當年劉歆堅持的左氏親受孔子外,還批評范升所言四十五事,「前後相違,皆斷截小文,媟黷微辭,以年數小差,掇為巨謬,遺脫纖微,指為大尤,抉瑕摘釁,掩其弘美,所謂『小辯破言,小言破道』者也」(《後漢書·陳元傳》)。當范升又提到帝王應當因襲前代學制時,陳元用激烈的言辭地批評了其鄙陋,並舉出宣帝立《穀梁》的前例,證明「先帝後帝各有所立,不必其相因也」。陳元最後還以身家性命擔保,希望能夠「理丘明之宿怨」,表現出了絕對的自信和無畏的勇氣。

經過十餘次激烈艱難的論戰,《左氏》學者終於博得了光武的同情,被立為官學。但是,這一成果沒有保持多久,隨著博士李封病卒,《左氏》再次被廢。原因在上一章已說過,就是賈逵說的「二家先師不曉圖讖」。這次爭論雖然有了學術意味,但因為古文家沒有與後漢意識形態——讖緯緊密聯繫起來,單純的義理討論無法引起帝王更多的興趣,所以古文經學家的努力成果很快夭折。

(三)東漢章帝時賈逵(古)、李育(今)之爭

為《左氏》爭地位的任務歷史性地落到了賈逵身上。賈逵堪稱當時的通儒,「弱冠能誦《左氏傳》及《五經》本文,以《大夏侯尚書》教授,雖為古學,兼通五家《穀梁》之說」(《後漢書·賈逵傳》)。但是,僅有淵博深厚的經學修養是不夠的。賈逵之所以能夠比劉歆、陳元更出色地完成任務,關鍵在於他驚人地洞悉了權力者的學術趣味。史載賈逵「自為兒童,常在太學,不通人間事」,但是這個不通世俗人情的人物在論述《左氏》優長時,卻處處愜於權力的需要:

臣謹摘出《左氏》三十事尤著明者，斯皆君臣之正義，父子之紀綱。其餘同《公羊》者什有七八，或文簡小異，無害大體。至如祭仲、紀季、伍子胥、叔術之屬，《左氏》義深於君父，《公羊》多任於權變。

今《左氏》崇君父，卑臣子，彊幹弱枝，勸善戒惡，至明至切，至直至順。（《後漢書·賈逵傳》）

實際上，三傳雖同為解經之作，在解釋《春秋》大義方面有諸多相通之處。但正如朱熹所云：「《左氏》是史學，《公》、《穀》是經學。史學者，記得事卻詳，於道理上便差；經學者，於義理上有功，然記事多誤。」（《朱子語類》）這其中雖有理學家的偏見，但確實道出了《左氏》與《公》、《穀》的不同體裁在解釋大義上的區別。在思想傾向上，《左氏》最引人注目的是重「禮」，「禮」的內涵主要有民本、敬賢等，也尊王重名分，但決沒有《公》、《穀》那樣敏感和強調。例如《左傳》的「凡例」中有這麼一條：「凡弒君稱君，君無道也；稱臣，臣之罪也。」（《左傳》「宣公四年」）說明在左氏的時代，君臣關係還沒有絕對化，社會還允許對「弒君」事件做些客觀道義上的分析。而《公羊傳》在解說《春秋》的時候，表現出了強烈的大一統尊王意識，「處處把天子與諸侯嚴格地區分開來，處處突出天子的至高無上的地位，突出天子與諸侯之間的君臣名分」。〔註40〕這一點，在漢代《公羊》學的發展過程中，又得到了發揮和強調。例如群臣奏疏中，引用《公羊》義的有：「《春秋》之義，用貴治賤，不以卑臨尊」（《漢書·朱博傳》）；「《春秋》之義，奸以事君，常刑不捨」（《漢書·朱博傳》）；「《春秋》之義，王人微者序乎諸侯之上，尊王命也」（《漢書·翟方進傳》）；「《春秋》之義，諸侯不得專地，所以壹統尊法制也」（《漢書·匡衡傳》）等等。這裡的《春秋》，都指的是《公羊》義。賈逵不顧《左傳》、《公羊》的實際思想傾向，努力發揮《左氏》「崇君父」的一面，藉以攻擊《公羊》的「權變」，其用心不過在於向權力諂媚罷了。《左傳》經過賈逵的解讀，其中引人注目的民本、任賢思想被掩蓋了，而被扭曲為君主專制服務的意識形態。

至於賈逵所舉的「《左氏》義深於君父」之四例〔註41〕，第一例是桓公十一年祭仲被宋人挾持扶立鄭昭公事，《公羊》固然熱情洋溢地讚美了祭仲行

〔註40〕趙伯雄：《春秋學史》，頁 41，山東教育出版社，2004 年。
〔註41〕趙伯雄《春秋學史》頁 193～195 有詳細梳理，本書不再過多重複。

權，「古人之有權者，祭仲之權是也」。但《左傳》也祇是客觀記事，並沒有明確譴責祭仲迫於外國壓力而改換國君的行爲。第二例是指莊公四年紀季在齊國的壓力下屈服於齊國，《公羊》把齊國攻打紀國說成是爲齊哀公復仇的行爲，因此肯定了紀季服罪的態度。《左傳》也僅爲客觀紀事，沒有譴責紀季不深於君父；第三例是定公四年伍子胥爲父復仇事，《左傳》在記敘過程中，流露出一點讚賞之意，《公羊》也認可這種爲父親無罪而死所作的復仇，並沒有不深於父。僅有第四例，昭公三十一年，「黑肱以濫來奔」，《左傳》明確表示了譴責之意，「賤而書名，重地故也」。《公羊》迂曲地把黑肱解釋爲叔朮的後人，因爲叔朮曾有讓國之賢，「賢者子孫宜有地」，所以經中書寫了地名。兩者相較，此條《左傳》比《公羊》顯得「義深於君父」。總結四例可以看出，賈逵爲給《左氏》爭地位，並沒有客觀評論其學術價值，而大部分是無中生有，甚至滅裂文字，斷章取義，以突出其「義深於君父」。皮錫瑞譏其「以己所附益之義爲《左氏》義，以難《公羊》，上欺其君，而下欺後世」〔註42〕，良有以也。

不僅如此，賈逵更積極地將《左氏》納入到國家神話的建構當中：「《五經》家皆無以證圖讖明劉氏爲堯後者，而《左氏》獨有明文。《五經》家皆言顓頊代黃帝，而堯不得爲火德。《左氏》以爲少昊代黃帝，即圖讖所謂帝宣也。如令堯不得爲火，則漢不得爲赤。」（《後漢書・賈逵傳》）前面說過，「堯後火德」是「王命論」中的重要命題，也是後漢帝王構建「王聖」意識形態的重要基礎。賈逵提出五經中唯《左氏》可以證明讖緯中劉氏爲堯後的說法，使《左氏》不再僅僅關係著古文經學的興衰，更關係到國家意識形態的基礎和後漢帝王神聖譜姓的經學依據。這無疑強有力地突出了《左氏》價值，提高了其對權力者的吸引力。光武時《左氏》、《穀梁》先師「不曉圖讖，故令中道而廢」。賈逵懲於前創，深知帝王醉心讖緯，因此他的選擇就是牽合《左氏》之大義與讖緯，附合權力。賈逵之前，鄭眾亦作「《長義》十九條十七事，專論《公羊》之短，《左氏》之長」，「但不與讖合，帝王不信」（徐彥：《春秋公羊注疏・序疏》）。賈逵卻能夠一言而定《左氏》之優勝，其中關鍵，正如唐晏所云：「《左氏》之立學官，劉歆倡之而不能成，韓歆爭之而不可得，乃以賈逵一言而定。而究其所以定，則圖讖之力也。」〔註43〕

〔註42〕皮錫瑞：《經學通論》，第四卷，頁39，中華書局，1954年。

〔註43〕唐晏《兩漢三國學案》，頁458，中華書局1986年。

　　史載今文經學家李育在白虎觀會議上，「以《公羊》義難賈逵，往返皆有理證，最爲通儒」（《後漢書・儒林傳》）。但是，史料已佚，今人已難知當時賈逵和李育爭論的具體情況了。金德建曾根據史料記載，認爲「李育之說必存於今《白虎通義》中無疑。而李育之《大義》，據《後漢書・何休傳》所云，實爲何休《解詁》之所追本。則《通義》之說《公羊》，凡同於何休《解詁》者，謂即出於李育所說，恐亦甚當」，〔註44〕於是作了《李育公羊義四十一事輯證》。但是金德建此論祇是推測，而且在論證過程中多有牽合之處，因此很難說是當時爭論的眞實情況。

　　賈逵的曲學阿世使《左氏》取得了空前的勝利，「書奏，帝嘉之，賜布五百匹，衣一襲，令逵自選《公羊》嚴、顏諸生高才者二十人，教以《左氏》，與簡紙經傳各一通」（《後漢書・賈逵傳》）。之後，古文經的勢力越來越大，「研習《左傳》的學者越來越多，朝廷論政，引用《左傳》者更爲常見；而今文派的《公羊》，雖然仍有人學習，其勢力已是大不如前了」。〔註45〕但這個勝利是靠著經學家希世媚寵達到的，其爲《左氏》之幸耶？不幸耶？當經學家不惜扭曲學術的本身形態以諂媚權力時，經學還如何能夠保持其神聖超越的學術品格？

　　（四）東漢桓靈間何休（今）與鄭玄（古）之爭

　　何休與鄭玄爭論《春秋》三傳的時候，漢帝國大一統政權已趨於崩潰，無暇再顧及意識形態領域的諸問題，而且古文經學已經得到普及，不再涉及到爭立於學官的問題。因此，這次爭論受到權力的干擾最小，經義之爭的學術性表現的最爲突出。〔註46〕但是，這並不等於說國家意識形態不再影響學術發展，因爲何休對《公羊》的闡釋方向、問題意識在很大程度上是賈逵、李育之爭的延續。《後漢書・儒林傳》載，何休「與其師博士羊弼追述李育義，以難二傳，作《公羊墨守》、《左氏膏肓》、《穀梁廢疾》」。在這種立場下，當初「《左氏》義深於君父，《公羊》多任於權變」的論題不能不影響到何休《公羊》學的面貌。臺灣張廣慶先生作有《從〈春秋公羊解詁〉看何休對賈逵的反駁》一文〔註47〕，詳細論述了此問題。從何休對賈逵的回應，也可看出古

────────────

〔註44〕金德建：《古籍叢考》，頁114，香港中華書局，1986年。

〔註45〕趙伯雄：《春秋學史》，頁198，山東教育出版社，2004年。

〔註46〕參見鄧積意：《經義之爭的立場與邏輯──以何休、鄭玄之分爲例》，《中國文化》，第二十二期。

〔註47〕收入劉小楓、陳少明主編：《經典與解釋，七：赫爾墨斯的計謀》，華夏出版社，2005年。

文經要求立於學官的爭論對今文經學的影響，及對整個經學品格的塑造作用。筆者擬在下一節作詳細論述，此處從略。

鄭玄對何休的反駁主要是從經義的準確理解、論述的邏輯、名物典制的訓詁解釋等方面進行的，其《針膏肓》、《發墨守》、《起廢疾》，令休見而歎曰：「康成入吾室，操吾矛以伐我乎！」（《後漢書·鄭玄傳》）對於鄭玄來說，經學疏離了與現實政治的緊密聯繫，幾近於純粹的學術，例如他可以從史的角度去論《春秋》：「《春秋》者，國史所記人君動作之事。左史所記為《春秋》，右史所記為《尚書》。」（《公羊傳序》徐彥疏引《六藝論》）也因這種學術的態度，鄭玄注經可以雜採今古，也可以持心平正地討論三傳特色：「《左氏》善於禮，《公羊》善於讖，《穀梁》善於經。」（《穀梁序疏》引《六藝論》）這與董仲舒等人的以《春秋》當百世王法的態度差別甚大，實際上也意味著漢代經學的終結。

綜上所述，漢代今古文經學論爭由最初的「輔立微學，以廣異義」，變成了後來的「深於君父」之爭。在經學向權力積極靠近的過程中，國家意識形態深深地影響了其發展方向，並最終把它變成了意識形態的附庸。古文經學靠著諂媚權力爭取到了學術地位，這一點不僅影響到了其學術品格，也對今文經學產生了重要的反作用。這不僅在幾次論爭過程中有體現，更具體地表現在了經義的闡釋中，例如《春秋》學。這是我們下節要討論的內容。

第二節　今古文經學論爭中的東漢《春秋》學

皮錫瑞說：「漢今古文家相攻擊，始於《左氏》、《公羊》，而今古文家相攻若仇，亦惟《左氏》、《公羊》為甚。四家《易》之於《費氏易》，三家《尚書》之於《古文尚書》，三家《詩》之於《毛詩》，雖不並行，未聞其相攻擊。（漢博士惟以《尚書》為備，亦未嘗攻古文。）惟劉歆請立《左氏》，則博士以左丘明不傳《春秋》抵之。……各經皆有今古文之分，未有相攻若此之甚者。」〔註48〕《春秋》學為今古文爭論的中心，其經義解說最易被兩派各自牽扯到有利於維護其權威的方向，從而最明顯地體現了今古文爭論下經學的發展態勢。而在專制社會，學術的權威只能來自於帝王的喜好、支持及弘揚，這往往需要學者向帝王證明其學問有利於王權統治或國家久安。因而，《春秋》

〔註48〕皮錫瑞：《經學通論》，第四卷，頁 51，中華書局，1954 年。

學在東漢今古文之爭勢如水火的時候，最明顯地被打上了意識形態的痕跡。本節擬選取賈逵的《左傳》學和何休的《公羊解詁》來分析今古文論爭下的經學變遷，著重分析其與國家意識形態的關聯。

一、賈逵之《左氏》學

賈逵的《左傳》學上承劉歆、賈徽等人而來，又下啓服虔、許淑、潁容等人，爲《左傳》成爲顯學奠定了堅實的學術基礎，也最鮮明地體現了東漢中期古文經學的學術風貌。賈逵的《春秋左傳注》已佚，但清人鉤沈索隱，輯出數百條，頗可窺見一斑。本書所引賈逵的《春秋左傳注》，均出於清人李貽德的《春秋左氏傳賈服注輯述》〔註49〕或臧壽恭的《左氏古義》，〔註50〕爲節省篇幅，如不需要特別說明，均以經文條目係之，不再特別出注。

（一）賈逵《左氏》學是經學而非史學

廖平和周予同在判分今、古文經學時，都說古文是史學，今文是經學。然而，證之以賈逵的《春秋左傳注》，知其不然。「經史體例所以異者，史是據事直書，不立褒貶，是非自見。經是必借褒貶是非，以定制立法，爲百王不易之常經。」〔註51〕今人多青睞《左傳》敘事之工、文采之富，贊其爲史學傑作。但對於賈逵等人來說，稱其爲「史」顯然是不夠的，他們認爲《左傳》是解釋《春秋》的「微言大義」之作，應當被崇立於學官。劉歆激憤於太常博士的「左氏不傳《春秋》」說，因此，引傳文以解經，重在抉發其傳達的聖人意旨。賈逵更是要證明《左氏》在「大義」上要優於《公》、《穀》，從經學的角度去詮釋《左氏》。

1. 賈逵的《春秋》觀

> 賈曰：「取法陰陽之中，春爲陽中，萬物以生，秋爲陰中，萬物以成，欲使人君動作不失中也。」（《春秋序》正義引）

案：賈逵此語本諸劉歆，《漢書·律曆志》云：「向子歆察其微眇，做三統曆及譜以說《春秋》，推法密要，故述焉。夫歷春秋者天時也，列人事而目（因）

〔註49〕《續修四庫全書》，第 125 冊，影印浙江圖書館藏清同治五年朱蘭刻本，上海古籍出版社，2002 年。

〔註50〕《續修四庫全書》，第 125 冊，影印北京圖書館藏清勞氏丹鉛精舍抄本，上海古籍出版社，2002 年。

〔註51〕皮錫瑞：《經學通論》，第四卷，頁 2，中華書局，1954 年。

以天時。傳曰：『民受天地之中以生，所謂命也。是故有禮誼動作威儀之則以定命也，能者養以之福，不能者敗以取禍。』故列十二公二百四十二年之事，以陰陽之中制其禮。故春爲陽中，萬物以生；秋爲陰中，萬物以成。」這段話典型體現了西漢儒生的經學思維方式：將經典上推至宇宙法則、人間社會必須遵循的律令，經典中的字字句句都隱含著神秘莊嚴的意味。賈逵對《春秋》題名解釋之因襲，表明了其對《春秋》的基本態度是經學。徐彥《春秋公羊疏》中提到了賈逵對「春秋」的解釋，並云「《公羊》何氏與賈、服不異，亦以爲欲使人君動作不失中也」，說明賈逵與《公羊》學的《春秋》觀念一致。由此觀念出發，賈逵不可能像杜預那樣把《春秋》解爲「魯史記之名」，從史學方面闡釋《左傳》，而是像《公》、《穀》一樣重視神聖法則的闡釋。

> 賈曰：「孔子覽史記，就是非之說，立素王之法。」（《春秋序》正義
> 引）

案：「素王」是《公羊》學提出的概念，表達了儒生的道統理想。賈逵尊孔子爲素王，也與今文經學一致。「素王」一說，使《春秋》具有了神聖色彩，爲其穿鑿尋求《左傳》中的「是非之說」提供了依據。後來廖平、周予同等人認爲，古文經學尊周公，把孔子當作先師，但那是杜預的看法，並不符合古文家賈逵的觀念。

> 賈曰：「孔子自衛返魯，考正禮樂，修《春秋》，約以《周禮》。三年
> 文成致麟，麟感而至，取龍爲水物，故以爲修母致子之應」（哀公十
> 四年「春，西狩獲麟」條）

案：《公羊》學認爲孔子因獲麟而修春秋，如何休注經云：「《春秋》何以始乎隱？曰：據得麟乃作。」司馬遷接受了《公羊》學的說法，在《孔子世家》中演繹了這一傳說：「魯哀公十四年春，狩大野，叔孫氏車子鉏商獲獸，以爲不祥。仲尼視之，曰：『麟也。』取之。曰：『河不出圖，洛不出書，吾已矣夫！』……子曰：『弗乎弗乎，君子病沒世而名不稱焉，吾道不行矣，吾何以自見於後世哉？』乃因史記作《春秋》。」在這種說法中，「獲麟」意味著孔道不行。絕望之餘，孔子才將大道寄之於空文，創立素王大法，爲後聖立制。「獲麟」是孔子製作《春秋》的契機，充滿了大道湮滅的悲劇意義。之後，讖緯附會推演，把「獲麟」變爲「孔爲赤制」中重要組成部分，〔註52〕構成

〔註52〕參見第二章第一節。

了一個神秘怪誕的政治神話。

　　賈逵認爲孔子作《春秋》，「文成致麟」，「獲麟」成了製作《春秋》的效果，而不再是製作之契機。其中「修母致子」又當何解？李貽德釋云：「昭二十九年《傳》：『龍，水物也。水官棄矣，故龍不生得。』《正義》曰：『漢氏先儒說《左氏》者，皆以五靈配五方，龍屬木，鳳屬火，麟屬土，白虎屬金，神龜屬水。其五行之次，木生火，火生土，土生金，金生水，水生木。王者修其母則致其子，水官修則龍至，木官修則鳳至，火官修則麟至，土官修則白虎至，金官修則神龜至。』此漢儒本《左氏說》義，推修木致子之法。……《漢書・天文志》曰：『東方春木，於人，五常，仁也；五事，貌也。南方夏火，禮也，視也。西方秋金，義也，言也。北方冬水，知也，聽也。中央季夏，土，信也，思心也。』若然，則視明禮修而麟至者，火修致土也。」〔註53〕也就是說，在漢儒五靈配五方的觀念中，麟屬土行，是火行之子。而火在人事上與禮相配，孔子修《春秋》是製作綱常禮教的行爲。根據修母致子的原理，《春秋》這種治禮行爲感致了靈獸麟的出現。

　　賈逵爲何將「獲麟」由孔子製作《春秋》的契機變爲效果呢？意在更加神化《春秋》而已。「麟」是眾所週知的帶有非凡意義的祥瑞，孔子完成《春秋》，麟爲之出現，可見《春秋》驚天動地的歷史意義。但與《公羊》學比起來，賈逵的「致麟」說不再具有「時之不用，道之不行」的悲愴色彩，而是《春秋》約以《周禮》之後的驚人結果。無形之中《春秋》已不再是批判現實、指向未來的大法了，而祇是神秘的製禮行爲。

　　但是還存在一個問題，《左傳》中還保存了獲麟之後的《春秋》經文，此與「文成致麟」不是矛盾麼？對此，賈逵解釋道：「此下弟子所記。」這一方面解決了經文與「致麟」說的矛盾之處，另一方面也抹平了《左傳》經文與《公》、《穀》經文止於「獲麟」之間的差異。

　　　賈曰：「魯君子左丘明作傳」　（《春秋序》正義引）

案：《春秋》在賈逵的闡釋之下，進一步莊嚴神秘化。那麼，《左傳》作爲魯君子左丘明傳《春秋》之作，當然也帶上了崇高的意味。因爲史料散佚，現在已經不清楚賈逵是怎樣具體論述《左傳》與《春秋》的關聯了。《正義》中提到杜預說：「子路欲使門人爲臣，孔子以爲欺天，而云仲尼素王，丘明素臣，

〔註53〕，李貽德：《左傳賈服注輯述》，《續修四庫全書》影印本，第 125 冊，頁 626，
　　　　上海古籍出版社，2002 年。

又非通論也。」未知「丘明素臣」之說是否出於賈逵？但是，聯繫當時的學術背景，聖化《左傳》應是賈逵進一步神化《春秋》之動因和目的。

　　2. 牽引《公》、《穀》解《左傳》

　　賈逵以通儒解《左傳》，其深厚的經學修養使其能夠左右采獲，豐富和提升《左傳》學。在今文經佔據官學地位的時代，賈逵沒有因其《左傳》立場就一味排斥今文經學，而是努力吸收今文經學資源，使《左氏》學迅速擺脫僅在民間流傳導致的樸陋，而趨於《公》、《穀》的學術形態。

　　賈逵注《左傳》採《公羊》的如：

　　　　襄公十九年傳：取邾田，自漷水，歸之於我。

　　　　賈曰：刺晉偏而魯貪。

案：賈氏此說，《正義》以爲采自《公羊》，《公羊傳》曰：「其言自漷水何？以漷爲竟也，何言乎以漷爲竟？漷移也。」何休注云：「魯本與邾婁以漷爲竟，漷移入邾婁界，魯隨而有之。諸侯土地，本有度數，不得隨水。隨水有之，當坐取邑，故云爾。」賈注採《公羊》說，使《左傳》敘事中蘊含的褒貶之義更加明確。

　　　　襄公二十三年傳：八月，叔孫豹率師就晉，次於雍榆，禮也。

　　　　賈曰：禮者，言其先救後次爲得禮也。

案：《正義》認爲此條賈逵亦采自《公羊》。《公羊傳》曰：「曷爲先言救後言次？先通君命也。」僖公元年齊師、宋師、曹師次於聶北救邢，《公羊傳》曰：「曷爲先言次而後言救？君也。」其意言君進止自由，故先次後救，臣則先通君命，故先救後次。賈氏採此以爲說，對禮製作了更明確的解釋。

　　　　文公三年傳：凡民逃其上曰潰，在上曰逃。

　　　　賈曰：舉國曰潰，一邑曰叛。

案：左氏無此義。《公羊》僖四年傳：「國曰潰，邑曰叛。」此爲賈逵所本也。

　　　　……

　　相比於《公羊》，賈逵採《穀梁》的更多。這是因爲《穀梁》在光武重建博士制度時，被擯落了官學地位，又成爲民間私學，與《左傳》成了學術聯盟。又因爲賈逵自己「兼通五家《穀梁》之說」，對《穀梁》傳說非常精通。賈注《左傳》採《穀梁》的如：

莊公八年經：春，王正月。師次於朗，以俟陳人、蔡人。

賈曰：陳蔡欲伐魯，故待之。

案：此條《左傳》無傳文可據。《穀梁傳》云：「治兵而陳蔡不至矣，兵事以嚴終，故曰善陣者不戰。」賈氏本之以說，補充了《左傳》的疏略。

僖公三年經：三年，春，王正月，不雨。夏，四月，不雨。

賈曰：歷時而言不雨，文不憂雨也。不憂雨者，無志于民也。言僖有憂民之志，故每時一書，文無憂民之志，是以歷時總書。

案：《正義》謂賈氏用《穀梁》說釋之，「文二年，自十有二月不雨，至於秋七月。十三年自正月不雨，至於秋七月，二者皆總書不雨，又不書得雨之月，與此年書不雨文異者，《穀梁傳》曰：『一時言不雨者，閔雨也。閔雨者，有志乎民者也。』六月雨，雨云者，喜雨也。喜雨者，有志乎民者也。文二年《傳》曰：『歷時而言不雨，文不憂雨也，不憂雨者，無志乎民也。』言僖有憂民之志，故每時一書，文無憂民之志，是以歷時總書。賈逵取以為說。」賈氏此解，將《左氏》無傳的地方附會上了牽強的意義。

昭公七年經：春，王正月，暨齊平。

賈曰：魯與齊平。

案：賈氏此說本之於《穀梁》之例：「以外及內曰暨。」與服虔、杜預等人「燕與齊平」的說法不同，《正義》認為亦可通。此為用《穀梁》來解史實。

昭公十二年經：晉伐鮮虞。

《正義》曰：「《穀梁傳》曰：『其曰晉，狄之也。不正其與夷狄交伐中國也，故狄稱之也。』賈、服取以為說。」

案：杜預解經文不書晉將帥，是因為「史闕文」。賈採用《穀梁》說，賦予了其貶晉之義。

成公十八年傳：諸侯納之曰歸。

賈曰：稱納者，內難之辭。

案：賈氏釋例本諸《穀梁》，並不符合《左傳》實際，因此遭到了杜預的批評。

〔註54〕

〔註54〕程南洲：《春秋左傳賈逵注與杜預注之比較研究》，頁93，臺北：文津出版社，

......

《公》、《穀》大義有許多相通之處，賈逵亦並用之，如：

> 襄公十六年經：戊寅，大夫盟。
>
> 賈曰：惡大夫專而君失權也。

案：《公羊傳》曰：「諸侯皆在是，其言大夫盟何？信在大夫也。何言乎信在大夫？徧刺天下之大夫也。曷爲徧刺天下之大夫？君若贅疣然。」《穀梁傳》曰：「溴梁之會，諸侯失正矣。諸侯會而曰大夫盟，正在大夫也。諸侯在而不曰諸侯之大夫，大夫不臣也。」賈本諸二傳爲文，使原來無傳的地方具有了尊君抑臣的「微言大義」。

> 昭公九年經：夏，四月，陳災。
>
> 賈曰：憫陳不與楚，故存陳而書之，言陳尚爲國也。

案：《公羊傳》曰：「陳已滅矣，其言陳火何？存陳也。」《穀梁傳》曰：「國曰災，邑曰火。火不志，此何以志？閔陳而存之也。」賈氏以之解經，「陳」不再僅是一簡單的地名，而是飽含了對被滅之國的悲憫和對楚的譴責感情。

> 定公五年經：夏，歸粟於蔡。
>
> 《正義》曰：《公羊傳》曰：「孰歸之？諸侯歸之。曷爲不言諸侯歸之？離至不可得而序，故言我也。」《穀梁》亦然。賈逵取彼爲說，云不書所會，後也。

案：此是以《公》《穀》豐富、補充《左傳》的史實。

......

賈逵對《公》、《穀》的吸收，不僅表現在對其具體條文大義的搬用上，更表現在對其解經方法的模倣上。例如，《公》、《穀》強調一字褒貶，書日不書日、書名氏與否等往往被附會上重大的意義，形成了所謂的「日月例」、「名氏例」。賈逵解《左傳》，也重視闡發各種「例」。例如「日月例」：

> △隱公元年經：九月，及宋人盟。
>
> 賈曰：盟載詳者書日月，易者日月略。
>
> △隱公三年經：八月庚辰，宋公和卒。
>
> 賈曰：日月詳者弔贈備，日月略者弔贈有闕。

1982年。

　　△莊公二十二年經：夏五月。

　　　　賈曰：若登臺而不視朔，則書時不書月。若視朔而不登臺，則書
　　　月不書時。若雖無事視朔登臺，則空書時月。

　　△昭公十年經：十有二月。

　　　　賈曰：無冬，刺不登臺視氣。

　　△昭公二十三年經：吳敗頓、胡、沈、蔡、陳、許之師于雞父

　　　　賈曰：泓之戰，譏宋襄，故書朔。鄢陵之戰，譏楚子，故書晦。
　　　雞父之戰，夷之故，不書晦，不國之。書師，惡其同役而不同心。
　　　　……

再如名氏例：

　　△桓公二年經：宋督弒其君。

　　　　賈曰：督有無君之心，故去氏。

　　△閔公二年傳：九月，夫人姜氏孫于邾。

　　　　賈曰：文姜殺夫罪重，故去姜氏。哀姜殺子罪輕，故不去姜氏。

　　△襄公二十年經：陳侯之弟黃出奔楚。

　　　　賈曰：稱名罪其偪。
　　　　……

綜上所述，賈逵在爭立《左傳》時，並不根據《左傳》本身的特點，弘揚其
以史實傳《春秋》的價值。而是依據立於官學或曾經立於官學的《公羊》、《穀
梁》之學術形態，扭曲《左氏》，掘發幽隱，使之具備豐富的「微言大義」。
何以要如此呢？杜預說：「諸儒溺於《公羊》、《穀梁》之說，橫爲《左氏》造
日月襃貶之例。……先世通儒而乖妄若此者，由於《左氏》與《公羊》、《穀
梁》闕闕者，謂《左氏》不傳《春秋》。」也就是，賈逵闡發各種條例大義是
爲證明《左傳》與《春秋》經的密切聯繫，與《公》、《穀》爭輝，從而贏得
官方和經生的認同。在這一過程中，《公》、《穀》作爲官方認可的壟斷性話語
霸權，深刻有力地滲入了《左氏》學。這不僅影響了《左氏》學的發展方向
和學術形態，同時也表明古文經與今文經密不可分的聯繫。

　　（二）賈逵《左氏》學「尊君卑臣」之闡釋方向

　　　前面提過，賈逵曾在章帝面前極力鼓吹《左氏》「義深於君父」，「崇君父，
卑臣子，強幹弱枝，勸善戒惡」，並以此攻擊《公羊》的「任於權變」。這一

點,不僅是硬貼在《左氏》上的標籤,而且還深刻地滲透到賈氏對經傳的解釋當中。臺灣程南洲先生在其著作《春秋左傳賈逵注與杜預注之比較研究》中,通過與杜預注數百條的比較,得出結論說:「賈氏詮釋經傳,多寓褒貶之旨,且申尊王攘夷之義。」〔註55〕下面,略舉犖犖大者以觀之:

> 桓公三年經:春正月

> 賈曰:不書王,弒君、易祊田、成宋亂,無王也。元年治桓,二年治督,十年正曹伯,十八年,終始治桓。

案:魯桓公,弟而弒兄、臣而弒君,即位後又做了一系列違背周王朝統治秩序的事情,如與鄭交換祊田;再如宋華督弒君後,桓公納其賄賂而認可事實,因此《春秋》中予以了激烈的批評。賈逵注《左傳》,不滿足於傳文敘事中自然流露出的貶斥態度,還從微言大義出發,抓住經文中不合常例的記載:桓公自元年、二年、十年、十八年,凡四年於春有王;九年春,無王無月;其餘十三年,雖春有月,而皆無王。他借用了《穀梁》桓公元年的說法:「桓無王,其曰王,何也?謹始也。其曰無王,何也?桓弟弒兄,臣弒君,天子不能定,諸侯不能救,百姓不能去,以為無王之道,遂可以至焉爾。元年有王,所以治桓也。」又益之以桓公目無王法的種種事實,對桓公僅四年有王的經文變異書寫予以解釋。賈逵將桓公與弒君之臣華督、以世子伉諸侯之禮的曹伯一併提起,強烈譴責了他們的不道行為,維護了王綱秩序的神聖性。

出於對大一統統治秩序的維護,賈逵堅決反對《公羊》學自董仲舒而來的「王魯」說。《公羊疏》引賈逵《左氏長義》云:「名不正則言不順,言不順則事不成。今隱公人臣,而虛稱以王。周天子見在上,而黜公侯。是非正名而言順也。」〔註56〕其實,董仲舒的「王魯」,義本假託,借「王魯」來尊崇《春秋》當一代素王制法,含有經生在現實王權前樹立起道統權威的意味。賈逵則完全站在現實王權的立場,不允許任何悖異於等級名分的行為,所以對「王魯」說極為隔膜和疏遠。

> 昭公八年經:蒐於紅

> 賈曰:蒐於紅,不言大者,言公失大權在三家也。

〔註55〕 程南洲:《春秋左傳賈逵注與杜預注之比較研究》,頁200,臺北:文津出版社,1982年。

〔註56〕 李學勤主編:《春秋公羊傳註疏》,頁3,北京大學出版社,1999年。

案：此條《左傳》解釋為：「秋，大蒐於紅，自根牟至於商、衛，革車千乘。」僅釋了大蒐禮的時間和規模，並無其他意義。《公羊》、《穀梁》此條也都沒有貶三家之義。賈逵出於尊君卑臣的立場，因經文沒有按通常慣例書為「大蒐」，便附會出一套公失權的意義。而昭公十一年，經書「大蒐於比蒲」，賈逵又釋曰：「書大者，言大眾盡在三家。」可見，無論經文書「大」或不書「大」，賈逵都解釋為貶斥三家之義。對這些注釋的明顯矛盾之處，李貽德注云：「以為蒐紅為蒐之始事，經書（不？）曰大，明君失權。此後即書大蒐，可證蒐之事出自三家。史為緣飾而書大，故不妨仍魯史舊文。……是以十二年大蒐於比蒲，賈復云書大者，言大眾盡在三家，義不相妨也。」〔註57〕雖可以勉強說得通，但不免牽強附會。究其實際，矛盾是因為在賈逵看來尊君卑臣是《春秋》最為神聖的大義，於是便竭力把此義貫注到本無深意的經文中，不惜破壞闡釋體系應有的一致性。此外，還有前面提到的「襄公十六年經：戊寅，大夫盟。」賈注曰：「惡大夫專而君失權也」，等等，也都表現出了尊君抑權臣的傾向。

與貶斥大臣專權相聯繫的是，賈逵極力批評《公羊》大臣可行權之說，例如，「隱公十一年九月，宋人執鄭祭仲」條，《公羊疏》引賈逵之《春秋左氏長義》云：「若令臣子得行，閉君臣之道，啓簒弒之路。」對行權以存社稷的紀季亦有貶斥之義：「紀季不能兄弟同心以存國，乃背兄歸讎，書以譏之。」（見《後漢書・賈逵傳》李賢注引）

賈逵注中還處處留心闡發子道，與尊君父的思想相表裏。例如：

> 桓公十三年經：公會紀侯、鄭伯。己巳，及齊侯、宋公、衛侯、燕人戰。

> 賈曰：衛惠公稱侯，譏其不稱子。

案：桓公十二年十一月，衛宣公晉卒，距此四個月。隱公元年《左傳》曰，諸侯五月而葬。故下經三月書葬衛宣公。此戰在三月，當時衛宣公尚未葬也，繼任諸侯應稱子。據此，賈逵認為經文不稱子而稱衛侯，是貶斥衛侯不守子道。類似的還有成公三年，「春王正月，公會晉侯宋公衛侯曹伯伐鄭」條，賈服以為書「宋公衛侯」，譏其不稱子。

〔註57〕 李貽德：《左傳賈服義輯述》，《續修四庫全書》第 125 冊，頁 565，上海古籍出版社，2002 年。

桓公十七年經：葬蔡桓侯。

賈曰：桓卒而季歸，無臣子之詞也。

案：案《春秋》慣例，諸侯葬，應當稱「公」，這裡卻稱「蔡桓侯」。賈逵認
為，這是因為桓卒三月而季始歸，是喪無主矣。喪無主，即無臣子也。

僖公二十五年經：公會衛子

賈以為：衛文公已葬，衛成公猶稱子者，明不失子道。

……

還需要補充的是，除了將《左氏》學牽扯向「崇君父，卑臣子」的國家意識
形態外，賈逵還積極在《左傳》的解釋當中構築出了劉氏出於堯後的神聖譜
系。昭公元年傳文「唐人是因以服事夏商」，賈逵注曰：「唐人謂陶唐氏之允，
劉累事夏帝孔甲，封於大夏，因實沈之國，子孫以服事商也。」傳文裏並沒
有提到劉累，但是賈逵極力編織出劉氏與唐堯的親戚關係，以此來為漢帝神
聖譜系提供經學依據。

此外，許慎的《五經異義》中也包留了一部分《左氏》說〔註58〕。許慎
師從賈逵，其所引的《左氏》說大部分當來自於賈逵。例如《曲禮疏》引《五
經異義》云：「天子有爵不？……謹案《春秋左氏》云施於夷狄稱天子，施於
諸夏稱天王，施於京師稱王，知天子非爵稱也。」《左傳正義》引賈逵云：「諸
夏稱天王，畿內曰王，夷狄曰天子。」《異義》中《左氏》說顯然取自賈逵。
再如《禮記・王制》正義引《異義》云：「《左氏》說，山林之地，九夫為度，
九度而當一井；藪澤之地，九夫為鳩，八鳩而當一井；京陵之地，九夫為辨，
七辨而當一井；淳鹵之地，九夫為表，六表而當一井……隰皋之地，九夫為
牧，二牧而當一井；衍沃之地，九夫為井。賦法，積四十五井，除山川坑岸
三十六井，定出賦者九井。則千里之畿，地方百萬井，除山川坑岸三十六萬
井，定出賦者六十四萬井，長轂萬乘。」（《五經異義疏證》卷上）《左傳》襄
公二十五年《正義》引賈逵注，解釋賦稅差品與《異義》同，是許所引《左
氏》說即賈逵說又一證也。退一步講，即使《五經異義》中的左氏說不全出
自賈逵，但為自劉歆以來至賈逵創通的大義應無疑問，同樣可以體現《左氏》
在爭立於官學過程中的學術風貌。《五經異義》中的《左氏》說也表現出了極

〔註58〕 本書所引據：陳壽祺：《五經異義疏證》，《續修四庫全書》第 171 冊，影印清
嘉慶十八年刻本，上海古籍出版社，2002 年。

為強烈的尊君卑臣思想，例如：

> 《曲禮疏》引《異義》云：「凡君非理殺臣，《公羊》說子可復讎，
> 故子胥伐楚，《春秋》賢之。《左氏》說，君命天也，是不可復讎。」
> （《五經異義疏證》卷下）

> 《左傳正義·桓公八年》及《毛詩正義·大明》並引《異義》云：「《春
> 秋公羊》說自天子至庶人（下當有『娶』字），皆親迎。《左氏》說
> 天子至尊無敵，故無親迎之禮。」（《五經異義疏證》卷中）

> 《禮記·檀弓》正義引《異義》云：「《左氏》以為子而拒父，悖德
> 逆倫，大惡也。」（《五經異義疏證》卷下）

> ……

綜上所述，《左傳》在賈逵的闡釋下，充滿了尊君卑臣的微言大義：君命被奉為天，擁有無上的權威；臣子即使遭到了君主不公平的待遇，也不能計較，而只能無條件的恭順盡忠。經學品格由董仲舒及眾多西漢儒生手中張揚理想、批判現實的工具，變為維護君主權威之利器、束縛臣民之枷鎖。

如果說自劉歆以來的今、古文經學者，論爭還糾結於「《左傳》傳不傳《春秋》」等外圍問題，至賈逵，則深入到了經義解說的內部，把古文經學徹底塑造成了符合權力需要的形態。因此，《左傳》至賈逵而大興，並非偶然。這表現出了國家意識形態的話語霸權，以及它對經學的異化和閹割。

二、何休的《公羊》學

一度輝煌的《公羊》學在《左傳》的耀目炫光下變得趨於黯淡，「至使賈逵緣隙奮筆，以為《公羊》可奪、《左氏》可興」，何休對此甚感悼痛。何休認為《公羊》學的敗績失據，主要是因為先師「觀聽不決，多隨二創」。所謂「二創」，徐彥疏云：「『至有背經任意，反傳違戾』者，與《公羊》為一創；又云『援引他經失其句讀』者，又與《公羊》為一創。」〔註59〕也就是說，在何休看來，違背經傳，任意解釋和援引夾雜其他經書，導致《公羊》學失去了原有的純粹面貌，是論爭中《公羊》學敗績失據的重要原因。因此，何休慨然奮起，「略依胡毋生條例」，作了《春秋公羊解詁》。此外，針對賈逵的《左氏長義》，作了《左氏膏肓》、《穀梁廢疾》、《公羊墨守》。遺憾的是，除

〔註59〕李學勤主編：《春秋公羊傳註疏》，序頁6，北京大學出版社，1999年。

《公羊解詁》外，何休的其他著作都散佚了。下面主要以《解詁》來分析何休的《公羊》學。

賈逵是何休著作《解詁》時最爲重要的「隱含性讀者」，何休在想像中與其論辯，反駁著他對《公羊》的批評。張廣慶先生在《從〈春秋公羊解詁〉看何休對賈逵的反駁》〔註60〕一文中，認爲何休對賈逵的反駁主要表現在三個方面：「力申君臣父子之綱常，駁議賈逵『《公羊》多任於權變』之說」；「援引讖緯，力抗賈逵『《左氏》與圖讖合者』之說」；「擺落章句、尋求義例，爭勝賈逵《左氏》義例之學」。但問題是，何休憤慨於「二創」、而以保存《公羊》學純粹面貌爲主旨的《公羊解詁》，是否眞的就恢復了《公羊》學的精神原貌？筆者認爲，何休在與賈逵論辯心態下著作的《公羊解詁》，用了與賈逵同樣的手段：即通過向權力靠攏來證明其學術上的優勝。這使《公羊解詁》在精神指向上更接近於作爲國家意識形態的《白虎通義》和讖緯，而偏離了董仲舒《春秋繁露》中的《春秋》學。下面，舉出數例證明之：

（一）《解詁》的災異觀同於讖緯而不同於《繁露》

《春秋》書災異凡一百四十五事。自董仲舒推言災異之應，何休又引申而擴充之，災異解說遂成爲《公羊》學的重要內容，並影響到了兩漢經學的整體風貌。在本書的第二章、第三章，筆者曾經比較了董仲舒和讖緯的兩種災異觀。董仲舒認爲：「天地之物有不常之變者，謂之異，小者謂之災。災常先至而異乃隨之。災者，天之譴也；異者，天之威也。譴之而不知，乃畏之以威。……凡災異之本，盡生於國家之失，國家之失乃始萌芽，而天出災害以譴告之；譴告之而不知變，乃見怪異以驚駭之；驚駭之尚不知畏恐，其殃咎乃至。」（《春秋繁露·必仁且智》）讖緯中則認爲：「災之爲言傷也，隨事而誅；異之爲言怪也，謂先發感動之也。」（《春秋潛潭巴》）董仲舒認爲，災異主要是由於人主的過失引起的，天代表永恆正義、終極法則審判帝王的行爲，從災到異是懲罰力度的加大。「他之所以如此，大概是因爲在現實政治上，他要求貶刑而尚德，以轉換當時專制政治的殘酷性格，想爲此要求在天道上得一根據」。〔註61〕後者則認爲災是人主行爲導致的結果，而異則先於人主行爲而發，是天的神秘預兆，帶有宿命色彩。讖緯中的災異觀無疑使天人關係

〔註60〕收入劉小楓、陳少明主編：《經典與解釋，七：赫爾墨斯的計謀》，華夏出版社，2005年。

〔註61〕徐復觀《兩漢思想史》（第二卷），頁232，華東師範大學出版社2001年版。

更加神秘，而帝王行為與災異的道德聯繫卻被減弱了。何休說：「災者，有害於人物，隨事而至者」(《解詁》注隱公六年「螟。何以書？記災也」條)；「異者，非常可怪。先事而至者」(《解詁》注隱公三年「己巳，日有食之。何以書？記異也」條)。顯然，何休接受了讖緯的災異觀。

在讖緯的災異觀下，何休對《春秋》中的災異進行了新的解釋。凡釋「災」者，基本上都有「先是」之語，明《春秋》所以書災，乃諸侯先有失德之行，故天降災以傷其人物。例如：

△隱公五年經：螟。

《傳》曰：何以書？記災也。

《解詁》曰：先是隱公張百金之魚，設苛令急法，以禁民之所致。

△桓公元年經：秋，大水

《傳》曰：何以書？記災也。

《解詁》曰：先是桓篡隱，百姓痛傷，悲哀之心既蓄積，而復專易朝宿之邑，陰逆而怨氣並之所致。

△桓公十四年經：秋八月，壬申，御廩災。

《傳》曰：御廩災，何以書？記災也。

《解詁》曰：先是龍門之戰，死傷者眾，桓無惻痛於民之心，不重宗廟之尊，逆天危先祖，鬼神不饗，故天應以災御廩。

……

《解詁》凡釋「異」者，大都標以「是後」之語，明《春秋》所以記異，示天象怪異的預兆之意。例如：

△隱公三年經：春，王二月。己巳，日有食之。

《傳》曰：何以書？記異也。

《解詁》曰：異者，非常可怪。先事而至者，是後衛州吁弒其君完，諸侯初僭，魯隱繫獲，公子翬進讒謀。

△桓公十七年經：冬，十月，朔，日有食之。

《解詁》曰：是後夫人僭公，為齊侯所誘殺。去日者，著桓行惡，故深為內懼其將見殺無日。

△莊公七年經：夏，四月，辛卯，夜，**恒**星不見。夜中，星隕如雨。

《傳》曰：**恒**星者何？列星也。……何以書？記異也。

《解詁》曰：列星者，天之常宿，分守度，諸侯之象。……皆滅者，法度廢絕，威信凌遲之象。時天子微弱，不能誅衛侯朔，是後遂失其政，諸侯背叛，王室日卑……其後齊桓行霸，陽穀之會有王事。

……

對於「災」和「異」兩種非凡的現象，何休更看重「異」。例如定公元年經「冬十月，隕霜殺菽」條，《解詁》曰：「異者，所以為人戒也。重異不重災，君子所以貴教化而賤刑罰也。」這與董仲舒認為從災到異表示譴責程度加強之觀點不同。董仲舒強調天對民眾貴教化而賤刑罰，主張君主法則天道治理百姓，否則就會受到災異的懲戒。而何休則認為天對君主也是貴教化而賤刑罰，這對百姓來說意味著什麼呢？君主的惡政不再必然導致其受到天譴，百姓的苦難也許只能換來上天對君主溫情脈脈的教化！

在讖緯的災異觀下，何休對《春秋》經中的災異一一予以解釋，諸如日食、晦、星變、震電、雨雪、雨雹、隕霜、無冰、不雨、大旱、大水、地震、螟、蜚、麋、牛禍、火災等災異現象，都一一與人事相對應。《春秋》經文被解釋的細碎不堪，天人相與之際不再僅是董仲舒闡釋的道德對應關係，而變得宿命神秘。張廣慶在其碩士論文《何休春秋公羊解詁研究》中仔細比較了何休與董仲舒、劉向的《春秋》災異說，得出結論說「何休與董略同者凡七十五條，占百分之五十四」〔註62〕，遂認為何休本之於董仲舒。筆者認為，何休作為《公羊》學者，在解釋災異上大量襲用漢代《公羊》學祖師董仲舒，本是合乎情理之事。我們在考覈其相同一面的同時，更應當關注其相異的一面，因為變異代表了《公羊》學的新發展和不同的觀念傾向。

何休在災異觀上同於讖緯而異於董仲舒，必然了帶來具體災異解說上的變化。例如《公羊》哀公四年經：「六月辛丑，蒲社災。」《漢書·五行志》曰：「董仲舒、劉向以為，亡國之社，所以為戒也。天戒若曰，國將危亡，不用戒矣。《春秋》火災，屢於定、哀之間，不用聖人而縱驕臣，將以亡國，不明甚也。」何休則引用《春秋緯》，解釋說：「災者，象諸侯背天子。是後宋事強吳，齊、晉前驅，滕、薛俠轂，魯、衛驂乘，故天去戒社，若曰王教滅絕云耳。」兩者相較，不僅取象各異，而且董、劉是在找蒲社災的原因，何

〔註62〕 張廣慶：《何休春秋公羊解詁研究》，頁221，國立臺灣師範大學國文研究所集刊，第34號，1990年。

休是在說災異之後的亂象。類似的還有桓公八年「冬，十月，雨雪」，文十四年「秋七月，有星孛入北斗」條，襄公二十七年經「冬，十有二月乙亥朔，日有食之」條，等等。即使張廣慶認為何、董之說「略同」的條目，雖然在取象上近似，但也存在言說方式上的差異，例如僖公十二經「春，王三月庚午，日有食之」條，《五行志》載：「董仲舒、劉向以為，是時楚滅黃，狄侵衛、鄭，莒滅杞。」《解詁》云：「是後楚滅黃，狄侵衛。」所以，忽略董、何災異解釋的區別恐怕是不夠確當的。

（二）《解詁》引用讖緯闡釋國家神話

《解詁》引用讖緯共五十八條，除了解釋災異外，何休還用其來推演國家神話。例如哀公「十四年，春，西狩獲麟」條的兩處注釋：

> 夫子素案圖錄，知庶姓劉季當代周，見薪採者獲麟，知為其出，何者？麟者，木精。薪採者，庶人燃火之意，此赤帝將代周居其位，故麟為薪採者所執。西狩獲之者，從東方王於西也，東卯西金象也；言獲者，兵戈文也：言漢姓卯金刀，以兵得天下。……夫子知其將有六國爭強，從橫相滅之敗，秦項驅除，積骨流血之虐，然後劉氏乃帝，深閔民之離害甚久，故豫泣也。

這裡對劉氏的神秘附會絲毫不亞於賈逵。賈逵是從《左傳》中「其處者為劉氏」，編織出劉氏源於堯的家族譜系。何休則是引用讖緯《中候》等，通過對獲麟神話的重新闡釋，附會出劉氏「代周即其位」的意義：「麟」是木精，火之候，預示著代表火德之漢王朝即將興起；「薪採」是庶人燃火之象，暗合劉邦以平民之身登上赤帝之位；又從獲麟的方位與天干、五行的聯繫中，附會出「劉」字的三個部分：卯、金、刀；而且因為「獲」字是兵戈文，預示漢帝將以兵得天下，之前要經歷一個積骨流血的苦難過程。這個獲麟神話的新闡釋，徹底改變了司馬遷《孔子世家》所載的早期《公羊》學蘊含在獲麟故事中的大道不行之悲劇意味，而強有力地佐證了劉姓帝王的政治神話：劉氏得天下是冥冥中的天意安排，獲麟之後發生的一系列歷史事件都是偉大神聖的劉漢王朝的鋪墊和前奏，為劉氏王朝的出現作著自覺或不自覺的努力。

> 得麟之後，天下血書魯端門曰：「趨作法，孔聖沒，周姬亡，彗東出，秦政起，胡破術，書記散，孔不絕。」子夏明日往視之，血書飛為赤鳥，化為白書，署曰《演孔圖》，中有作圖制法之狀。孔子仰推天命，俯察時變，卻觀未來，豫解無窮，知漢當繼大亂之後，故作撥

亂之法以授之。

這是在經典中注入「孔為赤制」的讖緯神話。孔子製作《春秋》被推演的驚天動地、離奇怪誕，端門血書把春秋至漢代的歷史隱微地預示出來，並且示命孔子製作撥亂之法為歷史負責。孔子作為通靈之神，「仰推天命，俯察時變，卻觀未來，豫解無窮」，製作了人道浹、王道備的《春秋》大法，授予劉漢王朝，為其平亂做準備。劉漢王朝膺受聖人大法，其歷史合理性自不待言。

不難看出，何休以讖緯為基礎構造出來的政治神話，是在仰望現實政治權力。現實權力是最高的權威，《春秋》大法只有在證明了對現實權力有用之後，才有其存在的合法性。這全然不同於董仲舒堅持《春秋》權威高於現實政治權力的立場。在董仲舒看來，《春秋》代表永恆完美的法則，現實權力是短暫的、有缺陷的。現實政治只有努力向《春秋》靠近，才能夠長久，才能夠有其歷史存在的合理性。例如「苟能述《春秋》之法，致行其道，豈徒除禍哉，乃堯舜之德也」，「《春秋》之道，大得之則以王，小得之則以霸」（《春秋繁露‧俞序》）；等等。何休與董仲舒立場的變化，正代表了兩漢經學文化品格的流變。

（三）「三統」及「王魯」說的流變

《春秋繁露‧三代改制質文》云：

> 故湯受命而王，應天變夏作殷號，時正白統。……文王受命而王，應天變殷作周號，時正赤統。……故天子命無常。唯命是德慶。故《春秋》應天作新王之事，時正黑統。王魯，尚黑，絀夏，親周，故宋。……《春秋》當新王者奈何？曰：王者之法，必正號，絀王謂之帝，封其後以小國，使奉祀之；下存二王之後以大國，使服其服，行其禮樂，稱客而朝。故同時稱帝者五，稱王者三，所以昭五端，通三統也。……《春秋》作新王之事，變周之制，當正黑統。而殷周為王者之後，絀夏改號，禹謂之帝，錄其後以小國，故曰黜夏存周。以《春秋》當新王，不以杞侯，弗同王者之後也。

在董仲舒描繪的「三統」歷史圖式中：殷為白統，周為赤統，《春秋》應天當新王，為黑統。而夏因為時代久遠，被黜為帝，不在三統之列。「統」表示著一個朝代的天道合法性和歷史位置，也是一個王朝教化人文的總綱。每一統都意味著不同的正月、服色、國樂、禮儀等，並與文、質兩種不同的行政風格相連。董仲舒標舉「三統」說，「尤有一更要義焉，則帝王非萬世一

姓，及其德衰，必擇賢讓位是也」〔註63〕，即所謂「故天子命無常，唯命是德慶」〔註64〕是也。

董仲舒排列的歷史譜系裏，周代以後是《春秋》而非秦，秦因其嚴酷不仁被剝奪了當一統的歷史地位。《春秋》卻因爲其崇高的道義力量，被賦予黑統的地位。製作《春秋》的孔子亦由平民而被奉爲神聖的素王，其王業託於魯，即「王魯」。董仲舒把「王魯」解釋爲「緣魯以言王意」（《奉本》），也就是借魯國的史實來闡述王道規範、百世大法。孔子雖不是現實的王，卻是理想道義上的王，超越的王，其歷史地位要遠遠高於現實之王。董仲舒的「王魯」和「黑統」是一體化的概念，都是出於道義上的評判，並針對現實弊於周文酷法的情況，呼籲「務德教而省刑罰」。現存的《春秋繁露》中，董仲舒講得更多的是「以《春秋》當新王」，強調孔子作《春秋》的目的在於爲後世王者立法。〔註65〕「王魯」僅是偶爾提及，是一個張揚理想的概念，而沒有附會到經文解釋的枝葉中去。

漢代官方採用「三統說」，首見於《漢書·成帝紀》：「綏和元年春，……二月癸丑，詔曰：『……蓋聞王者必存二王之後，所以通三統也。昔成湯受命，列爲三代，而祭祀廢絕。』」這裡的歷史譜系是，「漢承周，周承殷，故以殷周爲二王後，並漢爲三代也」（王先謙《補注》引錢大昕說）。但是到了東漢章帝前後，「三統」說的內容就發生了改變。例如《白虎通義》中說：

> 正朔有三何本？天有三統，謂三微之月也。明王者當奉順而成之，故受命各統一正也。敬始重本也。……十一月之時，陽氣始養根株黃泉之下，萬物皆赤，赤者，盛陽之氣也。故周爲天正，色尚赤也。十二月之時，萬物始牙而白，白者，陰氣，故殷爲地正，色尚白也。十三月之時，萬物始達，孚甲而出，皆黑，人得加功，故夏爲人正，色尚黑。《尚書大傳》曰：「夏以孟春月爲正，殷以季冬月爲正，周

〔註63〕 錢穆《中國近三百年學術史》，頁731，商務印書館1997年版。

〔註64〕 此句文有錯訛，蘇輿認爲應爲「故天之命無常，唯德是慶」（《春秋繁露義證》，中華書局1992年版，頁187）。

〔註65〕 蔣慶曾經分析了《春秋》王魯說與《春秋》新王說的聯繫與區別：「所謂聯繫，二說都涉及到『當王』問題，都深寓孔子所制之新王法；所謂區別，二說所當王法的主體不同，一是以《春秋》這部經當王，一是以魯國這個諸侯國當王，並且二說所要說明的對象也不同：一是要說明孔子作經的目的是以《春秋》當新王，一是要說明孔子作經的方法是以魯國當王。」（《公羊學引論》，頁101，遼寧教育出版社，1995年）

以仲冬月爲正。……」（《白虎通義》卷八「論三正之義」）

《白虎通義》引用了《尚書大傳》，認定夏、商、周爲三統。這與董仲舒以《春秋》當黑統不同，也與成帝時夏沒有進入三統譜系不同。改變的原因在於：「光武仍採火德，蓋欲直承西漢高祖，故以王莽爲『閏位』，不使之進入五德相生的循環結構中。若光武認定禹爲金德，則無異於承認王莽爲舜後，受堯之禪。此爲東漢官方改造『三統說』，以禹屬黑統的主因。」〔註66〕也就是說，新認定的三統包含了權力的意志，欲排除王莽於三統之外，而不再有董仲舒以《春秋》當一統的道義理想。它是爲了闡釋漢帝國的天道正統，屬於國家的意識形態。与此同時，「三統說」中禪讓的內涵被去除了，立二王之後是受命帝王「謹敬謙讓」姿態的一個展示，是對一姓天下的無關緊要之裝飾。〔註67〕

何休則接受了《白虎通義》的說法，一方面對存三統之義的解釋比《繁露》詳盡，而全同於《白虎通義》，「王者存二王之後，使統其正朔，服其服色，行其禮樂，所以尊先聖，通三統，師法之義，恭讓之禮，於是可得而觀之」（《解詁》「隱公三年」）。另一方面，《借詁》中三統的內容也全同於《白虎通義》，「夏以斗建寅之月爲正，平旦爲朔，法物見，色尚黑。殷以斗建丑之月爲正，雞鳴爲朔，法物牙，色尚白。周以斗建子之月爲正，夜半爲朔，法物萌，色尚赤。」（《解詁》「隱公元年王正月」注）由此，可看出「三統說」的流變和何休的精神傾向。

但另一方面，何休又頻頻言及「王魯」。據劉逢祿《公羊何氏釋例》「王魯」例，何休《解詁》中「王魯」之說有二十多處。例如：隱公元年「三月，公及邾婁儀父盟於眛」條，何休解釋傳文「因其可褒而褒之」云：「《春秋》王魯，託隱公以爲始受命王，因儀父先與隱公盟，可假以見褒賞之法，故云爾。」此條董仲舒的解釋是：「故內其國而外諸夏，內諸夏而外夷狄，言自近者始也。諸侯來朝者得褒，邾婁儀父稱字……王道之義也。」（《王道》）蘇輿分析其中的區別曰：「董子以尊內得王道之義，何休遂以爲王魯。」〔註68〕等等。

何休的「王魯」當如何理解呢？一方面，何休不斷用「託王於魯」來說

〔註66〕 洪春音《緯書與兩漢經學關係之研究》，頁178，臺灣東海大學2002年博士論文打印本。
〔註67〕 參見第三章第一節「二王之後」條論述。
〔註68〕 蘇輿：《春秋繁露義證》，頁116，中華書局，1992年。

「王魯」，似乎「王魯」就是「託王於魯」的省稱，例如「《春秋》託新王受命於魯，故因以錄即位，明王者當繼天奉元，養成萬物」（《解詁》隱公「元年，春，王正月」條）；「不言戰者，託王於魯，故不以敵辭言之，所以強王義也」（《解詁》隱公十年「六月，壬戌，公敗宋師於菅」條）；等等。

　　但另一方面，何休的「王魯」又頻頻在制度、名物等方面落到實處。例如隱公三年「八月，庚辰，宋公和卒」，《解詁》釋曰：「不言薨者，《春秋》王魯，死當有王文。聖人之為文辭孫順，不可言崩，故貶外言卒，所以褒內也。」這是從去世名號的等差方面作的解釋，為了突出魯國的王者地位，所以貶宋公為「卒」而不言「薨」。再如朝聘制度：隱公十一年「春，滕侯、薛侯來朝」，《解詁》曰：「《春秋》王魯，王者無朝諸侯之義，故內適外言如，外適內言朝聘，所以別外尊內也。」再如獻捷制度：莊公三十一年「六月，齊侯來獻戎捷」，《解詁》曰：「言獻捷係戎者，《春秋》王魯，因見王義，古者方伯征伐不道，諸侯交格而戰者，誅絕其國，獻捷於王者。」再如盟會制度：僖公三年「冬，公子友如齊涖盟」，《解詁》曰：「《春秋》王魯，故言涖以見王義，使若王者遣使臨諸侯盟，飭以法度。」等等。一次又一次地坐實解釋，似乎《解詁》已經把魯崇奉為真實的王。

　　何休對「王魯」的坐實，使人不禁困惑：王魯與現實的周王之間究竟是什麼關係？徐彥作疏時頗費周折的解釋：「《春秋》之義，託魯為王，而使舊王無敵者，見任為王，寧可會奪？正可時時內魯見義而已。」〔註69〕皮錫瑞也說「王魯」祇是「借事明義」。〔註70〕但是，這些解釋並不能為何休儼然把魯當作了王而取代實際之周王的姿態作圓滿辯護，許多傳統學者從等級觀念出發激烈批評何休，例如晉代學者王接，就指出《公羊解詁》「訓釋甚詳，而黜周王魯，大體乖硋，且志通《公羊》而往往還為《公羊》疾病」（《晉書·王接傳》）。清代《公羊》學者孔廣森也批評：「天子、諸侯通稱君。古者諸侯分土而守，分民而治，有不純臣之義。故各得紀元於其境內。而何邵公狠謂唯王者然後改元立號，《經》書元年為託王於魯，則自蹈所云反傳違戾之失矣。」（《公羊通義》）

　　其實何休自己也有強烈的尊君思想，例如莊公二十九年「城諸及防」條，何休釋曰：「諸，君邑；防，臣邑。言及，別君臣之義。君臣之義正，則天下

〔註69〕李學勤主編：《春秋公羊傳註疏》，頁369～370，北京大學出版社，1999年。
〔註70〕皮錫瑞：《經學通論·卷四》，頁23，中華書局，1954年。

定矣。」再如宣公六年，傳言「趙穿緣民眾不說，起弒靈公，然後迎趙盾而入，與之立於朝」，何休釋曰：「傳極道此上事者，明君雖不君，臣不可以不臣。」等等。那麼，何休要在現實的周王之外張揚「王魯」呢？尤其是，何休接受了《白虎通義》的「三統說」，黜落了《春秋》在董仲舒那裡當黑統的歷史地位之後，何以還要不顧理論體系的內在矛盾而渲染發揮「王魯」呢？

筆者認為何休發揮「王魯」意在神化孔子。《解詁》中的孔子是讖緯中的神，而不僅僅是董仲舒張揚的「素王」。例如隱公二年傳文「紀子伯者何？無聞焉爾」，何休釋曰：「言無聞者，《春秋》有改周受命之制，孔子畏時遠害，又知秦將燔《詩》、《書》，其說口授相傳，至漢公羊氏及弟子胡毋生等，乃始記於竹帛，固有所失也。」孔子能預知二百餘年後的燔《詩》《書》，非神而何？既然孔子是非凡的神，那麼總應當有點非凡的業績。而「三統」又必須遵循國家意志黜落《春秋》的黑統地位，所以何休就只能在「王魯」方面多處生發，以突出孔子的神聖。而孔子又為大漢制法，孔子的形象越神聖，漢帝國的天命也就越發不可置疑。

其實，《春秋》祇是以魯國史為底本而寄託了微言大義而已，經傳中沒有任何王魯的跡象。「王魯」祇是董仲舒偶爾提到的張揚道統理想的概念，何休卻在尊孔並尊漢的觀念下大加發揮，竭力附會到經傳中去。這不可避免地扭曲了經傳，顯得支離牽強，而且與其三統為夏商周的說法之間不夠一致。這是何休附會權力的結果。

（四）《繁露》重義，《解詁》重例

何休《文諡例》謂《春秋》有五始、三科、九旨、七等、六輔、二類之義。五始者：元年、春、王、正月、公即位是也。三科九旨者：新周、故宋、以《春秋》當新王，是一科三旨也；所見異辭，所聞異辭，所傳聞異辭，二科六旨也；內其國而外諸夏，內諸夏而外夷狄，是三科九旨也。七等者：州、國、氏、人、名、字、子是也。六輔者：公輔天子，卿輔公，大夫輔卿，士輔大夫，京師輔君、諸夏輔京師是也。二類者：人事與災異是也。誠如論者所言，這些內容的雛形在《春秋繁露》中已經出現了。〔註71〕

但是，董仲舒並未形成嚴密完備的系統。這些內容散見於《春秋繁露》的《楚莊王》、《三代改制質文》、《王道》、《重政》等篇中，是董仲舒闡釋《春秋》

〔註71〕參見賴炎元：《董仲舒與何休公羊學之比較》，《南洋大學學報》，第三期，1969年。

經傳具體條文時提出的概念，不具有涵蓋《春秋》全書的意義。它們是董仲舒針對現實需要闡釋出來的具體的「春秋之法」、「春秋之義」、「春秋之道」等，例如「大一統」、「五始」、「三統」等，無不是呼喚武帝改制更化。而何休則是把這些科條組成一個系統，作為解釋《春秋》的總綱領，貫注到具體的條文解釋中，形成了琳琅滿目的「例」。劉逢祿的《公羊何氏釋例》總結出《解詁》中的三十種例，其中「時月日例」又包含小例五十三類。關於「例」，皮錫瑞言：「古無例字，屬詞比事即比例。《漢書·刑法志》師古曰：比，以例相比況也。《後漢書·陳寵傳》注：比，例也。」〔註72〕現代學者總結說：「『例』就是一些記事的規則，同一類的事，用相同的手法記下來，就形成了『例』。不過那是從記事的角度說的。如果從解經這個角度說，『例』其實就是對解經語的歸納。某種解釋具有一定的普遍性，就成了『例』。」〔註73〕何休以例釋《春秋》，與董仲舒面向現實發揮《春秋》大義的精神實質不同。

對於董仲舒來說，《春秋》是永恆的王道大法，論者可以而且應當把經典的「微言大義」與現實政治結合起來，以改造現實的不完滿，而不必忠實地解釋經傳字句。所以，董仲舒提出了一個又一個超出經傳的概念，以「六經注我」的態度打著聖人的名義張揚理想。這一點，董仲舒是自覺的。他認為《春秋》「義之大者」（《春秋繁露·楚莊王》），「《春秋》二百四十二年之文，天下之大，事變之博，無不有也」（《繁露·十指》），「《春秋》論十二世之事，人道浹而王道備。法布二百四十二年之中，相為左右，以成文采。其居參錯，非襲古也」（《繁露·玉杯》）。而《春秋》的言辭又簡略持重，「《春秋》慎辭，謹於名倫等物者也」（《繁露·精華》），「《春秋》之辭，多所況，是文約而法明也」（《楚莊王》）；而且用辭幽隱多變，「《春秋》無通辭，從變而已」（《繁露·竹林》）。所以，《春秋》學要求論者有較高的察斷力：「今《春秋》之為學也，道往而明來者也。然而其辭體天之微，故難知也。弗能察，寂若無，能察之，無物不在。」（《繁露·精華》）

那麼，應當怎樣去「察」《春秋》之旨呢？首先應當抓住《春秋》的根本，「《春秋》之論事，莫重於志」（《繁露·玉杯》），「《春秋》之道，博而要，詳而反一也」（《繁露·玉英》）。還要有整體眼光：「是故論《春秋》者，合而通之，緣而求之，五其比，偶其類，覽其緒，屠其贅，是以人道浹而王法立。」

〔註72〕皮錫瑞：《經學通論·卷四》，頁53，中華書局，1954年。
〔註73〕趙伯雄：《春秋學史》，頁227，山東教育出版社，2004年。

（《繁露・玉杯》）在《春秋》文辭和意指不能夠密合的情況下，董仲舒提出：
「見其指者，不任其辭。不任其辭，然後可與適道矣。」（《繁露・竹林》）也
就是說，「《詩》無達詁，《易》無達占，《春秋》無達辭」（《繁露・精華》），
論者應當以體悟《春秋》所載的是非存亡之道為根本，而不要被瑣屑具體的
文辭所限制。正是在這種《春秋》觀之下，《繁露》一書對《春秋》進行了創
造性的詮釋，「本書之於傳，闡發為多。亦有推補之者，如此（引者按：指靈
王殺慶封，直稱楚子，傳無文，董仲舒認為是貶楚靈懷惡而討）及非逢丑父
之類是也。有救正之者，如賢齊襄復賢紀侯之類是也。有特略之者，如殺子
赤弗忍書曰，外不用時月日例是也。」〔註74〕用董仲舒自己的話說，就是「有
所見而經安受其贅也。故能以比貫類、以辨付贅者，大得之矣」（《繁露・玉
杯》）。所謂「贅」，即「非經本有之意」。〔註75〕而董仲舒所說的「得」，就是
把《春秋》「正是非，故長於治人」的特點發揮出來，參與到現實當中去，「為
《春秋》者，得一端而多連之，見一空而博貫之，則天下盡矣」（《繁露・精
華》）。

何休的「條例」則不是為了改造現實，而是對《春秋》言說方式的系統
總結和學術討論。他把這些條例貫注到了《春秋》經傳的解釋當中，具體而
又瑣屑地闡釋《春秋》的具體用詞、記事詳略。如果說，董仲舒追求以《春
秋》改善現實政治，何休則是以闡釋文本真實意蘊為標榜。但實際上，《公羊》
學在漢代幾百年的發展過程中，歷代經師在經世致用的精神鼓舞下，發展出
了眾多溢出經傳文本的意義。何休在繼承這些《公羊》師說的基礎上，又希
望彌合經傳文本，最終其繁富刻深的條例不可避免地扭曲了經傳，被人指為
穿鑿附會，深文周納。例如清儒陳澧說：「何休以『時』、『月』、『日』為褒貶，
遂強坐人罪。」（《東墅讀書記》）

下面，以「三科九旨」為例分析何休與董仲舒的區別：

何休所言「三科九旨」中的「通三統」與董仲舒不同，已見上述，這裡分
析其他兩項。何休的「異內外」亦見於《春秋繁露・王道》：「親近以來遠，未
有不先近而致遠者也。故內其國而外諸夏，內諸夏而外夷狄，言自近者始也。」
董仲舒之意在於王者應當先自正，而後正人，由近及遠地推行王化。這是對武
帝窮兵黷武擾動四夷政策的批評，意謂王者應當以德化親近來遠。而何休則用

〔註74〕蘇輿：《春秋繁露義證》，頁2，中華書局，1992年。
〔註75〕蘇輿：《春秋繁露義證》，頁33。

「異內外」的原則附會經傳，意在解釋經文中用詞歧異、聖人意旨，並推演出與此緊密相關的「王魯」說。例如「書內離會」：「所傳聞之世，外離會不書，書內離會者，《春秋》王魯，明當先自詳正，躬自厚而薄責於人，故略外也」（《解詁》隱公二年「春，公會戎於潛」條）；「書兵」：「凡書兵者，正不得也。外內深淺皆舉之者，因重兵害眾，兵動則怨結構禍，更相報償，伏屍流血無已時」（《解詁》隱公二年「夏五月，莒人入向」條）；「書逆女」：「內逆女常書，外逆女但疾始不常書者，明當先自詳正，躬自厚而薄責於人，故略外也。」（《解詁》隱公二年「九月，紀履繻來逆女」條）；「書葬」：「不書葬者，殺大夫申侯也。君殺大夫，皆就葬，別有罪無罪，唯內無貶公之道，不可去葬，故從殺時別之」（《解詁》僖公三十二年「鄭伯接卒」條）；等等。通過一次又一次地解釋，「異內外」的原則被灌注到了經傳中去，涵蓋廣泛，又具體瑣碎。

再如「張三世」，隱公元年《公羊傳》曰：「所見異辭，所聞異辭，所傳聞異辭。」（又見於桓公二年、哀公十四年傳）董仲舒發揮曰：「《春秋》分十二世為三等，有見，有聞，有傳聞。有見三世，有聞四世，有傳聞五世。……於所見微其辭，於所聞痛其禍，於傳聞殺其恩，與情俱也。是故逐季氏而言又雩，微其辭也。子赤殺，弗忍書日，痛其禍也。子般殺而書乙未，殺其恩也。屈伸之志，詳略之文，皆應之。吾以其近近而遠遠，親親而疏疏也，亦知其貴貴而賤賤，重重而輕輕也。有知其厚厚而薄薄，善善而惡惡也，有知其陽陽而陰陰，白白而黑黑也。」（《春秋繁露・楚莊王》）對於董仲舒來說，「張三世」是根據君子耳目聞見的時限將《春秋》所載的二百餘年歷史劃分成了三個階段，君子的感情隨著時世推移而強弱不同，是表示《春秋》遠近厚薄、親疏等差的一個概念。

到了何休，進一步申述之：

> 所見者，謂昭、定、哀，己與父時事也；所聞者，謂文宣、成、襄，王父時事也；所傳聞者，謂隱、桓、莊、閔、僖，高祖曾祖時事也。異辭者，見恩有厚薄，義有淺深，時恩衰義缺，將以理人倫，序人類，因制治亂之法，故於所見之世，恩己與父之臣尤深，大夫卒，有罪無罪，皆日錄之……於所聞之世，王父之臣恩少殺，大夫卒，無罪者日錄，有罪者不日略之……於所傳聞之世，高祖曾祖之臣恩淺，大夫卒，有罪無罪皆不日略之也……於所傳聞之世，見治起於衰亂之中，用心尚粗觕，故內其國而外諸夏，先詳內而後治外，錄

大略小，內小惡書，外小惡不書，大國有大夫，小國略稱人，內離
會書，外離會不書是也。於所聞之世，見治升平，內諸夏而外夷狄，
書外離會，小國有大夫……至所見之世，著治大平，夷狄進至於爵，
天下遠近大小若一，用心尤深而詳，故崇仁義，譏二名，晉魏曼多、
仲孫何忌是也。（《解詁》隱公元年「所見異辭，所聞異辭，所傳聞
異辭」條）

這裡的「三世說」在董仲舒的基礎上又作了進一步的發揮，拈出了「衰亂世」、
「升平世」、「太平世」之意。它不僅是《春秋》歷史階段的劃分，而且表示
隨時間推移王化愈來愈深廣。「三世」不僅是標舉出來的歷史進化理想，而且
落實到了眾多義例的書寫規則當中，例如大夫卒例，書內惡例，書大夫例，
書離會例，等等。而且，「三世說」與異內外、攘夷狄等原則雜糅到了一起，
成為何休總結出來的《春秋》記事大綱領。例如：桓二年傳「內大惡諱，此
其目言之何？遠也。所見異辭，所聞異辭，所傳聞異辭」，何休注曰：「所見
之世，臣子恩其君父尤厚，故多微詞是也。所聞之世，恩王父少殺，故立煬
宮不日，武宮日是也。所傳聞之世，恩高祖、曾祖又少殺，故子赤卒不日，
子般卒日是也」；再如，僖公二十六年，「楚人滅隗，以隗子歸」，何休注曰：
「不名者，所傳聞世，見治始起，責小國略，但絕不誅之」；再如，昭公十六
年，「楚子誘戎曼子殺之」，何休注曰：「戎曼稱子者，入昭公，見王道太平，
百蠻貢職，夷狄皆進至其爵」；等等。

不難看出，何休與董仲舒比起來，解釋《春秋》更加系統縝密，更加學
術化了。這也意味著《公羊》學越來越變成了純學術，其精神指向了客觀的
文本，而不是外在的社會現實。何休執例解經的學術化傾向，一方面是出於
與賈逵的義例學爭勝，使《公羊》解經密若「禽、墨之守禦」，振《公羊》學
於既衰。另一方面，當是何休所處的時代，大一統政權早已是明日黃花，再
不能夠奮發有為地實現學者呼籲的理想了。〔註 76〕所以，何休只能指向文本
而不能再期望改變現實了。

總結東漢《春秋》學的發展軌跡，可以清楚看出經學由董仲舒等人匡正
現實的超越性法則一點點變成了國家意識形態的附庸。古文家在爭取官方認
可的過程中，努力向王聖意識形態靠近，而今文經學為保持其學術地位，亦
採用了同樣的方式。經學被用於證明現實王權神聖，而不再是批判現實王權

〔註76〕楊向奎：《論何休》，見《繹史齋學術文集》，上海人民出版社，1983 年。

的依據。經學家在徹底接受王聖的觀念後，再難保持改造現實的理想主義精神，而退守到了純學術領域的文本闡釋。

　　不僅《春秋》學如此，其他經典亦表現出了共同的傾向。例如《詩經》方面，三家詩的根本精神是「以三百篇當諫書」，是經世致用觀念下的外向引申闡發，而盛行於東漢的《毛詩》則是追求說詩的系統化和詩旨與諸書合，〔註77〕以詩篇次第排列世系，機械地根據時代說正變。闡釋方向亦由西漢的刺譏在位者變成了教化民眾，「今文家解經，時時著意於經典對『大人』的約束，故解經喜將矛頭對準在上的『大人』。毛詩家相反，當他們把二《南》篇章詮釋為一個教化的體系時，實際將《詩》這一經典的價值中心作了轉移，《詩》由干預政治之具，變成旨在針對民眾的教化，於是詩篇的累積成了教化的增進，《詩》編排上的次第，變成了周德教化的普及。」〔註78〕再如《周易》學，京房將《周易》與節氣、曆法、音律、干支、五行等內容揉合到了一起，形成一個占測天道的龐雜系統，借卦氣的理效與否評論現實政治。京房的目的在於干預現實，至於與《易經》文本是否相合則非其所重，所以他能夠按照八宮的順序重新排列易卦。而東漢的易學家則像何休的《解詁》一樣，以注經為最高宗旨，但又不可避免扭曲了經文。高懷民說：「西漢孟、焦、京的易學表現得活潑有生氣，東漢鄭、荀、虞等人的易學表現得拘謹少生氣，主要原因就在這『注經』與『不注經』的分別上。」〔註79〕

　　總體來看，經學發展至此，已經失去了活潑的創造力和批判的鋒芒，而變成了尊君卑臣的工具。儒學曾有的獨立品格和道義擔當精神被專制政權異化了。隨著大一政權的崩潰，經學失去了依附的對象，其走向衰落而被之後的玄學思潮替代也就必然了。

〔註77〕例如鄭樵說：「毛公時《左傳》、《孟子》、《國語》、《儀禮》未盛行而先與之合，世人未知《毛詩》之密，故俱從三家。及諸書出而證之，諸儒得以考其異同得失，長者出而短者自廢，故皆捨三家而宗《毛》。」鄭樵看出了《毛詩》比三家詩更與諸書相合的特點，無疑是正確的。但他認為《毛詩》的這種學術化特點是自毛公開始就形成的，則未見其然。現存的《毛詩》一定是在東漢被古文經學家進行了系統化整理，因此其更加學術化的特點應是東漢《毛詩》特色。

〔註78〕參見李山師：《漢儒〈詩〉說之演變──從〈孔子詩論〉〈周南·漢廣〉篇的本義說起》，《北京師範大學學報（社會科學版）》，2004年第4期。

〔註79〕高懷民：《兩漢易學史》，頁138，廣西師範大學出版社，2007年。

第五章　「王命論」意識形態下的思想

　　最爲思想史著作關注的東漢思想，是王充和以王符爲代表的東漢後期之社會批判思潮。他們被二十紀主流思想史給予了極高的評價，尤其是王充，雖曾遭受過傳統學者的批評，例如宋代高似孫《子略・卷四》批評《論衡》「幾於蕪且雜矣」，並說「『談助』之言，可以了此書矣」。但是自胡適開始，就稱揚王充具有「科學精神」，是「自然主義道家」。〔註1〕建國後，多種權威的思想史又在王充身上籠罩上了唯物主義的光環，如侯外廬的《中國思想史》、金春峰的《漢代思想史》等。〔註2〕近年來，龔鵬程、鄧紅等學者又對王充進行了研究，提出了新的看法。〔註3〕其實，褒也罷，貶也罷，重要的是要把王充放在時代文化境中去考察，作「瞭解之同情」。王充一生沈淪下僚，其視野、眼界、思維方式、問題意識都更多地受到了時代的羈絆。他的著作又幾近完整地保存了下來，正好爲我們提供了一例分析東漢中期思想狀況的個案。透過王充，我們可以清楚地看到「王命論」對思想領域的制控，以及思想家新的選擇和精神轉向。東漢後期的社會批判思潮在「王命論」的觀照視角下，也可獲得新的理解。

〔註1〕參見：胡適：《王充的論衡》，原載於《現代學生》第一卷，四、六、八、九期，收入黃暉：《論衡校釋》附編四，中華書局，1990年。

〔註2〕當然也有貶低王充的，如當代哲人徐復觀評王充爲「一個矜才負氣的鄉曲之士」(《王充論考》，收入《兩漢思想史》(第二卷)，頁352，華東師大出版社，2001年) 但徐先生此文有特定的時代背景。

〔註3〕龔鵬程：《漢代思潮》(增訂版)，頁197～237，商務印書館，2008年。

第一節　王充對「王命論」的接受及擴充

　　王充的思想中有許多散片，例如對王權的迷信，對士人榮辱浮沈的思考，對世俗妄見的批駁，等等。這些散片很難說融合成了一個和諧圓滿的思想體系，其間的矛盾牴牾之處隨處可見，如《黃氏日抄》批評其「隨事各主一說，彼此自相背馳，如以十五說主土龍必能致雨（見《亂龍篇》），他日又曰『仲舒言土龍難曉』（見《案書篇》）。如以千餘言力辯虎狼食人非部吏之過矣（見《遭虎篇》），他日又曰『虎狼之來，應政失也』（見《解除篇》）」。〔註4〕但是有一條主線卻貫穿在這些思想散片當中：宿命論。蕭公權說：「王充自謂《論衡》之宗旨可一言以蔽之，曰『疾虛妄』……然《論衡》最大之特點為其以自然主義為根據之宿命論」。〔註5〕鄧紅也認為「『命』是王充思想哲學體系的中樞和基本點」。〔註6〕下面，我們就從王充的宿命論說起。

一、王充接受宿命論的因緣

　　王充並非中國思想史上第一流的人物，他無法突破時代、環境、流俗的限制，其思想體系與人生遭遇有著極大的關聯。如果說屈原的流放造就了其悲怨千古、光同日月的《離騷》奇文，司馬遷的受辱經歷使《史記》由潤色鴻業之作一變而為血淚奔流、慷慨激越之史家絕唱，那麼，王充落拓不遇卻又相對平穩、囿於鄉曲的人生經歷帶給他的是膚淺的思考力度、狹窄的眼界及對個人仕宦浮沈的極端關注。

　　關於王充的人生經歷，我們可以從《論衡・自紀篇》及《後漢書・王充傳》窺見一斑：

> 在縣位至掾功曹，在督尉府位亦掾功曹，在太守為列掾五官功曹行事，入州為從事。不好徼名於世，不為利害見將……眾會乎坐，不問不言，賜見君將，不及不對。在鄉里，慕蘧伯玉之節；在朝廷，貪史子魚之行。（《自紀篇》）

> 仕郡為功曹，以數諫爭不合去。……刺史董勤辟為從事，轉治中，自免還家。友人同郡謝夷吾上書薦充才學，肅宗特詔公車徵，病不

〔註4〕見黃暉：《論衡校釋》附編三，頁1243，中華書局，1990年。
〔註5〕蕭公權：《中國政治思想史》，頁232，新星出版社，2005年。
〔註6〕鄧紅：《王充新八論》，頁101，中國社會科學出版社，2003年。

行。年漸七十，志力衰耗，乃造《養性書》十六篇，裁節嗜欲，頤
神自守。永元中，病卒于家。（《後漢書·王充傳》）

王充所任的郡縣功曹屬於百石少吏，不由中央任免，而由守相、令長自行辟
除，職在「總揆眾務，又握群吏進退之權，故地位尊顯」。〔註7〕王充升任的
州從事是刺史的屬吏，「『從事』者，本為動詞，非職官名也。蓋出督之官本
無屬吏，但每到一郡，即擇郡縣屬吏之佳者與從事而已」，自元帝時于定國「條
州大小為設吏員」，「從事」始為刺史固定的僚屬，秩百石。〔註8〕由縣、都尉、
郡國功曹，到州從事，意味著王充在底層行政機關中一步步的陞遷。這雖在
鄉村不無尊顯，但終究祗是少吏，而不是長吏（即秩二百石以上的佐官）、士
大夫。地方官中的長吏，以及縣道令長以上的官僚，都由中央委任。官僚長
吏的任職途徑不外數端：「曰孝廉三署郎，曰公府掾，曰尚書郎、令史，曰侍
御史、謁者，曰州茂才。」〔註9〕這些任職身份的獲得，自西漢中期以來，多
由地方官察舉孝廉，〔註10〕或者博士弟子（由太常選擇或地方官推薦）射策
甲科而得。理論上，官長察舉推薦要依據士子通明經學、政治才幹和國家的
選拔條目進行，但實際上自西漢後期以來隨著明經的家族化和士人的豪族
化，選舉越來越受到家族權勢的干擾，選舉不實遂成為國家官僚系統中的一
個疾瘤。例如章帝建初元年詔書曰：「選舉乖實，……可不憂與！……明政無
大小，以得人為本。夫鄉舉里選，必累功勞。今刺史、守相不明真偽。……
每尋前世舉人貢士，或起畎畝，不繫閥閱。」（《後漢書·章帝紀》）韋彪上議
曰：「士宜以才行為先，不可純以閥閱。」（《後漢書·韋彪傳》）宋均也說：「今
選舉不得幽隱側陋，但見長吏耳。」（《後漢紀·卷九》）可見，在東漢初期，
官僚世族化的現象已頗為嚴重。在這種社會狀況下，王充以一個「孤門細族」
的身份，仕途頓挫實屬一個常見不鮮的悲劇。

王充頗以儒學修養自高，並對當時的文吏多指責批評。例如：「儒生治本，
文吏理末，道本與事末比，定尊卑之高下，可得程矣。」（《論衡·程材篇》）
「以儒生脩大道，以文吏曉簿書。道勝於事，故謂儒生頗愈文吏也。」（《論

〔註7〕 嚴耕望：《中國地方行政制度史——秦漢地方行政制度》，頁121，上海古籍出
版社，2007年。

〔註8〕 嚴耕望：《中國地方行政制度史——秦漢地方行政制度》，頁306。

〔註9〕 嚴耕望：《中國地方行政制度史——秦漢地方行政制度》，頁316。

〔註10〕 因此，關於《後漢書》本傳載謝夷吾推薦王充之事，存在頗多疑點，參見徐
復觀：《王充論考》，《兩漢思想史》（第二卷），華東師大出版社，2001年。

衡・謝短篇》）「儒生抱道貿祿，文吏無所抱，何所貿易？」「夫文吏之學，學治文書也，當與木土之匠同科，安得程於儒生哉？」（《論衡・量知篇》）「遇暗長吏，轉移俗吏，超在賢儒之上；賢儒處下，受馳走之使……夫賢儒所懷，其猶水中大石、在地金鐵也。其進不若俗吏速者，長吏力劣，不能用也。」（《論衡・狀留篇》）等等。但是，現代學者據出土的西漢末年之尹灣漢簡考證，不論是由少吏陞遷爲長吏，還是由長吏遷轉爲其他長吏，以實際才幹陞遷者都占很高的比例，因儒學素養而獲陞遷者所占比例非常低，「儘管隨著儒學的推廣，東漢時期，少吏中儒生的比例可能比西漢會有所提高，但提高的程度是有限的」。〔註11〕也就是說，在王充的時代，因爲受經濟條件、師資條件等因素的限制，少吏階層中有儒學修養的人很少。也因此，「對少吏的考覈與任用，所重視的是他們的實際才幹，而不是儒學素養。」〔註12〕所以，王充的儒學修養固然可貴，但在仕進陞遷中並不佔有優勢，「今世之將相，不責己之不能，而賤儒生之不習；不原文吏之所得得（衍字）用，而尊其材，謂之善吏。……是以選舉取常故，案吏取無害。儒生無閥閱，所能不能任劇，故陋於選舉，佚於朝廷」（《論衡・程材篇》）。在這種選舉常例下，作爲儒生的王充，淪落下僚又屬難免。

對於自負才高、卻又「仕數不耦」、「涉世落魄」的王充來說，最有理由發憤著書，批判限制其仕進的種種不合理制度和社會弊端，提出一個更高遠、更美好的社會理想。但是，王充又生逢所謂的盛世，「王命論」的思潮流行，「王聖」意識形態深刻有力地左右著思想方向。再加上作爲一個底層小吏，王充對王朝政治更多地處在嚮往和假想的狀態中，很難說有切實全面的瞭解。沈醉在太平幻境中的王充，毫不懷疑地接受了「王命論」，例如：「董仲舒表《春秋》之義，稽合於律，無乖異者。然則《春秋》漢之經，孔子制作，垂遺於漢。」（《論衡・程材篇》）「王者一受命，內以爲性，外以爲體。體者，面輔骨法，生而稟之」；「上天壹命，王者乃興，不復更命也。得富貴大命，自起王矣……夫王者，天下之翁也，稟命定於身中，猶鳥之別雄雌於卵殼之中也……夫王者，天下之雄也，其命當王，王命定於懷妊，猶富貴骨生，鳥

〔註11〕于振波：《從尹灣漢簡看兩漢文吏》，《湖南大學學報（社會科學版）》，2008年第 3 期。

〔註12〕于振波：《從尹灣漢簡看兩漢文吏》，《湖南大學學報（社會科學版）》，2008年第 3 期。

雄卵成也」（《論衡‧初稟篇》）。「凡人稟貴命於天，必有吉驗見於地，見於地，故有天命也。驗見非一，或以人物，或以禎祥，或以光氣」，「創業龍興，由微賤起於顛沛，若高宗、光武者，曷嘗無天人神怪光顯之驗乎？」（《吉驗篇》）這些都是「王命論」中「孔爲赤制」、「上天垂戒」等思想命題的回響。很長時間以來王充都被現代學者評爲「疾虛妄」的英雄，但從這些引文中可以清楚地看出：王充對政治神話中的「虛妄」不僅熟視無睹，甚至是篤信並進一步宣揚的。鄧紅通過考察《論衡》中關於漢高祖的論述，得出結論說：「王充對有關高祖的幾大神話是深信不疑的。不但沒有任何懷疑，他還以這些神話爲武器和材料，來證明他的天命論、頌漢論和鬼神妖論（除『人死爲鬼』論以外）。也就是說，高祖神話是王充構築其思想體系的重要材料和論據，也是批判別人的銳利武器──漢朝人誰敢不相信自己的開朝皇帝的神奇福瑞？」〔註13〕

　　篤信「王命論」的王充，對聖漢懷有無比眞誠熱情的讚歎和崇拜之情。《須頌篇》說：「漢家功德，頗可觀見；今上即命，未有褒載。《論衡》之人，爲此畢精，故有《齊世》、《宣漢》、《恢國》、《驗符》。」在這幾篇歌頌漢王朝的文章中，王充說：

> 方今聖朝，承光武，襲孝明，有浸酆溢美之化，無細小毫髮之虧，上何以不逮舜、禹？下何以不若成、康？世見五帝、三王事在經傳之上，而漢之記故尚爲文書，則謂古聖優而功大，後世劣而化薄矣。（《齊世篇》）

> 文、武受命之降怪，不及高祖、光武初起之祐；孝宣、〔孝〕明之瑞，美於周之成、康、宣王。……今上即命，奉成持滿，四海混一，天下定寧。物瑞已極，人應〔斯〕隆。……以磐石爲沃田，以桀暴爲良民，夷坱坷爲平均，化不賓爲齊民，非太平而何？夫實德化則周不能過漢，論符瑞則漢盛於周，度土境則周狹於漢，漢何以不如周？獨謂周多聖人，治致太平？儒者稱聖泰隆，使聖卓而無跡；稱治亦泰盛，使太平絕而無續也。（《宣漢篇》）

> 《宣漢》之篇，高漢於周，擬漢過周，論者未極也。恢而極之，彌見漢奇。夫經熟講者，要妙乃見；國極論者，恢奇彌出。恢論漢國，

〔註13〕 鄧紅：《王充新八論續編》，頁137～138，中國社會科學出版社，2007年。

在百代之上，審矣。(《恢國篇》)

在王充看來，因爲在疆域、符瑞、受命、治平、德化等方面的非凡表現，漢朝儼然是開天闢地以來超過唐虞、堯舜、夏、商、周的太平盛世，「漢已有聖帝，治已太平」，「漢德非常（徒）實然，乃在百代之上」(《須頌篇》)。他不滿於儒者稱述往古、指責現實的批判立場，稱之爲「拘儒」。「儒者稱聖過實，稽合於漢，漢不能及。非不能及，儒者之說，使難及也。實而論之，漢更難及。……是故《春秋》爲漢制法；《論衡》爲漢平說」(《須頌篇》)。據王充在《須頌》等篇的自述，其「爲漢平說」的篇章除《齊世》、《宣漢》、《恢國》、《驗符》外，還有《講瑞》、《指瑞》、《是應》、「三增」、「九虛」、《能聖》、《實聖》、《治期》、《偶會》《順鼓》、《明雩》，再加上《須頌》、《吉驗》等，應在30篇左右，占《論衡》全書的三分之一。因此，「這個讚頌的立場和心態，其實更是貫穿整部《論衡》的線索」，〔註14〕而非如有的論者爲刻意拔高王充，把這些篇章解釋爲「諷漢」、「免禍」、「自薦求官」等。〔註15〕王充的「頌漢」立場不僅體現在其創作的具體篇章中，甚至還成了他的人生志向，「《論衡》之人，在古荒流之地……得詔書到，計吏至，乃聞聖政。是以褒功失丘山之積，頌德遺膏腴之美。使至臺閣之下，蹈班、賈之際，論功德之實，不實毫釐之微。」(《須頌篇》)若此，如何能夠說王充不是眞誠頌漢？

問題是，盛世中的人們應當太平安康、才儘其用，在這樣偉大的時代中，何以還會有王充的落拓不遇、仕途演蹇的人生悲劇呢？表面上，王充標榜自己不在乎這些，儼然看淡了名位富貴，「位不進，亦不懷恨。貧無一畝庇身，志佚於王公；賤無斗石之秩，意若食萬鍾。得官不欣，失位不恨。處逸樂而欲不放，居貧苦而志不倦」(《自紀篇》)。實際上，王充對自己的仕途不暢充滿了苦悶和牢騷。《論衡》中多次提到了世俗對於王充才高位卑的淪落狀況之譏誚，例如：「今俗人既不能定遇不遇之論，又就遇而譽之，因不遇而毀之」(《逢遇篇》)；「世之論事者，以才高（者）當爲將相，能下者宜爲農商。見智能之士，官位不至，怪而訾之曰：『是必毀於行操。』行操之士，亦怪毀之曰：『是必乏於才知』」(《名祿篇》)；「世人怪其仕宦不進，官爵卑細，以賢才退在俗吏之後，信不（可）怪也」，「今賢儒懷古今之學，負荷禮義之重，內

〔註14〕龔鵬程：《兩漢思潮》，頁199，商務印書館，2008年。

〔註15〕參見孫如琦：《王充溢美章帝原因辨析》，《杭州大學學報》，第24卷第3期，1994、9。

累於胸中之知，外劬於禮義之操，不敢妄進苟取，故有稽留之難」，「故夫仕宦，失地難以觀德，得地難以察不肖。名生於高官，而毀起於卑位」（《狀留篇》）；「俗性貪進忽退，收成棄敗，充升擢在位之時，眾人蟻附；廢退窮居，舊故叛去」（《自紀篇》）；等等。那麼，該如何解釋自己的才德與祿位之間的不相稱呢？

王充的回答是，才學淵博、品質賢良與仕途福祿之間並非因果決定關係，而是分屬於不同的範疇：「性」、「命」。在此基本觀照下，王充將「王命論」擴展到了一切人事，不僅王者有大命，而且「自王公逮庶人，聖賢及下愚，凡有首目之類，含血之屬，莫不有命」（《命祿篇》），從而提出了一個涵蓋更為廣泛的宿命論思想體系。

二、王充的宿命論思想體系

《論衡》開篇，王充先從操行與仕宦的因果斷裂處提出了「遇」和「時」的概念：「操行有常賢，仕宦無常遇。賢不賢，才也；遇不遇，時也。才高行潔，不可保以必尊貴；能薄操濁，不可保以必卑賤。或高才潔行，不遇，退在下流；薄能濁操，遇，在眾上。……處尊居顯，未必賢，遇也；位卑在下，未必愚，不遇也……所以遇不遇非一也：或時賢而輔惡；或以大才從於小才；或俱大才，道有清濁；或無道德，而以技合；或無技能，而以色幸」（《逢遇篇》）。在王充看來，人世的榮華富貴是由「遇」帶來的，而非才高行潔的正當回報。「遇」又帶有很大的偶然性，無法用理性解釋和把握。這與「揣」不同：「且夫遇也，能不預設，說不宿具，邂逅逢喜，遭觸上意，故謂之『遇』。如准主調說，以取尊貴，是名為『揣』，不名曰『遇』。」（《逢遇篇》）「邂逅逢喜，遭觸上意」是恍惚縹緲中的悅慕，是難以解釋的知遇欣賞，個體無法去爭取和強求。

在《累害篇》中，王充又集中論述了導致落魄人生的非人力因素，「凡人仕宦有稽留不進，行節有毀傷不全，罪過有累積不除，聲名有闇昧不明，才非下，行非悖也，又知非昏，策非昧也，逢遇外禍，累害之也。」具體來說，君子有「三累三害」：「同心恩篤，異心疎薄，疎薄怨恨，毀傷其行，一累也」；「高者得榮，下者慚恚，毀傷其行，二累也」；「歡則相親，忿則疏遠，疏遠怨恨，毀傷其行，三累也」；「仕者爭進，進者爭位，見將相毀，增加傅致，將昧不明，然納其言，一害也」；「清吏增郁郁之白，舉洝洝之言，濁吏懷志

怨恨，徐求其過，因纖微之謗，被以罪罰，二害也」；「佐吏非清節，必拔人越次……清正之仕，抗性伸志，遂爲所憎，毀傷於將，三害也」。由此，「修身正行，不能來福」。與「累害」相對應的是「幸偶」。《幸偶篇》討論了由幸偶和不幸偶帶來的不同人生情態，「賞而信者未必眞，罰而疑者未必僞，賞信者偶，罰疑不偶也」。

那麼，這些自我無法把握的偶然、逢遇又是由什麼力量決定的？王充的回答是「命運」，「凡人遇偶及遭累害，皆由命也」，「貴賤在命，不在智愚；貧富在祿，不在頑慧」（《命祿篇》）。「凡人窮達禍福之至，大之則命，小之則時」（《禍虛篇》）。令無數人迷醉其中的榮辱浮沈，其實不過命運之手的隨意撥弄，短暫而又無常：「故命貴從賤地自達，命賤從富位自危。故夫富貴若有神助，貧賤若有鬼禍。」在提出「命運」範疇的同時，王充辨析了其與「才性」的區別：「故夫臨事知愚，操行清濁，性與才也；仕宦貴賤，治產貧富，命與時也。」（《命祿篇》）在《命義篇》中，王充又比較了「命」與「性」：「夫性與命異，或性善而命凶，或性惡而命吉。操行善惡者，性也；禍福吉凶者，命也。或行善而得禍，是行善而命凶；或行惡而得福，是性惡而命吉也。性自有善惡，命自有吉凶。使命吉之人，雖不行善，未必無福；凶命之人，雖勉操行，未必無禍。」就這樣，個人命運成了與操行品德完全無關的事項，行善未必命善，行凶未必命凶，所謂「人之盛衰，不在賢愚」是也。個人成了命運強力控制下的被動物體，無論怎樣掙扎，都不可更改最終的結局。「人稟性命，或當壓溺兵燒。雖或愼操修行，其何益哉？」（《刺孟篇》）

具體來說，「命」有二品：「一曰所當觸值之命，二曰強弱壽夭之命。所當觸值，謂兵燒壓溺也；強壽弱夭，謂稟氣渥薄也。」（《氣壽篇》）所當觸值之命主要由國運、時運決定，強弱壽夭則是個體出生時就稟受的生命長短強弱之定數。兩相比較，前者的力量要大於後者，例如「歷陽之都，男女俱沒；長平之坑，老少並陷。萬數之中，必有長命未當死之人，遭時衰微，兵革並起，不得終其壽。」（《命義篇》）個體的好命無法對抗國家的惡命，即「國命勝人命，壽命勝祿命」（《命義篇》）。所謂國家之命，實質上也就是君主之命。君主的命運，影響時運的變化，時運則會直接改變某些個人的命運。例如：「高祖初起，相工入豐、沛之邦，多封侯之人矣，未必老少男女俱貴而有相也，卓礫時見，往往皆然。」（《命義篇》）君主在王充的宿命體系中佔有極爲重要的位置，例如他說「人有命，有祿，有遭遇，有幸偶」，「遇者，遇其主而用。

雖有善命壽祿，不遇知己之主，不得效驗」，「偶者，謂事君有偶也。以道事君，君善其言，遂用其身，偶也；行與主乖，退而遠，不偶也」（《命義篇》）。因為對君主的過分強調，其理論體系呈現出了罅漏：一方面王充認為命是不可改變的，是必然要實現的，另一方面，好命的實現又賴於君王的遇偶，命豈非又成了或然的選項？但這個罅漏可以解釋：王充認為命的不可更改，是想否定其與德行才略之間的聯繫，使個體擺脫落魄狀況中輿論的壓力；而強調君王的作用，又來自於現實中仕宦的感受。

那麼，個體又是怎樣獲得其獨有的命運呢？「凡人受命，在父母施氣之時，已得吉凶矣。」（《命義篇》）具體來說，「稟得堅彊之性，則氣渥厚而體堅彊，堅彊則壽命長，壽命長則不夭死。……至於富貴所稟，猶性所稟之氣，得眾星之精……得富貴象則富貴，得貧賤象則貧賤」。富貴是如何得之於眾星之精呢？「天有百官，有眾星，天施氣而眾星布精，天所施氣，眾星之氣在其中矣。人稟氣而生，含氣而長，得貴則貴，得賤則賤。貴或秩有高下，富或貲有多少，皆星位尊卑小大之所授也」（《命義篇》）。例如，天有百官，地上亦有萬民、五帝、三王，王者之先祖，皆感太微五帝之精而生。再如：「天有王梁、造父，人亦有之，稟受其氣，故巧於御。」（《命義篇》）不難看出，王充儘管反對天人感應說（見下一節論述），但卻接受了前儒以人間秩序為基礎構築起來的天之圖象，如《春秋繁露》、《白虎通義》等著作**裏**均有這樣的圖像。在接受作為人間社會投影的天象基礎上，王充又以之來解釋人間社會的富貴命祿，將人間之等級差別塗上了一層超驗客觀之神秘色彩。

由於人的命運是由出生時所稟受的氣所決定的，「人生性命當富貴者，初稟自然之氣，養育長大，富貴之命效矣」（《初稟篇》），所以王充反對儒者相傳的「三命說」，認為「隨命」不可信：「行善當得隨命之福，乃觸遭命之禍，何哉？言隨命無遭命，言遭命無隨命，儒者三命之說，竟何所定？且命在初生，骨表著見。今言隨操行而至，此命在末，不在本也。則富貴貧賤皆在初稟之時，不在長大之後隨操行而至也。」（《命義篇》）王充舉例說：「成王之才，不如周公；桓公之知，不若管仲，然成、桓受尊命，而周、管稟卑秩也。案古人君希有不學於人臣，知博希有不為父師，然而人君猶以無能處主位，人臣猶以鴻才為廝役」，所以，「命有貴賤，才不能進退」（《命祿篇》）。

受命之後，命運又是怎樣作用於人生呢？王充回答說：「命，吉凶之主也，自然之道，適偶之數，非有他氣旁物厭勝感動使之然也。」（《偶會篇》）也就

是說，命運是決定人吉凶禍福的神秘力量，但它是通過一些自然發生、非人力而爲的偶然性事件來實現的，並沒有他氣旁物來干涉人生。也即，必然通過偶然來實現，偶然中又有必然，結局的必然性與事件的偶然性奇特地組合在一起，所謂「期數自至，人行偶合」是也。在偶然的觀念下，王充對歷史和現實中的人事進行了重新闡釋：「世謂子胥伏劍，屈原自沈，子蘭、宰嚭誣諂，吳、楚之君冤殺之也。偶二子命當絕，子蘭、宰嚭適爲讒，而懷王、夫差適信姦也。君適不明，臣適爲讒，二子之命，偶自不長，二偶三合，似若有之，其實自然，非他爲也。」（《偶會篇》）等等。在這種闡釋下，人事的因果聯繫和道德評判都被取消了，一切都成了偶然，幾個「適」、「偶」湊到一起，造就了生命初生所稟的必然，命運由此得到落實。生命在偶然的撥弄下，變成了漂浮的孤舟，無可奈何地等待命運的降臨。甚至連生命本身，也成了偶然的存在，「夫天地合氣，人偶自生也；猶夫婦合氣，子則自生也。……然則人生於天地也，猶魚之（生）於淵，蟣蝨之（生）於人也，因氣而生，種類相產。」（《物勢篇》）

王充還將偶然推充到了人君的治道功化上，「命當貴，時適平；期當亂，祿遭衰。治亂成敗之時，與人興衰吉凶適相遭遇」（《偶會篇》）；「然而治國之吏，未必賢於不能治國者，偶得其方，遭曉其術也」（《定賢篇》）。例如，「世謂韓信、張良輔助漢王，故秦滅漢興，高祖得王。夫高祖命當自王，信、良之輩時當自興，兩相遭遇，若故相求」（《偶會篇》）。再如：「或時旱久，時當自雨，湯以旱久，以適自責，世人見雨之下，隨湯自責而至，則謂湯以禱祈得雨矣。」（《感虛篇》）再如：「賢君之立，偶在當治之世，德自明於上，民自善於下，世平民安，瑞祐並至，世則謂之賢君所致。無道之君，偶生於當亂之時，世擾俗亂，災害不絕，遂以破國亡身滅嗣，世皆謂之爲惡所致。若此，明於善惡之外形，不見禍福之內實也。禍福不在善惡，善惡之證不在禍福」（《治期篇》）；「故夫治國之人，或得時而功成，或失時而無效」，「命窮，賢不能自續；時厄，聖不能自免」（《定賢篇》）。總之，在王充看來，不僅人君統治天下的資格來自於初稟的貴命，而且其治理天下的效果亦與人君的賢愚善惡無關，因爲這一切都得之於時命偶然。這樣便讓君主徹底擺脫了人類的道德律令限制，其治道功化也就成了人們無權評論的話題，更勿論指責君主不夠賢明了。這是對「王命論」的進一步擴充。

「命」聽起來很玄妙，自然而然卻又讓人無力改變，既縹緲恍惚又確定

無疑。然而，在《骨相篇》王充說個體能夠預知自己的命運：「人曰命難知。命甚易知。知之何用？用之骨體。人命稟於天，則有表候見於體。察表候以知命，猶察斗斛以知容矣。表候者，骨法之謂也。」所以，聖人多異表，例如黃帝龍顏，顓頊戴干，舜目重瞳，文王四乳，等等。這些奇怪的狀貌中蘊含著通天的富貴與神靈。王充還說：「夫舉家皆有富貴之命，然後乃任富貴之事。骨法形體有不應者，則必別離死亡，不得久享介福。」例如高祖全家皆有富貴相，王政君所許嫁之前兩家，夫輒死。王充還通過趙簡子、黥布、衛青、周亞夫、鄧通等人的命運符契於相者所言的事例，得出結論說：「按骨節之法，察皮膚之理，以審人之性命，無不應也。」既然人的骨法形相不可改變，那麼人的命運亦不可改變，「器之盛物，有斗石之量，猶人爵有高下之差也。器過其量，物溢棄遺；爵過其差，死亡不存。論命者如比之於器，以察骨體之法，則命在於身形，定矣。」也就是說，人的身形所能承受的福祿是有一定限量的，「善器必用貴人，惡器必施賤者」，超過了限量，可能會給其人帶來死亡覆滅的危險。「才力而致富貴，命祿不能奉持，猶器之盈量，手之持重也。器受一升，以一升則平，受之如過一升，則滿溢也；手舉一鈞，以一鈞則平，舉之過一鈞，則躓仆矣。」（《命祿篇》）但是，骨相又是隱匿微妙的，「相或在內，或在外，或在形體，或在聲氣」，因此相人者應當通盤考慮，以求準確把握。當一個思想家大談特談相術骨法時，思想與術數的距離還有多遠呢？

徐復觀說王充的命運論中存在一個缺口：求命的線索，「因為有了這一點缺口，才不至把人生完全悶死在命運的乾坤袋**裏**，而王充本人，依然表現出十分積極性的人生」。〔註16〕但實際上，「求命的線索」在王充的思想體系**裏**表現得非常微弱。徐復觀據以得出求命線索的那段《命祿篇》文字在表達上相當混亂：「天命難知，人不耐審，雖有厚命，猶不自信，故必求之也。如自知，雖逃富避貴，終不得離。……廢時失務，欲望富貴，不可得也。雖云有命，當須索之。如信命不求，謂當自至，可不假而自得，不作而自成，不行而自至？」這段話表面上表達的是求命觀念，但實際上是承上段文字而來：「信命者，則可幽居俟時，不須勞精苦形求索之也，猶珠玉之在山澤，不求貴價於人，人自貴之」，它描述的是與信命君子「幽居俟時」不同的世俗情態。這並非王充認同或主張的觀念，而寓有批評之義。故而下段接著又

〔註16〕徐復觀：《兩漢思想史》（第二卷），頁388，華東師大出版社，2001年。

說：「富貴之福，不可求致；貧賤之禍，不可苟除也。」但是因爲王充的批評意見表述的不夠明確，再加上文字錯訛，遂使人容易得出相反的結論。王充在此段中接下來的文字更可看出其眞實態度：「夫命富之人，筋力自彊，命貴之人，才智自高，若千里之馬，氣力自勁，頭目蹄足自相副也。」只有命運富貴之人，才會有強健的筋力和高超的才智，才能夠力作而不貧。若此，依然是宿命的觀念。

這裡還需要討論一下與「命」密切相關的「性」。如前所論，王充對兩者做了極精細的區分，「性」決定操行，「命」決定富貴，並且否定了他們之間的因果關係。但是，兩者卻都得之於初生：「初生意於善，終以善；初生意於惡，終以惡。」（《率性篇》）而且，性亦有三「有正，有隨，有遭。正者，稟五常之性也；隨者，隨父母之性也；遭者，遭得惡物象之故也」（《率性篇》）更爲重要的是，「非徒富貴貧賤有骨體也，而操行清濁亦有法理。……非徒命有骨法，性亦有骨法」（《骨相篇》）。因此，「性」與「命」又不可避免地雜揉到了一起：「稟性受命，同一實也。命有貴賤，性有善惡。謂性無善惡，是謂人命無貴賤也」（《本性篇》）「人生受性，則受命矣。性命俱稟，同時並得，非先稟性，後乃受命」（《初稟篇》）。而且，王充在論述的過程中，又常常混淆了「性」與「命」的詞語區分，例如：「命則性也」（《命義篇》）；「天性猶命也」（《名祿篇》）。在「性」與「命」的區分與雜揉當中，我們不難發現：區分是爲了解釋自身的不遇，而雜糅則源於王充哲學思維的混沌。

其中，更有理論體系的矛盾。如果性與命一樣得自於初稟，那麼邏輯推理應是與命一樣不可更改。王充自己也說：「用氣爲性，性成命定……性不可改變，命不可加減」（《無形篇》）；「凡人稟性也，清、濁、貪、廉，各有操行，猶草木異質，不可復變異也」。但是，王充又在《率性篇》中大談聖王化性：「論人之性，定有善有惡。其善者，故自善矣；其惡者，故可教告率勉，使之爲善。凡人君父審觀臣子之性，善則養育勸率，無令近惡；惡則輔保謹防，令漸於善。善漸於惡，惡化於善，成爲性行。」徐復觀對此進行了積極的評價，認爲「正賴由此一突出，使我們可以承認他的思想家的地位」。〔註17〕龔鵬程則說這是因爲王充欲「讓國君握有統治者、教化者、決定者的大權與地位，享受治世治績的榮耀」。〔註18〕比較起來，筆者認爲龔說要更符合王充的思想立場。

〔註17〕徐復觀：《兩漢思想史》（第二卷），頁391，華東師大出版社，2001年。
〔註18〕龔鵬程：《兩漢思潮》（增訂版），頁213，商務印書館，2008年。

三、王充「宿命論」的思想史梳理

　　福祿與操行不一致的不合理現象，本可以發展出一種社會批判學說，可是王充卻全由「命」來解說。「故人之死生，在於命之夭壽，不在行之善惡。國之存亡，在期之長短，不在於政之得失」（《異虛篇》），此說取消了人類進德修業的積極性努力，而把一切人事變成了命運撥弄的玩偶。李源澄先生指出：「孔孟之言命也，以濟人事之窮，未嘗以命運遭會解釋一切歷史……故其言命而不害義。自王充之言命也，則以命害義，忠臣之殺身不足悲，佞邪之害國不爲罪，國家之盛衰治亂，無關於政治之善惡隆汙。一部歷史，皆爲幻劇，聖賢豪傑之造建皆全失其意義也。」〔註19〕王充何以會如此信命呢？理想主義的失落使然。

　　當論者堅持一個高於現實的社會理想來俯瞰當前政治，自然會發現種種不完滿和缺憾，不可避免地會有種種激烈的批評，從而發揚出一種超越的批判精神。西漢儒生大談「太平理想」，例如《韓詩外傳・卷三》描述說：「太平之時，民行役者不踰時，男女不失時以偶。孝子不失時以養。外無曠夫，內無怨女。上無不慈之父，下無不孝之子。父子相成，夫婦相保。天下和平，國家安寧；人事備乎下，天道應乎上。故天不變經，地不易形。日月昭明，列宿有常。天施地化，陰陽和合。動以雷電，潤以風雨，節以山川，均其寒暑。萬民育生，各得其所，而制國用。故國有所安，地有所主，聖人刳木爲舟，剡木爲檝，以通四方之物，使澤人足乎木，山人足乎魚，餘衍之財有所流。故豐膏不獨樂，磽确不獨苦，雖遭凶年饑歲，禹湯之水旱，而民無凍餓之色。故生不乏用，死不轉尸，夫是之謂樂。」《春秋繁露・王道》中除了暢想五帝三王的理想王道世界中，萬民安樂、秩序井然外，還加入了眾多神異的祥瑞，使之更加超凡：「故天爲之下甘露，朱草生，醴泉出，風雨時，嘉禾興，鳳凰麒麟遊於郊。」其他如《說苑・貴德》，甚至武帝、元帝的詔書等也都無限嚮往地提到過這個理想。這個理想是如此偉大而神聖，其合理性不言而喻。當儒生們沒有進入權力核心時，他們以太平理想打量現實，對種種不合理的苦難，或「歎息」，或「掩涕」；當他們掌權後，則試圖以禮樂教化來達到太平盛景，甚至在理想的鼓舞下要求現實帝王讓出權力。在西漢儒生看來，現實王權並不具有先天的合理性，只有當王權成爲人類實現太平理想的

〔註19〕李源澄：《讀論衡》，《李源澄學術論著初編》，頁48～49，路明書店，1944年。

領導性力量時，才會被社會大眾擁戴。無數儒生義無反顧地投入到了這個烏托邦理想的實現之旅中，生命變得崇高而又堅毅，超凡入聖。

然而不幸的是，理想主義發揮到極致後就開始扭曲現實，其在王莽新朝帶來了巨大的歷史災難。驚詫和痛苦之餘，儒生們從理想主義反彈到了「王命論」，即不再用理性去拷問王權合法性的終極源泉，而把其懸置起來，用神秘的「命」去解釋。那些宏大的政治理想再也不具有動人心魄的力量了。東漢帝王們敏銳適時地發現了「王命論」的利用價值，發展出一套維護王權的「王聖」意識形態，填補了理想坍塌後的價值真空。帝王成了最高的價值源泉，太平理想淪為了東漢儒生粉飾現實的工具和手段。

在這種文化氛圍中的王充，陶醉在現實的太平幻境中，無限真誠地頌漢褒劉，而對儒生階層的理想主義精神傳統極為隔膜。在《是應篇》，王充先總結了儒者所論的太平理想，然後以世俗的態度，從事實層面對這個理想進行了質疑和分析：「夫儒者之言，有溢美過實。瑞應之物，或有或無。夫言鳳凰、麒麟之屬，大瑞較然，不得增飾；其小瑞徵應，恐多非是。……風不鳴條，雨不破塊，可也；言其五日一風，十日一雨，褒之也。風雨雖適，不能五日十日正如其數。言男女不相干，市價不相欺，可也；言其異路，無二價，褒之也。太平之時，豈更為男女各作道哉？不更作道，一路而行，安得異乎？太平之時，無商人則可，如有，必求便利以為業，買物安肯不求賤？賣貨安肯不求貴？有求貴賤之心，必有二價之語。此皆有其事，而褒增過其實也。」接下來，又從實用的角度否定了儒者相傳的神異祥瑞。例如，儒者言太平時有蓲蒲生於廚房，搖鼓生風，使食物寒涼不腐，王充先從實證方面考論太平之氣不能自生蓲蒲，又說：「從手風來，自足以寒廚中之物，何須蓲蒲？」等等。這是對儒者太平理想的世俗化解構，是以狹隘的事實價值否定理想價值。值得注意的是，王充雖然否定了「小瑞徵應」，卻承認「大瑞較然」。這是因為漢朝出現了諸多這樣的大瑞，表明了聖漢的偉大。所以王充在《宣漢》、《齊世》等篇中，又以這些「大瑞」作為頌漢的理由和證據。

再如在《治期篇》，王充以自然命定論否定了儒者的太平理想：「世稱五帝之時，天下太平，家有十年之蓄，人有君子之行。或時不然，世增其美；亦或時然，非政所致。……禮義之行，在穀足也。案穀成敗，自有年歲。年歲水旱，五穀不成，非政所致，時數然也。……五帝致太平，非德所就，明矣。」就這樣，太平理想不再是靠人類的德行努力可以達致的目標，而是時

數帶來的饑饉所導致的結果。時命的力量涵天蓋地，而人類自身渺小得可憐。這與《韓詩外傳》中宣稱「安止平正，除疾之道無他焉，用賢而已矣」相比，再也沒有理想主義昂揚宏肆的自信與激情了。

對於王充來說，現實本身就已經達到了人類社會的最高治境，不再有一個高於現實的完滿理想存在。沒有了一個超越性的支點來觀照現實，王充還如何能夠發展出一種批判學說呢？前哲多把王充的思想評為悲觀，例如蕭公權先生說：「充謂治亂不關人事，是現在之努力為徒勞也。又謂盛世必還為亂世，是未來之希冀為虛妄也。茲復證上世與漢同德，是過去亦無足留戀也。於是茫茫宇宙之中更無足以企慕追求之境界，而人類歷史不過一無目的、無意義、無歸宿之治亂循環而已。」〔註20〕但是，這是邏輯推理的結果，並非王充的原意。王充否定人類社會的黃金時代，是為了讚頌現實王權超越百代、神聖無比，而不意味著悲觀。理想主義失落後，王充以世俗底層官僚的眼光去評判社會政治，不自覺地沈醉到了東漢王朝治安且平的幻象當中，「漢已有聖帝，治已太平」(《須頌篇》)。因此，他表現出了對士人批判精神傳統的疏離和隔膜，對儒生們高揚的社會理想也冷嘲熱諷。準確地說，王充的宿命論不是悲觀，而是庸俗。它把現實人生的種種不完滿歸之於命運的不濟，排除了王權對歷史的客觀責任，從而去安心適應外在的不合理制度，而非努力改善之。這是士人自身失去批判能力之後，又在「王聖」意識形態的制控下，呈現出來的思想形態，淺薄而又無聊，蒼白而又貧弱。

再從個體人格理想方面，亦可以看出王充理想主義的失落。從孔子的「君子儒」、「聖人」，到孟子的「大丈夫」、「浩然之氣」，再到董仲舒等人的「素王」，等，士人都在張揚一個超越世俗人生的理想人格。這種人格拋開了人間的勢位富貴，而以體道多少為標準。例如保存在《荀子》、《莊子》、《呂氏春秋》、《韓詩外傳》、《說苑》等典籍中孔子厄於陳蔡的故事：「孔子窮於陳蔡之間，七日不火食，藜羹不糝，顏色甚憊，而弦歌於室。……子路曰：『如此者，可謂窮矣！』孔子曰：『是何言也！君子通於道之謂通，窮於道之謂窮。今丘抱仁義之道以遭亂世之患，其何窮之為？故內省而不窮於道，臨難而不失其德。天寒既至，霜雪既降，吾是以知松柏之茂也。陳蔡之隘，於丘其幸乎。』」（引文據《莊子‧讓王》）這裡「通於道之謂通，窮於道之謂窮」的精神氣質，與《論語》中孔子贊顏回「一簞食，一瓢飲，在陋巷。人不堪其憂，回也不

〔註20〕蕭公權：《中國政治思想史》，頁239，新星出版社，2005年。

改其樂」(《雍也》)，以及「發憤忘食，樂以忘憂」的夫子自道等一致，代表了士人的人格理想和價值標準。這種人格是君子進德修業的目標，也是士人不同於社會其他階層的人生追求，士人必須對自己擔當起這份進德修業的責任。這種人格的塑造完全可以由士人道德主體性之發揚來作主，外在的限制和磨難都不能頓挫其信念，而只能做為一個修煉的途徑反方向成就這種人格。至於世俗的死生富貴，要麼在此超越的人格理想下被超越，如「飯蔬食，飲水，曲肱而枕之，樂亦在其中矣。不義而富且貴，於我如浮雲」(《論語‧述而》)；要麼歸之於「時」、「命」，被懸置起來不去管它，「富而可求也，雖執鞭之士，吾亦爲之。如不可求，從吾所好」(《論語‧述而》)。總之，「君子憂道不憂貧」(《論語‧衛靈公》)，「義不合則辭上卿」(《韓詩外傳》卷二)。士人期待的是在道義的追求中保持心靈的自由與純淨，坦坦蕩蕩地面對世界、面對自我，「能奪我名而不能奪我志，能困我於境遇而不能困我於天人無愧之中，不患也。」(王夫之：《四書訓義》)

王充的「宿命論」體系則首先關注的是個人仕宦的窮通、福祿的盛衰，而非士人弘揚道統理想的境界。這在士人精神史上是奇怪而又庸俗的另類。王充說「人有命，有祿，有遭遇，有幸偶」，全以個人的生死壽夭、富貴窮達爲判斷幸與不幸之標準。「命」是王充對於現實中操行與窮通不一致現象提出的解釋，一種阿Q式的自我安慰。這並不意味著王充把個人窮通懸置起來並超越之，而是極醉心於世俗價值，卻又失勢落魄，無力把握自己的前途，無奈之下對不合理社會制度的消極逃遁。王充以「宿命論」解釋了仕途落魄之後，給人生做出的安頓是：「命則不可勉，時則不可力，知者歸之於天，故坦蕩恬忽」，「信命者，則可幽居俟時，不須勞精苦形求索之也，猶珠玉之在山澤，不求貴價於人，人自貴之」(《命祿篇》)；「吉凶安危，不在於人。昔人見之，故歸之於命，委之於時，浩然恬忽，無所怨尤。福至不謂己所得，禍到不謂己所爲」(《自紀篇》)。這完全是小人物順時安命的灰色生存法則，卑微而又可憐！我們可以在古希臘命運悲劇中，例如俄狄浦斯、普羅米修士等人身上，感受到命運的殘酷，但更能感受到其與命運抗爭之英雄力量，悲壯而又崇高，驚天動地。王充的信命幽居，則只能引人逃避自我，屈服現實。

雖然王充也拈出了代表操行善惡的「性」的概念，但他並沒有因此而發揚出道德主體或自由意志，爲士人在人格的升發中開出一條可以自己作主的出路。因爲，王充說「性」亦來自於初稟，人只能把稟性中的善惡發揚出來，

而不能超越初稟的限度，「所取之詞義是『才性』，非『心性』。換言之，並非指『自由意志』或『德性我』而言，乃指稟賦才能而言」。〔註21〕「天地氣和即生聖人」（《齊世篇》），普通人既沒有稟得和氣，因此也就不可能覬覦成賢成聖。人格理想亦不能成為對抗外在不合理現實的超越性價值。需要一提的是，王充對「性」的看法雖然哲學價值並不高，但卻露出了魏晉才性論之端倪。之後，在劉邵的《人物志》中，此種才性論達到高峰，並成為名士清談品評人物的依據，影響甚大。

第二節　王充的「疾虛妄」──宿命論下的知識興趣

　　仕途落魄的王充，以宿命論進行自我排解，「且達者未必知，窮者未必愚。遇者則得，不遇失之。故夫命厚祿善，庸人尊顯；命薄祿惡，奇俊落魄。必以偶合稱材量德，則夫專城食土者，材賢孔、墨。……若夫德高而名白，官卑而祿泊，非才能之過，未足以為累也。」（《自紀篇》）既然富貴祿位是由命運決定的，那麼士人也就不必為自己的官卑祿薄而耿耿於懷，因為那並非才能之過，不足以自責。在這裡，「才能」成了士人失意時的慰藉，它可以由士人自己作主，並能為個體贏得尊嚴。值得注意的是，王充所說的「才能」，並非通常「窮則獨善其身」時的「內聖」，而主要以著作的方式來體現：「故夫賢人之在世也，進則盡忠宣化，以明朝廷；退則稱論貶說，以覺世俗。」（《對作篇》）「稱論貶說，以覺世俗」成了士人進入仕途盡忠朝廷之外的另一個選擇，雖然無奈，但依舊可以獲得知識精英的優越感。

　　能著作為文在王充的價值觀念中佔有很高的位置，在他看來，聖人賢才也都以匡謬正俗的著述彰顯自身的意義：「世有是非錯謬之言，亦有審誤紛亂之事，決錯謬之言，定紛亂之事，唯賢聖之人為能任之。」（《定賢篇》）「聖人作經，賢者傳記，匡濟薄俗，驅民使之歸實誠也」，「故夫聖賢之興文也，起事不空為，因因不妄作。作有益於化，化有補於正，故漢立蘭臺之官，校審其書，以考其言」（《對作篇》）。因此，他在人才的評判上也非常看重「精思著文」：「能說一經者為儒生，博覽古今者為通人，採掇傳書以上書奏記者為文人，能精思著文連結篇章者為鴻儒。故儒生過俗人，通人勝儒生，文人踰通人，鴻儒超文人。」（《超奇篇》）這裡儒生、通人、文人、鴻儒的等級劃

〔註21〕勞思光：《新編中國哲學史・卷二》，頁115，廣西師大出版社，2005年。

分，全以知識才能爲標準，而非道德事功。衹是，這裡的「作」不再具有孔子等人話語中天下太平則製禮作樂的神聖含義，而衹是覺醒世俗的篇章議論，甚至上書奏記皆可謂之「作」。〔註22〕

在王充看來，世俗往往惑於種種繆說，不知對錯，是需要知識精英啓蒙喚醒的對象：「俗也不知還，則立道輕爲非；論者不追救，則迷亂不覺悟。」（《對作篇》）王充宣稱，《論衡》一書全爲批判世俗之虛妄而作：「《論衡》者，所以銓輕重之言，立眞僞之平，非苟調文飾辭，爲奇偉之觀也。……虛妄顯於眞，實誠亂於僞，世人不悟，是非不定，紫朱雜廁，瓦玉集糅，以情言之，豈吾心所能忍哉！……故爲《論衡》。」（《對作篇》）那麼，王充所疾的「虛妄」包括哪些呢？王充又是如何來批駁這些「虛妄」的？

一、辨儒生災異說之虛妄

前面說過，漢儒面對大一統專制政治的強大壓力，發展出了「災異說」以匡誡人主，伸張儒家道統理想，如董仲舒說「國家將有失道之敗，而天乃先出災害以譴告之，不知自省，又出怪異以警懼之，尚不知變，而傷敗乃至。」（《漢書‧董仲舒傳》）災異說在漢代流行一時，也曾在政治上起到了一些作用，例如元帝初元元年詔書曰「間者地數動而未靜，懼於天地之戒，不知所繇。方田作時，朕憂蒸庶之失業，臨遣光祿大夫褒等十二人循行天下，存問耆老鰥寡孤獨困乏失職之民，延登賢俊，招顯側陋，因覽風俗之化」（《漢書‧元帝紀》），從中不難看出災異說對皇帝的威懾作用。但這種「災異說」，是儒生在沒有客觀力量保障其實現道統理想之歷史條件下發展出來的言說方式，存在虛妄的缺陷亦無庸諱言。史載永始、元延年間，重用外戚的漢成帝在吏民紛紛上書言災異的洶洶氣勢下，頗感壓力，親問張禹天變緣由，張禹上書曰：「災變之異深遠難見，故聖人罕言命，不語怪神。性與天道，自子贛之屬不得聞，何況淺見鄙儒之所言！陛下宜修政事以善應之，與下同其福喜，此經義意也。新學小生，亂道誤人，宜無信用，以經術斷之。」（《漢書‧張禹傳》）此說自然有張禹顧念個人榮祿的私心在內，因此受到了史家的批評，甚至被指斥爲「禍人之宗社，冒萬世之羞」。〔註23〕但是，張禹之言，如戳穿皇

〔註22〕 參見龔鵬程：《文人傳統之形成》，《漢代思潮》（增訂版），頁55～91，商務印書館，2008年。

〔註23〕 王夫之：《讀通鑑論》，頁104，中華書局，1975年。

帝新裝的無忌童言，又豈非道出了最基本的眞實？當學術沈溺於越來越濃厚的天人感應氛圍中時，就難免於被譏評爲「巫怪」了。

王充對於儒生的災異說持強烈的批評態度。例如《譴告篇》，王充先從事理上否定儒生的譴告說：「論災異〔者〕，謂古之人君爲政失道，天用災異譴告之也。災異非一，復以寒溫爲之效。……此疑也。夫國之有災異也，猶家人之有變怪也。有災異，謂天譴告人君，有變怪，天復譴告家人乎？」接下來又從天道的本質上，以自然無爲之說攻擊儒生的譴告說：「夫天道，自然也，無爲。如譴告人，是有爲，非自然也。黃、老之家，論說天道，得其實矣」，並說如果上天眞能譴告人君，應當變異其氣來覺悟人君，例如人君傷於刑，本來的寒氣應當變爲溫氣，來使君主覺察到異常，而不應當隨其誤而就其氣，因爲那樣顯得上天不夠聖明。最後，王充還說：「六經之文，聖人之語，動言『天』者，欲化無道，懼愚者。之〔欲〕言非獨吾心，亦天意也。及其言天，猶以人心，非謂上天蒼蒼之體也。」這篇文章是對漢儒天人哲學的徹底解構，也是黃老自然哲學被經學長期排斥於邊緣後的輝光復現，在思想史上有一定的意義。

王充以自然偶適的天道規律，對漢儒渲染的災異事例進行了重新解釋。黃暉先生說：「仲任說災變符瑞，以『適偶』代替『感應』，以自然主義爲宗」。〔註24〕例如「寒溫，天地節氣，非人所爲，明矣」，「洪水非政行所致，亦知寒溫非政治所招」，「人君急舒而寒溫遞至，偶適自然，若故相應」（《寒溫篇》）；「人在天地之間，猶蚤虱之在衣裳之內，螻蟻之在穴隙之中。蚤虱螻蟻爲順逆橫從，能令衣裳穴隙之間氣變動乎？蚤虱螻蟻不能，而獨謂人能，不達物氣之理也」（《變動篇》）；「水旱饑穰，有歲運也。歲直其運，氣當其世，變復之家，指而名之。人君用其言，求過自改。暘久自雨，雨久自暘，變復之家，遂名其功。人君然之，遂信其術。試使人君恬居安處，不求己過，天猶自雨，雨猶自暘。……夫人不能以行感天，天亦不隨行而應人」（《明雩篇》）；「夫一暘一雨，猶一晝一夜也；其遭若堯、湯之水旱，猶一冬一夏也。……久雨不霽，試使人君高枕安臥，雨猶自止。止久，至於大旱，試使人君高枕安臥，旱猶自雨。何則？暘（陽）極反陰，陰極反暘（陽）」（《順鼓篇》）；「虎所食人，亦命時也。……天道偶會，虎適食人，長吏遭惡，故謂爲變，應上天矣」（《遭虎篇》）；「天道自然，吉凶偶會，非常之蟲適生，貪吏遭署，人察貪吏之操，又見災蟲之生，則謂部吏之所爲致也」（《商蟲篇》）；「百變千災，皆同

〔註24〕黃暉：《論衡校釋·自序》，頁3，中華書局，1990年。

一狀，未必人君政教所致。……成敗繫於天，吉凶制於時」（《治期篇》）；「夫天之不故生五穀絲麻以衣食人，由其有災變不欲以譴告人也」（《自然篇》）；「陰陽不和，災變發起，或時先世遺咎，或時氣自然。賢聖感類，慊懼自思，災變惡徵，何爲至乎？引過自責，恐有罪，畏愼恐懼之意，未必有其實事也」（《感類篇》）；「天之去人，高數萬里，使耳附天，聽數萬里之語，弗能聞也。……謂天聞人言，隨善惡爲吉凶，誤矣」（《變虛篇》）；等等。

王充的這些言論歷來被褒揚他的思想史家推崇，例如胡適等人認爲其體現了科學精神和「疾虛妄」之批判精神，到上個世紀八十年代，金春峰還在其《漢代思想史》中說：「（王充）在繼承老子思想時，自覺地把自然概念與元氣相結合，並用之於無神論的實踐，從而克服了『道家論自然』的缺點，使自然概念富有戰鬥無神論的唯物主義特色，並獲得了豐富的內容和強大的生命力，在中世紀，成爲科學和理性的旗幟，成爲反神學迷信的思想武器。這是王充自然概念的精華和偉大貢獻。」〔註25〕問題是，這樣的評論是否符合漢代思想的實際狀況？

首先，漢儒的災異說不能簡單地視之以「迷信」而一概貶棄。比起先秦孔、孟、荀明澈健朗的儒家思想來說，災異說誠然存在神秘主義的倒退，但其限制君權、伸張民心之理論旨趣，無疑保持了儒家思想的本色，是應當肯定的。歷史需要對「災異說」進行敏銳地批評，指出其倒退的歷史原因，並突破漢儒的歷史侷限，在實現理想的歷史客觀保障力量上用心。王充則顯然不能承擔起這種歷史使命。從上面引文不難看出，王充以天道自然思想斬斷了災異說中君主治效與天象之間的道德關聯。那麼，王充所說的「自然」又有什麼樣的涵義呢？是否發展了先秦道家的自然？

鄧紅考察了《論衡》中66處用到「自然」語詞的情況，得出結論說：王充將「自然」由原來的描繪事物的狀態發展成爲一種解釋事物、現象的工具和方法，「『自然方法』雖然想解明所有事物的原因，但其實這祇是虛晃一槍，因爲它最初已經想定解明所有事物的原因是『自然而然』，雖然去做了一些證明的努力，得出的結論還祇是『自然』而已。……什麼都沒有解決，什麼都沒有說清」〔註26〕。而且，「王充所謂的『自然』的規律，由於是自然而然，於是也就不可人爲，人必須服從或不得不服從，這就是『命』」，「『自然』有

〔註25〕 金春峰：《漢代思想史》，頁437，中國社會科學出版社，2006年。
〔註26〕 鄧紅：《王充新八論續編》，頁157，中國社會科學出版社，2007年。

時又單指偶然性」〔註 27〕。也就是說，王充用自然規律去解釋一切事物，而他所說的自然規律不過是必然性的「命」和偶然性的雜糅，是人類不可把握和改變的，這種批判漢儒「天人感應」的理論武器——天道自然實際上不過是一種宿命論。

「自然」在老莊道家那裡，是一個具有強烈批判性的概念。它針對的是現實中人的異化，呼籲眞淳樸素的社會狀態和自由無拘的精神世界，要求政治上的清靜無爲和文化上的天然單純，排除各種人爲的束縛。例如「人法地，地法天，天法道，道法自然」（《老子》第二十五章）；「道之尊，德之貴，夫莫之命而常自然。故道生之，德畜之，長之、育之、亭之、毒之、養之、覆之。生而不有，爲而不恃，長而不宰，是謂玄德」（《老子》五十一章）；「古之人，在混茫之中，與一世而得澹漠焉。當是時也，陰陽和靜，鬼神不擾，四時得節，萬物不傷，群生不夭，人雖有知，無所用之，此之謂至一。當是時也，莫之爲而常自然」（《莊子·繕性篇》）；等等。那麼，王充的「自然」用意如何呢？意在爲帝王開脫道德責任。例如王充認爲人君治效是「命期自然，非德化也」，所以不滿於「危亂之變至，論者以責人君，歸罪於爲政不得其道」的情況（《治期篇》）。這與老莊的「自然」完全不是同一層次上的概念，而是世俗意義上的維護聖君的解說。

論者常謂王充的「自然」概念中有「元氣」的因素，因而將先秦老莊的「自然」由唯心主義變成了唯物主義，但何以確定王充的「元氣」就是物質性的呢？「事實上，王充的『氣』和漢儒們所說的陰陽五行之『氣』根本就沒有差別。」〔註 28〕縱觀《論衡》一書，「氣」除了物質性的『氣』和精神性的『氣』外，還有大量神秘性的『氣』存在，例如「鳳凰之氣」（《奇怪篇》）；「神靈之氣」（《亂龍篇》）；「貴人之氣」（《奇怪篇》）；「妖氣」（《變續篇》）等，如何能夠標之以唯物主義而一味推崇呢？再者，在天人關係上，也未見得唯物主義就一定比唯心主義先進、革命，而要視具體的社會氛圍和歷史語境而定。蘇軾曾批評過那些宣揚天人非相關論、駁斥《洪範》五行說的人：「人君於天人無所畏，唯天可以儆之。今乃曰，天災不可以象類求，我自視無過則已矣。爲國之害，莫大於此。」（蔡沈《書集傳》卷八）讀此可以明白漢儒大談災異的用心，也可明瞭現代學者一味以唯物主義爲評判標準所顯示的歷史隔膜。

〔註27〕 鄧紅：《王充新八論續編》，頁 192。
〔註28〕 鄧紅：《王充新八論續編·自序》，頁 5。

在王充之前，桓譚也以清澈健朗的態度對待天人之際，提出了「卜筮維寡」。他說：「夫（當作『災』）異變怪者，天下所常有，無世而不然。逢明主賢臣智士仁人，則修德善政，省職慎行以應之，故咎殃消亡而禍轉爲福焉。」（《新論·譴非》）桓譚批評了巫數神怪、多禁忌的虛妄迷信，但沒有徹底否定天人之間的道德聯繫，而強調君主睹變修德，保持了漢儒本色。而王充，雖然極爲推崇桓譚，卻背離了桓譚「睹變修德」的方向。

二、辨書傳虛增

王充說：「世俗之性，好奇怪之語，說虛妄之文。何則？實事不能快意，而華虛驚耳動心也。是故才能之士，好談論者，增益實事，爲美盛之語；用筆墨者，造生空文，爲虛妄之傳。聽者以爲眞然，說而不舍；覽者以爲實事，傳而不絕。不絕，則文載竹帛之上；不舍，則誤入賢者之耳。至或南面稱師，賦奸僞之說；典城佩紫，讀虛妄之書。」（《對作篇》）針對這種傾向，王充提出了「實誠」、「眞美」的寫作理想。例如：「是故《論衡》之造也，起眾書並失實，虛妄之言勝眞美也。……虛妄顯於眞，實誠亂於僞……以情言之，豈吾心所能忍哉」，「九虛、三增，所以使俗務實誠也」（《對作篇》）；「夫養實者不育華，調行者不飾詞」（《自紀篇》）；「實誠在胸臆，文墨著竹帛，外內表**裏**，自相副稱，意奮而筆縱，故文見而實露也。……苟有文無實，是則五色之禽，毛妄生也」（《超奇篇》）；「精誠由中，故其文語感動人深」（《超奇篇》）；「空書爲文，實行爲德，著之於衣爲服。故曰：德彌盛者文彌縟，德彌彰者人彌明」（《書解篇》）；等等。那麼，王充是怎樣來辯明「虛妄之文」並貫徹「實誠」、「眞美」的理想呢？

《論衡》中辨書傳虛增的內容除了上面討論過的天人感應外，還有以下幾個方面：

（一）辯書傳讖記中神化聖人的傳說

這部分內容主要集中在《奇怪篇》、《實知篇》、《知實篇》等篇中。《奇怪篇》辯「儒者稱聖人之生，不因人氣，更稟精於天」，涉及到禹、契、后稷、堯、漢高祖等人的出生神話。王充所用的辨僞方法主要是通過常理推論，例如以蟬之生推斷天生聖子后稷不可能從背出；以「天地之性，唯人爲貴，則物賤矣」的常識推斷禹、契、后稷之生不能因感草、鳥、土；再如根據「子

性類父」的常識，又說堯、高祖不能像龍那樣乘雲，否定他們爲龍之子的說法；等。王充還進一步根據書傳中記載的褒姒爲異類所生的傳說，進行類比，「今堯、高祖之母，不以道接會，何故二帝賢聖，與褒姒異乎？」王充得出的結論是：「天地，夫婦也，天施氣於地以生物。人轉相生，精微爲聖，皆因父氣，不更稟取。」最後，王充還揣想出了儒生因「姒氏」、「子氏」、「姬氏」的字形等而空生怪說的情形。這些都表現出了王充可貴的獨立思考精神，以及不輕信盲從的科學態度。但是，王充在駁倒儒生的傳說後又給出了什麼樣的解釋呢？「夢與神遇，得聖子之象也。……吉祥之瑞，受命之證也……實者，聖人自有種族……帝王之生，必有怪奇，不見於物，則效於夢矣」，典型的王命論！雖然王充能夠運用基本的理性駁倒過於虛妄的傳說，但只不過是將神怪變爲祥瑞來證明王命論罷了。最終他是以一種表面合理的迷信代替了更爲粗糙的迷信！

《實知篇》辯「儒者論聖人，以爲前知千歲，後知萬世，有獨見之明，獨聽之聰，事來則名，不學自知，不問自曉……聖人卓絕，與賢殊也」。王充主要是通過史料考證和情理推測，否定讖記中神化孔子的種種說法。例如根據歷史記載，考證出始皇不曾到過魯，否定讖記中孔子說「不知何一男子，自謂秦始皇，上我之堂，踞我之牀，顛倒我衣裳，至沙丘而亡」的記載；再如根據《論語》中的記載否定「聖人生而知之」的說法；等。王充認爲「凡聖人見禍福也，亦揆端推類，原始見終，從閭巷論朝堂，由昭昭察冥冥」，而這一點是賢聖共通的，所以賢和聖是同類，「巫與聖異，則聖不能神矣。不能神，則賢之黨也」。總之，「事可知者，賢聖所共知也；不可知者，聖人亦不能知也」。王充生在讖緯流行的東漢，對其中神怪傳說進行辯誣是時代需要的。但是，《論語》中早有孔子自言「吾非生而知之者，好古、敏以求之者」（《述而》），王充連篇累牘地辯論孔子不能生而知之，豈非所謂「乏精覈而少蕭括」（高似孫：《子略》）者也？再者，孟子說過「仁且智，夫子既聖矣」（《公孫丑·上》），儒家對聖人的標榜從來都是道德與智慧並重的。而王充則專從知識方面討論聖人，通過否定聖人生而知之來爲聖人袪魅，豈非將聖人境界理解得過於單薄狹窄？讖緯中神話聖人固然荒誕不經，但亦有神化道統以抗衡現實政治勢力的用心在內。王充對這一點完全是漠然視之，這也是其喪失理想性的表現。其他，王充在《知實篇》表達了同樣的主題，根據孔子的行事來證明其不能生而知之，從而與賢同。稱其爲浮詞贅言，可矣。

　　總之，王充一方面祛除了關於聖人的種種神話傳說，堅持從理性方面去理解、評論聖人，但另一方面又認爲「精微爲聖」，聖人與普通人稟氣不同，存在實質的差別，所以不可學而致之。王充所說的「聖人」主要是知識學問上聰敏，而非道德、品質上的非凡境界。這樣的「聖人」雖然博學多才，但卻沒有了神聖感和人格魅力。這是從俗世出發的對聖人形象之消解和庸俗化！

　　（二）辯書傳中奇怪、誇張之論

　　這主要有《書虛篇》、《語增篇》、《儒增篇》、《藝增篇》等。王充所辯的虛妄之論主要有以下幾種類型：

　　類似於寓言的道德訓誡故事

　　如見於《韓詩外傳》等書的「延陵季子出遊，見路有遺金」的故事，本爲通過披裘者對季子的訓斥，來說明「非禮勿視，非禮勿聽」的道理，而通過以廉潔著名的季子偶爾失禮行爲更說明了達到這種境界的艱苦不易。而王充則從實證的角度，質疑季子「能讓吳位，何嫌貪地遺金」，認爲這則故事不可信（《論衡・書虛》）。再如見於《韓詩外傳》等書的顏淵與孔子登上泰山遠望、顏淵精神不及孔子遂以病死的故事。故事本講聖人境界高遠、非常人所及，王充則通過《論語》不見此文、人目所視範圍等證據，否定這一故事的眞實性（《論衡・書虛》）。其他還有舜葬於蒼梧、禹葬於會稽傳說，等。其實，這類故事原本不爲正史，而是要闡明某種道理，王充不在義理上討論，而衹是用經驗眞實的標準進行評判，實令人有隔靴搔癢之歎。

　　帶有理想色彩的浪漫傳說

　　如伍子胥被冤殺後，民間流傳「子胥恚恨，驅水爲濤，以溺殺人」的傳說。這原是出於正義終歸要戰勝邪惡的強烈信念，表現了對現實中不公正遭遇的同情和終極審判的道德願望。在浪漫主義的虛構中，表達的卻是一種價值上的眞實信念。王充依然是從經驗眞實的角度予以評判：先與屈原、沈徒狄、子路相比較，說明子胥冤不過屈、申徒，勇不過子路，既然屈原等三人死後並無神奇事例，那麼子胥之事定然爲虛；接下來又從投江地點、精魂不能使江爲濤等方面進行了實證討論（《論衡・書虛》）。就這樣，一個美麗的傳說被王充解釋得索然無味！再如以偶然解釋「孔子之德，能使水卻」的傳說，以歷史實證駁高漸離以築擊秦王使其傷病三月而死的故事，等等。其實，除了童子和至愚，有誰會相信這些傳說是客觀發生過的事例呢？王充以千餘言

辨這些事例不曾發生，實在如胡應麟所評：「漢王氏《論衡》煩猥瑣屑之狀，溢乎楮素之間，辯乎其所弗必辯，疑乎其所弗當疑。允矣！其詞之費也。」（《少室山房筆叢》卷二十八《九流緒論》）

修辭學上的誇張

誇張是文學中一種常用手法，《文心雕龍·誇飾》所謂「文辭所被，誇飾**恆**存」是也。儒生處於弘揚道統理想的需要，也常用文學的誇張手法來描述聖人功業、太平勝景，例如形容聖人爲國憂勞而消瘦的「堯若臘，舜若腒」，描繪周武王以道得天下之易的「武王伐紂，兵不血刃」，表達周公禮賢下士的「周公執贄下白屋之士」，以及描述聖王節儉的「茅茨不剪，采椽不斫」，暢想天下太平的「一人不刑」等等。這些描述並非僅僅表示歷史上曾經實際發生的人事，而常常是處於匡正現實的需要，它針對的是現實帝王的奢汰不道。王充則在失落理想主義之後，從親身經驗出發，對這些言論一一進行了辨僞。其對理想主義的隔膜和對眞實的苛求，幾令人啼笑皆非。另有一些誇張，並沒有表達理想的含義，祇是爲了增強言說的感染力，王充亦進行了辨僞，例如辨養由基雖善射不能夠「射一楊葉，百發能百中之」，魯班、墨子之巧不能夠「刻木爲鳶，飛之三日而不集」，等等。這些表現出了王充文學審美感悟能力的缺欠。

（三）辨書傳中義理及其表述

在《問孔篇》、《刺孟篇》、《非韓篇》、《道虛篇》中，王充對儒、法、道仙家思想進行了討論。

王充曾因《問孔》、《刺孟》而被傳統衛道者攻擊，例如《四庫全書總目》云：「其言多激，《刺孟》、《問孔》二篇，至於奮其筆端，以與聖賢相軋，可謂悖矣！」乾隆以帝王之尊，表現出了更激烈的批評態度：「孔、孟爲千古聖賢，孟或可問，而不可刺，充則刺孟而且問孔矣。此與明末李贄之邪說何異？」〔註29〕五四學者則對王充的這兩篇文章讚頌有加，例如胡適說：「我們雖不必都贊同他（按：指王充）的批評，（有許多批評是很精到的，例如他批評孟子『王何必曰利』一節。）但這種『拒師』、『伐聖』的精神，是我們不能不佩服的。」〔註30〕但是，細讀一下這兩篇激起軒然大波的文章，我們會發現王

〔註29〕黃暉：《論衡校釋·附編三〈論衡舊評〉》，頁 1245，中華書局，1990 年。
〔註30〕胡適：《王充的論衡》，《論衡校釋》，頁 1282。

充其實並不能夠在義理的層面與先哲對話，而祇是糾纏在字句表達、言說方式上，「他的問孔刺孟，主要是對一段段文句的語意討論，並不涉及孔孟學說之大旨」。〔註31〕例如《問孔篇》，主要追難了以下幾個問題：孔子答孟懿子問孝；孔子「富與貴，是人之所欲也，不以其道得之，不居也；貧與賤，是人之所惡也，不以其道得之，不去也」字句表述；孔子稱讚公冶長賢良並以侄女妻之；孔子問子貢其與顏回比較孰賢；孔子批評宰我晝寢；孔子答子張問子文仁否；孔子答哀公問「弟子孰謂好學」；孔子見南子之自誓；孔子曰「鳳鳥不至，河不出圖，吾已矣夫」；子欲居九夷；子曰「賜不受命，而貨殖焉，億則屢中」；等等。多數爲枝節問題，很少關涉概念義理。《刺孟篇》亦集中在孟子回答辯難的方式上，而非孟子仁政學說的核心。

《非韓篇》集中與韓非討論儒者之用，其中心觀點爲：「夫儒生，禮義也；耕戰，飲食也。貴耕戰而賤儒生，是棄禮義求飲食也」，「儒者之在世，禮義之舊防也，有之無益，無之有損」。僅圍繞此一點討論，不能深入討論韓非功利治國思路之侷限。

《道虛篇》批評好道學仙之人的虛妄，指出黃帝騎龍昇天、淮南王得道、盧敖遇仙等傳說爲虛言，最後得出結論：「諸學仙術，爲不死之方，其必不成，猶不能使冰終不釋也。」這有一定的現實意義，但是之前桓譚就已經反覆闡明長生學道之術的虛妄，王充並不能有新的理論發明。總體來看，王充對書傳中義理的討論大多無關宏旨，而帶有逞才使氣的意味，很難說推進了學說思想的發展。

（四）辯自然科學

王充的知識興趣非常廣泛，對書傳中幾乎所有的知識門類都有著激越的討論熱情。在《談天篇》和《說日篇》，王充關注了當時的自然科學知識。《談天篇》主要駁論了共工怒觸不周天的神話、鄒衍的大九州說、儒者「天，氣也，故其去人不遠。人有是非，陰爲德害，天輒知之，又輒應之，近人之效也」的說法，全從耳目聞見推論，只算是言語層面的辯論，而不能採用嚴格的科學方法對自然現象進行探究。《說日篇》討論當時的天文學問題。這最需要超越人類的感官直接經驗，進行科學的冥想和理論的推理。王充則達不到科學的這種要求，而全用日常經驗類推，「而他所建立的類推，實際是在不同

〔註31〕 龔鵬程：《漢代思潮》，頁230。

類的基礎上的相推，這是最不科學的方法」〔註32〕。在王充的時代，渾天說代表著最先進的天文觀念。《新論》曾記載揚雄初信蓋天說，桓譚以渾天說難之從而使揚雄改信渾天說。王充卻沒有領受到最新的天文知識，依然固守蓋天說，以遠近、「夜舉火者，光不滅焉」等日常經驗立論，遭到《晉書・天文志》「借子之矛，以刺子之盾」式的攻擊，亦屬當然。

綜上所述，王充雖然提出了「實誠」、「眞美」的寫作理想，將「疾虛妄」的矛頭指向了書傳所載的一切誇飾，但由於眼界學識的侷限，再加上思想的淺薄，常常達不到「疾虛妄」的效果。無論如何，胡適將王充的「疾虛妄」捧爲「祇是當時的科學精神應用到人生問題上去」、「科學精神的表現」，是無法令人信服的。

三、辨時俗禁忌迷信

西漢儒生討論風俗，遵循的是孔子正上以化下的思路，例如賈誼、匡衡等人的奏疏。〔註33〕對於他們來說，風俗衰敗首先是因爲執政者自身的行爲欠佳，因此他們的風俗批評往往是一種政治批判。到了東漢，帝王在「王聖」的意識形態下變得無比崇高完美，也就不容得儒生再追究其歷史責任和進行道義批評了。於是，風俗批評的方向由「正上」轉向了「化下」。這種轉向在古文經學例如《毛詩》中有著顯著的體現，也同樣表現在思想史的發展中。最終的結果是出現了應劭的《風俗通義》：站在官方正統的立場對民間風俗進行評判。例如，《風俗通義・卷四》論郅惲的諫諍：「《禮》諫有五，風爲上，狷爲下。故入則造膝，出則詭辭，善則稱君，過則稱己；暴諫露言，罪之大者。……君子不臨深以爲高，不因少以爲多，況創病君父，以爲己功者哉？」再如論皇甫規等人行事：「天作孽，猶可違；自作孽，不可逭。人之所忌，炎自取之。蓋、嚴、楊惲，勳著王世，言事過差，皆伏大辟，以隆主威，抑驕侵也。規顧弟，私也；離局，奸也；誘巧，詐也；畏舟，慢也；四罪是矣，殺決可也。」等。這裡，事情本身的是非被懸置，君父之威嚴是判斷事件的價值標準，思想家由道統理想的看護者和終極審判者角色蛻變成了現實權力的精神維護者。

王充的《論衡》是這種風俗批評轉向中的重要一環，下面我們就來具體討論其中對時俗禁忌迷信的批評：

〔註32〕徐復觀：《兩漢思想史》（第二卷），頁382。
〔註33〕參見第一章第一節的論述。

（一）明人死無知，使俗薄葬

王充自言：「《論死》、《訂鬼》，所以使俗薄喪葬也」，「今著《論死》及《死偽》之篇，明人死無知，不能爲鬼，冀觀覽者將一曉解約葬，更爲節儉」（《對作篇》）。《論死篇》基於「人，物也；物，亦物也。物死不爲鬼，人死何故獨能爲鬼」的觀照，從「鬼無知」、「鬼不能言」、「鬼不能害人」三方面具體論述了人死不能爲鬼，其中多方設喻辯駁，頗爲奇巧。例如：「如審鬼者死人之精神，則人見之，宜徒見裸袒之形，無爲見衣帶被服也。何則？衣服無精神，人死，與形體俱朽，何以得貫穿之乎？」這個論證出人意表，頗有說服力，爲魏晉間清談名士阮修襲用。《死偽篇》駁論了書傳中幾個關於鬼報的傳說，例如杜伯射周宣王、莊子義杖趙簡公、申生請伐惠公等，說明人死不能爲鬼怪害人的道理。在此基礎上，王充提出「薄葬」，並批評了儒、墨兩家在生死問題上的模糊曖昧態度（《薄葬篇》）。至於儒家甚爲看重的祭祀，王充曰：「祭祀之意，主人自盡恩勤而已，鬼神未必歆享之也……死人無知，不能飲食。」（《祀意篇》）「凡祭祀之義有二：一曰報功，二曰修先。報功以勉力，修先以崇恩，力勉恩崇，功立化通，聖王之務也。」（《祭意篇》）表現出了一定程度的人文精神。

上述內容似乎表明王充在生死問題上甚爲達觀，但實際上並非如此，崇信宿命論的王充不可能完全放棄神秘主義的思想。在《紀妖篇》和《訂鬼篇》，王充將一些神秘的現象歸爲「妖」。如謂趙簡子所見當道之人爲「妖人」，「蓋妖祥之氣，象人之形，稱霍大山之神，猶夏庭之妖象龍，稱襃之二君，趙簡子之祥象人，稱帝之使也」（《紀妖篇》）。王充說「妖」是氣，而非物，是吉凶將至的前兆，例如論張良受老父書的傳說，「老父之書，氣自成也……因此復原《河圖》、《洛書》言興衰存亡、帝王際會，審其有文也。皆妖祥之氣，吉凶之端也」（《紀妖篇》）。具體來說，「妖」是陽氣，「天地之氣爲妖者，太陽之氣也。妖與毒同，氣中傷人者謂之毒，氣變化者謂之妖」，「故凡世間所謂妖祥，所謂鬼神者，皆太陽之氣爲之也」（《訂鬼篇》）。對於妖和鬼的關係，王充說：「鬼之見也，人之妖也。天地之間，禍福之至，皆有兆象，有漸不卒然，有象不猥來。天地之道，人將亡，凶亦出；國將亡，妖亦見。猶人且吉，吉祥至；國且昌，昌瑞到矣。故夫瑞應妖祥，其實一也。……國將亡，妖見，其亡非妖也。人將死，鬼來，其死非鬼也。」（《訂鬼篇》）也就是說，王充認爲鬼是妖的一種，是太陽之氣幻化的兆象，雖不能害人，但卻預兆了吉凶，

是災難之前的使者。

綜上所論，王充由「氣化論」來解釋生死鬼神問題，「人之所以生者，精氣也，死而精氣滅。能爲精氣者，血脈也。人死血脈竭，竭而精氣滅，滅而形體朽，朽而成灰土，何用爲鬼」（《論死篇》）。但是王充並沒有達到先秦道家對生死的自然達觀境界，而把鬼解釋成了妖，是太陽之氣形成的表吉凶的神秘物象。如此，王充依然是一種神秘主義思想，這種思想與民間信鬼的觀念比起來，只不過五十步與百步的差別罷了。以此爲理論武器，如何能夠啓發民智、移風易俗呢？

（二）論民間禁忌

王充的「疾虛妄」亦指向了民間避禍求福的種種禁忌迷信。在《四諱篇》，王充批評了「諱西益宅」、「諱被刑爲徒，不上丘墓」、「諱婦人乳子」、「諱舉正月、五月子」四種禁忌，或從義理上進行解說，或以他地風俗比較，皆能明發其理，抉出其繆。《譋時篇》、《難歲篇》「抵距歲時說之罔迷」，《譏日篇》譏諷日說宜忌的荒謬，《卜筮篇》論卜筮不能通天地神明，《辯祟篇》辯論了世俗信禍祟之無謂，《詰術篇》問難了種種陰陽數術，《解除篇》說明解除法不可能解去凶禍。

那麼，王充是怎樣來解釋禍福的？「禍福之至，時也；死生之到，命也。人命懸於天，吉凶存於時。命窮操行善，天不能續；命長操行惡，天不能奪……逢福獲喜，不在擇日避時；設患麗禍，不在觸歲犯月，明矣」（《辯祟篇》）。人不過是時、命決定下一被動物體，吉凶禍福都是無可奈何的命中注定之物。各種民間的禁忌迷信改變不了時命的力量，自然也就虛妄無謂了。如此，王充不過是以一種客觀的命定論來否定更爲原始的民間信仰罷了。

總之，王充化導民眾的努力雖然標榜甚高，但是因爲其自身的思想侷限，不可能達到良好的效果。總結王充對天人感應、對書傳虛增及時俗禁忌迷信的批評，我們可以得出結論：王充的「疾虛妄」祇是宿命論在更廣範圍內的應用，它既不能眞正達到「疾虛妄」的效果，又放棄了儒生歷來相傳的理想主義和批判精神，從而使思想走向了世俗。

第三節 東漢末的批判思潮及其思想格局

王充之後，東漢政局日非，江河日下，思想家再也不可能像王充那樣沈

醉在太平勝景的幻象當中。面對著外戚、宦官交爭及邊戰不息的混亂局面，思想家重又開始了批判。這種批判的思潮從王符開始，以仲長統之絕望悲觀為結局。因為沒有新的思想元素注入，也沒有新的歷史契機發生，思想家依然只能陳述應當之理，而不能發現落實應當之理的辦法。而且，在「王命論」的隱約制控下，思想家的格局與西漢比起來顯得較為狹窄，最終走向絕望和逃遁，放棄了外王理想。

一、批判的立場：民本主義

東漢末儒生在批判現實時，鮮明地揚起了民本主義的旗幟。王符說：「凡人君之治，莫大於和陰陽。陰陽者，以天為本。天心順則陰陽和，天心逆則陰陽乖。天以民為心，民安樂則天心順，民愁苦則天心逆。民以君為統，君政善則民和治，君政惡則民冤亂。君以恤民為本，臣忠良則君政善，臣奸枉則君政惡。」（《潛夫論·本政》）「帝王之所尊敬，天之所甚愛者，民也。」（《潛夫論·忠貴》）「國之所以為國者，以有民也。」（《潛夫論·愛日》）「國以民為基，貴以賤為本。是以聖王養民，愛之如子，憂之如家，危者安之，亡者存之，救其災患，除其禍亂。」（《潛夫論·救邊》）在君、臣、民之間，雖然君擁有最高的權力，但是應當承受天的指示，而天又以民為心，所以實際上君主為政應當以民眾的安樂為目標，大臣的作用則在於全力實施君主的這種為政方針。其他如：

> 國以民為本，民以穀為命。命盡則根拔，根拔則本顛，此最國家之毒憂，可為熱心者也。（崔寔：《政論》）

> 天下國家一體也。君為元首，臣為股肱，民為手足。下有憂民，則上不盡樂。下有饑民，則上不備膳。下有寒民，則上不具服。徒跣而垂旒，非禮也。故足寒傷心，民寒傷國。（荀悅：《申鑒·政體》）

> 或曰：「愛民如子，仁之至乎？」曰：「未也。」曰：「愛民如身，仁之至乎？」曰：「未也。湯禱桑林，景祀于旱，可謂愛民矣。」……人主承天命以養民者也。民存則社稷存，民亡則社稷亡，故重民者，所以重社稷而承天命也。（荀悅：《申鑒·雜言》）

> ……

這是思想家在動盪現實的刺激下，對先秦至西漢民本主義思想傳統的回歸和

高揚，也是思想家批判現實政治的理論武器。雖然這些思想家都曾呼籲嚴法猛政以矯時弊，甚至因此被人稱之為法儒，但是因為有著民本主義的立場，他們保持了儒生本色，而沒有走向韓非式的慘刻，對現實的揭露也就更見力度。但民本不是民主，思想家依舊停留在前代的思想水準上。

二、批判所針對的社會弊政

懷著沈重的社會憂患感，思想家們討論瞭如下幾個尖銳的社會問題：

（一）數　赦

東漢執政者追慕仁政德化之美名，頻頻詔令大赦。凡遇到新皇帝登基、改年號、獲珍禽奇獸、立皇后或太子、平叛亂、開境土、自然災害、疾病、郊社天地、行大典禮等，都要進行赦免，幾乎是「歲且一赦」。頻繁大赦，不僅沒有帶來如詔書中常常提及的「與民更始」效果，反而破壞了社會法制，造成了惠及奸惡的效果。對此，漢末的思想家們予以了激切的批評：

> 今日賊良民之甚者，莫大於數赦。赦贖數，則惡人昌而善人傷矣。……
> 輕薄惡子，不道凶民，思彼姦邪，起作盜賊，以財色殺人父母，戮
> 人之子，滅人之門，取人之賄，及貪殘不軌，兇惡弊吏，掠殺不辜，
> 侵冤小民，皆望聖帝當為誅惡治冤，以解蓄怨。反一門赦之，令惡
> 人高會而誇詫，老盜服臧而過門，孝子見讎而不得討，亡主見物而
> 不得取，痛莫甚焉。（王符：《潛夫論‧述赦》）

> 赦以趣奸，奸以趣赦。轉相趣跂，兩不得息，隨日赦之，亂甫繁耳。
> （崔寔：《政論》案：崔寔另有《大赦賦》）

> 荀悅也說：「大赦者，權時之宜，非常典也。……後世承業，襲而不
> 革，失時宜矣。」（《漢紀‧元帝紀》）

（二）選　舉

選舉不實越來越成為國家用人機制中的一個疾瘤，它帶來的結果是吏治腐敗和賢良陸沈，是人們的苦難和國家官僚機器的崩潰。王符不再像王充那樣把個人仕宦的沈滯歸之於命運安然處之，而看到了選舉制度本身存在的種種弊端：「國家存亡之本，治亂之機，在於明選而已矣。……今當途之人，既不能昭練賢鄙，然又卻於貴人之風指，脅以權勢之屬托，請謁闐門，禮贄輻輳，迫於目前之急，則且先之。此正士之所獨蔽，而群邪之所黨進也。」（《潛

夫論‧本政》）「夫志道者少友，逐俗者多儔。是以舉世多黨而用私，競比質而行趣華。貢士者，非復依其質幹，準其材行也，直虛造空美，掃地洞說。……然則災異曷爲譏？此非其實之效。」（《潛夫論‧實貢篇》）「今觀俗士之論也，以族舉德，以位命賢，茲可謂得論之一體矣，而未獲至論之淑眞也。」（《潛夫論‧論榮》）荀悅也說：「綱紀廢弛，以毀譽爲榮辱。不覈其眞，以愛憎爲利害。不論其實，以喜怒爲賞罰。不察其理，上下相冒，萬事乖錯，是以言論者計薄厚而吐辭，選舉者度親疏而舉筆。善惡謬於眾聲，功罪亂於王法。」（《漢紀‧武帝紀》）等。

士人對選舉制度的批評往往與自身不遇的感慨交織在一起，從而更顯沈痛感人。例如《潛夫論》中的《賢難篇》云：「故所謂賢難也者，非賢難也，免則難也。彼大聖群賢，功成名遂，或爵侯伯，或位公卿，尹據天官，束在帝心，宿夜侍宴，名達而猶有若此，則又況乎畎畝侏民、山谷隱士，因人乃達，時論乃信者乎？此智士所以鉗口結舌，括囊共默而已者也」，「今世主之於士也，目見賢則不敢用，耳聞賢則恨不及。雖自有知也，猶不能取，必更待群司之所舉，則亦懼失麟鹿而獲艾豭。」再如《思賢》云：「人君求賢，下應以鄙，舉直不以枉。己不引眞，受猥官之，國以侵亂，不自知爲下所欺也。乃反謂經不信而賢者無益於救亂，因廢眞賢不復求進，更任俗吏，雖滅亡可也。」《潛歎》曰：「世未嘗無賢也，而賢不得用者，群臣妒也。主有索賢之心，而無得賢之術，臣有進賢之名，而無進賢之實，此以人君孤危於上，而道獨抑於下也。」再如荀悅在《漢紀‧文帝紀》中的議論：「弗知賢之難，用人不易，忠臣自古之難也。雖在明世，且猶若茲，而況亂君闇主者乎！」等。

（三）佻僞之俗

儒生向來關注風俗，所謂「夫風俗者，國之脈診也」〔註34〕是也。與王充放棄「正上」而專注於「化下」不同，東漢末儒生在批判的立場下，在一定程度上又揚起了儒家傳統的論調，呼籲君主應當在匡正風俗上擔起責任。例如王符說：「凡諸所譏，皆非民性，而競務者，亂政薄化使之然也。王者統世，觀民設教，乃能變風易俗，以致太平。」（《浮佻》）「夫本末消息之爭，皆在於君，非下民之所能移也。」（《務本》）「今民生不見正道，而長於邪淫誑惑之中，其信之也，難卒解也。惟王者能變之。」（《卜列》）崔寔也說：「昔

〔註34〕 崔寔：《政論》，嚴可均輯入《全後漢文‧卷四十六》，頁 722，中華書局，1958年。

聖王遠慮深思，患民情之難防，憂奢淫之害政，乃塞其源以絕其末，深其刑而重其罰。」（《政論》）等。那麼，漢末儒生所批判的衰惡風俗包括哪些呢？

奢侈：例如《潛夫論・浮侈》云：「今民奢衣服，侈飲食，事口舌，而習調欺，以相詐紿，比肩是也」，「今京師貴戚，衣服、飲食、車輿、文飾、廬舍，皆過王制，僭上甚矣。從奴僕妾，皆服葛子升越，筩中女布，細緻綺縠，冰紈錦繡。犀象珠玉，虎魄玳瑁，石山隱飾，……驕奢僭主，轉相誇詫，箕子所唏，今在僕妾」。崔寔描繪說：「頃者法度頗不稽古，而舊號網漏吞舟。故庸夫設藻梲之飾，匹豎享方丈之饌。下僭其上，尊卑無別。」（《政論》）荀悅把「奢」作爲爲政先要屏除的「四患」之一，「奢敗制」（《申鑒・政體》）。那麼奢侈帶來什麼樣的嚴重後果呢？一是法制敗壞，上下無別，所謂「婢妾皆戴瑱揥之飾，而被織文之衣。乃送終之家，亦大無法度。至用輼梓黃腸，多藏寶貨，享牛作倡，高墳大寢。是可忍也，孰不可忍！」（《政論》）二是社會釋本務末，「且世奢服僭，則無用之器貴，本務之業賤矣。農桑勤而利薄，工商逸而入厚，故農夫輟耒而雕鏤，工女投杼而刺繡……苟無力稽，焉得有年？財鬱蓄而不盡出，百姓窮匱而爲奸寇，是以倉廩空而囹圄實。」（《政論》）三是貧者慕奢，破家傾業，「富者競欲相過，貧者恥不逮及。是故一饗之所費，破終身之本業。」（《潛夫論・浮侈》）

交遊：漢末交遊之風甚盛，「自和、安之後，世務遊宦，當塗者更相薦引。」（《後漢書・王符傳》）思想家把交遊盛行視爲社會風衰俗敗的症候之一，對其進行了激烈的批評。王符說：「盡孝悌於父母，正操行於閨門，所以爲列士也。今多務交遊以結黨助，偷世竊名以取濟渡，夸末之徒，從而尚之，此逼貞士之節，而眩世俗之心者也。」（《潛夫論・務本》）「俗人之相與也，有利生親，積親生愛，積愛生是，積是生賢，情苟賢之，則不自覺心之親之，口之譽之也。無利生疏，積疏生憎，積憎生非，積非生惡，情苟惡之，則不自覺心之外之，口之毀之也。是故富貴雖新，其勢日親；貧賤雖舊，其勢日疏……世主不察朋交之所生，而苟信貴臣之言，此絜士所以獨隱翳，而奸雄所以黨飛揚也」（《潛夫論・交際》）荀悅更是將「三遊」視爲社會病態，大發議論：「世有三遊，德之賊也。一曰遊俠，二曰遊說，三曰遊行。……色取仁以合時，好連黨類，立虛譽以爲權利者，謂之遊行。……是以君子犯禮，小人犯法，奔走馳騁，越職僭度，飾華廢實，兢趨時利。簡父兄之尊而崇賓客之禮，薄骨肉之恩而篤朋友之愛；忘修身之道而求眾人之譽，割衣食之業以供饗宴

之好。苞苴盈於門庭，聘問交於道路，書記繁於公文，私務眾於官事。於是流俗成矣，而正道壞矣。」（《漢紀・武帝紀》）除了思想家外，一些文人學士亦對此風進行了批評，例如朱穆作有《崇厚論》、《絕交論》，稍後蔡邕有《正交論》，劉梁作《破群論》、《辨和同之論》，以及徐幹有《中論・譴交》等。

迷信：漢末的思想家雖然認為君王權貴的行為是風俗之源，起著上行下效的作用。但與西漢的士人相比，他們對普通民眾的習俗亦給予了較多的關注。《潛夫論》中的《卜列》、《巫列》、《相列》、《夢列》為雜論民間方伎之作。其中需要注意的是，王符雖然並沒有斷然否認神秘方伎，但因其回歸到了儒家傳統的人本主義立場，故而能以俊朗的態度解釋吉凶禍福。例如：「是故凡卜筮者，蓋所問吉凶之情，言興衰之期，令人修身慎行以迎福也。」（《卜列》）「凡人吉凶，以行為主，以命為決。行者，己之質也；命者，天之制也。在於己者，固可為也；在於天者，不可知也。巫覡祝請，亦其助也，然非德不行。……至於大命，未如之何」（《巫列》）尤其是骨相問題，王符不像王充那樣迷信宿命論，所以雖然在一定程度上相信骨相，但依然承認人的行為本身之決定作用，如「凡相者，能期其所極，不能使之必至」，「愚者反戾，不自省思，雖休徵見相，福轉為災。於戲君子，可不敬哉！」（《骨相》）荀悅《申鑒》中的《俗嫌》，討論了卜筮、時群忌、五三之位、祁請接神、避疾惡、神仙之術、黃白之儔等內容，表現出了糾正時俗的努力。

（四）邊　戰

這要以王符討論的最為集中，《潛夫論》中的《勸將》、《救邊》、《邊議》、《實邊》均是對邊境問題的討論。首先，王符反對棄邊政策，「今不厲武以誅虜，選材以全境，而云邊不可守，欲先自割，示便寇敵，不亦惑乎！」（《救邊》）他還指出了主張棄邊的公卿大臣的自私心理：「邊害震如雷霆，赫如日月，而談者皆諱之……假使公卿子弟有被羌禍，朝夕切急如邊民者，則競言當誅羌矣」，「今苟以己無慘怛冤痛，故端坐相仍，又不明修守禦之備，陶陶閒澹，臥委天口。羌獨往來，深入多殺，己乃陸陸，相將詣闕，諧辭禮謝，退云狀，會坐朝堂，則無憂國哀民懇惻之誠，苟轉相顧望，莫肯違止，日晏時移，議無所定，己且須後。後得小安，則恬然棄忘。旬時之間，虜復為害，軍書交馳，羽檄狎至，乃復怔忪如前」（《救邊》）。王符還以悲憫惻隱之情描繪了棄邊政策下被迫內遷的邊民之苦難：「民之於徙，甚於伏法。伏法不過家一人死爾。諸亡失財貨，奪土遠移，不習風俗，不便水土，類多滅門，少能

還者……太守令長，畏惡軍事，皆以素非此土之人，痛不著身，禍不及我家，故爭郡縣以內遷。致遣吏兵，發民禾稼，發徹屋室，夷其營壁，破其生業，強劫驅掠，與其內入，捐棄贏弱，使死其處。當此之時，萬民怨痛，泣血叫號，誠愁鬼神而感天心。」（《實邊》）此外，王符還憤怒地揭露了官吏在邊戰的名義下酷虐害民程度甚於寇虜：「其為酷痛，甚於逢虜。寇鈔賊虜，忽然而過，未必死傷。至吏所搜索剽奪，游踵塗地，或覆宗滅族，絕無種類；或孤婦女，為人奴婢，遠見販賣，至令不能自活者，不可勝數也。」（《實邊》）這些都以其真切的民間體驗和深厚的民間感情，具有感動千古的為生民吶喊之力量。

此外，東漢末的思想家們還批判了官吏擾民，例如《潛夫論·愛日》等。崔寔的《政論》中還討論了官吏俸祿過薄、卒暴之政、詔書的效力不夠、器用壞敗等問題。荀悅的《申鑒》中還呼籲「慎庶獄」、「置尚武之官」、「教後宮」等。

三、提出的解決辦法

那麼，該如何解決上述那些弊政呢？

作為儒家思想的傳承人，東漢的思想家們依然堅信道德教化、仁義禮樂的治國效果，例如《潛夫論·本訓》云：「是故法令刑賞者，乃所以治民事而致整理爾，未足以興大化而升太平也。夫欲歷三王之絕跡，臻帝、皇之極功者，必先原元而本本，興道而致和，以淳粹之氣，生敦龐之民，明德義之表，作信厚之心，然後化可美而功可成也。」《潛夫論·德化》云：「人君之治，莫大於道，莫盛於德，莫美於教，莫神於化。」《申鑒》開篇即云：「夫道之本，仁義而已矣。五典以經之，群籍以緯之，詠之歌之，弦之舞之，前鑒既明，後復申之。故古之聖王，其於仁義也，申重而已。篤序無彊，謂之申鑒。」而且，他們也都堅信君主正身以化下的道德示範力量：「上聖和德氣以化民心，正表儀以率群下，故能使民比屋可封，堯、舜是也」（《潛夫論·德化》）「萬物之本在身，天下之本在家，治亂之本在左右。內正立而四表定矣。」（《申鑒·政體》）

仁義教化之外，思想家們針對當時的社會情形，認為天下弊亂起於法度敗壞，當務之急在於申明法度，嚴刑重賞。這雖然與仁政教化比起來，為次一級的治術，但卻能夠對當時社會起到補弊救偏的作用。例如王符說：「法令

賞罰者，誠治亂之樞機也，不可不嚴行也」（《潛夫論・三式》）；「夫法令者，君之所以用其國也。君出令而不從，是與無君等。主令不從則臣令行，國危矣」，「議者必將以爲刑殺當不用，而德化可獨任。此非變通者之論也，非叔世者之言也。……故有以誅止殺，以刑禦殘」（《潛夫論・衰制》）。而且，王符還呼籲人主操法術：「要在於明操法術，自握權秉而已矣。所謂術者，使下不得欺也；所謂權者，使勢不得亂也。術誠明，則雖萬里之外，幽冥之內，不得不求效；權誠用，則遠近親疏，貴賤賢愚，無不歸心矣。」（《潛夫論・明忠》）其他，崔寔說：「今既不能純法八世也，故宜參以霸政，則宜重賞深罰以禦之。明著法術以檢之。自非上德，嚴之則理，寬之則亂。……夫刑罰者，治亂之藥石也。德教者，興平之梁肉也。夫以德教除殘，是以梁肉理疾也。以刑罰理平，是以藥石供養也。方今承百王之敝，值厄運之會。自數世以來，政多恩貸，馭委其轡，馬駘其銜，四牡橫奔，皇路險傾。方將拑勒鞬輈以救之，豈暇鳴和鸞、清節奏、從容平路哉？」（《政論》）荀悅也說：「夫德行並行，天地常道也。……或先教化，或先刑罰，所遇然也。拔亂抑強則先刑法，扶弱綏新則先教化，安平之世則刑教並用。大亂無教，大治無刑。亂之無教，勢不行也，治之無刑，時不用也。」（《漢紀・元帝紀》）等。

具體來說，明法度、嚴刑賞，就不會數赦而惠及姦人，「凡民之所以輕爲盜賊，吏之所以易作姦匿者，以赦贖數而有僥望也。若使犯罪之人終身被命，得而必刑，則計姦之謀破，而慮惡之心絕矣」（《潛夫論・述赦》）。嚴明法度就會在選舉問題上考功課吏，杜絕選舉弊端，任用賢才，「臣忠良則君政善，臣奸枉則君政惡。以選爲本，選舉實則忠賢進，選虛僞則邪黨貢。選以法令爲本，法令正則選舉實，法令詐則選虛僞。」（《潛夫論・本政》）在風俗問題上，也應當「明法度以閉民欲」，因爲「法度替而民散亂，堤防墮而水泛溢」（崔寔：《政論》）。邊戰問題亦只能通過嚴明賞罰來解決，因爲「言賞則不與，言罰則不行，士進有獨死之禍，退蒙眾生之福。此其所以臨陣亡戰，而競思奔北者也。」（《勸將》）

總結東漢末儒生的治國邏輯，不難發現其與先秦由儒家荀子生出法家韓非的歷史事實何其相似！這依舊是士人面對世道混亂陳述的應當之理，法令賞罰比起禮樂教化來似乎更加符合政治實際，更加現實。但是如何就能保障君王實施這個現實的政治理念呢？當東漢君王沈醉在後宮之歡、宦官之諂的當下感官快樂當中，再現實、再有效的政治措施也會被置若罔聞。這依舊是

一個鏡花水月的解決方案！

再與西漢相比，後漢的思想家們僅在現實的政治框架下思考問題，而沒有質疑過最高權力的合法性問題。對於他們來說，君主專制的合法性似乎是個不言自明的問題，因為有了「王命論」。後漢的思想家可以批評君主昏暗不明、貪利奢侈，但更多地是將社會問題歸結於臣下蒙蔽了君主，君主喪失了治下的法術，而非君主不該擁有天下。因此，他們不能像董仲舒、劉向、谷永等人那樣，喊出「天下乃天下之天下，非一人之天下也」的公天下論調，思想格局顯得狹窄卑弱。也因此，後漢思想家的文章比不上前漢的氣勢雄肆，「漢世文章，溫厚爾雅，及其東也，已衰。觀此書（案：指《論衡》）與《潛夫論》、《風俗通義》之類，比西京諸書，驟不及遠甚，乃知世人之言不誣」（《郡齋讀書志·卷十二》）。

四、批判思潮的歷史結局

思想家們提出的法令賞罰策略沒能挽救大漢帝國最終滅亡的命運，黃巾起義之後，曾經的大漢天威變成了明日黃花。思想家仲長統生當末世，不幸的時代刺激了他超越王符、崔寔、荀悅等人的思考力度和批判深度。

仲長統依然是批判，或批判圖讖迷信，或批判社會風氣，或批判外戚宦官，或批判門閥制度，涉及到外戚宦官之亂、權力歸屬、德治法治、社會風俗、人性善惡及行氣成仙等內容。這其中有的是當時思想問題的延續，例如：「德教者，人君之常任也，而刑罰為之佐助焉。……時世不同，所用之數，亦宜異也。」（《昌言上》）再如：「天下士有三俗：選士而論族姓閥閱，一俗；交遊趨富貴之門，二俗；畏服不接于貴尊，三俗。天下之士有三可賤：慕名而不知實，一可賤；不敢正是非于富貴，二可賤；向盛背衰，三可賤。」（《昌言下》）但是，仲長統超越前人的地方在於他看到了專制政體之病和推究了治亂之因：

> 豪傑之當天命者，未始有天下之分者也。無天下之分，故戰爭者競起焉。于斯之時，並偽假天威，矯據方國，擁甲兵，與我角才智，程勇力，與我競雌雄，不知去就，疑誤天下，蓋不可數也。……彼之蔚蔚，皆胸詈腹詛，幸我之不成，而以奮其前志，詎肯用此為終死之分邪？及繼體之時，民心定矣。普天之下，賴我而得生育，由我而得富貴，安居樂業，長養子孫，天下晏然，皆歸心於我矣。……

> 當此之時，雖下愚之才居之，猶能使恩同天地，威侔鬼神。……彼
> 後嗣之愚主，見天下莫敢與之違，自謂若天地之不可亡也，乃奔其
> 私嗜，騁其邪欲，君臣宣淫，上下同惡。……怨毒無聊，禍亂並起，
> 中國擾攘，四夷侵叛，土崩瓦解，一朝而去。……存亡以之迭代，
> 政亂從此周復，天道常然之大數也。(《昌言‧理亂》)

此為中國歷史治亂循環的原因，亦為專制政體帶來的必然歷史結果。仲長統慨歎「亂世長而化世短」，世愈下而禍愈烈。伴隨著這種敏銳與深刻的，是一種絕望的情緒：「悲夫！不及五百年，大難三起，中間之亂，尚不數焉。變而彌猾，下而加酷，推此以往，可及于盡矣。嗟乎！不知來世聖人救此之道，將何用也？又不知天若窮此之數，欲何至邪？」(《昌言‧理亂》)看透了災難的發生，卻無法制止，也無法避免，只能以悲哀蒼涼的語調訴說這種災難，痛何如哉！蕭公權先生論述道：「推其中之意，殆無異於對專制政體與儒家制術同時作破產之宣告。此誠儒家思想開宗以來空前未睹之巨變。……及劉漢以黃老申商孔孟之學參迭佐證，行之四百年而亦不免於亂亡。專制政體之弱點且一一呈露。於是論者始覺古今已行之政體，聖賢所立之治道，無一可以維天下長久之安平者。而仲長氏悲觀之治亂循環退化論遂為秦漢儒家政治思想自然之結局。」〔註35〕

絕望的士人面對著蒼茫悲涼的歷史格局，又該往哪個方向行進呢？仲長統寫了《樂志論》：「使居有良田廣宅，背山臨流，溝池環匝，竹木周布，場圃築前，果園樹後。舟車足以代步涉之難，使令足以息四體之役。養親有兼珍之膳，妻孥無苦身之勞。良朋萃止，則陳酒肴以娛之；嘉時吉日，則烹羔豚以奉之。躕躇畦苑，遊戲平林，濯清水，追涼風，釣遊鯉，弋高鴻。諷于舞雩之下，詠歸高堂之上。安神閨房，思老氏之玄虛；呼吸精神，求至人之彷彿。與達者數子，論道講書，俯仰二儀，錯綜人物。彈南風之雅操，發清商之妙曲。逍遙一世之上，睥睨天地之間；不受當時之責，永保性命之期。如此則可以陵霄漢，出宇宙之外矣。豈羨夫入帝王之門哉！」儒生不再把遊於帝王之門立身揚名看作唯一的和最高的價值之源，而是疏離了大一統政治，由仕宦回到了園林，由建功轉向了樂志。鼓舞了士人四百年的外王追求、太平理想被懸隔了，士人開始轉向內聖與自適。一個時代結束了，另一個新的時代正在到來。

〔註35〕蕭公權：《中國政治思想史》，頁218，新星出版社，2005年。

第六章 「王命論」意識形態下士大夫的人生轉型及文學新變

　　士人的人生形態，單獨地看，姿態各異。但如果拉遠了宏觀地看，不同時代的士人人生形態又有著群體相對一致的特色。這與他們的階層意識、相對一致的文化背景、文化傳承、文化理想等密不可分，更與一定時代的社會思潮相關聯。

　　大體來說，西漢武帝之前的士人人生理想和行事做派還保留了較多的戰國遺風，實際生活中也還有著遊於諸侯王的自由，即使這種自由的空間正在萎縮，例如枚乘、司馬相如等人。武帝之後，經生走上歷史舞臺。他們懷著崇高的太平王道理想，企圖使君王走上烏托邦實現之旅，對現實帝王依舊保持著強烈的批判姿態。例如貢禹、鮑宣、京房、劉向、谷永等人。雖然有變化，但總的來說西漢士人在面對王權的時候，堅守服務於「道」而不僅服務於「勢」，努力按照理想來改造現實，呈現出了一種「外王型」的人生姿態。

　　而到了兩漢之際，經學理想破產，「王命論」興起，士人在王聖的光環下開始安於幫忙之臣妾角色，追求在大一統政治格局下戴著鐐銬舞蹈，人生形態趨於內斂謹慎。與此同時，士人佔有的社會資源也越來越豐富，最終走向了魏晉以後可與王權頡頏的門閥世族。作為時代心靈展示的文學，也在這一過程中有著相應的轉變：由西漢的批判諷諫轉向了東漢的歌頌王權。

第一節 「王命論」意識形態下東漢士人的新處世法則

　　在「王命論」的解釋下，帝王的合法性有了「天命」這一神秘而又崇高

的解說，世俗大眾再也沒有權力來拷問這個問題了。現實帝王變為聖王，掌握著是非標準和價值源泉，歷來鼓舞士人生命精神的道統理想在王聖的輝光下黯然失色。政治上的是非顛倒、毀滅正義被歸之於權臣的蒙蔽或個別帝王的昏庸，但制度本身卻不被懷疑，漢家政權依然擁有不容置疑的神聖合理性。在這種語境下，士人們沒有別的選擇，所能做的就是努力適應並容忍專制的政治體制，維護帝王的權威，運用新的處世法則安頓自我。那麼，士人的新處世法則具體包括哪些內容呢？

一、謙恭畏愼：專制制度對士人人格的塑造

「謙恭畏愼」相比於發揚蹈厲、激昂勃發，意味著自我個性的壓抑和對外在權威的仰望服從。它不再強調個體生命理想的實現和個性氣質的張揚，唯求生命不被意外摧殘。也就是說，大部分士人選擇謙恭畏愼，並非美學意義上的傾慕和嚮往，而是功利意義上無奈的選擇，是個體無法抗衡外在強大的壓力時採取的一種消極保生的方式。這種人生形態，當然不是至東漢才出現的，例如西漢就有著名的「萬石」家族。但是到了東漢，這種人格被更加強調和刻意追求，則是讀史給人的強烈感受。

首先是與光武併肩打天下的武臣大將，沒有了西漢功臣草莽英雄式的桀驁不馴之氣，而多了一份謙恭自守。史載李通「性謙恭，常欲避權勢」（《後漢書・李通傳》）；王常「性恭儉，遵法度」（《後漢書・李通傳》）；馮異「以久在外，不自安」（《後漢書・馮異傳》）；祭遵「為人廉約小心，克己奉公」（《後漢書・祭遵傳》）；竇融「容貌辭氣，卑恭已甚」（《後漢書・竇融傳》）；等。馳騁沙場、馬革裹屍的馬援，更是訓誡子姪：「吾欲汝曹聞人過失，如聞父母之名，耳可得聞，口不可得言也。好論議人長短，妄是非正法，此吾所大惡也，寧死不願聞子孫有此行也。」（《後漢書・馬援傳》）這自然與「東漢功臣多近儒」的文化背景有關，但更是面臨皇帝的猜忌和防範時一種無奈的選擇。〔註1〕

其次，外戚也都自覺地內斂卑讓，例如樊宏「為人謙柔畏愼，不求苟進。常戒其子曰：『富貴盈溢，未有能終者。吾非不喜榮執也，天道惡滿而好謙，前世貴戚皆明戒也。保身全己，豈不樂哉！』每當朝會，輒迎期先到，俯伏待事，時至乃起」（《後漢書・樊宏傳》）；陰識「入雖極言正議，及與賓客語，

〔註1〕 參考本書第二章第二節「集中皇權」部分的論述。

未嘗及國事」（《後漢書・陰識傳》）；陰興辭讓封侯之賞，並以「亢龍有悔」自誡（《後漢書・陰興傳》）；馬廖「性質誠畏慎，不愛權埶聲名」（《後漢書・馬廖傳》）；竇固「賞賜租祿，貲累巨億，而性謙儉，愛人好施，士以此稱之」（《後漢書・竇固傳》）；鄧氏家族「皆遵法度，深戒竇氏，檢勅宗族，闔門靜居」（《後漢書・鄧寇列傳》）；梁商「每存謙柔，虛己進賢……檢御門族，未曾以權盛干法」（《後漢書・梁商傳》）；等。

在此風氣下，普通士人更是以謙約恭敬的態度處世，例如杜林「內奉宿衛，外總三署，周密敬慎，選舉稱平」（《後漢書・杜林傳》）；陳寵「常稱人臣之義，苦不畏慎」（《後漢書・陳寵傳》）；張霸《遺斥諸子》云：「人生一世，但當畏敬于人。」〔註2〕崔瑗的《座右銘》云：「無道人之短，無說己之長。」〔註3〕胡廣「不矜其能，不伐其勞，翼翼周慎，行靡玷漏」，「性溫柔謹素，常遜言恭色。達練事體，明解朝章」（《後漢書・胡廣傳》）；等。

謙恭畏慎的處世法則之所以成為被社會眾多階層選擇，就在於它最符合專制君主對臣節的期待，因而也最能使個體避免災難。這一點，比較一下陰識、陰興、陰就弟兄三人不同性格及最終的人生結局，就可了然於心。陰識、陰興皆以畏慎得以善終，而陰就「性剛傲，不得眾譽」，最終被牽連自殺。更為典型的例子是北海王劉睦，「中興初，禁網尚闊，而睦性謙恭好士，千里交結，自名儒宿德，莫不造門，由是聲價益廣。永平中，法憲頗峻，睦乃謝絕賓客，放心音樂」。後來，中大夫入朝，劉睦教以「襲爵以來，志意衰惰，聲色是娛，犬馬是好」來應對帝王的詢問（《後漢書・宗室四王三侯列傳》）。這種不惜自我貶損以消除帝王猜忌的做法，並非過於謹慎的多慮，而是洞察專制帝王心理之後的無奈選擇和保身智慧。帝王需要的唯我獨尊的氣勢，其他芸芸眾生只能壓抑自我匍匐在其腳下，仰望帝王的神聖完美之光。

更重要的是，謙恭畏慎不僅是士人普遍履行的日常處世法則，甚至成了士階層的人格理想和臧否人事的價值取向。下面，通過比較司馬遷和班固的文化人格及價值標準來進行論述。

司馬遷僅僅因為替李陵說了幾句公道話，就觸犯武帝逆鱗，被投入監牢，最終受到腐刑的奇恥大辱。但被損害的祇是肉體，精神卻在現實苦難的刺激下更為高亢。這些屈辱的經歷反而作為一種砥礪意志的方式，成就了司馬遷

〔註2〕嚴可均：《全後漢文・卷四十三》，頁708，中華書局，1958年。
〔註3〕嚴可均：《全後漢文・卷四十五》，頁718。

「貧賤不能移，威武不能屈」的大丈夫人格。在《報任安書》中，司馬遷字字血淚地訴說了受刑後的屈辱感，「腸一日而九回，居則忽忽若有所亡，出則不知所如往。每念斯恥，汗未嘗不發背沾衣也。」遭遇斯恥，最輕鬆的選擇就是一死了之。司馬遷也未嘗無此想法，但是在卑微的死亡與慘烈的生存之間，他英勇地選擇了後者，「假令僕伏法受誅，若九牛亡一毛，與螻蟻何異？而世又不與能死節者比，特以爲智窮罪極，不能自免，卒就死耳。何也？素所自樹立使然」，「所以隱忍苟活，函糞土之中而不辭者，恨私心有所不盡，鄙沒世而文采不表於後也」。之所以隱忍苟活、以著述的方式完成自我超越，是因爲司馬遷堅信在現實王權之上還有一個超越的終極審判，以公平正義來裁決人類事務。所有的人都要以人的身份，也僅以人的身份，接受永恆正義法則的評判。現實的威權在終極標準之前，短暫而又虛僞，如落花流水。只有超越永恆的價值才能夠賦予生命以眞實的意義，才能使血肉之軀獲得永恆的存在。帝王可以殘害人，但不能改變事件的善惡與是非。所以，司馬遷可以依據終極法則抨擊殘酷醜陋的帝王，也可以在受到帝王的殘害後依然倔強不屈地表達著自身的信念。在這篇文章中，司馬遷在向任安描述李陵事件時，沒有流露出一點追悔認錯之意：「然僕觀其（李陵）爲人自奇士，事親孝，與士信，臨財廉，取予義，分別有讓，恭儉下人，常思奮不顧身以徇國家之急。其素所畜積也，僕以爲有國士之風。……陵未沒時，使有來報，漢公卿王侯皆奉觴上壽。後數日，陵敗書聞，主上爲之食不甘味，聽朝不怡。大臣憂懼，不知所出。僕竊不自料其卑賤，見主上慘凄怛悼，誠欲效其款款之愚。……明主不深曉，以爲僕沮貳師，而爲李陵遊說，遂下於理。」（《漢書‧司馬遷傳》）這裡有對自身冤屈的悲憤，有對帝王昏暴的控訴，但卻沒有絲毫的軟弱和屈服。這是司馬遷在生命即將終結時依然堅守的姿態，是不屈靈魂的宣言。

正是這種對永恆正義法則和人類超越理想的堅持，才造就了《史記》這部光耀千古的巨著。《史記》中對理想的堅持和對人本身的意義評判，被傳統學者評爲「愛奇」（揚雄《法言》），不無微詞。但是，如果不把所謂的「奇」理解爲「不忍」，而理解爲卓犖不群的才能、有血性有眞情的人格、娟潔峻峭的道德，那麼司馬遷確實是「愛奇」的。因爲「愛奇」，我們在《史記》當中看到了雖不完美但頂天立地的英雄項羽，功勳卓著、謀略深遠的大將韓信，武藝高強但命運數奇的李廣，蕩然肆志、不屈於諸侯的魯仲連，言信行果、扶急救危的遊俠……司馬遷將這些人物表現的惟妙惟肖，虎虎生風，千載之

下依然立體鮮活。在對這些人物的描摹唱歎當中，司馬遷也在或酣暢淋漓或悲涼低回地宣洩著自己內心鬱結的感情，最終把自身倜儻非常的形象留在了歷史的天空。

　　無獨有偶，同為史學家的班固，也一樣有著坐牢的經歷，「固以彪所續前史未詳，乃潛精研思，欲就其業。既而有人上書顯宗，告固私改作國史者，有詔下郡，收固繫京兆獄」（《後漢書・班固傳》）。當然，班固要比司馬遷幸運，沒有受到太過殘酷的非人折磨，而是在其弟班超的申訴和明帝的寬諒下，無罪釋放，「終成前所著書」。但是僅僅因為個人著述，就被投入監獄，制度的殘酷性亦可見一斑了。對此，班固在坐牢的煎熬歲月中豈能無感？然而我們沒有在班固的著述中看到對專制帝王之殘酷和制度之非理性的強烈批判，而是更多地看到了對聖漢的頌揚，例如《兩都賦》、《典引》等。對於班固來說，帝王是神聖光輝的，個人的不平遭遇相比於聖王之光來說是微不足道的，是由於自身的不智而非王權的非理性所致。因此，班固欣賞一種明哲保身、中庸畏慎之人格，而對奇行傑出之士提出了嚴厲批評。例如評論屈原：「今若屈原，露才揚己，競乎危國群小之間，以離讒賊。然責數懷王，怨惡椒蘭，愁神苦思，非其人，忿懟不容，沈江而死，亦貶絜狂狷景行之士。」（《離騷序》）班固所張揚的人格是「君子道窮，命矣。故潛龍不見，是而無悶。《關雎》哀周道而不傷，蘧瑗持可懷之智，甯武保如愚之性。咸以全命避害，不受世患。故《大雅》曰『既明且哲，以保其身』，斯為貴矣」（《離騷序》）。在這裡，制度本身合理與否被懸置了，再也沒有了一種超越的理想來監控人類社會。重要的不再是抗爭和吶喊，而是對不合理制度的容忍和逃避。人變成了匍匐在王權之下的可憐蟲，而沒有了超越性的骨鯁之氣。這顯然是士人對專制勢力適應和麻木後的論調，是理想陷落後的妥協。

　　班固的人格理想也很自然地體現到了《漢書》中，例如疏廣父子「並為師傅，朝廷以為榮」，後來疏廣對其子疏受說：「吾聞『知足不辱，知止不殆』，『功遂身退，天之道』也。今仕（宦）〔官〕至二千石，宦成名立，如此不去，懼有後悔，豈如父子相隨出關，歸老故鄉，以壽命終，不亦善乎？」於是父子俱移病歸家。班固在敘事中時時流露出讚賞之意，如：「及道路觀者皆曰：『賢哉二大夫！』或歎息為之下泣」，「疏廣行止足之計，免辱殆之累」等（《漢書・雋疏於薛平彭傳》）。再如對父子俱為宰相的韋、平父子，亦褒揚有加，雖然他們並沒有建立赫赫功業。對於班固的這種價值取向，後人論曰：「吾觀

班固《漢書》，論國體則飾主闕而抑忠臣，敍世教則貴取容而賤直節，述時務則謹辭章而略事實，非良史也。」（馬總《意林》卷5引楊泉《物理論》）

由司馬遷到班固的人格變遷，表明了專制制度已經不僅僅是一種對抗性的外在束縛，而變成了一種精神性力量深入到了人的靈魂，銷蝕了士人的超越性理想追求。至此，專制制度完成了對士人人格的塑造。

二、寂寞著書的內聖追求

士人總是在外在的社會化關涉及內在的靈魂提升中安頓自我，即外王抑或內聖。《左傳・襄公二十四年》叔孫豹所說的「大上有立德，其次有立功，其次有立言，雖久不廢，此之謂不朽」，正是士人階層的價值追求。後來孟子又說「窮則獨善其身，達則兼濟天下」（《孟子・盡心上》），更成了幾千年士人的人生信條。外在的建功立業，需要「聖主遇賢臣」的時代機緣，更需要個人進入官僚體系的特殊機遇。但是，除了少數士人能夠幸運的榮列三公、安國定邦外，大部分士人恐怕終生與高官厚祿無緣。在這種生存狀態下，他們需要一種內聖的理念來支撐自己。需要注意的是，士階層並非一開始就能夠嫻熟地游刃於外王與內聖之間，而是經過了一個漫長的適應過程。總體來說，西漢士階層在政治變得越來越黑暗、自身建功立業的願望難以實現即時，還沒有學會將獨善其身的原則貫徹到生活當中去，很少能有人能夠徹底放棄政治期待。他們是以理想來對抗現實，在公天下理念的鼓舞下要求帝王推位，表現出了類似於青年人的理想主義激情，但付出了沈重的代價。東漢士階層則在無可建功之際，轉向了內聖，選擇了寂寞著書等內斂的生存方式。因為王命論的意識形態下，士階層沒有了超越和對抗現實的理想，而整體呈現出了中年人的沈穩拘謹。這一點，可從他們對兩漢之際兩個不同文化偶像──揚雄和劉歆的反響中透視出來。

揚雄在其生存的時代，是寂寞的。他「口吃不能劇談，默而好深湛之思，清靜亡爲，少耆欲，不汲汲於富貴，不戚戚於貧賤」的性格，似乎注定與赫赫功業、高官厚祿無緣，「三世不徙官」，「以耆老久次轉爲大夫」。他所追求的是「好古而樂道，其意欲求文章成名於後世」，但是其嘔心瀝血的著述似又超出了時人的理解能力，「凡人賤近而貴遠，親見揚子雲祿位容貌不能動人，故輕其書」，「用心於內，不求於外，於時人皆忽之；唯劉歆及范逡敬焉，而桓譚以爲絕倫」（《漢書・揚雄傳》）。知音寥落，功業無成，愛子早夭，揚雄

最終在落魄中死去，弟子侯芭爲之起墳，服喪三年。

但是，揚雄寂寞內修的生存狀態卻在東漢得到了越來越多的士人之追慕。例如，崔駰「常以典籍爲業，未遑仕進之事。時人或譏其太玄靜，將以後名失實。駰擬揚雄《解嘲》，作《達旨》以答焉。」（《後漢書‧崔駰傳》）班固撰寫《揚雄傳》，通過徵引桓譚、劉歆的評論，不無褒獎之意。和帝時，侍中賈逵推薦李尤時稱其「有相如、揚雄之風」（《後漢書‧文苑傳》）。王充也多次推崇揚雄，「近世劉子政父子、揚子雲、桓君山，其猶文、武、周公並出一時也」，「陽成子長作《樂經》，揚子雲作《太玄經》，造於助〔眇〕思，極窅冥之深，非庶幾之才，不能成也。孔子作《春秋》，二子作兩經，所謂卓爾蹈孔子之跡，鴻茂參貳聖之才者也」（《論衡‧超奇》）；「玩揚子雲之篇，樂於居千石之官；挾桓君山之書，富於積猗頓之財」（《論衡‧佚文》）；等。張衡更是追慕揚雄的人生形態及學識文采，「常耽好《玄經》，謂崔瑗曰：『吾觀《太玄》，方知子雲妙極道數，乃與《五經》相擬，非徒傳記之屬，使人難論陰陽之事，漢家得天下二百歲之書也。……漢四百歲，《玄》其興矣。』」（《後漢書‧張衡傳》）東漢末，劉璋據蜀，秦宓甚至建議劉璋的治中從事王商爲揚雄立祀，因爲「揚子雲潛心著述，有補於世，泥蟠不滓，行參聖師，於今海內，談詠厥辭」（《三國志‧蜀志‧秦宓傳》）。等等。

何以在西漢末年寂寂寥寥的揚雄卻得到了東漢士人的強烈推崇與共鳴呢？觀東漢士人對揚雄的評價，除了歎服其著作博大精深、思想深邃外，更多的是認同其寂寞著書的人生選擇。這一點，應與東漢士人的人生追求和精神轉向有關。當士人把劉漢政權當作神聖崇高的王朝而努力爲之服務時，他們卻一次又一次地看到了現實政治的不完滿。那些成爲朝中大臣的士人通過不屈不撓地與宦官、外戚等黑暗勢力浴血鬥爭，爲恢復朝綱而付出著沈重的代價，甚至生命。而更多無緣作爲國家柱石的普通士人，除了在道義上支持正義外，可能感受更多的是政治的殘酷性。於是，如何保存生命並盡可能地實現存在理想，就成了士人面臨的人生問題。他們在揚雄的人生形態及其文章表述的人生理想得到了啓示：「炎炎者滅，隆隆者絕；觀雷觀火，爲盈爲實，天收其聲，地藏其熱。高明之家，鬼瞰其室。攫挐者亡，默默者存；位極者宗危，自守者身全。是故知玄知默，守道之極；爰清爰靜，游神之廷；惟寂惟寞，守德之宅。」（《解嘲》）寂寞著書，雖不能「上尊人君，下榮父母，析人之圭，儋人之爵，懷人之符，分人之祿，紆青拕紫，朱丹其轂」，但是與世

無爭，不至於被毀滅，而且「立言」原是士人所追求的「三不朽」之一。因此，士人對揚雄的推崇實際上折射出的是他們的追求由立功向立言、人生形態由外王向內聖的變遷。

寂寞著述對於許多東漢的士人來說，不再是一種退而求其次的無奈選擇，而是個體主動自覺的精神追求。例如崔駰說：「子苟欲勉我以世路，不知其跌而失吾之度也。……固將因天質之自然，誦上哲之高訓；詠太平之清風，行天下之至順。懼吾躬之穢德，勤百畝之不耘。」（《達旨》）張衡說：「吾感去蠆附蟁，悲爾先笑而後號也」，「僕進不能參名於二立，退又不能群彼數子。愍《三墳》之既頹，惜《八索》之不理。庶前訓之可鑽，聊朝隱乎柱史。」（《應間賦》）。等。這裡，吟頌前賢鴻文，講論經典哲理，都是貼近自然天性、能夠帶來巨大精神愉悅的審美活動。它甚至被賦予了理想化的色彩，具有了使個體超拔流俗的重大意義。個體的內在精神舒放愉悅而非外在的顯赫威勢，成了士人最傾心的追求。

與揚雄被東漢士人追慕形成對照的是，曾經顯赫一時的劉歆身後頗為落寞。劉歆對東漢學術的影響是極為深刻的，例如東漢許多一流的學者都曾出自劉歆之門，鄭興「將門人從劉歆講正大義」（《後漢書·鄭興傳》），賈徽「從劉歆受《左氏春秋》」（《後漢書·賈逵傳》），孔奮「從劉歆受《春秋左氏傳》，歆稱之，謂門人曰：『吾已從君魚受道矣』」（《後漢書·孔奮傳》）；班固的《漢書》亦受到了劉歆的重要影響；〔註4〕等等。但是，劉歆的人生形態卻沒有得到後漢士人的太多共鳴。這不僅僅是因為劉歆的悲劇性結局，更重要的是因為劉歆所代表的西漢士人追求實現經學理想的人生，已經與東漢士人的文化心態相當隔膜了。下面作一具體論述：

劉歆在哀帝朝爭立古文經失敗後，出任五原太守。一路上感念思古，做了《遂初賦》。其中云：「反情素於寂漠兮，居華體之冥冥。玩琴書以條暢兮，考性命之變態。運四時而覽陰陽兮，總萬物之珍怪。雖窮天地之極變兮，曾何足乎留意！長恬澹以歡娛兮，固賢聖之所喜。」並在結尾重申：

處幽潛德，含聖神兮。抱奇內光，自得真兮。寵倖浮寄，奇無常兮。

寄之去留，亦何傷兮。大人之度，品物齊兮。舍位之過，忽若遺兮。

求位得位，固其常兮。守信保己，比老彭兮。

────────────

〔註4〕 參見楊向奎：《論劉歆與班固》，收入《楊向奎集》，中國社會科學出版社，2006年。

後來不斷有論者感歎，如果劉歆眞的能夠選擇「玩琴書」、「長恬澹」的人生，
潛心學術，那麼他一定可以避免與王莽糾結在一起並最終被殘害的悲劇命
運。〔註5〕但是，劉歆在當時的文化背景下，不可能選取內聖的人生。漢帝國
是士階層產生後面對的第一個國祚長久的大一統帝國，士人在這個大帝國**裏**
失去了自由選擇的可能性，雖然感到了失落和壓力，但他們無疑是充滿激情
的。他們試圖以儒家經典來塑造、影響政權，使現實符合王道理想。從叔孫
通、陸賈、賈誼、晁錯、董仲舒、公孫弘，直到漢末的劉向、蕭望之、王章、
何武等，都在積極地以各種方式參與這個大一統政權，努力使政治走上軌道。
他們以維繫大一統政權作爲人生最爲崇高的理想，由此發展出來的西漢學術
——經學，主要是一種「外王」之學，它強調的不是個體內在的浩然之氣，
而是改造現實。西漢中期以後最受關注的兩個學術命題：災異和禮制，皆有
通經致用之意。劉歆不可能超越那個時代，他的知識結構完全是時代賦予的。
劉歆言禮制「博而篤」，《孝武廟不毀議》足以折服群儒。劉歆治《易》，作《三
統曆譜》，都屬於天人災異之學。劉歆雖然在認知的層面上瞭解道家哲學，並
試圖以齊物論來看待人世滄桑，但他還沒有完全接受道家豐富而悠遠的全部
意趣，例如「遂初」這個意象在西晉孫綽之後，成爲「富於精神指向的一個
觀念，導向文化心靈的澄明之境」。〔註6〕而在劉歆的這篇賦**裏**，「遂初」的含
義等同於表時態的「往初」，對「初」在道家文化中豐富的哲學意蘊缺乏敏感。
總的來看，通經致用的災異和禮制才是劉歆關注的重心，他在「外王」的追
求中很難固守寂寞恬澹的老莊人生理念。當時單純的個人德行的內秀也不可
能獲得社會大眾的普遍仰慕，後代道家出世理念下的審美人生遠未成爲大部
分西漢士人可以安頓生命的選擇，所以揚雄在當時只能是寂寞的另類。

　　對於懷抱治平理想士人來說，求仕從政無疑是他們社會實踐活動的重
心。在政治越來越腐敗的西漢後期，士人入仕從政面臨著「依世則廢道，違
俗則危殆」的艱難選擇。他們要麼清醒於自己的奴才地位，也以奴才自居，
持祿保位，遭阿諛之譏，如匡衡、張禹、平當、馬宮等；要麼依然懷抱理想
主義，試圖以一蕢障江河，以生命爲代價來力挽殘局，如何武、王嘉等。士
人在艱難的拷問中缺乏「達則兼濟天下，窮則獨善其身」的游刃自如，而顯
得有點笨拙稚嫩。生活在這個時代的劉歆，其知識背景和外王的時代追求注

〔註5〕例如孟祥才：《角色錯位的悲劇——評劉歆》，《齊魯學刊》，1997年第2期。
〔註6〕曹虹：《中國辭賦源流綜論》，頁112，中華書局，2005。

定了他必然選擇積極有為、建立功業的人生。爭立古文經、改革學風正是外王人生理念的體現，而這樣的人生在改朝換代的混亂局勢中又最易被政治磨損。當劉歆作為宗室子弟，面對劉漢的沒落無力迴天之時，他與眾多儒生一起加入了王莽的陣營，因為後者對其有知遇之恩，更因為王莽代表了實現道統理想、太平王道的力量。但是最終，劉歆被殘酷的現實驚醒了，一次未遂的政變使其不得不以自殺結束生命。可以說，劉歆的人生實際上代表了經學理想指導下的一代士人的悲劇：他們在一味追求外向性的事功，在現實政權之外再沒有別的選擇，安頓士人心靈的莊子哲學無法成為他們有效的精神資源。而現實政權又有太多的偶然性，也太過於殘酷，於是注定了他們要有無數的血淚與悲愴。〔註7〕

斗轉星移，滄桑巨變。後漢的士人面對著大一統政權，再也沒有了引導其實現太平王道理想的慷慨之氣，而是在帝王的神聖權威下小心謹慎地履行著盡忠納誠之臣道。他們在目睹一次又一次的政治血腥事件後，比西漢士人多了一份沈穩和圓滑。當外王的理想變成了明日黃花、再難具有鼓舞人心的力量時，士人的精神轉向了內聖。個體內在的品質被認為與外在的建功立業具有同樣的價值，同樣被人珍視。例如，《後漢書·列女傳》載王霸以高節自立，屢徵不至，朋友的仕宦榮祿曾一度令其動搖信念，其妻勉勵王霸曰：「君少修清節，不顧榮祿。今子伯之貴孰與君之高？奈何忘宿志而慚兒女子乎？」這裡，個人德行顯然比外在榮寵更加被人珍視。在士人轉向內在精神的豐富與人生境界的提升時，儒家「君子窮則獨善其身」的信條固然為其提供了正當理由和踐履規範，但道家哲學為其開拓了更為廣闊的心靈空間。因此，士人對道家哲學多了一份深刻的理解和現實應用，例如崔駰、張衡等人。在這種文化背景下，曾經描述並且親身踐履道家人生哲學的揚雄，很自然地成了眾多士人的文化偶像，獲得了越來越多的共鳴。而劉歆作為西漢士風的終結者，則被冷落了。

三、矯厲名節

東漢士人的慷慨名節，歷來引人讚歎，例如顧炎武說：「三代以下，風俗之美，無尚於東京者！」（《日知錄》卷十三「兩漢風俗」條）但是必須看到，

〔註7〕 本部分論述詳見拙文：《劉歆的悲劇》，《文史知識》，2007年第4期。

士人對名節的熱情追求首先是帝王有意培育出來的價值趨向〔註8〕。它並不指向個性解放和精神超越，而是無條件地維護本身並不一定合理的綱常名教和社會秩序，強調個體生命對外在規範的絕對遵從和激情投入。也就是說，士人刻苦的道德踐履不是為了實現外在的王道理想，而是以外在的教條來規範約束自己。個體生命成了維護制度尊嚴和聖化社會規則的一種方式，自我則被壓抑到了種種社會關係的網路中。從本質上說，這是一種專制型人格，生命意志呈現出一種被扭曲的形態。

那麼，東漢士人的「名節」具體包括哪些內容？趙翼在《廿二史劄記・卷五》中總結如下：

> 自戰國豫讓、聶政、荊軻、侯嬴之徒，以意氣相尚，一意孤行，能為人所不敢為，世競慕之。……馴至東漢，其風益盛。蓋當時薦舉徵辟，必采名譽，故凡可以得名者，必全力赴之，好為苟難，遂成風俗。其大概有數端：是時郡吏之於太守，本有君臣名分，為掾吏者，往往周旋於死生患難之間。如李固被戮，弟子郭亮負斧鑕上書，請收固尸。……又有以讓爵為高者。……至東漢鄧彪亦讓封爵於異母弟，明帝許之。……又有輕生報仇者。崔瑗兄為人所害，手刃報仇，亡去。……昔人以氣節之盛，為世運之衰，而不知並氣節而無之，其衰乃更甚也。〔註9〕

名節首先要求忠誠於在上的權威，掾吏對太守之絕對忠臣無疑是朝廷上大臣對帝王之倫理規範的類比和延伸，郭亮對李固的冒死收尸豈非李固對漢家帝王捐軀盡忠之再現？這種忠君的核心價值觀念，正表明看似與現實政治權威對抗的「名節」行為，實際上是努力維護朝綱秩序的正常運行，符合帝國的長遠利益和專制帝王的意志。士人在名節的追求下，除了德行高尚地盡忠於朝廷，幾無其他選擇的可能性。在時世艱難的東漢末年，對忠君的極度強調及因之而來的道德重壓，導致了一個又一個令人扼腕歎息的士人生命悲劇，例如陳蕃、李膺、范滂、劉儒等。皇甫嵩既破黃巾，威震天下，而「昏主之下，難以久居，不賞之功，讒人側目」，於是有人勸他不妨起兵以革漢命。皇甫嵩說：「人未忘主，天不祐逆。若虛造不冀之功，以速朝夕之禍，孰與委忠本朝，守其臣節。雖云多讒，不過放廢，猶有令名，死且不朽。反常之論，

〔註8〕 參見第二章第二節相關論述。

〔註9〕 趙翼撰，王樹民校：《廿二史劄記校證》，頁103～104，中華書局，1984年。

所不敢聞。」(《後漢書‧皇甫嵩傳》) 這裡「委忠本朝，守其臣節」比自己的生命更被皇甫嵩看重，他也因此差點被董卓殺掉。趙翼將名節追溯到戰國，並把東漢此風益盛的原因歸爲徵辟制度，並不全面。西漢自武帝後就開始實行徵辟制，但並沒有造就出忠貞苛刻的士風。因爲當時的士大夫在經學理想的鼓舞下，爲著實現太平理想而奮鬥，現實的帝王權威遠遠低於道統，士大夫完全可以在道統的光輝下傲睨現實帝王的勢力，或批判現實社會的不合理。而名節，則是光武帝在王莽之後有意以忠君爲導向培養出來的士風，是私天下的教條深入到士人精神領域後呈現出來的生命形態，士人不僅認可了帝王一姓天下的合理性，而且把其當成了無比神聖的準則，作爲生死抉擇的依據。

　　這種忠誠被泛化到了眾多的人倫關係中，除了上述掾吏對長官外，還有弟子門生對業師的道德責任，如任未赴師喪死在路上，臨終還不忘囑託兄子：「必致我尸於師門，使死而有知，魂靈不慙」(《後漢書‧儒林傳》)。士子對舉薦自己的官僚也要報答知遇之恩，例如袁逢曾經舉薦荀爽，荀爽雖然並沒有應舉，但在袁逢死後依然爲之服喪三年 (《後漢書‧荀爽傳》)。甚至父母與子女之間也在某種程度上帶上了類似於君臣絕對秩序的意味，子女要無條件孝順服從、忠貞恭敬，超出了自然正常的天倫親情。例如鮑永「事後母至孝，妻嘗於母前叱狗，而永即去之」(《後漢書‧鮑永傳》)；再如馮衍之子馮豹「年十二，母爲父所出。後母惡之，嘗因豹夜寐，欲行毒害，豹逃走得免。敬事愈謹，而母疾之益深，時人稱其孝」(《後漢書‧馮衍傳》附馮豹傳)；薛包「及父娶後妻而憎包，分出之，包日夜號泣，不能去，至被歐杖。不得已，廬於舍外，且入而灑掃，父怒，又逐之。乃廬於里門，昏晨不廢。積歲餘，父母慚而還之。後行六年服，喪過乎哀」(《後漢書》卷三十九「薛包傳」)；江革被鄉里稱之爲「江巨孝」，「及母終，至性殆滅，嘗寢伏冢廬，服竟，不忍除」(《後漢書》卷三十九「江革傳」)；等等。當這種原本發自天性的倫理情感被過分強調、被賦予了太多的社會含義時，它不可避免地變成了有違人之常情的束縛——苦孝，而且導致了一個又一個虛偽矯飾的事件。例如趙宣「葬親而不閉埏隧，因居其中，行服二十餘年，鄉邑稱孝，州郡數禮請之。郡內以薦蕃，蕃與相見，問及妻子，而宣五子皆服中所生」(《後漢書‧陳蕃傳》)。等。

　　其次，名節還要求對名位爵祿等物質利益的清廉辭讓。除了趙翼所舉的讓爵，讓財也成爲《後漢書》表彰傳主高尚德行經常要提到的事蹟，例如寇

恂、樊準等人。士人恬淡於名利，被賦予了崇高的社會聲譽，例如鍾離意推薦劉平時稱其「執性恬淡」（《後漢書‧劉平傳》）；劉蒼上疏薦吳良時表彰其「公方廉恪，躬儉安貧」（《後漢書‧吳良傳》）；班固爲第五倫推薦謝夷吾曰「不殉名以求譽」（《後漢書‧方術傳》；等等。士大夫爲官，自覺地追求清白名聲，甚至到了自苦的境地，例如李恂，「以清約率下，常席羊皮，服布被」，「後坐事免，步歸鄉里，潛居山澤，結草爲廬，獨與諸生織席自給」，「徙居新安關下，拾橡實以自資」（《後漢書‧李恂傳》）。再如楊秉，「自爲刺史、二千石，計日受奉，餘祿不入私門」，「嘗從容言曰：『我有三不惑：酒、色、財也。』」（《後漢書‧楊秉傳》）這種類似苦行僧的自我抑制，除了君子固窮的儒生本相外，恐怕難免刻意矯情的因素在內。尤其是當這種品德不僅被用於自我修身，而且變成了「率下」的教條時，更易於造成詐僞苛刻的風氣。

最後，名節之士的「輕生復仇」，因與「大復仇」的經義教條不相違背，又是對血親倫常的壯烈捍衛和孝義品德的非常態演示，因此儘管它常常破壞了國家的現行法律秩序，卻得到了統治者態度曖昧的寬假。「建初中，有人侮辱人父者，而其子殺之，肅宗貰其死刑而降宥之，自後因以爲比。是時遂定其議，以爲《輕侮法》。」（《後漢書‧張敏傳》）後來雖然和帝接納了大臣的建議，不再著爲定法，國家有關的法律解釋和執行依然爲復仇者留有餘地。當復仇成爲一種普遍的風氣時，它也就成了一種標榜或者道德楷模而被傚仿、被期待。這往往成爲生命力不夠勇健之人的沈重負擔和道德自責，例如「恂友人董子張者，父先爲鄉人所害。及子張病，將終，恂往候之。子張垂歿，視恂，歔欷不能言。」（《後漢書‧郅惲傳》）桓譚也說：「今人相殺傷，雖已伏法，而私結怨仇，子孫相報，後忿深前，至於滅戶殄業，而俗稱豪健，故雖有怯弱，猶勉而行之。」（《後漢書‧桓譚傳》）等等。

貫穿在上述所有名節行爲當中的特質是「能爲人所不敢爲」，「好爲苟難」。因爲難爲，所以能爲的名節之士就具有了非凡的人格魅力和社會聲譽。名節之士對幾近於苛酷之道德律令的激情投入和悲壯踐履，激起了當時社會的熱情褒譽和眞誠崇拜，例如郭亮，「由此顯名，三公並闢」（《後漢書‧李固傳》）。李膺等人被譽爲「天下模楷李元禮，不畏強禦陳仲舉，天下俊秀王叔茂」。士人一經李膺接見，被譽爲「登龍門」。甚至郭林宗遇雨偶將頭巾一角墊起，竟成了當時士林的著衣風尚。他們代表的道義力量遠遠超過了政治權威，史稱「自公卿以下，莫不畏其貶議，屣履到門」（《後漢書‧黨錮列傳》）。

在名節之士與閹宦的鬥爭中，「天下士大夫皆高尚其道，而污穢朝廷」。景毅第一次黨禍起時，因其子景顧未在錄牒而不及於譴，「乃慨然曰：『本謂膺賢，遣子師之，豈可以漏奪名籍，苟安而已！』遂自表免歸，時人義之」（《後漢書‧黨錮列傳》）。更有甚者，皇甫規竟以不豫黨事而自恥（《後漢書‧皇甫規傳》）。由此，千載之下猶可想見名節之士非凡的社會效應。

名節行為，從本質上說是一種道德踐履，向內指往個人的倫理境界和精神滿足。如果從社會層面上說，「名節」也僅具有道德行為的教化功能。但是，當這種倫理操行在當時社會受到高度崇拜和熱情讚揚時，它就超出了個體的內在德行界限，而進入到了政治領域。名節之士懷著一種道德上的潔癖，去處理國家政治事務，在政治鬥爭中表現得極為婞直和傲慢，最終為這種不計後果的不智付出了慘重的代價。婞直是使氣任性，對不道德之人表現得極為厭惡和苛酷。傲慢，是在強烈的道德優越感下，不屑於採用迂迴的手段，而直接去處置不道德之人事。《後漢書‧黨錮列傳》中記載了眾多這樣的事例，例如直接引發黨錮之禍的李膺收捕張成之事，「時河內張成善說風角，推占當赦，遂教子殺人。李膺為河南尹，督促收捕，既而逢宥獲免，膺愈懷憤疾，竟案殺之」；其他如「張儉殺常侍侯覽母，案其宗黨賓客，或有迸匿太山界者，（苑）康既常疾閹官，因此皆窮相收掩，無得遺脫」；杜密「其宦官子弟為令長有奸惡者，輒捕案之」；岑晊與張牧勸成瑨「收捕泛等，既而遇赦，晊竟誅之，並收其宗族賓客，殺二百餘人，後乃奏聞」；等等。更有慘刻之甚者，例如黃浮收徐宣，「收宣家屬，無少長悉考之。……即案宣罪棄市，暴其尸以示百姓，郡中震慄」（《宦者傳》）；陽球考王甫，「自臨考甫等，五毒備極……父子悉死杖下。穎亦自殺。乃僵磔屍於夏城門」（《酷吏傳》）；等。這些忌惡如仇的行為當然激起了宦官的激烈反撲，造成了「海內塗炭，二十餘年，諸所蔓衍，皆天下善士」的歷史惡果。從道德法則言，作惡的宦官確實該殺，但政治法則要求的是調動一切積極因素、弱化消極因素以達到最佳社會效果，而不是是非分明。名節之士卻全然不顧這些，而以政治身份做著道德之事，「與姦人爭廢興，而非為君與社稷捐軀命以爭存亡」。〔註10〕最終，「除了表明自身在道德上的高尚和純潔外，在社會問題的解決上其實並沒有什麼好的結果」。〔註11〕王夫之對名節之士的行為有著深刻的批判：「太上者，直糾君心之非而拂之以正；其次視大權之所倒持，巨姦之為禍本，

〔註10〕 王夫之：《讀通鑑論‧卷八》，頁 116，中華書局，1975 年。
〔註11〕 向晉衛：《再論東漢時期的「名教」》，《社會科學輯刊》，2006 年第 5 期。

而不與之俱生，猶忠臣之效也。……若夫瑣瑣之小人，憑藉權姦而售其惡者，不勝誅也，不足誅也。君志移，權姦去，則屏息以潛伏而蕭條竄匿，亦惡用多殺以傷和哉！……乃諸賢之無所擇而怒，無所恤而過用其刑殺，但與此曹爭勝負，不已細乎！」〔註12〕

當然，從長遠的歷史來看，名節之士在黨錮之禍中的鮮血並沒有白流。雖然在挽救江河日下的東漢江山上效果不佳，但是，清流名士與閹宦濁流驚天動地的鬥爭爲這個階層贏得了巨大的社會聲譽和道義資本，「東漢皇朝瓦解後，他們是各個割據政權的骨幹，三國政權的上層統治者主要也是從老一代到年輕一代的名士中選拔出來的，他們是構成魏晉士族的基礎」。〔註13〕

四、保身全家：「王命論」意識形態下的另類人生

在東漢的士大夫中，還存在一種保身全家的風氣。這種風氣與上述對揚雄的追慕中體現出來的道家化內聖相關，但又有不同。它更強調自我保存性命，道家學說只被當作自我缺乏道德勇氣時的遮羞旗號，而非用於拓寬精神空間。它也缺乏道家的清靜寡欲和自我剋制。這種風氣，看似與極端強調道德操守的名節追求相矛盾，但卻實實在在地共存於同一時期的士林風尚中。這種圓滑保身的風氣，在東漢中後期尚顯微弱，但越來越被強化和傚仿，最終成爲魏晉南北朝士人的主流。

首先在馬融身上體現了這種圓滑保身的做派。馬融最開始的立身出處似乎頗爲謹嚴，「大將軍鄧騭聞融名，召爲舍人，非其好也，遂不應命」。他隱居於涼州武都、漢陽界中，因爲遇上了羌人入侵、邊關饑饉的情況而饑困，於是就後悔歎息說：「古人有言：『左手據天下之圖，右手刎其喉，愚夫不爲。』所以然者，生貴於天下也。今以曲俗咫尺之羞，滅無貲之軀，殆非老莊所謂也。」最後「往應騭召」。何以會如此呢？作爲馬援之後、外戚世族的馬融，已經習慣了奢靡浮華的物質生活，不再能夠爲名節出處而忍受痛楚了。史載馬融的私人生活狀況是：「善鼓琴，好吹笛，達生任性，不拘儒者之節。居宇器服，多存侈飾。常坐高堂，施絳紗帳，前授生徒，後列女樂，弟子以次相傳，鮮有入其室者。」正是對這種浮華生活的貪戀和保護，馬融後來在政治

〔註12〕王夫之：《讀通鑑論・卷八》，頁215，中華書局，1975年。
〔註13〕唐長孺：《東漢末年的大姓名士》，收入《魏晉南北朝史論拾遺》，頁41，中華書局，1983年。

上不能堅持是非,「不敢復違忤勢家,遂爲梁冀草奏李固,又作大將軍《西第頌》,以此頗爲正直所羞」(《後漢書・馬融傳》)。對於馬融,道家哲學已非賈誼等人身上政治苦悶時的無奈逃遁,而是眷顧自我私利時的冠冕標榜。

到了東漢末,在名節之士與閹宦進行著殊死搏鬥時,保身全家的風氣也在不可否認地潛滋暗長著。例如郭泰。他因受李膺激賞,「名震京師」,爲三萬太學生之冠。人勸其入仕,郭泰說:「吾夜觀乾象,晝察人事,天之所廢,不可支也。」顯然,他認爲漢家江山已經到了末路,並不准備隨其覆滅。但是,郭泰又不能徹底放棄世俗關懷,「追巢父於峻嶺,尋漁父於滄浪」,或者「掩景淵涯,韜鱗括囊」(《抱朴子・外篇・正郭》),而是棲棲惶惶,忙於人倫品鑒,被抱朴子譏諷。究其「不隱不仕」的立身行事,保身是其最基本的原則。史載「林宗雖善人倫,而不爲危言覈論。故宦官擅政而不能傷也。及黨事起,知名之士多被其害,唯林宗及汝南袁閎得免焉。」(《後漢書・郭泰傳》)既要追求俗世的聲名顯赫,又擔心被政治風波吞掉性命,所以最後只能選擇「隱不違親,貞不絕俗」的人生形態。

再如被清流階層激賞的黃憲。一個「言論風旨,無所傳聞」的牛醫兒,卻出人意料地得到了當時諸多大名士的歡服。《後漢書・黃憲傳》載:「潁川荀淑至慎陽,遇憲於逆旅,⋯⋯竦然異之,揖與語,移日不能去。謂憲曰:『子,吾之師表也。』既而前至袁閎所,未及勞問,逆曰:『子國有顏子,寧識之乎?』閎曰:『見吾叔度邪?』是時,同郡戴良才高倨傲,而見憲未嘗不正容,及歸,罔然若有失也。⋯⋯同郡陳蕃、周舉常相謂曰:『時月之閒不見黃生,則鄙吝之萌復存乎心。』及蕃爲三公,臨朝歎曰:『叔度若在,吾不敢先佩印綬矣。』⋯⋯林宗曰:『奉高之器,譬諸氿濫,雖清而易挹。叔度汪汪若千頃陂,澄之不清,淆之不濁,不可量也。』」何以如此呢?在於黃憲淵雅和平的人格符合了當時士大夫的審美趣味,「從生活意趣上說,他們並不喜歡自己與人作對時的正言厲色,而更喜歡那種『平淡無味』的『中和』光景──對黃叔度的欣賞就是弄光景。⋯⋯李膺、范滂清流之士可以正言厲色地去死,卻祇是激於大義,儒家的君臣大義,這方面可說是他們的舊本色;論其所欣賞者,卻寧可是黃憲式的。」〔註14〕

其他還有,荀爽致書李膺說:「知以直道不容於時,悅山樂水,家於陽

〔註14〕 李山:《漢魏之際士大夫的異化及其文化建構》,收入《聶石樵教授八十壽辰紀念文集》,頁81,中華書局,2006年。

城。……頃聞上帝震怒，貶黜鼎臣，人鬼同謀，……方今天地氣閉，大人休否。智者見險，投以遠害。雖匱人望，內合私願。想甚欣然，不爲恨也。願怡神無事，偃息衡門，任其飛沈，與時抑揚。」（《後漢書·李膺傳》）可見，荀爽已經對時局感到失望，君臣觀念漸淡，保身意識開始佔據主要地位。再如鍾皓與李膺之間的一場爭論：「膺謂覲曰：『孟軻以爲人無好惡是非之心，非人也。弟於人何太無皁白邪！』覲嘗以膺之言白皓，皓曰：『元禮，祖公在位，諸父並盛，韓公之甥，故得然耳。國武子好招人過，以爲怨本，今豈其時！保身全家，汝道是也。』」（《三國志·魏書·鍾繇傳》注引《先賢行狀》）在鍾皓看來，李膺家世貴顯，所以應當拯濟天下，而鍾氏家族雖是望姓，究竟略遜一籌，所以應當「保身全家」。等等。

　　「王命論」意識形態從邏輯上說應當培育出大批對皇權忠心耿耿的人物，它也確實培養了一些，例如楊震、李固、李膺等人。但不容掩飾的是，在皇權瀕臨崩潰之際，士階層中更多的個體選擇了保家全身的道路。何以會如此呢？

　　東漢士人與西漢士人比起來，佔有了更多的社會資源，地主化、豪族化的現象越來越越突出。這種現象自西漢元帝以後開始發展，兩漢之際豪族地主對東漢政權的建立起到了重要作用，〔註15〕之後其勢力又在東漢政權的默許容忍下進一步發展。東漢的世家大族逐漸佔有了更多的經濟資源，勢力迅速膨脹。例如樊重「三世共財，子孫朝夕禮敬，常若公家。其營理產業，物無所棄，課役童隸，各得其宜，故能上下戮力，財利歲倍，至乃開廣田土三百餘頃。其所起廬舍，皆有重堂高閣，陂渠灌注」（《後漢書·樊宏陰識列傳》）；南陽鄧氏「自中興後，累世寵貴……東京莫與爲比」（《後漢書·鄧禹傳》）；再如名族楊震家族「四世太尉，家風不墜」（《後漢書·楊震傳》）；袁氏也是「世作輔弼」（《後漢書·袁紹傳》）；鄭太「家富於財，有田四百頃」（《後漢書·鄭太傳》）；等等。因此，活躍在政治舞臺上的士人，不再是西漢前期的單獨個體，其背後往往有著整個家族的利益。士人也經常表現出對整個家族利益的眷顧，例如樊重「資至鉅萬，而賑贍宗族，恩加鄉閭」（《後漢書·樊宏傳》）；宣秉「所得祿奉，輒以收養親族。其孤弱者，分與田地，自無擔石之儲」（《後漢書·宣秉傳》）；周黨「少孤，爲宗人所養……既而散與宗族」（《後

〔註15〕　余英時：《東漢政權之建立與士族大姓之關係》，見《士與中國文化》，頁217
　　　　　～286，上海人民出版社，1987年。

漢書‧逸民列傳》）；郭汲「徵爲太中大夫，賜宅一區，及帷帳錢穀，以充其家，伋輒散與宗親九族，無所遺餘」（《後漢書‧郭汲傳》）；韓棱「推先父餘財數百萬與從昆弟，鄉里益高之」（《後漢書‧韓棱傳》）；張禹「以田宅推與伯父，身自寄止」（《後漢書‧張禹傳》）；種暠「父爲定陶令，有財三千萬。父卒，暠悉以賑恤宗族及邑里之貧者」（《後漢書‧種暠傳》）； 等等。在這種情況下，東漢士人在面對政治風波時，往往多了一份顧慮私念。像晁錯那樣「爲國遠慮，禍反及身」（《漢書‧荊燕吳傳贊》），恐怕不是一般士人所能夠做出的選擇了。

更有甚者，爲了家族的利益，聲望一流的汝南袁氏曾與時人不齒的宦官互相援引，《後漢書‧袁安傳》稱：「時中常侍袁赦，隗之宗也，用事於中。以逢、隗世宰相家，推崇以爲外援。故袁氏貴寵於世，富奢甚，不與他公族同。」穎川荀氏居然與宦官聯姻，「荀彧字文若……父緄，爲濟南相。緄畏憚宦官，乃爲彧娶中常侍唐衡女」（《後漢書‧荀彧傳》）。其他，陳寔也去弔唁過中常侍張讓之父（《後漢書‧陳寔傳》）。可見，名士階層既有李膺、陳蕃等人與宦官的激烈對抗，也有爲了家族利益而與宦官的妥協。

那麼，這些越來越顧及自身利益的的世家大族與皇權是怎樣的一種關係呢？「因爲他們賴以立身的先決條件是他們的政治身份，因此他們必須在政治上維持一個皇權的存在，否則就是覆巢之下無完卵，就是樹倒猢猻散。但也衹是維持而已。皇權一旦有了『不倒』的限度，馬上就會轉向他們自己權利的維護，於是政治上便主張『無爲』；馬上會轉向自己的生活趣味，於是魏晉南北朝便流行的是士大夫的生存樣態。」〔註16〕也就是說，從政治上、經濟上說，世家大族與皇權是一種寄生關係，既依賴於皇權，又消弱皇權發展其自身的力量。在這種經濟基礎之上，意識形態領域東漢皇家鼓吹的「王命論」衹是對於自身權力的合法性說明，而不具有提升鼓舞全社會向心力的理想主義價值。「王命論」是武力取得天下後的冠冕文飾和對其他異己力量的硬性彈壓，不具有超越的、永恆的形而上色彩，因而不能被用於對抗黑暗的現實，也不能作爲一個美好的理想而吸引芸芸眾生爲之努力奮鬥。在王朝處於上陞期時，「王命論」還能夠懾服各個世家大族，使他們畏慎地匍匐於帝王腳下，支持皇權。隨著王朝的腐敗，「王命論」漸漸不能夠支撐起皇權的合法性，

〔註16〕李山：《漢魏之際士大夫的異化及其文化建構》，收入《聶石樵教授八十壽辰紀念文集》，頁82，中華書局，2006年。

世家大族看清了其必然滅亡的命運。這時候，除了少數名節之士依然悲壯英勇地爲保全東漢皇權而奮鬥，大部分世族在沒有理想主義信念支撐、家族利益又必須眷顧的情況下，選擇了保身全家的逃避之路。這是「王命論」將理想主義腐蝕掉之後，培育出來的一種猥瑣勢利的人生形態，一種帝國的異化力量。

第二節　「王命論」意識形態下東漢文學新變

東漢文學表面上呈現出了對西漢文學的因襲摹擬態勢。大賦依然享有崇高的社會聲譽，班固、張衡等人無不在追慕西漢賦作之美學氣質。但是，因襲當中有新變，在時代精神從「聖王」轉向「王聖」的大變遷之下，作爲時代精神最清晰鏡象的文學也不可避免地發生了一系列深刻的轉化。它與經學、思想等學科領域一樣，被深深地打上了「王命論」意識形態的痕跡。

一、意識形態化的宣漢文學

在「王聖」的觀念下，王朝的政治舉措具有了不言自明的合理性和正當性，個體只能虔敬地崇拜和仰望，而不容質疑和批評了。於是，爲這個偉大神聖的王朝熱情歌唱，便成了大多數文人義不容辭的時代選擇。王充說：「涉聖世不知聖主，是則盲者不能別青黃也；知聖主不能頌，是則暗者不能言是非也」，「故夫古之通經之臣，紀主令功，記於竹帛；頌上令德，刻於鼎銘。文人涉世，以此自勉。」（《論衡·須頌篇》）在王充看來，作爲文人，其最崇高的社會職責就是「紀主令功」、「頌上令德」。爲此，他批評諸子之文：「周、秦之際，諸子並作，皆論他事，不頌主上，無益於國，無補於化。造論之人，頌上恢國，國業傳在千載，主德參貳日月，非適諸子書傳所能並也。」（《論衡·佚文篇》）諸子出於濟世熱忱的理論思考和哲學探索都被否定了。如果「只論他事」，不歌頌主上，就被認爲對國家沒有好處，對教化沒有補益。

這種「頌上恢國」的文學主張在當時匯成了一股潮流，例如班固說：「雖有堯舜之盛，必有典謨之篇，然後揚名於後世，冠德於百王；故曰巍巍乎其有成功，煥乎其有文章也。」（《漢書·敘傳》）也就是說，一個王朝，僅有聖德大功，還是不夠的，還需要典謨文章爲其宣揚，才能揚名後世。文章的功能相應地也就被定位於潤色鴻業。班固《兩都賦序》在漢賦發展史上具有重

要的轉型意義，「就漢賦的創作而言，從漢初開始，歌功頌德之作就不絕如縷，即使是諷諫之作也不乏諷中之勸，但從理論上明確對它進行肯定，班固之前還未出現。班固《兩都賦序》高揚頌美，在賦論史上是一個極大的轉變，它標誌著漢賦頌美意識的自覺。」〔註17〕略晚於班固的曹褒更是自覺地以「顯君」、「彰主」為自己的人生追求，「昔奚斯頌魯，考甫詠殷。夫人臣依義顯君，竭忠彰主，行之美也，當仁不讓，吾何辭哉！」（《後漢書·曹褒傳》）劉毅於元初五年上書請著《鄧太后注記》曰：「若善政不述，細異輒書，是為堯、湯負洪水大旱之責，而無咸熙假天下之美……宜令史官著《長樂宮注》、《聖德頌》，以敷宣景耀，勒勳金石。」（《全後漢文》卷三十三）可見，在劉毅看來，以史學為主之文章著述的主要功能就在於宣揚聖德、頌述美政。直到漢末，王延壽還說：「詩人之興，感物而作。故奚斯頌僖，歌其路寢。而功績存乎辭，德音昭乎聲。物以賦顯，事以頌宣。」（《魯靈光殿賦·敘》）。

需要注意的是，歌功頌德並不僅僅是文人自發的創作追求，也是帝王有意框定的價值規範。例如明帝說：「司馬遷著書，成一家之言，揚名後世。至以身陷刑之故，反微文刺譏，貶損當世，非誼士也。司馬相如涬行無節，但有浮華之辭，不周於用。至於疾病而遺忠，主上求取其書，竟得頌述功德，言封禪事，忠臣效也。至是賢遷遠矣。」（《典引》引明帝詔書）這裡，頌述功德是明帝評論司馬遷、司馬相如文品、人品高下的依據。此外，帝王還經常組織歌頌功德的文學創作活動，例如「永平中，神雀群集，孝明詔上《神雀頌》。百官頌上……唯班固、賈逵、傅毅、楊終、侯諷五頌金玉，孝明覽焉。」（《論衡·佚文篇》）等。這些，都有力地框定著文學的創作。

那麼，文學是如何來歌頌漢家功業的？

（一）對漢家天命的彰顯

同樣面臨著新生政權，西漢初期士人是在強烈的「過秦」浪潮中總結出仁義愛民的施政法則，高懸起了王道太平的文治理想，樹立了評判現實政治的標準；東漢初期士人則在家天下的觀念下追思歷史，指責王莽對天下的篡奪，認為原因在於其不知「神器有命，不可以力奪也」。所以，士人開始鼓吹鋪張漢家的天命，把其聖化為上天的有意安排，其他人不可覬覦妄想。具體來說，文學中通過以下幾種方式來渲染漢家天命：

〔註17〕馮良方：《漢賦與經學》，頁178，中國社會科學出版社，2004年。

1. 敘述膺受天命的帝王之神武，如：

> 皇再命而紹卹兮，乃云眷乎建武。運橝槍以電掃兮，清六合之土宇。聖德滂以橫被兮，黎庶愷以鼓舞。（崔篆：《慰志賦》）

> 于時聖帝，赫然申威。荷天人之符，兼不世之姿。受命於皇上，獲功於靈祇。立號高邑，搴旗四麾。首策之臣，運籌出奇；虓怒之旅，如虎如螭。師之攸向，無不靡披。蓋夫燔魚剚蛇，莫不方斯。大呼山東，響動流沙。要龍淵，首鏌鋣，命騰太白，親發狼、弧，南禽公孫，北背強胡，西平隴、冀，東據洛都。乃廓平帝宇，濟蒸人於塗炭，成兆庶之疊疊，遂興復乎大漢。（杜篤：《洛都賦》）

> 惟漢元之運會，世祖受命而弭亂。體神武之聖姿，握天人之契贊。揮電旗於四野，拂宇宙之殘難。（傅毅：《洛都賦》）

> 建武龍興，奮旅西驅。虜赤眉，討高胡，斬銅馬，破骨都，收翡翠之駕，據天下之圖。上帝受命，將昭其烈。潛龍初九，真人乃發。上貫紫宮，徘徊天闕。握狼狐，蹈參伐。陶以乾坤，始分日月。（崔駰：《反都賦》）

> 夫大漢之開元也，奮布衣以登皇位，由數碁而創萬代，蓋六籍所不能談，前聖靡得言焉……上帝懷而降監，乃致命乎聖皇。於是聖皇乃握乾符，闡坤珍，披皇圖，稽帝文，赫然發憤，應若興雲，霆擊昆陽，憑怒雷震。遂超大河，跨北嶽，立號高邑，建都河洛。紹百王之荒屯，因造化之盪滌，體元立制，繼天而作。系唐統，接漢緒，茂育群生，恢復疆宇，勳兼乎在昔，事勤乎三五。豈特方軌並跡，紛紛後辟，治近古之所務，蹈一聖之險易云爾哉？……案《六經》而校德，眇古昔而論功，仁聖之事既該，帝王之道備矣。（班固：《東都賦》）

> 高祖膺籙受圖，順天行誅，杖朱旗而建大號。所推必亡，所存必固。……我世祖忿之，乃龍飛白水，鳳翔參墟。授鉞四七，共工是除。欃槍旬始，群凶靡餘。（張衡：《東京賦》）

> ……

在賦家汪洋恣肆、氣勢昂揚的鋪排渲染中，漢家帝王儼然是上天有意選中的聖子，偉大而又神秘。這不僅因為其滅除勁敵、拯救萬民之巍巍功業，更重要的是帝王成了與上天通靈的非凡之人，其功業是在執行上天的意志，他不

可思議的勝利完全是上天的有意安排。這裡,「王命論」的三個分命題不斷地被提及和強化:

先看「上天垂戒」:例如上天降下的符命圖錄:「荷天人之符」,「握天人之契贊」、「乃握乾符,闡坤珍,披皇圖,稽帝文」等。虛造出來的高祖入關時之奇異星象也不斷被提起〔註18〕:「大漢開基,高祖有勳,斬白蛇,屯黑雲,聚五星於東井,提干將而呵暴秦」(杜篤:《論都賦》);「自我高祖之始入也,五緯相汁,以律於東井」(張衡:《西京賦》);等。這是因為五星聚東井在當時星象學上具有重要的意義,如「王者有至德之萌,則五星若連珠」(《易緯·昆靈圖》);「五緯合,王更紀」(《詩緯·含神霧》);等。

再看「孔為赤制」:「天逌歸功元首,將受漢劉……故先命玄聖,使綴學立制,宏亮洪業,表相祖宗,贊揚迪哲,備哉粲爛,真神明之式也。雖皋、夔、衡、旦,密勿之輔,比茲禑矣。……蓋以膺當天之正統,受克讓之歸運,蓄炎上之烈精,蘊孔佐之弘陳云爾」(班固:《典引》);「天閔群黎,命我聖君,稽符皇乾,孔適河文」(李尤:《函谷關賦》);等。

而「堯後火德」更幾乎成了賦中敘述漢德的套語:「系唐統,接漢緒」(班固:《東都賦》);「赫赫聖漢,巍巍唐基」(班固:《典引》);「曰若炎唐,稽古作先」(李尤:《德陽殿賦》);「惟唐典之極崇」(李尤:《函谷關賦》);「紹殷唐之炎精,荷天衢以元亨」(王延壽:《魯靈光殿賦》);「允迪在昔,紹烈陶唐」(馬融:《東巡頌》);等。就這樣,「王命論」的命題在文學中被一次又一次地渲染,文學亦成了表達強化意識形態的強有力手段。

西漢的大賦也塑造了一系列的聖王的形象。例如《上林賦》中:「於是乎乃解酒罷獵,而命有司曰:『地可墾闢,悉為農郊,以贍民隸,隤牆填塹,使山澤之民得至焉。實陂池而勿禁,虛宮館而勿仞。發倉廩以救貧窮,補不足,恤鰥寡,存孤獨。出德號,省刑罰,改制度,易服色,革正朔,與天下為始。』於是歷吉日以齋戒,襲朝服,乘法駕,建華旗,鳴玉鸞,游於六藝之囿,馳騖乎仁義之途,覽觀《春秋》之林,射《狸首》,兼《騶虞》,弋玄鶴,舞干戚,載雲罕,揜群雅,悲《伐檀》,樂樂胥,修容乎《禮》園,翱翔乎《書》圃,述《易》道,放怪獸,登明堂,坐清廟,恣群臣,奏得失,四海之內,靡不受獲。」王褒《四子講德論》中說:「今聖主冠道德,履純仁,被六藝,佩禮文,屢下明詔,舉賢良,求術士,招異倫,拔俊茂,是以海內歡慕,莫

〔註18〕江曉原:《天學真原》,頁242,遼寧教育出版社,2007年。

不風馳雨集，襲雜並至，填庭溢闕，含淳詠德之聲盈耳，登降揖攘之禮極目。……大化隆洽，男女條暢，家給年豐，咸則三壤，豈不盛哉！」等。這些聖王與現實的帝王是一種若即若離的關係，與其說是對現實帝王的美化，不如說是賦家理想中的帝王。他高懸在現實帝王面前，指示著真正的帝王之道，表達著賦家諷諫的微妙用心。而到了東漢，賦家所述的聖王則是漢朝的開國帝王，是「王命論」思潮下對現實帝王的美化，表達著漢家的天命合理性和國家的意識形態，而不再具有諷諫的用心了。

2. 祥 瑞

在天人相關的宇宙觀念中，祥瑞為天地和氣所生，「百姓安，而陰陽和；陰陽和，則萬物育；萬物育，則奇瑞出」(《論衡·宣漢》)。它代表著天命的眷顧和帝王治理天下之功德圓滿，因而歷來被帝王欣慕和看重。越來越意識形態化的文學，在為政權歌功頌德之時，自然免不了渲染各種祥瑞，因其代表了上天對帝王的獎賞。例如丁鴻有《奏東巡瑞應》：「瞻望太山，嘉澤降澍，柴祭之日，白氣上升，與燎煙合，黃鵠群翔，所謂神人以和，答響之休符也。」此外杜篤有《眾瑞賦》，傅毅有《神雀賦》，班固有《神雀賦》、《漢頌論功歌詩靈芝歌》、《寶鼎詩》、《白雉詩》，班昭有《大雀賦》，等。其他並非專詠祥瑞的賦作中也如數家珍地歷數漢家功德所致的非凡之物，例如：

> 是以來儀集羽族於觀魏，肉角馴毛宗於外圃，擾緇文皓質於郊，升黃暉采鱗於沼，甘露宵零於豐草，三足軒翥於茂樹。若乃嘉穀靈草，奇獸神禽，應圖合諜，窮祥極瑞者，朝夕坰牧，日月邦畿，卓犖乎方州，洋溢乎要荒。(班固：《典引》)

> 總集瑞命，備致嘉祥。圉林氏之騶虞，擾澤馬與騰黃。鳴女床之鸑鷟，舞丹穴之鳳皇。植華平於春圃，豐朱草於中唐。惠風廣被，澤洎幽荒。北燮丁令，南諧越裳，西包大秦，東過樂浪。重舌之人九譯，僉稽首而來王。……於斯之時，海內同悅，曰：「吁！漢帝之德，侯其禕而。」蓋莫莫為難蒔也，故曠世而不覯。惟我后能殖之，以至和平，方將數諸朝階。然則道胡不懷，化胡不柔！聲與風翔，澤從雲遊。萬物我賴，亦又何求？德宇天覆，輝烈光燭。(張衡：《東京賦》)

> 方將披玄雲，照景星，獲嘉禾于疆畎，數莫莢于階庭，捫麒麟之肉角，聆鳳皇之和鳴。農夫歡于時雨，女工樂于機聲。雖皇羲之神化，

尚何斯之太寧。(崔寔《大赦賦》)

……

每一種祥瑞都代表著聖漢的非凡和天命對其的眷顧，賦家誇耀漢代的祥瑞超過了歷史上任何一個王朝，實際上也在宣揚著漢德牢籠百代、冠絕諸聖，「勳兼乎在昔，事勤乎三五。豈特方軌並跡，紛綸后辟，治近古之所務，蹈一聖之險易云爾哉？且夫建武之元，天地革命，四海之內，更造夫婦，肇有父子，君臣初建，人倫實始，斯乃處羲氏之所以基皇德也。分州土，立市朝，作舟輿，造器械，斯乃軒轅氏之所以開帝功也。龔行天罰，應天順人，斯乃湯武之所以昭王業也。遷都改邑，有殷宗中興之則焉；即土之中，有周成隆平之制焉。不階尺土一人之柄，同符乎高祖。克己復禮，以奉終始，允恭乎孝文。憲章稽古，封岱勒成，儀炳乎世宗。案《六經》而校德，眇古昔而論功，仁聖之事既該，帝王之道備矣」(班固：《東都賦》)。王充就是以祥瑞來證明漢家之偉大的：「黃帝、堯、舜，鳳皇一至。凡諸眾瑞，重至者希。漢文帝黃龍、玉棓(杯)。武帝黃龍、麒麟、連木。宣帝鳳皇五至，麒麟、神雀、甘露、醴泉、黃龍、神光。平帝白雉、黑雉。孝明麒麟、神雀、甘露、醴泉、白雉、黑雉、芝草、連木、嘉禾，與宣帝同，奇有神鼎、黃金之怪。一代之瑞，累仍不絕，此則漢德豐茂，故瑞祐多也。孝明天崩，今上嗣位，元二之間，嘉德布流。三年，零陵生芝草五本。四年，甘露降五縣。五年，芝復生六年(本)，黃龍見，大小凡八。前世龍見不雙，芝生無二，甘露一降，而今八龍並出，十一芝累生，甘露流五縣，德惠盛熾，故瑞繁夥也。自古帝王，孰能致斯？」(《論衡‧恢國篇》)在這種虛飾的邏輯之下，漢帝國恍惚間成了毫無瑕疵的聖朝，代替了儒者原來歌詠的太平王道理想，無限偉大而來，又將無限永存下去。

除了上述讚頌受命帝王的神武和渲染漢家祥瑞外，更有一些專門陳述漢德神聖的文章，例如劉毅於「元初元年上《漢德論》並《憲論》十二篇。時劉珍、鄧耽、尹兌、馬融共上書稱其美，安帝嘉之，賜錢三万，拜議郎」(《後漢書‧文苑傳》)。此文雖沒有保存下來，但從題名自可想見其內容。

(二)對王朝政治行為的尊揚

在「聖漢」的光輝下，文學家不再費盡心思地「勸百諷一」，在表面的頌美鋪排中隱微含蓄地表達對現實的批評之意，而是要履行「宣上德而盡忠孝」的新職責。文學作品成了宣揚王朝意志的傳聲筒，文學家努力尋找可以粉飾

鋪排王朝神聖的事項。製禮作樂，在儒家政治學中歷來與太平功成的王道勝境聯繫在一起，「王者化定製禮，功成作樂」（《後漢書‧張奮傳》），因此也就成了賦家歌功頌德的最佳題材。其他還有一些新的時代問題，例如都城由長安變爲洛陽，對於以炎漢復興自居的東漢王朝來說，需要炮製出相應的意識形態來闡釋，也成爲賦家的時代任務。

1. 製禮作樂

由當時儒學隆盛的社會文化氛圍決定，東漢初期諸帝的文治仁德相比於西漢帝王極爲耀眼突出。當時「舊章多闕」，禮樂制度一片荒廢，光武帝於干戈未息之際，已經汲汲於各種制度建設，「每有疑議，輒以訪純，自郊廟婚冠喪紀禮儀，多所正定。」（《後漢書‧張純傳》）又下詔曹充議立七郊、三雍、大射、養老禮儀（《後漢書‧曹褒傳》）。中元元年，封禪泰山，修建明堂、靈臺、辟雍以及北郊兆域（《後漢書‧光武帝紀》）。明帝時，國家的各種禮樂制度初步建成。永平二年春，「宗祀光武皇帝於明堂，帝及公卿列侯始服始服冠冕、衣裳、玉佩、絇屨以行事」。同年，明帝初行大射禮、養老禮。永平三年，「改大樂爲大予樂」，「初奏《文始》、《五行》、《五德》之舞」（《後漢書‧明帝紀》）。章帝元和二年下詔，提出興禮樂。明年復下詔，求天下通禮樂之士，並拜曹褒爲侍中，令他以叔孫通《漢儀》十二篇爲基礎製作禮樂（《後漢書‧曹褒傳》）。帝王的這些製禮作樂行爲一次又一次聖化了自身形象，也鼓舞起了文人儒生讚美的激情：

> 玄通子曰：「漢之盛世，存乎永平，太和協暢，萬機穆清。于是群俊學士，雲集辟雍。含詠聖術，文質發矇。達羲農之妙旨，照虞夏之典墳。遵孔氏之憲則，投顏閔之高跡。推義窮類，靡不博觀。光潤嘉美，世宗其言。」（傅毅：《七激》）

> 建武龍興……興四郊。建三雍。禪梁父，封岱宗。（崔駰：《反都賦》）

> 至於永平之際，重熙而累洽，盛三雍之上儀，修袞龍之法服，敷鴻藻，信景鑠，揚世廟，正予樂。……內撫諸夏，外綏百蠻。爾乃盛禮興樂，供帳置乎雲龍之庭。陳百僚而贊群后，究皇儀而殿帝容。……爾乃食舉《雍》徹，太師奏樂，陳金石，布絲竹，鐘鼓鏗鍧，管弦燁煌。抗五聲，極六律，歌九功，舞八佾。《韶》《武》備，泰古畢。四夷間奏，德廣所及。僸佅兜離，罔不具集。萬樂備，百禮

暨。皇歡浃，群臣醉。降煙熅，調元氣。（班固：《東都賦》按：張衡《東京賦》中亦有類似內容，文繁不引）

卓矣煌煌，永元之隆，含弘該要，周建大中。蓄純和之優渥兮，化盛溢而茲豐。……太學既崇，三宮既章。靈臺司天，群耀彌光。太室宗祀，布政國陽。辟雍嵓嵓，規圓矩方。階序牖闥，雙觀四張。流水湯湯，造舟爲梁。神聖班德，由斯以匡。喜喜濟濟，春射秋饗。王公群后，卿士具集，攢羅鱗次，差池雜遝。延忠信之純一兮，列左右之貂璫。三后八蕃，師尹舉卿，加休慶德，稱壽上觴。戴甫垂畢，其儀蹌蹌。是以乾坤所周，八極所要，夷戎蠻羌，儋耳哀牢。重譯響應，抱珍來朝。南金大璐，玉象犀龜。（李尤：《辟雍賦》）

咨改元正，誕章厥新。豐恩羨溢，含唐孕殷。承皇極，稽天文。舒優游，展弘仁，揚明光，宥罪人。群公卿尹，侯伯武臣，文林華省，奉贄厥珍。夷髦盧巴，來貢來賓。玉璧既卒，于斯萬年。穆穆皇王，克明厥德。應符蹈運，旅章厥福。昭假烈祖，以孝以仁，自天降康，保定我民。（鄧耽：《郊祀賦》）

……

這些描述原本是儒家禮樂烏托邦所暢想的內容，是一種理想化的設想，但在賦家的語詞堆砌中全都轉化成了現實政治場景。製禮作樂在賦家的描繪中變成了一種富有象徵意義的儀式，儒家學說爲其塗抹上了超凡入聖的魅力。賦家運用這種儀式掩蓋了現實政治中的缺憾，從而出色地達到了粉飾現實的目的。「沒有什麼東西能比該儀式的不變的、統一的、單調的表演更能夠銷蝕我們全部活動力、判斷力和批判的識別力，並攫走我們人的情感和個人責任感了」。〔註19〕文學家通過儀式化的描繪，激發起人們對現實帝王產生神聖莊嚴的感情，維護了政治秩序的合法性和正當性，「他們幫助帝國推行『符號暴力』，無形中化解著帝國政治的認同危機，最終成爲現存政治秩序的支持力量，完成了賦文本的政治文化功能」。〔註20〕對照一下章帝時梁鴻到洛陽的感歎：「陟彼北邙兮，噫！覽觀帝京兮，噫！宮室崔嵬兮，噫！民之劬勞兮，噫！

〔註19〕〔德〕恩斯特・卡西爾著，范進等譯：《國家的神話》，頁345，華夏出版社，1999年。

〔註20〕胡學常：《文學話語與權力話語──漢賦與兩漢政治》，頁141，浙江人民出版社，2000年。

遼遼未央兮，噫！」我們會更清楚地理解「符號暴力」，看出賦家的帝國立場
及對現實的掩蓋：在梁鴻看來耗盡無數百姓血汗的宮觀被賦家轉化成了帝王
聖德的明證！

2. 論都賦

光武帝晚年頻頻幸臨西都長安：建武十八年春「甲寅，西巡狩幸長安」；
十九年，「復置函谷關都尉，修西京宮室」；「二十二年春閏月丙戌，幸長安」；
中元元年，「行幸長安」（《後漢書‧光武帝紀》）。帝王在西都的認祖歸宗行爲
引發了臣民遺老的懷舊之思和定都論爭，「是時山東翕然狐疑，意聖朝之西
都，懼關門之反拒也」（杜篤《論都賦》）。承續漢家統緒的東漢何以不將都城
安放在舊都長安？

杜篤最先表達出了懷戀舊都的情緒：其《論都賦》先歷數了西漢諸帝的
赫赫功德，「傳世十一，歷載三百，德衰而復盈，道微而復章，皆莫能遷于酈
州，而背于咸陽。宮室寢廟，山陵相望，高顯弘麗，可思可榮。羲農已來，
無茲著明」；又鋪敘了關中土地之肥沃，地勢之險要，「肇十有二，是爲瞻腴。
用霸則兼併，先據則功殊，修文則財衍，行武則士要；爲政則化上，簒逆則
難誅；進攻則百剋，退守則有餘：斯固帝王之淵囿，而守國之利器也」；最後，
結以「故存不忘亡，安不諱危，雖有仁義，猶設城池也。客以利器不可久虛，
而國家亦不忘乎西都，何必去洛邑之淳灊與」，表達出諷諫之意。此賦簡潔明
快，指嚮明確，引起了極大的反響，「耆老聞者，皆動懷土之心，莫不眷然伫
立西望」（《後漢書‧循吏傳》）。

最先對這種情緒作出反應的是循吏王景，「以宮廟已立，恐人情疑惑，會時
有神雀諸瑞，乃作《金人論》，頌洛邑之美，天人之符」（《後漢書‧循吏傳》）。
顯然，王景是從社會安定和經濟成本的角度來討論都城問題的，爲了支撐其觀
點，還用到了符瑞等元素來頌美洛邑。二十五年後，班固舊事重提，寫下了著
名的《兩都賦》來討論京都問題。一時間，重又掀起了熱烈的爭論，如傅毅有
《洛都賦》、《反都賦》，崔駰有《反都賦》，之後有張衡《二京賦》，等。對於這
些論者來說，東都、西都不再是簡單的國家定都問題，而成了西漢與東漢、武
功與文德、霸道與王道高下的爭論，這集中地體現在班固的《兩都賦》中：

《西都賦》代表了遷都派的觀點。西都賓盛稱長安位置之險要，宮室之
華美，娛游之盛壯。這些正是杜篤的論據，每一項都在誇耀著長安的輝煌壯
麗和它作爲京都的正當性。緊接著在《東都賦》中，班固通過東都主人之口，

以「建武之治，永平之事」來駁斥西都賓的淫侈之論，氣勢上超過了西都賓客，「且夫僻界西戎，險阻四塞，修其防禦，孰與處乎土中，平夷洞達，萬方輻湊？秦嶺九嵕，涇渭之川，曷若四瀆、五嶽，帶河溯洛，圖書之淵？建章、甘泉，館御列仙，孰與靈臺、明堂，統和天人？太液、昆明，鳥獸之囿，曷若辟雍海流，道德之富？遊俠逾侈，犯義侵禮，孰與同履法度，翼翼濟濟也？」班固在賦中鋪陳的是王道法度之美、禮樂道德之富。首先，班固鋪敘了光武帝「立號高邑，建都河洛」的滌蕩造化之功、涵籠百帝之德，「案《六經》而校德，眇古昔而論功，仁聖之事既該，而帝王之道備矣」。其中定都洛陽被描述為「遷都改邑，有殷宗中興之則焉。即土之中，有周成隆平之制焉」，集商、周二代的聖君功德於一身。接下來讚美永平時禮樂昌隆之美，「光漢京于諸夏，總八方而為之極。是以皇城之內，宮室光明，闕庭神麗，奢不可踰，儉不能侈。」又描述了帝王合乎時節法度的遊獵活動，「樂不及盤，殺不盡物」。這與其說是操練武德，不如說是雍容節制的仁德演示，比起聲勢浩大、奢侈腐糜的西漢帝王之遊獵活動，境界自然高出一籌。帝王文德廣布四夷，內撫諸夏，外綏百蠻，「俯仰乎乾坤，參象乎聖躬。目中夏而布德，瞰四夷而抗棱。西蕩河源，東澹海漘，北動幽崖，南耀朱垠。……自孝武之所不徵，孝宣之所未臣，莫不陸讋水慄，奔走而來賓」。在天下混一、四方歡娛的祥和氛圍中，漢庭陳列旨酒珍肴、布奏金石絲竹，「萬樂備，百禮暨，皇歡洽，群臣醉。降煙熅，調元氣」。最後，帝王又防患於未然，懼其侈心之將萌而怠於東作，於是「昭節儉，示太素。去後宮之麗飾，損乘輿之服御……捐金於山，沈珠於淵」。臣民受此教化，「嗜欲之源滅，廉恥之心生」，優游自得，歌頌嗟歎「盛哉乎斯世」！賦的結尾還附了幾首歌頌功德之詩，「彰皇德兮侔周成，永延長兮膺天慶」！

在班固的敘述中，東漢建都洛陽是改西都之奢侈、承盛周之隆德的行為。它代表著儒家禮樂政治理想的實現、文德教化的廣布，是聖君造就的萬民安樂之太平勝境。這與官方史書《東觀漢記》炮製出來的意識形態基本一致：「自上即位，按圖讖，推五運，漢為火德。周蒼漢赤，水生火，赤代蒼，故上都洛陽。」〔註21〕但建都洛陽的實際歷史原因又如何呢？現代歷史學家總結說：一是因為長安在兩漢之際的戰亂中遭到破壞，而洛陽的規模完全可以作為都

〔註21〕 （東漢）劉珍等撰，吳樹平校注：《東觀漢記校注》，頁 8，中華書局，2008年。

城；二是光武帝總結了王莽和更始帝滅亡的教訓，認爲內戰時期應該避開長安；三是洛陽居於天下之中，可以方便地得到黃河流域的糧食供應；四是光武集團起於南陽，洛陽據其大本營較近，可以更多地得到南陽士族大姓的支持。〔註22〕兩相對照，不難發現班固對現實政治的有意文飾，賦作再一次被當作了國家意識形態的傳聲筒。

（三）頌體文學的勃興

從文體上說，頌與賦有著密切的關係，這從漢代「頌」「賦」語詞使用情況即可看出。首先它們在名稱上可以相互指代、互換使用，例如司馬遷在《史記・司馬相如傳》中言相如上《大人賦》，後又稱其爲《大人頌》；《漢書・王褒傳》記元帝爲太子時「喜褒所爲甘泉及洞簫頌」，將《洞簫賦》稱爲《洞簫頌》；等。其次，「賦」、「頌」還常常連用，同指一體，例如《漢書・枚皋傳》云：「（皋）爲賦頌，好嫚戲。」《漢書・嚴助傳》記武帝每遇「有奇異，輒使爲文，及作賦頌數十篇」。等。再從寫作方法上說，現存的漢頌作品明顯受到了漢賦的影響，例如王褒的《甘泉宮頌》、馬融的《廣成頌》等，明顯是以賦的筆法來寫頌，所以摯虞在《文章流別志論》中云：「馬融《廣成》，《上林》之屬，純爲今賦之體，而謂之頌，失之遠矣。」《文心雕龍・頌贊》也從批評的角度討論了頌的賦化問題：「至於班傅之《北征》、《西征》，變爲序引，豈不褒過而謬體哉！馬融之《廣成》、《上林》，雅而似賦，何弄文而失質乎！」

但是，頌並不等於賦。頌體淵源於《詩經》中的「頌」，《文心雕龍・頌贊》即持此說。所謂「頌」，《毛詩序》說：「美盛德之形容，以其成功告於神明者也。」《毛詩正義》載鄭玄注曰：「頌之言誦也，容也。誦今之德，廣以美之」，鄭玄在《周頌譜》中又曰：「頌之言容，天子之德，光被四表，格於上下，此之謂容」。《文選》李善注陸機《文賦》云：「頌以褒述功美，以辭爲主，故優游彬蔚。」因此，頌在文體上一個重要特徵就是以歌功頌德爲主。這種主題在現存的頌體作品中亦有重要體現，例如揚雄的《趙充國頌》、崔駰的《四巡頌》、傅毅的《顯宗頌》、班固的《竇將軍北征頌》等。這與漢賦比起來，漢賦「除了歌功頌德的散體大賦外，抒情言志之作和詠物之作也是漢賦中重要的表現內容。況且，在以頌揚爲主的散體大賦中還或多或少蘊含著賦家欲匡國理政的思想傾向。相形

〔註22〕參見馮良方：《漢賦與經學》，頁180，中國社會科學出版社，2004年。

之下，漢頌更趨於單純的頌美。」〔註23〕再從形式說，漢頌追求氣象雍容典麗，儘管受到散體賦的影響，但依然保留有《詩經》頌詩影響的痕跡，例如許多頌喜用四字句，如揚雄的《趙充國頌》，傅毅的《顯宗頌》，班固的《高祖頌》，馬融的《梁大將軍西第頌》，等。摯虞在《文章流別志論》中也曾指出：「昔班固爲《安豐戴侯頌》，史岑爲《出師頌》、《和熹鄧后頌》，與《魯頌》體意相類，而文辭之異古今之變也。」因此，不能將漢頌與漢賦的關係理解爲：「頌演變到漢代，僅保留了頌美的功能，餘則爲賦的形式特徵所湮沒，成爲無論從內容到形式，都是賦的一種。」〔註24〕

從現存的漢頌作品來看，西漢已有董仲舒的《山川頌》，東方朔的《旱頌》，王褒的《聖主得賢臣頌》、《碧雞頌》，揚雄的《趙充國頌》，等。但是，頌體文學的大量創作是在東漢，共 15 位作者 24 篇作品，其中東漢前期的占大多數。例如傅毅的《顯宗頌》、《竇將軍北征頌》、《西征頌》，崔駰的《明帝頌》、《四巡頌》、《四皓墟頌》、《北征頌》、《杖頌》，賈逵的《神雀頌》、《永平頌》，班固的《高祖頌》、《東巡頌》、《南巡頌》、《安豐戴侯頌》、《竇將軍北征頌》，班昭的《欹器頌》，黃香的《天子冠頌》，李尤的《懷戎頌》，崔瑗的《南陽文學頌》、《四皓頌》，馬融的《廣成頌》、《東巡頌》、《梁大將軍西第頌》，史岑《出師頌》，等。此外，還有一些關於頌作的記錄，例如《後漢書‧光武十王傳》記載東平王劉蒼因上《光武受命中興頌》而被漢明帝稱善；《後漢書‧皇后紀》提到漢安帝在平望侯劉毅的建議下令史官著《聖德頌》以頌揚鄧太后之德政；《後漢書‧文苑傳》載：「又有曹朔，不知何許人，作《漢頌》四篇。」等。這些漢頌除了少數詠物和歌頌權臣外，大部分是歌頌帝王的功德和行爲。它們在東漢前期的大量湧現，正是宣漢文學思潮的重要體現。下面，以崔駰的《四巡頌》爲例來看一下漢頌的特點。

《後漢書‧崔駰傳》云：「元和中，肅宗始修古禮，巡狩方岳。駰上《四巡頌》以稱漢德，辭甚典美。」可見，《四巡頌》作於章帝興修古禮的文化語境，其主題爲稱頌漢德。崔駰的《四巡頌》上表云：「唐虞之世，樵夫收〔牧〕豎，擊轅中《韶》，感於和也。臣不知手足之動音聲，敢獻頌云。」以唐虞之

〔註23〕 蔣文燕：《漢頌：漢代頌揚主題的另一種表現──兼談漢頌與漢賦的關係》，《南都學壇》，第 23 卷第 1 期，2003 月 1。

〔註24〕 萬光治：《漢賦通論》（增訂本），頁 106，中國社會科學出版社、華齡出版社，2004 年。

世的樵夫牧豎之歌唱比自己的作頌行爲，在自貶的姿態中表達著對現實政治的褒美。在崔駰筆下，巡守的原因在於「盛乎大漢，既重雍而襲熙，世增其德。唯斯嶽禮，久而不修。……頌有喬山之征，典有徂嶽之巡，時邁其邦，民斯攸勤，不亦宜哉」（《東巡頌》）。這種儀式的目的在於：「因斯萬物，凝德綏俗」（《西巡頌》），「允天覆而無遺……淑雨施於庶黎」（《南巡頌》），即普惠眾生，黜陟幽明。巡狩的聲勢浩浩蕩蕩：「於是乘輿登天靈之威路，駕太一之象車，升九龍之華旗，建翠霓之旌旄。三軍霆激，羽騎火烈，天動雷震，隱隱轔轔」（《東巡頌》），一路上的作爲是「哀胡耈之元老，賞孝行之畯農。」（《東巡頌》）。巡狩最終達到了理想的政治效果：「庶績咸熙，罔可黜陟」（《南巡頌》），「聖澤流浹，黎元被德，嘉瑞並集」（《北巡頌》）。雍容典麗的描繪中，張揚了帝王一統天下的威勢和天子穆穆皇皇的氣度。聖化文德流行於天地間，一派莊嚴升平的氣象。這些富有感染力的頌作獲得了帝王深切的認同感，「帝雅好文章，自見駰頌後，常嗟歎之」（《後漢書·崔駰傳》）。這種巡頌的寫作模式很快成了一種典範，從殘存的文本來看，班固的《東巡頌》、《南巡頌》，馬融的《東巡頌》都與其不無相似之處。

除了頌之外，其他一些文體也在宣漢的思潮中走上了歌功頌德之路。例如銘是刻鑴於器皿之上、書以爲戒的文體，或表彰天子、諸侯、大夫的功德，或作爲自己與他人的鑒誡。明人徐師曾在《文體明辨序》中說：「要其體不過有二：一日警戒；二日祝頌。」但是東漢初銘的作者在頌德的意識下，往往淡化了其警戒之義。例如李尤的《河銘》：「洋洋河水，赴宗于海。經自中州，龍圖所在。黃函白神，赤符以信……大漢承緒，懷附遐鄰。邦事來濟，各貢厥珍。」《洛銘》：「洛出熊耳，東流會集。夏禹導疏，經于洛邑。玄龜赤字，漢符是立。帝都通路，建國南鄉。萬乘終濟，造舟爲梁。三都五州，貢篚萬方。廣視遠聽，審任賢良。元首昭明，庶類是康。」等。再如班固的《封燕然山銘》等。這樣的銘文在美學氣質上極接近於頌。

再如誄，《文心雕龍·誄碑》述其體制日「誄者，累也，累其德行，旌之不朽也」，「詳夫誄之爲制，蓋選言錄行，傳體而頌文，榮始而哀終。論其人也，曖乎若可覿，道其哀也，淒焉如可傷：此其旨也」。也就是說，誄是一種德哀並敘的文體。現存的漢誄中，傅毅的《明帝誄》基本上是一篇明帝的頌詞：「赫赫盛漢，功德巍巍。躬履聖德，以臨萬國。仁風弘惠，雲布雨集。武伏蚩尤，文勝孔墨。下制九州，上係皇極。豐美中世，垂華億載。冠堯佩舜，

踐履五代。」蘇孝山的《和帝誄》等也有同樣性質。

與這種歌功頌德的創作傾向相對應的是，文學的批判鋒芒減弱了。例如漢代的「悲士不遇賦」系列，從董仲舒的《士不遇賦》、司馬遷的《悲士不遇賦》、東方朔的《答客難》、揚雄的《解嘲》等，一般都以批判時代世俗、抒發個人的牢騷悲哀為主題。例如董仲舒的《士不遇賦》云：「生不丁三代之盛隆兮，而丁三季之末俗。末俗以辯詐而期通兮，貞士以耿介而自束。雖日三省於吾身兮，繇懷進退之惟谷。……觀上世之清暉兮，廉士亦嫈嫈而靡歸。」（《全漢文》卷二十三）司馬遷的《悲士不遇賦》說：「悲夫士生之不辰，愧顧影而獨存。恒克己而復禮，懼志行之無聞。」 東方朔說：「彼一時也，此一時也，豈可同哉？……使蘇秦、張儀與僕並生於今之世，曾不得掌故，安敢望侍郎乎！」（《答客難》）揚雄也是將其不遇的原因歸之於「當今縣令不請士，郡守不迎師，群卿不揖客，將相不俛眉；言奇者見疑，行殊者得辟。」（《解嘲》）總之，「悲士不遇」的傳統是在士人與時代的衝突中，士人堅信自身的高貴不凡，沈淪下僚的原因不在於自身無能，而在於時代的邪惡混濁。而到了班固，雖然在形式上亦步亦趨地模倣《答客難》、《解嘲》，但是對時代的頌揚代替了批判：

> 方今大漢洒埽群穢，夷險芟荒，廓帝紘，恢皇綱，基隆于羲農，規廣于黃唐。其君天下也，炎之如日，威之如神，涵之如海，養之如春。是以六合之內，莫不同源共流，沐浴玄德，稟仰太龢，枝附葉著，譬猶草木之植山林，鳥魚之毓川澤，得氣者蕃滋，失時者零落，參天地而施化，豈云人事之厚薄哉！（《全後漢文》卷二十五）

在這種熱情的讚美中，個體「位不過郎」的悲哀惆悵被淹沒了。向來公認的以戰國士人的活躍狀況作為「遇」之標準也遭到了否定，自我在「慎修所志」、「味道之腴」、「自娛於斯文」的新選擇中獲得了心靈的安慰。與此類似的還有崔駰語調平和，自甘寂寞的《達旨》，其中對時代的描述是：「今聖上之育斯民也，樸以皇質，雕以唐文。六合怡怡，比屋為仁。壹天下之眾異，齊品類之萬殊。參差同量，坏冶一陶。群生得理，庶績其凝。家家有以和樂，人人有以自優。」從中可以體會到賦家對時代的膜拜和對自我的壓抑。

二、個體生命體驗：文學淡化意識形態後的新內容

在宣漢的觀念下，文學成了宣揚「王命論」、聖化帝王的工具。以變為政

治附庸的代價，文學參與了國家意識形態的建設。但是，在竭盡全力宣揚漢帝國非凡偉大的時候，與士人精神逐漸從外王向內聖的轉移相適應，文學也開始了個體生命體驗的表達。這種趨勢雖然一開始較爲微弱，但是隨著帝國政治無可挽回地敗壞，文學的表現題材越來越從宏大的外在鋪敘轉向了個人日常生活的小事情和平常心思。個體生命體驗日益成爲文學表達的重要內容，文人的審美意識和審美能力逐漸得到擴展。

張衡突出表現了文學由意識形態轉向個性化情感的趨勢。一方面，張衡依舊可以模擬班固的《二都賦》，寫出煌煌巨製《二京賦》，宣揚仁德文治理想；另一方面，張衡更寫出了令人耳目一新的《歸田賦》：

> 游都邑以永久，無明略以佐時。徒臨川以羨魚，俟河清乎未期。感蔡子之慷慨，從唐生以決疑。諒天道之微昧，追漁父以同嬉；超埃塵以遐逝，與世事乎長辭。于是仲春令月，時和氣清；原隰鬱茂，百草滋榮。王雎鼓翼，鶬鶊哀鳴；交頸頡頏，關關嚶嚶。于焉逍遙，聊以娛情。爾乃龍吟方澤，虎嘯山丘；仰飛纖繳，俯釣長流；觸矢而斃，貪餌吞鉤；落雲間之逸禽，懸淵沈之鯊鰡。于時曜靈俄景，係以望舒；極般游之至樂，雖日夕而忘劬。感老氏之遺誡，將回駕乎蓬廬。彈五弦之妙指，詠周孔之圖書；揮翰墨以奮藻，陳三皇之軌模。苟縱心于物，安知榮辱之所如？（《全後漢文》卷五十三）

當政治在宦官專權之下變得無可爲之時，自然田園成了疲憊困頓的士人之心靈安慰。生機勃勃的春天原野在文人筆下充滿了詩情畫意，王雎鶬鶊，嚶嚶和鳴，逍遙自適，率性安康。這不再是大賦中物我對立的客觀自然，也不是董仲舒《山水頌》中的德性山水，而是審美眼光下物我合一的本眞存在、恬淡安寧的精神家園。與閒適田園相應的是文人的詩意人生：吟嘯於山丘方澤之間，仰射逸鳥，閒釣遊魚，忘情於逍遙盤遊；又有琴書娛心，神游於大道之樂。外在的榮辱浮沈與內在心靈的充實豐盈比起來，顯得無足輕重和遙遠渺小了。這種生活當然祇是一種想像，張衡並未眞的歸隱田園，但其中體現出來的生命情調卻是紅塵中士子的眞實嚮往。「區分併強調人生的內在和外在部分，由對外部世界的馳騖和戀繫而轉入對內心世界的流連、經營，這是東漢後期漸次昭顯的一個趨勢。……出仕作爲士人生涯的常規、主流，閒適生活乃是足可抗衡並愈來愈吸引人的補充形態。換言之，業已爲士林普遍認可的這一觀念意味著，以讀書論理、彈琴詠詩、山水盤桓等藝術活動爲大要，

構成了『處』實現於生活實境並與其中切實存在下去的具體方式。」〔註25〕

除了田園，張衡的作品還開拓出了許多新的題材，例如在賦中寫冢（《冢賦》），甚至虛擬出骷髏來表達「死爲休息，生爲役勞……榮位在身，不亦輕於塵毛」的觀念（《骷髏賦》）。這是文人疏離政治之後，對平凡生活、人性人情的關注。還值得一提的是張衡的詩歌成就。在漢代詩歌亦步亦趨地模擬《詩經》之四言模式和騷體模式而陷入千人一面的僵局之時，「與世殊技，固孤是求」的張衡大膽地吸收了樂府民歌的藝術成就，對五言詩與七言詩進行了成功的嘗試，爲這兩種新詩體的發展做出了重要貢獻。《同聲歌》以新婦的口吻寫熱烈纏綿的夫妻之情，影響深遠。《四愁詩》或有政治情感的興寄，但藝術上一唱三歎、纏綿悱惻，感人至深。

張衡之後，又有蔡邕。蔡邕雖然一生都未脫離險惡激烈的政治風波：先是盡忠匡扶靈帝而得罪宦官，後又被迫仕於董卓，最終因爲一聲輕歎而被王允處死。但是在個人的人生趣味上，他已經明顯的文人化了，博學多才，善書畫，精通音樂。甚至在「亡命江海，遠跡吳會」的困苦環境中，蔡邕還製作了有名的「焦尾琴」，收集整理了《琴操》。他在《與袁公書》中以詩的描繪了藝術化的日常生活：「朝夕游談，從學宴飲，酌麥醴，燔乾魚，欣欣爲樂在其中矣。」正是以審美的眼光打量塵世，一些平凡的人事、普通的對象，也都堂而皇之地進入了原本體制莊重宏大的賦作，例如《短人賦》、《瞽師賦》、《琴賦》、《筆賦》、《彈棋賦》、《團扇賦》、《蟬賦》等。而男女眞情也在敏感多思的文人心靈中也佔據了更多的位置，例如《協和婚賦》、《檢逸賦》、《青衣賦》等。

《後漢書·文苑傳》中更是記載了多位狂放不羈、任情適性的文人。對於他們來說，文學主要是個人才情的表達和獨特心靈的展示，而非盡忠盡孝的倫理工具。例如「美鬚豪眉，望之甚偉」的趙壹在《刺世疾邪賦》中盡情宣洩了對時代的怨憤之情：「于茲迄今，情僞萬方。佞諂日熾，剛克消亡。舐痔結駟，正色徒行。媚媧名勢，撫拍豪強。偃蹇反俗，立致咎殃。捷懾逐物，日富月昌。渾然同惑，孰溫孰涼。邪夫顯進，直士幽藏」，「順風激靡草，富貴者稱賢。文籍雖滿腹，不如一囊錢」，並慨然宣稱「寧饑寒於堯舜之荒歲兮，不飽暖於當今之豐年」！其憤激的語調、激烈的感情早已超出了「樂而不淫，哀而不傷」中和詩教，千古之下猶凜然生風！

〔註25〕于迎春：《漢代文人與文學觀念的演進》，頁224～225，東方出版社，1997年。

　　漢末的《古詩十九首》，更是以其真摯深沈、蒼涼悠遠、悽愴美麗的音調，精彩集中地展示了文學作為個性化的存在。這裡有夫妻間痛苦深長的相思：

> 行行重行行，與君生別離。……相去日已遠，衣帶日已緩。浮雲蔽白日，游子不顧返。思君令人老，歲月忽已晚。棄捐勿復道，努力加餐飯。（之一）

> 青青河畔草，郁郁園中柳 ……蕩子行不歸 空床難獨守。（之二）

> 還顧望舊鄉，長路漫浩浩。同心而離居，憂傷以終老。（之六）

> 河漢清且淺，相去復幾許。盈盈一水間，脈脈不得語。（之十）

> ……

有人生短促的感慨和及時行樂的選擇：

> 人生天地間，忽如遠行客。斗酒相娛樂，聊厚不為薄……極宴娛心意，戚戚何所迫。（之三）

> 人生寄一世，奄忽若飆塵。何不策高足，先據要路津？無為守貧賤，轗軻長苦辛。（之四）

> 所遇無故物，焉得不速老？盛衰各有時，立身苦不早。人生非金石，豈能長壽考？奄忽隨物化，榮名以為寶。（之十一）

> 浩浩陰陽移，年命如朝露。人生忽如寄，壽無金石固。萬歲更相送，賢聖莫能度。服食求神仙，多為藥所誤 。不如飲美酒，被服紈與素。（之十三）

> 生年不滿百，常懷千歲憂。晝短苦夜長，何不秉燭遊？為樂當及時，何能待來茲？愚者愛惜費，但為後世嗤。僊人王子喬，難可與等期。（之十五）

有蕭瑟旅程中對知音的嚮往和對冷漠舊友的怨憤：

> 不惜歌者苦，但傷知音稀。願為雙鴻鵠，奮翅起高飛。（之五）

> 昔我同門友，高舉振六翮。不念攜手好，棄我如遺跡。南箕北有斗，牽牛不負軛。良無磐石固，虛名復何益。（之七）

有對旅途辛苦的切深體驗：

> 涼風率已厲，游子寒無衣。錦衾遺洛浦，同袍與我違。（之十六）

> 客行雖云樂，不如早旋歸。出戶獨旁徨，愁思當告誰？（之十九）

等等。明月、秋蟲、芳花、綠樹、孤竹、菟絲、東風、長道、河畔青草、園中綠柳、牽牛織女、燦燦星辰等平凡細微的物象，都變成了詩人主觀心緒的點綴，訴說著敏感心靈的波動和漣漪。生命在淡化外在的宏偉追求和崇高責任後，開始注意到了外在些微的自然變化，也開始纏綿於眞摯深厚的夫妻朋友之情，並最終不得不面對生存的短促與苦辛。生命本身的恬適、眞情的歡娛與維護，代替了主聖臣賢、國泰民安，成爲士人最眞切的關懷。但是這一切又都籠罩在死亡的陰影下，「去者日以疏，來者日已親。出郭門直視，但見丘與墳」（之十四）。夫妻好合、知音相遇、追求榮名、沈醉美酒，這些平凡甚至有點鄙俗的追求，在詩人洞徹人生悲涼的整體情緒籠罩下，顯得是那樣悽愴無奈。傷感，甚至有點頹廢，成了這組詩的感情基調。但這又是生命深處的亙古悲哀，這組詩因而具有了超越時代的永恆魅力，「文溫以麗，意悲而遠，驚心動魄，可謂幾乎一字千金！」（《詩品》）

　　文學，終於從宣揚「王命論」意識形態的工具，變成了表達個性心靈的精神藝術！

餘　論

　　至此，筆者梳理完了兩漢文化精神從「聖王」到「王聖」的變遷。在這個過程中，筆者緊緊圍繞著「王命論」這個思想命題來展開論述。因為，正是士人的政治理念從公天下轉向了「王命論」，才導致了兩漢文化精神的變遷。這個命題的思想史價值並不高，它充滿了宿命論的神秘色彩，把人事歸之於不可知的命運，消解了人類對王權的拷問權力。除了有利於維護現實帝王的威權，它對人類追求眞理的目標貢獻無多。可以說，由公天下到「王命論」是士人精神史上的一次倒退。倒退的原因何在？具體是怎麼引起的？倒退又體現在哪些地方？這是本書寫作過程中不斷追問的問題。

　　在前三章，筆者梳理了士人政治理念由公天下向「王命論」的轉變過程。認爲由於道德理想主義的侷限，儒生走上權力舞臺後無法承擔起治國平天下的歷史責任。禮樂改制失敗後，儒生又在理想主義的鼓舞下鼓吹宿命化的禪讓，最終呼喚出王莽，製造了更爲沈重的歷史災難。王莽失敗導致了儒生理想主義的消退和「聖王」理念的破產。儒生們不能夠清醒深刻地反思歷史，而走向了神秘宿命的「王命論」思潮，其核心是一家一姓之私天下觀念。後漢的權力者迅速發現了這股思潮維護劉氏天下的利用價值，將其打造成了以「王聖」爲核心的國家意識形態。總之，士人精神從公天下向「王命論」的轉變，起於代表士人公天下政治理想的王莽之慘敗，而更深層的原因在於他們找不到實現政治理想的客觀途徑及保障力量的歷史理想主義。

　　在後三章，筆者討論了「王命論」成爲國家意識形態後，導致的經學、思想、士人人生形態、文學的一系列變遷。具體來說，經學在今古文論爭的發展過程中被深深地打上了「王命論」的烙印。一方面，古文經爲立於學官，

開始向權力者諂媚，宣揚其意識形態建設功能；另一方面，今文經爲保持其學術地位的優勝，也開始向權力靠近。最終，經學成爲國家意識形態的附庸和學者自娛的玩意兒。思想家在「王命論」的籠罩下走向平庸，王充將人生的窮達完全歸之於命運，爲頌揚時代聖明與自身坎坷沈淪之間的不諧和找到了貌似合理的解釋。王符等儒法家雖然開始了批判，但是因爲「王命論」的私天下觀念籠罩，批判的格局甚爲狹窄。士人的人生形態則在「王聖」的光環下，走向了謙恭自守、追求名節、全身保家，人生理想逐漸從外王轉向了內聖。文學先是在東漢前期充當了宣揚意識形態的功能，歌功頌德，後來在世道崩壞之際，逐漸走向了個體生命體驗的表達。

在歎息東漢思想文化平庸卑弱的時候，筆者又不由自主地是在以西漢的思想文化爲參照。這是自先秦承續下來的上古文化精神，以改造現實爲其最高旨歸。雖然西漢的士人有著歷史理想主義的根本缺陷，但是其闊大的文化氣象、追求理想的熱情、批判的勇氣與鋒芒，在數千年文化史上異常耀眼璀璨。這種輝光，珍異卓絕，但在幾千年的歷史長河中畢竟太過稀少了。

我們一次又一次地感歎：在面對政治權力的時候，中國士人過於脆弱，脆弱到不堪一擊！儘管他們常常以「治國平天下」作爲自身的崇高目標和道義理想，但實際上能夠達致此功者寥若晨星。他們更多、更經常地充當了帝王的臣妾、權力的幫閒。這並非因爲他們不具備道德勇氣，事實上他們常常爲一個政治目標粉身碎骨，其精神感天動地！脆弱的原因在於他們以道德來代替政治、以理想來裁壓現實的思維模式，在於歷史上的民眾沒有成爲實現理想的客觀性保障力量！

滄海桑田，斯人已逝，今天的讀書人在感慨歷史之餘，又當如何呢？

參考文獻

典籍類

1. 李學勤主編，十三經注疏〔M〕，北京：北京大學出版社，1999 年。

2. 中華書局編輯部編，清人注疏十三經〔M〕，北京：中華書局，1998 年。

3. 陳壽祺，五經異義疏證〔M〕，上海：上海古籍出版社《續修四庫全書》第 171 冊，2002 年。

4. 高亨，周易古經今注〔M〕，北京：中華書局，1984 年。

5. 高亨，周易大傳今注〔M〕，濟南：齊魯書社，1998 年（2006 重印）。

6. 金景芳，呂紹綱著，周易全解〔M〕，上海：上海古籍出版社，2005 年。

7. 徐昂，京氏易傳箋〔M〕，南通：翰墨林書局，1944 年鉛印本。

8. 郭彧，京氏易傳導讀〔M〕，濟南：齊魯書社，2002 年。

9. 林忠軍，易緯導讀〔M〕，濟南：齊魯書社，2002 年。

10. 周秉鈞注譯，尚書〔M〕，長沙：嶽麓書社，2001 年。

11. 顧頡剛，劉起釪，尚書校釋譯論〔M〕，北京：中華書局，2005 年。

12. 〔清〕王先謙，吳格點校，詩三家義集疏〔M〕，北京：中華書局，1987 年。

13. 李山，詩經析讀〔M〕，海口：南海出版公司，2003 年。

14. 林尹，周禮今注今譯〔M〕，北京：書目文獻出版社，1985 年。

15. 〔清〕李貽德，春秋左氏傳賈服注輯述〔M〕，上海：上海古籍出版社《續修四庫全書》第 125 冊，2002 年。

16. 〔清〕臧壽恭，左氏古義〔M〕，上海：上海古籍出版社《續修四庫全書》第 125 冊，2002 年。

17. 楊伯峻，春秋左傳注〔M〕，北京：中華書局，1990 年。

18. 〔西漢〕司馬遷，史記〔M〕，北京：中華書局，1959 年。

19. 〔西漢〕司馬遷撰；〔日〕龍川資言考證；〔日〕水澤利忠校補，史記會注考證附校補〔M〕，上海：上海古籍出版社，1986 年。

20. 〔東漢〕班固，漢書〔M〕，北京：中華書局，1962 年。

21. 〔清〕王先謙，漢書補注〔M〕，北京：書目文獻出版社，1995 年。

22. 〔南朝宋〕范曄，後漢書〔M〕，北京：中華書局，1965 年。

23. 〔清〕王先謙，後漢書集解〔M〕，北京：中華書局，1984 年。

24. 〔東漢〕劉珍等撰，吳樹平校注，東觀漢記校注〔M〕，北京：中華書局，2008 年。

25. 張烈點校，兩漢紀〔M〕，北京：中華書局，2002 年。

26. 〔宋〕司馬光編著，〔元〕胡三省音注，資治通鑒〔M〕，北京：中華書局，1956 年。

27. 〔清〕趙翼撰，王樹民校證，廿二史箚記校證〔M〕，北京：中華書局，1984 年。

28. 〔清〕王夫之，讀通鑑論〔M〕，北京：中華書局，1975 年。

29. 〔清〕唐晏撰，吳東民點校，兩漢三國學案〔M〕，北京：中華書局，1986 年。

30. 國學整理社原輯，諸子集成：第八冊〔M〕，北京：中華書局，1954 年（1996 重印）。

31. 魏啓鵬，馬王堆漢墓帛書《黃帝書》箋證〔M〕，北京：中華書局，2004 年。

32. 屈守元，韓詩外傳箋疏〔M〕，成都：巴蜀書社，1996 年。

33. 〔西漢〕董仲舒撰；〔清〕蘇輿注；鍾哲點校，春秋繁露義證〔M〕，北京：中華書局，1975 年。

34. 王利器校注，鹽鐵論校注〔M〕，北京：中華書局，1992 年。

35. 〔西漢〕劉向編著，石光瑛校釋，新序校釋〔M〕，北京：中華書局，2001 年。

36. 〔西漢〕劉向撰，向宗魯校證，說苑校證〔M〕，北京：中華書局，1987 年。

37. 〔西漢〕揚雄撰，汪榮寶疏，法言義疏〔M〕，北京：中華書局，1987 年。

38. 〔西漢〕揚雄撰，〔宋〕司馬光集注，太玄集注〔M〕，北京：中華書局，1998 年。

39. 〔西漢〕揚雄著，鄭萬耕校釋，太玄校釋〔M〕，北京：北京師範大學出版社，1989 年。

40. 〔西漢〕揚雄著，張震澤校注，揚雄集校注〔M〕，上海：上海古籍出版社，1993 年。

41. 〔漢〕桓譚，新論〔M〕，上海：上海人民出版社，1977 年。

42. 黃暉撰，論衡校釋〔M〕，北京：中華書局，1990 年，

43. 〔漢〕王符撰；〔清〕汪繼培箋；彭鐸校正，潛夫論校正〔M〕，北京：中華書局，1985 年。

44. 〔漢〕荀悅撰，〔明〕黃省曾注，申鑒〔M〕，上海：上海古籍出版社，1990 年。

45. 〔漢〕應劭撰，王利器校注，風俗通義校注〔M〕，北京：中華書局，1981 年。

46. 〔日〕安居香山，〔日〕中村璋八輯，緯書集成〔M〕，石家莊：河北人民出版社，1994 年。

47. 〔清〕嚴可均輯，全上古三代秦漢三國六朝文〔M〕，北京：中華書局，1958 年。

48. 費振剛等校注，全漢賦校注〔M〕，廣州：廣東教育出版社，2005 年。

研究專著

1. 〔清〕皮錫瑞撰，經學通論〔M〕，北京：中華書局，1954 年。

2. 〔清〕皮錫瑞撰，周予同注釋，經學歷史〔M〕，北京：中華書局，2004 年。

3. 馬宗霍，中國經學史〔M〕，北京：商務印書館，1998 年。

4. 劉夢溪主編，中國現代學術經典：廖平卷〔M〕，石家莊：河北教育出版社，1996 年。

5. 錢穆，兩漢經學今古文平議〔M〕，北京：商務印書館，2005 年。

6. 蒙文通，經學抉原〔M〕，上海：上海人民出版社，2006 年。

7. 徐復觀，徐復觀論經學史二種〔M〕，上海：上海書店出版社，2006 年。

8. 周予同著，朱維錚編，周予同經學史論著選集〔M〕，上海：上海人民出版社，1996 年。

9. 湯志鈞等，西漢經學與政治〔M〕，上海：上海古籍出版社，1994 年。

10. 王葆玹，今古文經學新論（增訂版）〔M〕，北京：中國社會科學出版社，1997 年。

11. 姜廣輝主編，中國經學思想史〔M〕，北京：中國社會科學出版社，2003 年。

12. 林忠軍，象數易學發展史：第一卷〔M〕，濟南：齊魯書社，1994 年。

13. 張濤，秦漢易學思想研究〔M〕，北京：中華書局，2005 年。

14. 朱伯崑，易學哲學史〔M〕，北京：崑崙出版社，2005 年。

15. 余敦康，漢宋易學解讀〔M〕，北京：華夏出版社，2006 年。

16. 梁韋弦，漢易卦氣學研究〔M〕，濟南：齊魯書社，2007 年。

17. 高懷民，兩漢易學史〔M〕，桂林：廣西師範大學出版社，2007 年。

18. 程南洲，春秋左傳賈逵注與杜預注之比較研究〔M〕，臺北：文津出版社，1982 年。

19. 蔣慶，公羊學引論〔M〕，瀋陽：遼寧教育出版社，1995 年。

20. 陳蘇鎮，漢代政治與《春秋》學〔M〕，北京：中國廣播電視出版社，2001 年。

21. 段熙仲，春秋公羊學講疏〔M〕，南京：南京師範大學出版社，2002 年。

22. 趙伯雄，春秋學史〔M〕，濟南：山東教育出版社，2004 年。

23. 許雪濤，公羊學解經方法──從《公羊傳》到董仲舒《春秋》學〔M〕，廣州：廣東人民出版社，2006 年。

24. 劉黎明，《春秋》經傳研究〔M〕，成都：巴蜀書社，2008 年。

25. 李山，詩經的文化精神〔M〕，北京：東方出版社，1997 年。

26. 劉毓慶，歷代《詩經》著述考：先秦──元代〔M〕，北京：中華書局，2005 年。

27. 趙茂林，兩漢三家《詩》研究〔M〕，成都：巴蜀書社，2006 年。

28. 劉立志，漢代《詩經》學史論〔M〕，北京：中華書局，2007 年。

29. 李源澄，秦漢史〔M〕，上海：上海商務印書館，1947 年。

30. 呂思勉，秦漢史〔M〕，上海：上海古籍出版社，2005 年。

31. 錢穆，秦漢史〔M〕，北京：三聯書店，2005 年。

32. 林劍鳴，秦漢史〔M〕，上海：上海人民出版社，2003 年。

33. 傅樂成，漢唐史論集〔M〕，臺北：臺灣聯經出版社，1977 年。

34. 沈文倬，宗周禮樂文明考論（增補本）〔M〕，杭州：浙江大學出版社，2006 年。

35. 廖伯源，秦漢史論叢〔M〕，北京：中華書局，2008 年。

36. 唐長孺，魏晉南北朝史論叢〔M〕，北京：中華書局，2009 年。

37. 唐長孺，魏晉南北朝史拾遺〔M〕，北京：中華書局，1983 年。

38. 牟宗三，道德的理想主義〔M〕，臺北：臺灣學生書局，1992 年。

39. 牟宗三，歷史哲學〔M〕，桂林：廣西師範大學出版社，2007 年。

40. 蕭公權，中國政治思想史〔M〕，北京：新星出版社，2005 年。

41. 侯外廬，中國思想通史〔M〕，北京：人民出版社，1956 年。

42. 錢穆，國學概論〔M〕，北京：商務印書館，1997 年。

43. 錢穆，中國學術思想史論叢〔M〕，合肥：安徽教育出版社，2004 年。

44. 任繼愈，中國哲學發展史〔M〕，北京：人民出版社，1988 年。

45. 勞思光，新編中國哲學史〔M〕，桂林：廣西師大出版社，2005 年。

46. 梁啟超，先秦政治思想史〔M〕，天津：天津古籍出版社，2003 年。

47. 徐復觀，兩漢思想史〔M〕，上海：華東師大出版社，2001 年。

48. 金春峰，漢代思想史（增補第三版）〔M〕，北京：中國社會科學出版社，2006 年。

49. 龔鵬程，漢代思潮（增訂版）〔M〕，北京：商務印書館，2008 年。

50. 顧頡剛，秦漢的方士與儒生〔M〕，上海：上海古籍出版社，1998 年。

51. 余英時，士與中國文化〔M〕，上海：上海人民出版社，1987 年。

52. 陳槃，古讖緯研討及其書錄解題〔M〕，臺北：臺灣國立編譯館，1991 年。

53. 冷德熙，超越神話：緯書政治神話研究〔M〕，北京：東方出版社，1997 年。

54. 余英時，論士衡史〔M〕，上海：上海文藝出版社，1999 年。

55. 杜維明，儒，學，政──論儒家知識份子〔M〕，上海：上海人民出版社，2000 年。

56. 閻步克，士大夫政治演生史稿〔M〕，北京：北京大學出版社，1996 年。

57. 于迎春，秦漢士史〔M〕，北京：北京大學出版社，2000 年。

58. 劉蓉，漢魏名士研究〔M〕，北京：中華書局，2009 年。

59. 劉小楓，儒家革命精神源流考〔M〕，上海：上海三聯書店，2000 年。

60. 張榮明，中國的國教：從上古到東漢〔M〕，北京：中國社會科學出版社，2001 年。

61. 陳啟雲，中國古代思想文化的歷史論析〔M〕，北京：北京大學出版社，2001 年。

62. 徐興無，讖緯文獻與漢代文化構建〔M〕，北京：中華書局，2003 年。

63. 李冬君，孔子聖化與儒者革命〔M〕，北京：中國人民大學出版社，2004 年。

64. 楊永俊，禪讓政治研究〔M〕，北京：學苑出版社，2005 年。

65. 林存光，儒家政治文明及其現代轉向〔M〕，北京：中國政法大學出版社，2007 年。

66. 郭君銘，揚雄《法言》思想研究〔M〕，成都：巴蜀書社，2006 年。

67. 楊權，新五德理論與兩漢政治──「堯後火德說」考論〔M〕，北京：中

華書局，2006 年。

68. 劉小楓，儒教與民族國家〔M〕，北京：華夏出版社，2007 年。

69. 過常寶，原史文化及文獻研究〔M〕，北京：北京大學出版社，2008 年。

70. 黃樸民，何休評傳〔M〕，南京：南京大學出版社，1998 年。

71. 陳啟雲撰，高專誠譯，荀悅與中古儒學〔M〕，瀋陽：遼寧大學出版社，
    2000 年。

72. 鄧紅，王充新八論〔M〕，北京：中國社會科學出版社，2003 年。

73. 鄧紅，王充新八論續編〔M〕，北京：中國社會科學出版社，2007 年。

74. 徐興無，劉向評傳〔M〕，南京：南京大學出版社，2005 年。

75. 吳全蘭，劉向哲學思想研究〔M〕，北京：中國社會科學出版社，2007
    年。

76. 季乃禮，三綱六紀與社會整合——由《白虎通義》看漢代社會人倫關係
    〔M〕，北京：中國人民大學出版社，2004 年。

77. 向晉衛，《白虎通義》思想的歷史研究〔M〕，北京：人民出版社，2007
    年。

78. 周德良，白虎通義暨漢禮研究〔M〕，臺北：臺灣學生書局，2007 年。

79. 許結，漢代文學思想史〔M〕，南京：南京大學出版社，1990 年。

80. 于迎春，漢代文人與文學觀念的演進〔M〕，北京：東方出版社，1997
    年。

81. 胡學常，文學話語與權力話語——漢賦與兩漢政治〔M〕，杭州：浙江人
    民出版社，2000 年。

82. 藍旭，東漢士風與文學〔M〕，北京：人民文學出版社，2004 年。

83. 萬光治，漢賦通論（增訂本）〔M〕，北京：中國社會科學出版社：華齡
    出版社，2004 年。

84. 朱曉海，漢賦史略新証〔M〕，西安：陝西人民出版社，2004 年。

85. 馮良方，漢賦與經學〔M〕，北京：中國社會科學出版社，2004 年。

86. 王煥然，漢代士風與賦風研究〔M〕，北京：中國社會科學出版社，2006
    年。

87. 嚴耕望，中國地方行政制度史：秦漢地方行政制度〔M〕，上海：上海古
    籍出版社，2007 年。

88. 嚴耕望，兩漢太守刺史表〔M〕，上海：上海古籍出版社，2007 年。

89. 張小鋒，西漢中後期政局演變探微〔M〕，天津：天津古籍出版社，2007
    年。

90. 陳直，兩漢經濟史料論叢〔M〕，西安：陝西人民出版社，1980 年。

91. 許倬雲，漢代農業：中國農業經濟的起源及特性〔M〕，桂林：廣西師大出版社，2005 年。

92. 王國維，觀堂集林〔M〕，北京：中華書局，1959 年。

93. 洪業，洪業論學集〔M〕，北京：中華書局，1981 年（2005 年重印），

94. 牟宗三，生命的學問〔M〕，桂林：廣西師範大學出版社，2005 年。

95. 徐復觀撰，李維武編，徐復觀文集：第二卷，儒家思想與人文世界〔M〕，武漢：湖北人民出版社，2002 年。

96. 蒙文通，蒙文通文集〔M〕，成都：巴蜀書社，1987 年。

97. 饒宗頤，饒宗頤史學論著選〔M〕，上海：上海古籍出版社，1993 年。

98. 賀昌群，賀昌群文集〔M〕，北京：商務印書館，2003 年。

99. 嚴耕望，嚴耕望史學論文選集〔M〕，北京：中華書局，2006 年。

100. 黃清連主編，臺灣學者中國史研究論叢：制度與國家〔M〕，北京：中國大百科全書出版社，2005 年。

101. 王健文主編，臺灣學者中國史研究論叢：政治與權力〔M〕，北京：中國大百科全書出版社，2005 年。

102. 陳弱水，王汎森主編，臺灣學者中國史研究論叢，思想與學術〔M〕，北京：中國大百科全書出版社，2005 年。

103. 許倬雲，求古編〔M〕，北京：新星出版社，2006 年。

104. 陳啟雲，儒學與漢代歷史文化——陳啟雲文集（二）〔M〕，桂林：廣西師大出版社，2007 年。

105. 朱學勤，道德理想國的覆滅——從盧梭到羅伯斯庇爾〔M〕，上海：上海三聯書店，2003 年第 2 版。

106. 朱學勤，書齋裏的革命〔M〕，昆明：雲南人民出版社，2006 年。

107. 劉晨光等，希臘四論〔M〕，上海：華東師範大學出版社，2006 年。

108. 江曉原，天學眞原〔M〕，瀋陽：遼寧教育出版社，1991 年。

109. 江曉原，天學外史〔M〕，上海：上海人民出版社，1999 年。

110. 李山，中國文化史〔M〕，北京：北京師範大學出版社，2007 年。

111. 李山，先秦文化史講義〔M〕，北京：中華書局，2008 年。

國外論著

1. 〔英〕崔瑞德，魯惟一編，劍橋中國秦漢史：西元前 221 年至西元 220 年〔M〕，北京：中國社會科學出版社，1992 年。

2. 〔美〕郝大維，安樂哲，孔子哲學思微〔M〕，南京：江蘇人民出版社，1996 年。

3. 〔德〕恩斯特‧卡西爾著，范進等譯，國家的神話〔M〕，北京：華夏出

版社，1999 年。

4. 〔德〕恩斯特・卡西爾著，劉述先譯，論人：人類文化哲學導論〔M〕，桂林：廣西師大出版社，2006 年。

5. 〔美〕列文森著，鄭大華、任菁譯，儒教中國及其現代命運〔M〕，北京：中國社會科學出版社，2000 年。

6. 〔英〕E.P.湯普森著，錢乘旦等譯，英國工人階級的形成〔M〕，南京：譯林出版社，2001 年。

7. 〔美〕愛德華，W.薩義德（Edward W.Said）著：單德興譯，知識份子論〔M〕，北京：三聯書店，2002 年。

8. 〔德〕馬克斯・韋伯著：洪天富譯，儒教與道教〔M〕，南京：江蘇人民出版社，2003 年。

9. 〔美〕本傑明・史華茲著，程鋼譯，古代中國的思想世界〔M〕，南京：江蘇人民出版社，2004 年。

10. 〔德〕馬克斯・韋伯著：錢永祥等譯，韋伯作品集，I，學術與政治〔M〕，桂林：廣西師範大學出版社，2004 年。

11. 〔德〕馬克斯・韋伯著：顧忠華譯，韋伯作品集，VII，社會學的基本概念〔M〕，桂林：廣西師範大學出版社，2005 年。

12. 〔德〕馬克斯・韋伯著，康樂、簡惠美譯，韋伯作品集，XII，新教倫理與資本主義精神〔M〕，桂林：廣西師範大學出版社，2007 年。

13. 〔日〕溝口雄三，小島毅主編，孫歌等譯，中國的思維世界〔M〕，南京：江蘇人民出版社，2006 年。

14. 〔美〕芮樂偉・韓森著：梁侃，鄒勁風譯，開放的帝國〔M〕，南京：江蘇人民出版社，2007 年。

15. 〔美〕楊聯陞著：彭剛、程鋼譯，中國制度史研究〔M〕，南京：江蘇人民出版社，2007 年。

16. 〔美〕沃格林著，謝華育譯，希臘化、羅馬和早期基督教：政治觀念史稿 1〔M〕，上海：華東師範大學出版社，2007 年。

學位論文

1. 張廣慶，何休《春秋公羊解詁》研究〔D〕，臺北：輯入《國立臺灣師範大學國文研究所集刊》，第 34 號，1990 年。

2. 黃復山，漢代《尚書》讖緯學述〔D〕，臺北：輔仁大學，1996 年。

3. 洪春音，緯書與兩漢經學關係之研究〔D〕，臺北：臺灣東海大學，2002 年。

4. 邊家珍，兩漢之際的學術演變〔D〕，濟南：山東大學，2003 年。

5. 敖雪崗，兩漢之際思想與文學〔D〕，南京：南京大學，2003 年。

6. 王藝，王莽改制新證〔D〕，北京：北京大學，2005 年。

論　文

1. 胡適，王莽——一千九百年前的一個社會主義者〔A〕，胡適，胡適文集：第三冊〔C〕北京：北京大學出版社，1998 年，頁 19～24。

2. 楊聯陞，東漢的豪族〔J〕，清華學報，1936 年 4 月。

3. 李源澄，讀論衡〔A〕，李源澄，李源澄學術論著初編〔C〕，成都：路明書店，1944 年。

4. 賴炎元，董仲舒與何休公羊學之比較〔J〕，南洋大學學報，1969 年 3 月。

5. 林麗雪，《白虎通義》「三綱」說與儒法之辨〔J〕，中國哲學史研究，1984 年 4 月。

6. 余敦康，兩漢時期的經學和白虎觀會議〔J〕，中國哲學，1984 年 12 月。

7. 蘇誠鑒，漢元帝的儒生政治〔J〕，安徽師大學報，1987 年 3 月。

8. 蘇誠鑒，「漢家堯後，有傳國之運」——西漢亡於儒生論〔J〕，安徽師大學報，1988 年 4 月。

9. 李學勤，《今古學考》與《五經異義》〔A〕，張岱年，國學今論〔C〕，瀋陽：遼寧教育出版社，1991 年。

10. 王利器，讖緯五論〔A〕，張岱年，國學今論〔C〕，瀋陽：遼寧教育出版社，1991 年。

11. 趙毅，王彥輝，兩漢之際「人心思漢」思潮評議〔J〕，東北師大學報，1994 年 6 月。

12. 孫如琦，王充溢美章帝原因辨析〔J〕，杭州大學學報，1994 年 9 月。

14. 陳勇，論光武帝「退功臣而進文吏」〔J〕，歷史研究，1995 年 4 月。

15. 馬彪，兩漢之際劉氏宗室的「中衰」與「中興」〔J〕，北京師範大學學報，1995 年 5 月。

16. 高敏，「度田」鬥爭與光武中興〔J〕，南都學刊，1996 年 1 月。

17. 馮浩菲，《洪範五行傳》的學術特點及其影響——兼論研究天人感應說之不能忽略伏生〔J〕，中國文化研究，1997 年，夏之卷（總第 16 期）。

18. 高明，從出土簡帛經書談漢代的今古文學〔J〕，考古與文物，1997 年 6 月。

19. 張榮芳，略談新時期的中國秦漢史研究〔J〕，歷史教學，1998 年 9 月。

20. 楊天宇，論王莽與今古文經學〔J〕，文史，2000 年 4 月（總第 53 期）。

21. 王四達，是「經學」.「法典」還是「禮典」——關於《白虎通義》性質的辨析〔J〕，孔子研究，2001 年 6 月。

22. 邊家珍，漢代經學吸納陰陽五行說的原因及其歷史意義〔J〕，孔子研究，

2002 年 6 月。

23. 蔣文燕，漢頌：漢代頌揚主題的另一種表現——兼談漢頌與漢賦的關係〔J〕，南都學壇，2003 年 1 月。

24. 汪高鑫，劉向災異論旨趣探微——兼論劉向、劉歆災異論旨趣的不同及其成因〔J〕，安徽大學學報，2003 年 2 月。

25. 周天游，孫福喜，二十世紀的中國秦漢史研究〔J〕，歷史研究，2003 年 2 月。

26. 臧知非，兩漢之際儒生價值取向探微〔J〕，史學集刊，2003 年 2 月。

27. 劉躍進，秦漢文學史研究的困境與出路〔J〕，文學遺產，2003 年 6 月。

28. 高敏，漢新禪代中的劉歆〔J〕，史學月刊，2003 年 7 月。

29. 李山，漢儒《詩》說之演變——從《孔子詩論》《周南·漢廣》篇的本義說起〔J〕，北京師範大學學報，2004 年 4 月。

30. 尚學鋒，從《關雎》的闡釋史看先秦兩漢詩學〔J〕，北京師範大學學報，2004 年 4 月。

31. 王德華，東漢前期賦頌二體的互滲與散體大賦的走向〔J〕，文學遺產，2004 年 4 月。

32. 汪高鑫，論班固史學思想的神意化傾向——兼論班固神意化史觀的理論淵源〔J〕，學術研究，2004 年 12 月。

33. 楊朝明，《禮運》成篇與學派屬性等問題〔J〕，中國文化研究，2005 年，春之卷。

34. 曾祥旭，論「罷黜百家」後西漢儒士人格精神的變化〔J〕，求索，2005 年 10 月。

35. 陳啟雲，漢儒理念與價值觀研究的方法論問題之理論篇〔J〕，史學集刊，2005 年 4 月。

36. 張廣慶，從《春秋公羊解詁》看何休對賈逵的反駁 [A]，劉小楓，陳少明，經典與解釋，七：赫爾墨斯的計謀 [C]，北京：華夏出版社，2005 年。

37. 楊向奎，論劉歆與班固 [A]，楊向奎，楊向奎集 [C]，北京：中國社會科學出版社，2006 年。

38. 郜積意，經義之爭的立場與邏輯——以何休，鄭玄之分為例〔J〕，中國文化，第 22 期，2006 年。

39. 李山，漢魏之際士大夫的異化及其文化建構 [A]，雒三桂，過常寶，矗石樵教授八十壽辰紀念文集 [C]，北京：中華書局，2006 年。

40. 陳啟雲，漢儒理念與價值觀研究的方法論問題之考論篇〔J〕，史學集刊，2006 年 1 月。

41. 向晉衛，再論東漢時期的「名教」〔J〕，社會科學輯刊，2006 年 5 月。

42. 陳蘇鎮，兩漢之際的讖緯與公羊學〔J〕，文史，2006 年 3 月。

43. 王鍔，「大同」、「小康」與《禮運》的成篇年代〔J〕，西北師大學報，2006 年 11 月。

44. 藍旭，祿利之途與東漢初期經學新風〔J〕，山東師範大學學報，2007 年，3 月。

45. 于振波，從尹灣漢簡看兩漢文吏〔J〕，湖南大學學報，2008 年 3 月。

附論 「知大體」——論桓譚對王莽新政的反思

　　在「王命論」借助「人心思漢」的時代風潮煊赫一時的時候，依然有儒生精英在冷靜理性地反思歷史，例如桓譚。但是，儒生精英的卓越見識，遠沒有形成社會普遍的思潮，而且也沒有被東漢的權力者所接受，成為影響歷史走向的力量。也因此，我們只能在附論中論述。

　　與「王命論」的天命角度不同，桓譚提出的「知大體」是從人事、制度等方面對王莽朝政治進行的理性反思。《後漢書‧桓譚傳》載「當王莽居攝篡弒之際，天下之士，莫不競褒稱德美，作符命以求容媚，譚獨自守，默然無言」，似乎桓譚與王莽很是疏離。但實際上《漢書‧翟義傳》載，王莽居攝二年，曾「遣大夫桓譚等班行諭告當反位孺子之意。還，封譚爲明告里附城」，《漢書‧王莽傳》也有類似的記載。這說明桓譚曾經與王莽關係相當密切，蘇誠鑒稱其爲「新朝的佐命新貴之一」。但是王莽「始建國」之後，桓譚確實已不再有事功記載，大概是他與王莽集團產生了分歧，採取了「安靜自存」的生活態度，甚至還可能歸隱〔註1〕。因此，如同揚雄早先作《劇秦美新》，後又在《法言》中說「漢德其可謂允懷矣」，桓譚也經歷了類似的對王莽政權由大希望到大失望的過程。「知大體」是桓譚在思想大反省之後提出的帝王之學，包含了對王莽政權的深刻批判和對新帝王的熱切希望。

　　那麼，什麼是「大體」呢？「大體者，皆是當之事也。」（《新論‧言體》）

〔註1〕蘇誠鑒：《桓譚與王莽》，《安徽師大學報（哲學社會科學報）》，1986年第1期。

〔註 2〕作為帝王，如果不知大體，就會導致敗亡之禍，例如王莽，「其智足以飾非奪是，辯能窮詰說士，威則震懼群下，又數陰中不快己者。故群臣莫能抗答其論，莫敢干犯匡諫，卒以致亡敗，其不知大體之禍也」。那麼，怎樣才是「知大體」呢？「夫言是而計當，遭變而用權，〔居〕常〔而〕守正，見事不惑，內有度量，不可傾移而誑以譎異，為知大體焉。」這首先要求具有卓越的材智，「非有大材深智，則不能見其大體」，「如無大材，則雖威權如王翁，察慧如公孫龍，敏給如東方朔，言災異如京君明，及博見多聞，書至萬篇，為儒教授數百千人，只益不知大體焉」。其次，要求「遭變而用權，〔居〕常〔而〕守正」，即凡事從實際情況出發，敏銳把握時代形勢，或用權，或守正，以解決問題為務，不被教條化的東西束縛。相對於守正，「用權」顯然更具有挑戰性，《新論》中有《述策》一篇可能是論述權變策略，可惜已經散佚。此外，還要有堅強的意志和清醒的判斷力，「不可傾移而誑以譎異」，才能夠見事不惑，「知大體」。

　　具體說來，「知大體」包括以下一些思想：

一、「與諸明習者通共」

> 夫〔知〕帝王之大體者，則高帝是矣。高帝曰：「張良、蕭何、韓信，此三子者，皆人傑也。吾能用之，故得天下。」此其知大體之效也。（《新論·言體》）

> 王翁始秉國政，自以通明賢聖，而謂群下才智莫能出其上，是故舉措興事，輒欲自信任，不肯與諸明習者通共（有脫誤）。苟直意而發，得之而用，是以稀獲其功效焉，故卒遇破亡。此不知大體者也。（《新論·言體》）

高帝之「知大體」與王莽之「不知大體」區別就在於高帝能夠用賢，而王莽自以為賢。王莽以專國秉政得到漢家天下，因此以猜忌苛刻的心態對待臣下，桓譚曾經辛辣幽默地將王莽的陰暗心理描繪得惟妙惟肖：「鄙人有得雖醬而美之，及飯，惡與人共食，即小唾其中。共者怒，因涕其醬，遂棄而俱不得食

〔註 2〕現在流行的《新論》本有三種：一是清人孫馮翼所輯，見《四部備要》；二是清人嚴可鈞所輯，見《全上古三代秦漢六朝文·後漢文》；三是上海人民出版社 1977 年出版的、以嚴輯本為底本的點校本《新論》，本文引文主要根據這個單行本。

焉。彼亡秦、王翁欲取天下時，乃樂與人分之。及己得而重愛不肯與，是惜肉唾腴之類也。」（《新論·譴非》）懷著這樣自私狹隘的心理，王莽最後陷入了「軍師外破，大臣內畔，左右亡所信」之境。目睹了王莽的敗亡，桓譚非常強調國君用賢，他認為天下患害奇邪不一，人主一人不可能完全預見防備，例如，秦王見周室喪權於諸侯，所以削平天下為郡縣，「及陳勝、楚、漢，咸由布衣……而並共滅秦」；再如高帝思慮「項王從函谷入，而己由武關到」，因此加強關隘防禦，及王翁奪取天下，「乃不犯關梁厄塞，而坐得其處」等等。因此，最佳的應對辦法只能是「量賢智大材，然後先見豫圖，遏將救之耳」《新論·求輔》）。正是在這個意義上，桓譚說：「前世俊士……乃國家大寶，亦無價矣，雖積和璧，累夏璜，囊隋侯，篋夜光，未足喻也。」（《新論·求輔》）在戰爭中，能否選用賢才良將，更是決定著生死存亡，桓譚通過高帝和王莽的對比，嚴厲批評了王莽在北伐匈奴和東擊赤眉時不擇良將的行為，「但以世姓及信謹文吏，或遣親屬子孫，素所愛好，咸無權智將帥之用，猥使據軍持眾，當赴強敵，是以軍合則損，士眾散走，咎在不擇將，將與主俱不知大體者也」。（《新論·言體》）

那麼，國君如何才能用賢呢？首先應當有謙恭恢宏的胸懷，「君無材德，可選任明輔，不待必躬能也」，國君要承認自己不是神聖萬能的，然後尋求賢才以補己之不足，與賢才共治天下，萬不可自大忌刻如王莽「不肯與諸明習者通共」。其次，國君要有伯樂之眼光，因為「凡人性難極也，難知也，故其絕異者，常為世俗所遺失焉」（《求輔》）。桓譚認為賢才常有，而伯樂難尋，「伊、呂、良、平，何世無之？但人君不知，群臣勿用也」。所以，「傳曰：『得十良馬，不如得一伯樂。得十利劍，不如得一歐冶。』」（《求輔》）但如果人君僅止於鑒別賢才，依然會導致敗亡：「乃者王翁善天下賢智材能之士，皆徵聚而不肯用，使人懷誹謗而怨之。更始帝惡諸王假號無義之人，而不能去，令各心恨而仇之。……二主皆有善善惡惡之費，故不免於禍難大災，卒使長安大都，壞敗為墟。此大非之行也。」（《新論·譴非》）因此，關鍵還是要聽用賢才，「如不能聽納，施行其策，雖廣知得，亦終無益也。」（《求輔》）在人主運用賢才的時候，又有「大難三、而止善二」，所謂「大難三」指的是：「持孤特之論，干雷同之計，以疏賤之處，逆貴賤之心，則萬不合」；「夫建踔殊，為非常，乃世俗所不能見也，又使明智圖事，而與眾平之，亦必不足」；「事未及成，讒人隨而惡之，即中道狐疑」。「止善二」是指智者被惡人譖訴和君

主隨眾所同而不聽信賢者。人主只有充分認識到這些困難，並觀覽前世之事以為借鑒，才能夠達到「君臣緻密堅固，割心相信，動無間疑」，最後建功遂業。

二、「自揆度」

> 高帝懷大智略，能自揆度。群臣制事定法，常謂曰：「庳而勿高也，度吾所能行為之。」憲度內疏，政合於時，故民臣樂悅，為世所思。此知大體者也。（《新論‧言體》）

> 王翁嘉慕前聖之治，而簡薄漢家法令，故多所變更，欲事事效古；美先聖制度，而不知己之不能行其事。釋近趨遠，所尚非務，故以高義，退致廢亂，此不知大體者也。（《新論‧言體》）

漢高群臣，為政度己體人，政合於時，傳世二百餘載。王莽銳意復古，欲舉秦漢相沿之制度法律，一變而返之於《詩》、《書》六藝所稱述之太平盛世，十六年而覆亡。但是王莽這種蹈空為政的理想化傾向並非僅由一己之個性，而是西漢中期以來儒生風氣使然〔註3〕，閻步克先生總結了王莽和西漢後期儒生共同的思維傾向及其關係：「西漢儒生的如下思維方法在今人看來或近乎『膠柱鼓瑟』、『刻舟求劍』，而王莽卻是其變本加厲者：相信上古三代才是理想境界、政治之楷模，以下則無足取；相信經典中包含了現實問題的一切答案，以六經為政治教科書；把特定形態的禮制如服色、正朔、明堂、辟雍等等視為『王道』的具象，甚至是達致『王道』的直接手段。」〔註4〕《後漢紀‧卷四》云桓譚「嘗疾俗儒高談弘論，不切時務，由此見排擯，哀平間位不過郎。」桓譚是這種時代風氣中的一個另類，一個孤獨的思考者。也因此，他能夠避免這種狂熱耽溺於烏托邦的非理性，清醒冷靜地以現實的態度看待政治，要求為政腳踏實地，合乎時代人情。這裡精闢深刻的論述，不僅僅是針對王莽一人，更是對元成以來儒生奉天泥古作風的大批判。

　　由這種理性務實的精神，桓譚重新思考了儒生們的政治理想，對「王道」與「霸道」提出了新的看法：「夫王道之治，先除人害，而足其衣食，然後教以禮儀，而威以刑誅，使知好惡去就。是故大化四湊，天下安樂，此王者之術。霸功之大者，尊君卑臣，權統由一，政不二門，賞罰必信，法令著明，

〔註3〕　參見第一章第三節的相關論述，此處不再重複。
〔註4〕　閻步克：《士大夫政治演生史稿》，頁396～397，北京大學出版社，1996年。

百官修理，威令必行，此霸者之術。王者純粹，其德如彼；霸道駁雜，其功如此。俱有天下而君萬民，垂統子孫，其實一也。」（《新論·王霸》）自從《孟子·梁惠王》中指出「仲尼之徒，無道桓、文之事者」以後，到了董仲舒更是堅持王道，貶斥霸道，「仲尼之門，五尺之童子，言羞稱五伯，為其詐以成功，苟為而已矣，故不足稱大君子之門」（《春秋繁露·對膠西王篇》）。之後的西漢儒生都堅守這種理想主義，猛烈攻擊漢政中夾雜的霸道因素，力圖把現實政治提舉到的粹然皎然的王道勝景，揚雄的《長楊賦》曾描述過這種風氣：「今朝廷純仁，遵道顯義，並包書林，聖風雲靡，英華沈浮，洋溢八區，普天所覆，莫不沾濡，士有不談王道者，則樵夫笑之」。桓譚此論則不再守著宏大高遠的理想來俯瞰、批判現實，而是從社會事功、治理效果上肯定王道、霸道有相通之處。這是西漢烏托邦理想破滅後出現的新思潮，它在後漢匯成一種明顯的務實謹固之風，例如杜林的奏議中有如下文字：「及至漢興，因時宜，趨世務，省煩苛，取實事，不苟貪高亢之論。」〔註5〕「不苟貪高亢之論」的態度與桓譚的「庳而勿高」不謀而合。崔寔《政論》更明確地提出：「量力度德，《春秋》之義。今既不能純法八世，故宜參以霸政，則宜重賞深罰以御之，明著法術以檢之，自非上德，嚴之則理，寬之則亂。」荀悅也認為，「先教」與「先刑」都是偏執一端：「或先教化，或先刑法，所遇然也。撥亂抑強則先刑法，扶弱綏新則先教化，安平之世則刑教並用。」（《漢紀·元帝紀下》）對於這些儒生來說，霸道早已不是西漢儒生所不屑談論、代表著現實政治缺陷的治術，而是帝王需要經常借助、不可缺少而且治效良好的手段。由王道而逐漸認可霸道，這是由桓譚發軔的兩漢間儒生政治理念的重大轉變，在儒家政治思想上具有重要意義。

三、「恩義動人」

> 王翁刑殺人，又復加毒害焉。至生燒人……人既死，與土木等，雖重加創毒，亦何損益？……文王葬枯骨，無益於眾庶。眾庶悅之者，其恩義動人也。王翁之殘死人，觀人五藏，無損於生人。生人惡之者，以殘酷示之也。……故二聖以興，一君用稱，王翁以亡。知大體與不知者遠矣！（《新論·言體》）

〔註 5〕《續漢書·祭祀志》注引《東觀記》，《後漢書》頁 3160，中華書局，1965 年。

桓譚在《新論》中將王莽新政比之於「暴秦」,「王翁行甚類暴秦」(《新論‧譴非》),強烈譴責了王莽視民眾如群羊聚豬、任意殘害的行為。桓譚認為,「夫言行在於美善,不在於眾多。出一美言美行,而天下從之;或見一惡意醜事,而萬民違之,可不慎乎?」(《新論‧言體》)桓譚自述為王莽掌樂大夫時,有男子畢康殺其母,王莽下令暴其罪,桓譚上諫言:「君子掩惡揚善,鳥獸尚與之諱,而況於人乎?不宜發揚也。」(《新論‧譴非》)對於臣下的行為尚需揚善掩惡,況人主自己可以殘酷示人乎?!

　　對於國君來說,顯仁義不僅限於以慈悲的胸懷對待周圍的人事,更應該把仁心貫注到法律、制度的精神當中,普惠眾生。桓譚關注到了法律,極力反對當時執法嚴酷的傾向:「皆務酷虐過度,欲見未(當有誤)盡力,而求獲功賞,或著能立事,而惡劣弱之謗。是以役以棰楚,舞文成惡,及事成獄畢,雖使皋陶聽之,猶不能聞也。至以言語小故,陷致人於族滅,事誠可悼痛焉。」(《新論‧譴非》)桓譚還舉哀帝時伍客的冤案,對言語獲罪有著沈痛的論述:「夫言語之時,過差失誤,乃不足被以刑誅。及詆欺事,可無於不至罪?」聯想到《後漢書‧循吏傳》「建武、永平之間,吏事刻深,亟以謠言單詞,轉移守長」的記載,桓譚這裡的論述,針對王莽之繁密耶?抑或後漢光武耶?

四、「卜筮維寡」

> 聖王治國,崇禮讓,顯仁義,以尊賢愛民為務,是為卜筮維寡,祭祀用稀。(《新論‧言體》)

> 王翁好卜筮,信時日,而篤於事鬼神,多作廟兆,潔齋祀祭……為政不善,見叛天下。……當兵入宮日,矢射交集,燔火大起,逃漸臺下,尚抱其符命書,及所作威斗,可謂蔽惑至甚矣!(《新論‧言體》)

針對西漢後期儒學漸染漸濃的巫怪之風,桓譚有著非常清醒的理性態度,「夫(當作「災」)異變怪者,天下所常有,無世而不然。逢明主賢臣智士仁人,則修德善政,省職慎行以應之,故咎殃消亡而禍轉為福焉」(《新論‧譴非》)。因此,對待災異最好的態度應當是「以德義精誠報塞之矣」,像王莽那樣沈溺於符命鬼神、卜筮時日的行為真可謂「蔽惑至甚」矣!對於當時神道化的讖緯之學,桓譚指出了其鄙偽之實質:「讖出《河圖》《洛書》,但有兆朕而不可知。後人妄復加增依託,稱是孔丘,誤之甚也。」(《新論‧啓寤》)桓譚還直

截明瞭地說：「無仙道，好奇者爲之」，他批評了當時大儒如劉歆沈溺的方術、仙道，例如劉歆作土龍、吹律及諸方術致雨，桓譚詰之使其無以應（《新論·離事》）。再如，劉子駿信方士虛言，認爲人如果抑制嗜欲，就可長生，桓譚對曰：「彼樹無情欲可忍，無耳目可闔，然猶枯朽朽蠹，人雖欲愛養，何能使不衰？」（《新論·辨惑》）桓譚還批評了黃白術、使鬼術等。桓譚的這些論述以明澈俊朗的態度對待「天人之際」，表現出了對先秦不語「怪、力、亂、神」的儒學人文精神的回歸，在當時相習於怪的思想氛圍中具有獨樹一幟的思想魅力。

此外，桓譚還有一些由王莽新政而來的反思，雖然沒有被嚴可均輯錄到《新論·言體》篇裏，但與上述的思想一以貫之，應當歸入「知大體」的思想範疇中去。例如《離事》篇的「以賢代賢謂之順，以不肖代不肖謂之亂」，顯然是對王莽禪漢帶來大混亂的深刻反省。桓譚此語表明士人開始冷靜辨析禪讓的實質並追求良好的社會效果，不再不計後果地狂熱鼓吹禪讓。如果由此生發出去，儒生未嘗不可以對王權有個合乎理性的思考，可惜的是桓譚的思考深度沒有被後來者延續。桓譚還評論了王莽的對匈奴政策，他通過總結自周至漢的歷史經驗，認爲對待北蠻的原則應是「羈縻而不專制」，而王莽「安危尚未可知，而猥復侵刻匈奴，往攻奪其璽綬，……是以恨患大怒，事相攻拒。王翁不自非悔，及（當作「乃」）遂持屈強無理……竟不能挫傷一胡虜，徒自窮極竭盡而已」（《新論·譴非》），桓譚評其爲「自作孽」，這也是由其「知大體」的思想而來的批評。

兩漢間，桓譚之外，還有一些儒生也從人事的角度諫諍或批評王莽的政策，例如《漢書·王莽傳》所載的區博諫井田制：「井田雖聖王法，其廢久矣……雖堯、舜夏起，而無百年之漸，弗能行也」；再如《漢書·匈奴傳》所載嚴尤陳述的對匈奴三策等。陳元批評了王莽專斷：「及亡新王莽，遭漢中衰，專操國柄，以偷天下，況己自喻，不信群臣。奪公輔之任，損宰相之威，以刺舉爲明，徼訐爲直。……罔密法峻，大臣無所措手足。然不能禁董忠之謀，身爲世戮。」（《後漢書·陳元傳》）第五倫批評王莽法律嚴密繁苛，「臣嘗讀書記，知秦以酷急亡國，又目見王莽亦以苛法自滅。」（《後漢書·第五倫傳》）這些思想都與桓譚的「知大體」相一致。

站在思想史的角度，我們珍視這些以桓譚爲代表的理性清明的反思，可以說其代表了兩漢間儒生最高的思想水準，具有重要的思想史意義。因爲它

不是像「王命論」那樣把人類的前途、歷史的力量交給神秘的命運，而是堅信人類自身的理性能夠決定歷史的方向。縱然是失敗了，也應當反思人事方面的缺陷，而不把希望全部寄託在一個神聖的新英雄身上。

但是，當桓譚懷著對新王朝的熱切期盼、從「知大體」的帝王之學向光武帝獻策時，得到的卻是冷落和漠視。先是光武即位後，徵桓譚爲待詔，「上書言事失旨，不用」，後由宋弘推薦，被拜爲議郎給事中，但光武僅悅其琴技，遭到了宋弘的譴責。桓譚上疏陳時政所宜，提出應當求賢輔、禁私仇、舉本業、一法律等，結果是「書奏，不省」。桓譚又上疏光武帝，指出讖記乃「諸巧慧小才伎數之人，增益圖書」而成，意在維護學術的純淨和莊嚴；並指出當時天下不安的原因在於「無重賞以相恩誘」，要求光武帝寬弘待下。這封奏書帶來的結果是「帝省奏，愈不悅。」後來，桓譚當面極言「讖之非經」，大大惹惱了光武帝，被斥以：「桓譚非聖無法，將下斬之。」最後，桓譚「叩頭流血，良久乃得解。出爲六安郡丞。意忽忽不樂，道病卒，時年七十餘」。縱觀桓譚在光武朝的遭遇，思想的價值與其結局之間的反差眞可令人感慨！

在思想史上，東漢的王充曾 13 次提到桓譚，尊桓譚爲鴻儒，即「能精思著文連結篇章者」(《論衡‧超奇》)。甚至以素王孔子爲比，稱桓譚爲素相，「然則桓君山不相，素丞相之跡存於《新論》者也」(《論衡‧定賢》)。對於桓譚的《新論》，王充評論說：「《新論》論世間事，辯照然否，虛妄之言，僞飾之辭，莫不證定。彼子長、子雲說論之徒，君山爲甲。」(《論衡‧超奇》)等等。但是，篤信「王命論」並進一步推廣的王充(詳見第五章論述)，能在多大程度上理解領會《新論》那豐富深刻的意趣呢？桓譚自己說作《新論》的目的是：「術辨古今，亦欲興治也，何異《春秋》褒貶耶！」(《新論‧本造》)而在王充，則主要羨慕桓譚的文采，吸收了桓譚對巫怪災異的清澈健朗之思想，至於其中的「興治」之意則被忽略了。璨如珍珠的思想結晶只有寂寞和散亡的命運，這是歷史的一大遺憾！

後　記

　　感謝臺灣花木蘭文化出版社楊嘉樂博士的熱情聯絡和我的導師李山教授之大力推薦，使拙著得以首先在臺灣面世。第一次出書，既高興，又惶恐。本書是在我博士學位論文的基礎上略作修改而成的。如果說論文中有一些可取的地方，那都要歸功於導師的精心指點了。論文中還存在著諸多遺憾和不夠成熟的地方，有待來日進一步思考和深化，也請讀者不吝賜教！

　　我的博士學業是在職完成的，邊工作邊學習，自然要比全天在校的學生辛苦些。之所以能堅持下來，得益於周圍人的關懷。我感謝北京師範大學我的數位老師，李山教授、過常寶教授、尚學鋒教授、郭英德教授等，他們的真誠關注和悉心指點讓我受益匪淺。也要感謝我原來單位——首都圖書館的劉乃英老師及其他一些同事，她們給予了我許多體諒和關照。還有我的家人，他們的支持和理解，讓我少了後顧之憂。最讓我感動的是我的寶貝女兒魚兒，她的乖巧和早慧給了我許多快樂。

　　在北京語言大學華學誠院長、程娟教授、張德建教授等人的多方奔走下，我得以從首都圖書館調入北京語言大學工作，終於有機會做自己最喜歡的事情——讀書、教書、寫書了。但願我能夠不辜負他們的期望！

　　謹以此書獻給愛我和我愛的人們！